内容提要

本书是体育专业研究生系列教材之一。本书由全国普通高等学校体育教学指导委员会技术学科组组长、教育学博士后、博士生导师黄汉升教授任主编。主要内容包括：篮球教学训练理论与方法、排球教学训练理论与方法、足球教学训练理论与方法、田径教学训练理论与方法和体操教学训练理论与方法。该书既是一部研究生教材，也是各级各类体育教师和教练员的一本参考书。

图书在版编目(CIP)数据

体育教学训练理论与方法/黄汉升主编. —北京:高等教育出版社,2005重印
(体育专业研究生系列教材)
ISBN 7-04-012206-5

Ⅰ.体　Ⅱ.黄　Ⅲ.①体育-教学法-研究生-教材②体育运动-运动训练-研究生-教材
Ⅳ.G807

中国版本图书馆CIP数据核字(2003)第045290号

出版发行	高等教育出版社	购书热线	010-58581118
社　址	北京市西城区德外大街4号	免费咨询	800-810-0598
邮政编码	100011	网　址	http://www.hep.edu.cn
总　机	010-58581000		http://www.hep.com.cn
		网上订购	http://www.landraco.com
经　销	蓝色畅想图书发行有限公司		http://www.landraco.com.cn
印　刷	廊坊市文峰档案文化用品有限公司	畅想教育	http://www.widedu.com
开　本	787×960　1/16	版　次	2003年8月第1版
印　张	25	印　次	2005年12月第3次印刷
字　数	470 000	定　价	36.70元

物料号　12206-00

研究生教学用书

体育教学训练理论与方法

黄汉升　主编

高等教育出版社

目　　录

第三篇 足球运动教学训练理论与方法

第四篇 田径运动教学训练理论与方法

第一篇　篮球运动教学训练理论与方法

第一章

篮球运动科学研究进程

篮球科学研究是体育科学研究中的一部分，是人们为了揭示篮球领域中的未知事物，或知之不多、不深事物的本质和规律而进行的一种能动的认知活动，是揭示篮球运动规律，对篮球运动实践中发生的新问题、新情况的探索和解决的过程。

篮球科研是推动篮球运动发展的重要手段，目的是为篮球实践服务，为篮球运动的发展提供科学依据和理论指导。其意义在于：

1. 为篮球运动竞技水平的提高提供科学依据

现代篮球运动已经达到较高的水平，要继续攀登世界篮球运动的高峰，决非一般的、老一套的训练或凭经验训练就可以达到的，而必须依靠科学研究对篮球领域内诸多方面进行探索。借助对篮球教学、训练、比赛中的变化规律，通过科学选材和对训练过程的控制、教学、训练、竞赛的管理、比赛心理、合理营养、疲劳恢复等具有针对性的研究，为教学、训练、比赛提供科学的依据，从而加快我国篮球运动竞技水平的提高。

2. 丰富全民健身活动的内容，促进全民体质的增强

不同年龄、不同性别、不同职业、不同民族的社会成员之间在体质方面有着巨大的差异。因此，篮球运动的方式，锻炼时间的长短，强度大小等，只能因人制宜，才有利于全民健身战略科学地实施，才能真正达到全民健身和全民体质增强的目标。

3. 促进篮球科技工作者自身素质的提高

篮球科学研究和其他科学研究一样都是探索未知，发现客观规律的活动过程。因此，要求篮球工作者在进行科学研究的过程中应具有科学的方法，实事求是、一丝不苟的态度和认真、严谨的工作作风。随着现代科学知识和技术的不断进步，篮球运动已发展成为一门综合性的学科，篮球运动中也表现出多样性、复杂性、复合性和难以控制性等特点。因此，必须要求篮球科技工作者具有广博的知识和扎实的理论基础，不断学习、吸取、应用新的知识和理论，不断促进篮球科

技工作者自身思想素质和理论水平、工作能力的提高,从而推动篮球运动的发展。

第一节 篮球运动科学研究的特点

自1979年举行的第1届世界篮球教练员讲座开始,世界篮球科学研究活动日趋活跃。现代科学的发展创造、产生了许多相关学科知识、方法和技术手段,为篮球运动的科学研究提供了科学的认识论和方法论,拓展了篮球科研范围,加大了篮球科研的深度和广度,提高了篮球科研的实效性、科学性,推动了篮球运动的快速发展。

综观我国篮球科研的发展状况,具有以下几方面的特点:

一、研究对象和领域的广泛性

(一)研究的对象

涉及各个年龄段、不同篮球水平的参与者;不同性别的参与者;不同类别的学生、教师,不同级别的运动员、教练员、裁判员,不同职能的管理人员、经营人员;以及学校篮球、竞技篮球、群众篮球、职业篮球、篮球市场等多种研究对象。

相关研究:如对我国少年女子(13~15岁)篮球运动员身体素质、基本技术评价模型的研究、试论篮球教练员的素质、篮球裁判员知觉技能水平的测试与评价、中国篮球甲级联赛(CBA)、职业联赛(CNBA)和美国(NBA)联赛的比较研究等。

(二)研究的层面

既有指导性的理论体系、领导体制和发展战略等的宏观研究,又有操作性的生化反应、力学分析和技术运用等应用研究;既有对国家队等高层次篮球队的研究,又有对少儿篮球以及篮球后备力量的研究。

相关研究:如21世纪中国篮球竞技运动的发展趋势—兼论中国篮球运动现状及对策,从近两届奥运会展望中国男篮、对青少年篮球运动员远投心理训练的探讨、运动性尿蛋白试纸在篮球科学训练中的应用、少儿篮球技战术系统训练的初步探讨等。

(三)研究的范围

有关研究的范围包括篮球运动理论体系与史学研究;篮球技术、战术、身体、心理训练的理论和实践研究;篮球竞赛的指挥、分析和调控研究;篮球教学训练的生理、生化和运动生物力学的应用研究;篮球运动员营养、医疗和疲劳恢复的研究;篮球裁判员的培养和篮球规则与技战术关系的研究;篮球运动的管理、体制、赛制和发展策略研究；篮球科研状况的研究等方面的内容。

相关研究：如 21 世纪世界篮球运动发展的趋势与特征、论篮球比赛前的侦察与准备、对我国篮球职业化改革的思考、CUBA 的现状与发展、对我国篮球理论研究现状的思考、篮排球运动员下肢 3 关节肌等速测试的对比研究等。

二、研究内容的实效性

篮球科研为篮球运动发展服务的功能，决定了篮球科研必须来自于运动实践。篮球运动丰富的技术动作、战术设置、独特的运动形式以及相关学科知识的发展，为篮球科研提供了大量的研究素材。同时，篮球科研的结果只有经篮球实践的检验，才能成为科学研究成果。可见，科研内容来自篮球实践又服务于篮球实践，这是互动统一的，也是推动篮球科研不断发展的原动力。

就已有的成果来看，篮球科研内容的实践性、实效性特点非常突出。不少选题都紧紧围绕篮球教学、训练和比赛实践的问题进行研究。例如，篮球比赛犯规战术运用研究、篮球课的组织与教学、篮球运动员的心理训练、篮球运动“少防多”的训练方法与效果、篮板球的反弹规律与进攻篮板球的拼抢、篮球跳步急停持球突破技术的掌握与运用等。

三、研究过程的动态性和研究结果的创新性

动态性规律是篮球运动的基本规律之一。就运动本身而言，其内在的攻守对抗矛盾是推动篮球运动持续发展的内源性动力。“攻”的发展制约了“防”，又推动了“防”的创新；同样，“防”又制约、推动了“攻”。外部的环境变化则是篮球运动创新提高的外源性动力。规则的修订、赛制的调整、体制的转变、相关学科知识的发展和现代科学技术的创新，都对篮球运动的持续动态发展、不断创新提高起到了积极的引导和促进作用。

篮球科研也秉承了篮球运动的动态特点。篮球科研一般时间长、跨度大。从收集资料、提出科学假想、进行预实验、科研实验到结果分析、科学论证、得出结果，其过程就是一个动态发展过程。随相关学科知识和科学技术的发展，越来越多的新理论、新方法、新手段、新科技成果运用于科研之中，使篮球科研的方法、成果也不断创新发展。因此，研究中一成不变的、没有新意的命题，都无法保证研究的科学性和创新性，并会影响到研究结果的实效性。

四、研究理论和方法的综合性

现代科学技术的发展和科学知识的创新，为篮球科研提供了丰富的理论依据和研究方法，开阔了篮球科学研究的思路。

篮球运动的科学研究涉及人体解剖学、人体测量学、运动生理学、运动生物

化学、运动生物力学、运动医学、营养学、保健学、运动训练学、体育心理学、统计学、教育学、社会学、经济学、法学、管理学、哲学、文学等多种学科和老“三论”、新“三论”等创新理论。此外,现代科学技术的成果也逐渐被大量采用,如幻灯投影技术、摄影摄像技术、各种精密仪器的使用、电视录像的演示、电脑软件的开发以及各种针对性研制器材的应用等。借助这些相关学科知识的交叉作用和现代科学技术的新成果,综合运用各种研究方法,可以从不同角度探讨篮球运动的诸多问题,从而拓宽篮球科研领域,加大研究深度,增强研究的科学性、实效性和针对性。

运用摄影摄像技术,结合运动生物力学、运动解剖学研究篮球运动中人体肢体、关节的运动轨迹,分析动作产生的力学和生物学原因,建立生物力学参数模型,从而指导运动训练,改进运动技术,使动作形式、幅度、速度、节奏、运行轨迹和练习方法更符合科学原理。例如,原地交叉步,持球突破技术动作的生物力学分析、旋转球对正碰篮板球命中率影响的生物力学分析等。

运用运动生理学、运动生物化学和营养学的手段与方法可研究篮球运动员的一般生理特点、专项生理特征,运动中身体能量代谢的方式和运动恢复等问题,为科学的身体负荷安排和教学、训练、比赛实践提供指导。运用运动医学、体育保健学的手段与方法研究篮球运动员的身体健康状况和运动损伤的发病机制,探讨篮球运动员伤病的预防和治疗措施,从而延长运动员的运动寿命。例如,磷酸肌酸与篮球运动员力量速度素质关系的探讨学、不同位置男篮运动员血乳酸与心率的测定、我国篮球运动员运动损伤患病率调查、对少年篮球男子运动员左心室形态及机能变化的初步研究等。

运用体育心理学的理论和成果,研究篮球运动员在运动中心理特点及个性差异与篮球运动的关系;研究篮球运动对人的心理过程和个性特征产生的短期和长期影响;研究掌握篮球知识、形成篮球运动技能、进行篮球技能训练的心理学规律;研究篮球活动中人的心理状态问题等;研究如何进行心理评价、心理技能训练和心理咨询以及心理选材。具体包括篮球运动员的个性心理特征、赛前心理紧张的产生及变化规律,活动中焦虑产生的机理及控制,活动中的最佳唤醒水平,篮球运动员的运动动机,篮球运动员与教师、教练员之间的关系等社会心理因素,教师和教练员的领导心理和行为,运动队的群体心理等内容。例如,浅析气质类型与篮球运动员的选材、战术位置及技术特长的关系、对青少年篮球运动员焦虑情绪的探讨、影响篮球运动员情绪稳定的因素及训练等。

有研究表明,1975—1992 年间,国外篮球科技工作者运用心理学的研究超过运用运动生理学、运动医学和运动生物力学研究,占篮球科研成果的 9.21%。

篮球科研仅仅靠教师、教练员的经验总结是远远不够的,研究结果既要有定性分析更要有定量分析。采用数学原理和方法,对运动员的生理、心理、技战术等方面的数量指标进行科学的统计分析,才能有效地把握教学训练过程中的各种现象和规律。目前,大部分的研究都运用了数学统计的方法,此外还有部分选题对数学方法的运用进行了分析研究。例如,应用 Fuzzy 数学对中国女篮运动水平的综合分析、对男子篮球后卫队员阵地攻防技术的模糊评价等。

控制论、信息论、系统论为篮球科学研究提供了方法论。应用“三论”的理论,结合篮球运动的具体实践,设计现代化的手段、方法和模式,改革传统的教学、训练、管理模式,从而提高教学、训练、管理的质量和效率,近年来日益被广大教师、教练员、管理人员和科研人员所重视。根据这一指导思想,篮球科研工作者进行了大量的改革探索,也取得了较丰富的研究成果。例如,关于篮球技术程序化教学训练方法的初步研究等。

第二节　我国篮球运动科学研究的历史回顾

自篮球运动于 1895 年传入我国以来,随着该运动的不断推广、普及和提高,以篮球运动发展规律、篮球教学训练、比赛中诸问题为对象的篮球科研也随之发展,并经历了一个从无到有的曲折发展过程。

一、新中国成立前的篮球运动科学研究情况

在篮球运动传入我国的初期,国内的篮球科研处于萌芽阶段,学术活动主要以翻译一些篮球规则或书籍为主。1916 年上海青年会把美国篮球规则(当时还没有国际统一篮球规则)译成中文出售,出现了第一本中文篮球规则。1918 年由上海商务印书馆出版的体育小丛书《篮球》(麦克洛校正)是最早引进的第一本译著,对当时篮球运动在我国的传播与推广起到了积极的意义。

1930 年由董守义先生编著、上海青年协会书局出版了我国第一本篮球专著——《篮球术》,该书对篮球技术、战术及训练方法作了阐述。随后在 1932 年和 1947 年,董守义先生在该书的基础上,引进美国的一些先进技术、战术,总结和借鉴一些有益的内容,又先后出版了《最新篮球术》、《最新篮球运动》两书。

1932 年上海勤奋书局出版了宋君复先生所著的《女子篮球训练法》一书,专门对女子篮球运动的历史、意义、设备条件、基本动作、战术方法以及伤病预防、男女篮球规则的异同等都进行了较详细的论述,对当时正在迅速发展的女子篮球运动起着积极的促进作用。

此外,一些专著、译著也相继出版。如吴邦伟著的《篮球训练法》(1934 年)、俞杰编著的《篮球战术》(1934 年)、谈连峰编著的《篮球竞赛之理论与实际》(1945 年)等。抗日战争胜利后,还翻译出版了美国马尔飞编著的《篮球攻

守方法论》和美国霍尔曼著的《篮球夺霸术》等。

这些专著和译著对我国篮球运动的发展起到了积极的推动作用。但是,这些早期的篮球理论研究"成果少,研究范围窄,主要集中在篮球运动基本技术、战术方法及训练方面,少数研究虽涉及竞赛时的心理问题、比赛指挥、球队的组织管理等,但都十分肤浅。"

二、20世纪70年代的篮球运动科学研究情况

新中国成立以后,我国的篮球科学研究活动得到了快速的发展,许多专著、译著纷纷问世,如《最新篮球训练法》(徐镳著),《最新篮球运动》(刘天锡著),《篮球游戏》,《篮球裁判法研究》(张长清著),《篮球术》(苏联切特林著,郑荣庭译),《篮球技术与教学》(陈荣译),《美国教练谈篮球技术》(邓华耀译),《篮球训练法》(苏联谢玛计科著,藏之权、范政涛译),《篮球战术基础》(苏联切特林编著的苏联体育团体教材,高光斗译),《学校篮球教材》(苏联利沃娃等著,广生译),《美国篮球运动》(张云涛译)等,这些论著和译著对我国篮球运动的发展和理论体系的形成都具有较深远的影响。

1955年4月,《新体育》杂志在全国范围内开展了"关于篮球战术指导思想问题"的讨论,确定了"积极、主动、快速"的战术指导思想。人民体育出版社出版了"新体育"篮球战术讨论选集,即《进一步贯彻积极、主动、快速的战术指导思想》一书。这次讨论对我国篮球战术问题的发展起到了积极的促进作用。

1955年,东北师范大学出版发行了由章祖愈编译的《篮球运动教学大纲》和《篮球运动竞赛》两书,促进了我国篮球教学的规范化。

1956年,中央体训班拍摄了我国建国后的第一部篮球技术教学片《篮球基本技术》,为我国的篮球教学、训练提供了直观教材,促进了篮球教学训练的科学化。

从1956年起,每年全国的篮球竞赛结束后,都要召开训练工作会议或甲级队教练员座谈会,交流政治思想工作和训练经验,诊断我国的篮球技战术发展水平和存在的问题,讨论与交流篮球教学训练方法。

1959年,陈文彬等著的《篮球技术战术的运用》、黄柏龄等集体编写了《篮球几项技术研究》。这两本书紧密结合比赛实践,对篮球的技术运用等提出自己独到的见解。牟作云、申恩祖还编著了《篮球裁判法》,对指导和提高我国篮球裁判工作起到了积极的作用。

1961年,体育学院讲义《球类运动——篮球》出版,这表明我国的篮球教练员和教师有了自己的科学研究成果和教学训练用书,填补了我国篮球教材的空白。

1961年,在全国篮球教练员座谈会上牟作云的《篮球训练工作的基本经

验》，陈文彬的《训练篮球队要抓八个关键》，杨福禄的《篮球运动中的几个基本问题》，既是实践经验的总结，又是理论研究的升华。

在这一初期，我国从事篮球科研的主体是各体育院（系）篮球教师及各级篮球教练员，没有专职研究人员和专项研究任务，许多教练员结合本运动队训练、比赛中出现的问题进行专题讨论，致力于解决一些实际问题。研究的内容主要集中在篮球技术统计分析、联赛的调研、教学训练的经验总结等方面。研究方法局限于文献研究、临场技术统计、图片分析、经验总结等。

三、20 世纪 70 年代以后的篮球运动科学研究情况

1972 年 3 月 16 日至 4 月 3 日，国家体委在北京召开了全国体育工作座谈会，会议讨论和制定了《国家体委关于体育事业第 4 个 5 年（1971—1975 年）发展规划草案的意见》。《规划草案》提出要重视体育科研工作，在国家体委统一领导下，以北京体育科学研究所为主，在科研所、国家运动队、北京体育学院配备一定数量的专业研究人员，收集国内外篮球资料，建立世界和亚洲优秀篮球队的技术档案，出版篮球技术资料刊物，摄制技术电影和图片等。要求各省、市、自治区体委应组织领导、教练员、运动员三结合的科研小组，开展群众性的科研工作。从 1974 年开始，每两年组织一次学术报告会。

1972 年 9 月，国家体委在吉林省四平市召开了 5 省（四川、安徽、陕西、辽宁、吉林）二市（北京、天津）三小球会议，会上交流了小篮球活动开展情况，研究拟定了小篮球的场地、器材规格和比赛计划。从而促进了小篮球活动在城市和地、县级中小学中的开展，为我国培养篮球后备人才打下了良好的基础。

1973 年，邓华耀等编译的《美国篮球训练法汇编》，于纲著的中级技术读物《篮球》出版，我国的篮球科研活动经过“文化大革命”后开始恢复，并逐渐进入一个新的发展阶段。从当时的文献量看，1972—1976 年期间，篮球科研的恢复十分缓慢，发表的论文数量非常少，1977 年后才逐渐增多。

1978 年国家体委科教司成立，加强了对体育科研工作的领导，各省相继成立了体育科学研究所，大多数配备有专职篮球科研人员，一些体育学院恢复招收篮球硕士研究生，1980 年召开了全国体育科研论文报告会。这些措施为我国篮球科研的开展创造了良好的外部环境。

1982 年底，中国体育科学学会、运动训练学委员会和中国篮球协会联合举办了我国首次篮球学术论文报告会，在这届大会上，征到论文 60 篇。以大学体育教师和各级教练员为主的篮球学者在此进行了广泛的学习和交流。与此同时，国家体委还召开了篮球国家级教练员复核、套改高级教练员技术职称论文答辩会。两个会议的近百篇论文在数量、质量、研究范围及研究方法的科学性上，都较以往有了较大的发展，它标志着新中国成立以来我国篮球科学研究的发展

达到了一个高潮。

1984 年,中国篮球协会、北京体育科研所联合召开了“篮球运动科学化训练讨论会”。随之展开的科学化训练研究将系统论、信息论和控制论引入篮球训练和竞赛之中,研究重点集中在篮球训练原理、训练过程的调控及提高篮球运动训练水平的方法、途径等方面,逐渐形成了篮球训练的特点与规律、篮球训练原则、篮球训练方法、篮球训练的组织与管理等一整套系统的训练理论。1985 年 12 月,中国篮球协会在北京召开“全国篮球科学成果讲学班”,以《篮球科学化训练》为主题的 13 个子课题的优秀论文在讲学班上报告。这些成果为我国篮球科学化训练提供了理论指导,奠定了我国篮球训练理论的基础。

1985 年 9 月,北京体育学院篮球教师刘玉林撰写的《篮球教练员应具备的训练能力及其培养》一文,在日本横滨举行的“第一届国际体育和教育论文报告会”宣读,表明我国篮球运动的科研已达到国际先进水平。

1986 年,国家体委科教司在武汉举行了全国体育院校教学科研论文报告会,许多篮球教学科研论文进行了交流,这对篮球教学改革起到了积极作用。

1987 年 6 月 27 日 ~7 月 4 日,在上海师范大学召开了华东协作区篮球研讨会,由著名教授李震中先生主持,来自全国 30 多所大专院校的代表,有 28 篇论文在大会进行了报告,这些论文的作者全部来自大专院校的教师和研究生。

1994 年 12 月在北京体育大学召开了第一届全国体育院校篮球教材建设论文报告会。参加报告的 30 多篇论文,在研究的深度和广度上都有更高层次的提高,促进了篮球专项理论的发展。

1995 年 10 月,为纪念篮球运动传入我国 100 周年,中国篮协、中国培养篮球研究生学会,共同在天津体育学院举办了篮球论文报告会,入选会议报告的论文有 84 篇,在篮球运动发展史、篮球技战术理论、篮球教学与训练、篮球规则与裁判、篮球运动测量与评价等方面进行了广泛地交流。

从 1964 年召开第一届中国体育科学学术报告会开始,至 2000 年共召开了 6 届全国体育科学大会,许多篮球科研人员在大会上进行了学术交流,汇集了我国众多优秀的篮球创新研究成果。

第三节 我国篮球运动科学研究现状

在几十年的篮球科学研究进程中,广大篮球科研工作者以我国篮球运动发展为前提,围绕篮球运动的各个方面进行了大量卓有成效的研究,取得了相当丰硕的成果,为我国篮球运动的发展与提高奠定基础。

一、运用多学科知识和现代化科技手段对篮球教学、训练、竞赛实践展开综合交叉研究

现代科学发展的总趋势是各学科之间的相互交叉、相互渗透，既高度分化又紧密交融。随着当前社会科学、自然科学的快速发展，给篮球运动科学研究工作带来很大的影响，现代科学方法论和一系列新兴学科在篮球运动中的应用，也大大加速了篮球运动科学研究的多学科交叉进程。篮球运动的多学科综合研究，使科学研究与篮球实践密切结合，研究成果为篮球实践服务，教学、训练、竞赛与科学成果相结合，已成为发展的必然趋势。

现代篮球科研更重视运用运动生物力学、运动生理学、运动心理学、管理学等多学科知识和现代化的手段、设备对篮球教学、训练、竞赛实践进行深入、具体、有针对性的研究。

在20世纪80年代初王家宏等人的研究成果《从篮球运动员在比赛中的心理变化规律谈心理训练》，通过对全国甲级联赛和其他比赛的观察与调查，提出了影响运动员心理过度紧张产生的因素，即比赛规模与比赛性质、比赛的动机与目的、比赛环境与比赛条件、比赛名次与成绩、赛前准备与比赛对手、比赛中缺乏适应力与应变力等。并提出训练中应培养运动员的自我控制力、充分发挥教练员的主导作用、重视准备活动等建议。

王家宏、茅鹏等的《关于儿童、少年篮球适宜形式的研究》认为，小学篮球的“适宜形式”是应适合小学生身心特点，满足小学生体育的需要，有利于培养正确的篮球基本技术及其意识，对小学生，特别是对高身材儿童普遍具有吸引力。对篮架的高度、球的重量与周长、场地的规格、上场人数和打法等一系列问题都进行了适宜形式的研究，随后有不少学者还对初高中学生和学龄前的儿童篮球形式进行了研究，归纳其研究结果如下：小学低年级（6～9岁）：篮圈高度200 cm，篮板120×80 cm，篮球周长49～51 cm，篮球重量170～290 g；小学高年级（9～13岁），篮圈高度225 cm，篮板120×80 cm，篮球周长56～60 cm，篮球重量268～395 g；初中一年级（14岁），篮圈高度260 cm，篮板120×90 cm，篮球周长68～70 cm，篮球重量450～500 g；初中二年级（15岁），篮圈高度270 cm 篮板120×90 cm。场地标准：小学组（6～13岁），18×11 m；初中组（14～15岁），22×12 m。比赛方法：采用4节制，每节比赛时间为8 min，半场间休息10 min，每队上场人数为3人或5人。

刘玉运的《体育院、系篮球普修课教学控制系统的研究》，是用现代科学理论与教学理论，采用文献资料法、Delphi专家调查法、比较分析和归纳与综合的逻辑推理方法对篮球教学基本理论所进行的研究。研究认为：篮球普修课教学是一项复杂的动态系统，其教学控制系统模式表明，课程目标是在总体培养目标

控制下由反馈等系统构成，体现了思想、知识、能力的整体、综合性特征。篮球普修课程目标只有具体化并具有可测量的指标，才能起到对篮球教学过程的系统控制作用。正确处理“六对联系”，是提高篮球教学质量的重要保证。多年的教学研究成果和篮球专项教学法特征的系统趋势图，表明已形成了新的篮球教学理论与方法，为今后深入研究和完善体系奠定了基础。篮球普修课质量的反馈监测系统模式的初步形成，为篮球教学的测量与评价提供了定性与定量的指标信息，是及时反馈调控整个篮球教学系统的重要手段，有利于监控提高篮球教学质量。

梁建迎等人的《篮球战术教学训练微机演示系统的研制》，运用了电子计算机技术，紧密结合体育院、系篮球专业教学实践，试图直观、形象、完整、动态地描述篮球战术中人、球移动的时间顺序及位置变化，并通过测验反馈、储存和研制篮球战术，来解决篮球战术教学训练的难题。研究设计的“演示系统”软件的四大功能体系，包括教学微机演示，内有8套战术重点提示及注意事项；测验系统，内有8套教学的战术，每套有几个测验战术；篮球战术资料库，辑入了国内著名篮球教练员和专家的十几套战术方案；战术研制系统等内容。

叶国雄的《篮球运动员弹跳高度与相应各环节肌力间教学模型的初步研究》，目的在于对篮球运动员弹跳与力量素质之间的相互关系作进一步的测试研究，寻求其优化教学模型，为提高篮球运动员弹跳力的最佳训练方法提供可靠的理论依据。课题选择大样本的测试对象，选用自制摸高测量器、国产摄影机、电阻应变测力器并配用Y6D－3A型动态电阻应变仪和SCI－6型光线示波器等仪器进行测试，经过数据处理后计算成相应的多元性回归教学模型。

成惜今的《我国青年女篮运动员身体素质的检查评定及训练重点问题的研究》认为，在青年女篮运动员身体训练中，客观检查与评定运动员的素质水平和确定身体训练的重点是迅速提高她们身体素质水平的两个重要问题。该课题对上述两个问题进行了探讨，为改进与促进青年女篮的身体素质训练提供客观依据。研究选择有代表性的大样本，选用10个身体素质的测试项目，用经验评定的方法确定运动员的运动技术水平的分数，用逐步回归的方法进行数据处理，最后经过分析综合得出结论。

郑於莲等人的《全国青年男篮运动员在比赛和训练中心率遥测情况对合理安排训练负荷强度的探讨》提出，篮球运动训练负荷的科学、合理安排，直接关系到运动员的成长、发展和我国篮球运动技术水平的提高。合理安排运动负荷要有一个科学、准确的方法。研究试用心率遥测、联合机能测试、尿蛋白的化验、晨脉的检索、寻找伤病原因等手段，通过获得的数据和结果，对训练和比赛负荷强度进行分析研究，为改进训练工作提供科学依据。

傅企明、陈允生的《对青少年男子篮球运动员有氧与无氧能力特点的研究》

认为：篮球运动是一项攻、守对抗十分激烈的竞赛项目，运动员欲在比赛中保持充沛的体力，掌握时间和空间的主动，发挥应有的战术水平，必须具备良好的身体素质，而身体素质则是人体生理机能在运动中的综合反映。该研究对青少年（13～18岁）男子篮球运动有氧与无氧能力进行了研究，从而了解他们与同龄普通人之间有氧与无氧能力的差异，了解篮球运动训练对人有氧与无氧能力的影响，进而为青少年男篮球运动员的自动检索、机能评定和科学化训练提供生理学依据。

丁兵，刘玉林的《我国优秀篮球教练员的基本情况及其促进因素研究》，以我国历届国家篮球队、国家青年队和全运会篮球赛及全国篮球锦标赛前8名篮球队的主教练为研究对象，采用文献法、问卷调查与访问调查法、数理统计等综合性研究方法，对我国优秀篮球教练员的基本情况，对教练员成长起促进作用的主要因素进行研究，总结了我国优秀篮球教练员的成长经验，为我国篮球教练员的培养和使用提供了客观依据。研究认为：目前我国仍在执教的优秀篮球教练平均年龄为四十八、九岁，这既符合其他教育科技人才大多数中年成才的规律，又体现以体育技能教学实践为主要特点的特殊成才规律。优秀篮球运动员在执教前大都是优秀运动员。担任后卫的人较多。他们具有丰富、高水平、高级别的执教经历，为其成才提供了保证；优秀篮球教练员大都有高职称和较高的文化程度。我国优秀篮球教练员成才过程中起促进作用的因素很多，大致分两大类：第一类是内在因素。在内在因素中，“政治思想品质”、“心理品质”、“专项业务能力”、“知识结构”占主导作用。第二类是外在因素，其中“人际关系”、“基础条件”对教练员的成才起着举足轻重的作用。建议：各级领导应注意教练人才的发现和培养；应鼓励与支持教练员获其应具备的各种素质，并为其成才创造良好的条件。

潘书波的《女篮运动员神经类型与技术特长关系的研究》，运用问卷法、观察法、技术特长评定法等对中学、体校、省青年队、省队等不同层次的女篮运动员进行了神经类型和活动类型—技术特长关系的研究，并进行了不同年龄段的纵向比较。研究认为：安静型运动员具有的技术特长为中远投准，动作稳定，节奏好；灵活型运动员动作灵活多变，起动、突破快，抢断球能力强；兴奋型运动员动作有力，对抗技术好，运传球动作快。受其他因素的影响，有些技术与神经类型关系不大。大学生运动员的神经类型不随训练年限而向某一类型集中。

二、转型期的职业篮球体系研究已成为研究热点

1995年10月，中国篮协以全国男篮甲级联赛为突破口，以职业化、产业化为方向，颁布了《中国篮协运动员转队转会条例》和《俱乐部暂行管理条例》，揭开了我国篮球职业化改革的序幕。

作为我国篮球活动中的全新组织形式，有关职业篮球的法规条例、管理体制、经营机制、经营方式、训练制度、竞赛制度、教练员、裁判员、运动员的培养与管理等方面的研究也随着改革进程的推进逐渐展开，成为我国篮球科研的热点。

王家宏等的《我国篮球产业的发展现状及对策研究》认为，篮球产业包括本体产业和延伸产业两大部分。课题对我国篮球产业展开了以下全方位的研究：篮球竞赛表演业的现状及对策；篮球场馆服务业的现状及对策；篮球培训业的现状及对策；篮球信息服务业的现状及对策；篮球经纪业的现状及对策；篮球用品制造业的现状及对策；篮球用品销售业的现状及对策；篮球产业的当前问题及发展趋势的研究。

孙民治根据国外篮球职业化发展的成功经验，结合我国的国情，分析了我国发展职业化篮球的可行性，探讨了 CPB（具有中国特色的职业化篮球）的模式特征。提出：篮协实体化、竞赛规范化、职权责任化、管理法规法制化、经济实力保障化、经营商业化是 CPB 的主要特征。体育体制、经济基础、技术水平、观念意识是影响 CPB 建设的主因子。提出了我国篮球职业化建设的对策：吸收企业赞助；改革竞赛体制；改革管理体制，提高社会参与意识；制定法规政策；宣传篮球价值；加强后备力量建设；提高国民对篮球的消费意识；提高球队水平；建立职业俱乐部，实行职业联赛；完善俱乐部运行机制；完善职业篮球法规；完善职业联赛制度；提高职业球员的敬业精神和职业道德；完善职业篮球体制和内部运行机制；改善各级主管部门的管理职能，达到职责明晰化；发展篮球产业，实现比赛商业化；实现职业篮球的自身造血机能和自主经营机能；把中国职业篮球推向国际市场。

赵国华、孙民治、杜俐的《我国篮球运动走职业化道路的影响因素初探》，认为，体制改革的深度和广度是中国职业篮球建设的重要影响因素；竞赛训练管理体制改革的进行，为中国职业篮球建设提供了指导；同时，经济条件、技术水平、观念意识、法律保障和宣传媒介是影响中国职业篮球建设的重要因素。

高瞻，杜俐的《对我国职业篮球俱乐部现状与发展对策的研究》，对我国职业篮球俱乐部的形式、后备人才培养及人才流动、存在的问题进行了全面的分析后，认为，目前我国篮球职业俱乐部产权不清晰；缺乏规范化的管理体制和相应的运行机制；企业和体委缺乏共同目标。研究还对我国职业篮球俱乐部的发展对策提出了建议。

赵芳的《中、美职业篮球俱乐部之比较》，通过对中、美职业篮球俱乐部的管理模式、经营方式、球员转会制度等方面的比较，分析我国职业篮球俱乐部的不足。研究认为：现阶段中国职业篮球还不是“职业化”篮球；CBA 俱乐部都不是严格意义上的职业俱乐部；目前两种 CBA 俱乐部的组建形式都有其不足。体委与企业共办的俱乐部，职权不分，效率不高；企业办俱乐部功利主义思想强，短期投资严重，造血功能差，没有稳定性；CBA 俱乐部的经营机制不健全，市场开发能力差；转会制度不规范、不成熟，受地方主义、地域因素及原训练体制的影响。

杨铁黎，张建华的《关于我国职业篮球市场现状及对策研究》认为，我国职业篮球市场发展的基本条件已具备。该研究对我国职业篮球市场现状进行了调查，分析了目前我国职业篮球市场经营状况和俱乐部经营中存在的问题。研究从现行体制结构和特点、篮管中心和俱乐部的联系、篮管中心和俱乐部对开展职业篮球目的的理解、职业篮球现行机制、发展我国职业篮球市场的关键因素等方面，论述了我国职业篮球的现行体制。我国职业篮球现行机制现状是：行政指令的决策机制、动力机制动力不足、约束机制较健全、创新机制有欠缺。发展我国职业篮球市场的关键因素分别是：建立符合国情的职业篮球管理体制、建立符合国情的职业篮球运行机制、建立真正企业化的职业篮球俱乐部、提高篮球竞赛质量。发展对策：从职业篮球市场运行机制改革入手，通过扩大市场化机制增强，逐渐强化我国职业篮球的市场化程度，缩小计划经济体制存量成分。建立科学民主的决策机制、建立良好的动力机制、建立科学的创新机制、加强职业体育的法规建设，完善约束机制；提高篮球竞赛质量。提高训练水平和竞赛水平、建立良性的后备人才培养体系、修改竞赛规则、建立合理的选秀制度和转会制度、营造热烈的赛场气氛、提供综合服务，满足观众的多样化需求；建立综合开发我国职业篮球市场的营销策略。提高上座率和门票回报率、开发电视转播权、加强宣传效果、开发标志产品、与赞助商或广告企业建立战略合作伙伴关系。

白喜林，盛绍增的《中国职业篮球俱乐部的经营现状与发展对策》，对我国21个职业篮球俱乐部的资金状况、经营方式、经济效益等现状进行了调查，并结合 NBA 的运作经验，提出发展对策：转变经营理念，提高经营素质；拓宽经营渠道，开发新的经营领域；大力培育篮球市场，开发新闻媒介的潜在功能。同时还就一些具体措施进行了论述。

迟晶的《论主客场联赛制给竞赛市场带来的活力——以 1996—1997 全国男子篮球甲级联赛为例》，通过对实地的采访，归纳总结了一个循环模式，以展示主客场联赛制是如何给篮球市场带来活力的。同时也提出了主客场联赛制给体育竞技水平带来的弊端及其解决方法和建议。

一些篮球方向的硕士、博士研究生也围绕我国的职业篮球展开了研究。例如，我国职业篮球俱乐部的法规研究、我国实行职业化篮球俱乐部障碍因素分析对策、对我国男子职业篮球俱乐部现状的调查研究、关于我国篮球比赛市场发展策略的初步研究：兼论上海市篮球比赛市场经销策略等。

此外还有相当数量的研究就我国篮球职业联赛方面进行了分析讨论。例如，对职业篮球发展的研究：中国篮球运动的职业化发展和困惑、影响我国篮球职业俱乐部建设的因素分析、试论影响我国篮球职业化的主要因素。

对篮球市场开发的研究：浅析职业篮球的商业价值及我国篮球市场的开发、NBA 职业篮球市场的成功经验及启示。

对职业比赛实践、训练负荷和心理的研究：实行主客场赛制后我国男篮甲级队训练负荷安排的特征、甲级联赛部分篮球运动员焦虑问题的研究、CBA2000—2001 总决赛八一、东方两队攻防技术和能力探析。

三、学校篮球运动的开展是研究的重点

学校篮球是我国篮球运动的重要成分，也是我国体育教育工作的重点内容。研究学校篮球发展的条件、环境、现状和对策等，对我国篮球整体水平的提高和可持续发展以及学校体育教学改革的深化等具有重要的现实意义。另一方面，目前从事篮球科研活动的人员大部分是各级各类学校的体育教师、篮球专项教师和篮球方向的研究生，他们或受研究环境、现有条件的影响，为了保证研究操作的可行性，或从他们本身的兴趣和工作任务出发，都倾向于选择学校篮球作为研究内容。

学校篮球中，以“发展高校篮球，培养篮球人才”为宗旨，以 CUBA 为代表的大学生篮球联赛是我国篮球的又一全新竞赛制度，它对于我国篮球训练体制的改革，后备人才培养机制的完善，篮球运动水平的提高起着重要作用。围绕大学篮球联赛展开全面而深入的研究，探讨大学联赛的发展对策，已成为我国篮球科学研究活动的重要内容。

有关大学生篮球联赛的基础性研究工作已展开，并取得了一些可喜的研究成果。

谷志立、李慧林的《全国大学生篮球联赛（CUBA）管理体制现状分析与对策》，对全国大学生篮球联赛的管理组织机构、竞赛管理的性质、与赞助商的关系、竞赛规程、法规建设、竞赛水平等方面进行调查分析研究认为：大篮协章程不够完善影响了会员学校参与竞赛管理的民主性和广泛性，表现在，4 年一次的会员代表大会召开时间长，常委会具体人数不确切，各机构职责不明确，专门的竞赛委员会没设立，大篮协与基层大篮协及参赛高校的组织关系不明确；大篮协在财政上依附于赞助商，二者的职、权关系模糊；竞赛规程上，划分南、北赛区，比赛时间在暑假，参赛学校的级别界定等有待改进；学校投入经费不足、训练时间短、比赛交流少等原因造成了整体运动水平低。发展对策：完善章程，保证管理的民主性、广泛性；明确大篮协与赞助商的责、权关系；赛区分为南、北、中、西四个赛区，实行跨年度的三阶段赛制，以运动员的客观身份分比赛级别；通过各高校加大经费投入、树立典型学校和建立激励机制来促进运动水平的提高。

李慧林，王光华的《论 CUBA 发展的优势》一文，从历史的必然性、良好的基

础、理想的结合点、职业队的“二传手”、赞助商的大力支持等方面论述了 CUBA 发展的优势。另外，作者还进行了《全国大学生篮球联赛(CUBA)的发展趋势》研究。

陈颖川，吉建秋在《高校篮球人才培养方式的现状与创新》中，对大学生篮球联赛的开展及人才培养现状进行分析，提出了高校篮球人才培养存在的问题及创新途径。

此外，还有一些相关的研究成果发表。例如，CUBA 的现状与发展、从 CUBA 联赛谈学校篮球运动的发展、北京市高校篮球运动发展与提高的对策研究。一些篮球方向硕士研究生也以学校篮球运动作为学位论文的选题内容。例如，对参加 CUBA 联赛 A 级比赛各队现状与发展趋势的调查分析、关于中学篮球教材结构的研究、体育专业普修篮球技术组合教学的研究、我国高校办高水平篮球队障碍因素分析及对研究等。

四、加强篮球基本理论体系的建设，进行可持续发展的研究

现代篮球运动实践要求有先进的篮球运动理论对篮球运动实践的不同领域，不同层次、不同方面进行科学指导。谭朕斌认为，篮球理论包含着理论上对篮球运动的基本认识，代表着篮球运动科学研究的水平。解决篮球理论系统中的一些基本问题，在一定程度上就是解决理论研究和运动实践的方向问题。

基于理论对实践的重要指导和借鉴作用，探讨篮球运动众多方面的原理与规律，摸索篮球运动可持续发展的对策与环境因素，完善与丰富我国的篮球理论体系，一直是广大篮球科研者坚持不懈的工作重心。这为我国篮球运动理论体系的形成和完善，为篮球运动的进一步现代化、科学化、做出了积极的贡献。

王家宏，孙民治，于振峰，陈新，钱志强等的《中华人民共和国篮球运动发展史学研究》，针对目前已有的我国篮球运动发展史的研究，多是从 1895 年—1990 年度，且大部分内容是 20 世纪 90 年代前的内容，研究的侧重点又集中在中国竞技篮球运动的发展历史的情况，研究把我国篮球运动分为学校篮球运动、群众篮球运动、竞技篮球运动、篮球理论建设和篮球运动管理体系 5 大部分，在继续深入研究新中国成立前篮球发展历史的基础上，着重研究了新中国成立后 5 大部分的篮球发展历程，突出了 1990 年以后的发展过程内容，丰富了我国篮球运动历史的研究。

孙民治等的《21 世纪中国篮球竞技运动的发展趋势—兼论中国篮球运动现状及对策》，从现代篮球运动的发展高度，对现代篮球运动研究提出了自己的见解。

王家宏，陈新的《对中国女篮滑坡的成因及其对策的探讨》，针对女篮当前

的低谷状态，从心理、技术、战术、发展现状等方面进行了探讨。研究认为：影响女篮心理状态的因素包括心理训练的效果，个人技能和比赛经验，社会文化和队员个性心理特征，赛前的准备情况和教练员的能力与指挥；影响体能、技能的因素包括队员对体能训练重视不够、基层忽视全面技术训练，比赛少、质量低，“风格说”限制了全面技战术的形成，重攻轻守思想使防守水平下降；“男子化”发展落后；基层金牌战略影响后备力量的发展。

孙民治等人的《篮球意识及培养》，根据运动心理学的理论与方法，结合现代篮球运动的特点及规律，对“篮球意识”的概念及内涵作了阐述。研究认为：以“概念模式”和“记忆系统”所形成的“认知结构”反映了意识形成过程及规律；篮球意识的结构主要由观察、分析判断、快速反映、战术思维、应变、自我控制 6 种能力组成。研究还论述了篮球意识的培养途径与方法以及篮球意识的评定原则与方法。

高鹗等人的《篮球意识定量评定方法的研究》，根据篮球训练、竞赛的规律和特点，对篮球意识——整体性、关联性、综合性、最优性、实践性、进行了既是综合因素，又占主导地位；意识是在身体、技战术配合等基础上的集中反映全面系统的分析。论述了篮球意识在篮球运动员运用技、战术及支配行动是思维和决策的反映；通过篮球意识量化评价方法，及时反馈给教练员，能对运动员实施有效的调控等内容。提出篮球意识的评定项目内容和统计表格，要根据比赛的规律及特点进行设计。统计与评定项目、内容有：投篮、突破、传球、运球、抢球、防守、移动、攻守转换等技术动作，同时结合篮球战术内涵特征，作为评定运动员篮球意识的个体内容。研究按意识的优劣差异程度，分别赋予分值，用电子计算机进行量化及其相关的数据处理。又对各指标符号的内涵及规格，作了专门的研究。临场统计方法作了详尽的介绍和示例。

王保成，匡鲁彬，谭朕斌的《篮球运动员体能训练的基本理论与内容》，从篮球运动的项目特点入手，论述了篮球运动员体能训练的理论与原则：体能提高的刺激——适应理论与原则；训练量与训练强度统一；以速度训练为核心；力量训练是基础与保证；体能训练与专项技战术训练相结合。体能训练的内容和手段：篮球专项密切结合的训练内容和方法；非专项类的训练内容和方法（力量、速度和耐力训练），并提出了训练中应注意的问题。

池建、邢文华等的《我国儿童、少年篮球运动员选材标准的研制过程与方法》认为，当运动成绩发展到一定阶段，运动员先天条件就成为影响运动成绩提高的主导因素，通过科学选材，才有可能达到较高的运动水平。我国过去的篮球选材研究中，尚缺少全国性的篮球选材指标体系和综合评价标准，忽略了篮球运动员的位置特点，选材标准过于繁杂并难以实施。研究建立全国统一的各年龄儿童、少年篮球运动员的选材指标体系；制定全国统一的各年龄段儿童、少年篮球运动员的选材标准及评价方法。

对我国篮球运动的可持续发展进行前瞻性理论研究，也是当前篮球理论研究的一个重要方面。

孙民治，王家宏，张雄等的《中国篮球运动内外环境研究》认为，我国篮球要实现可持续发展，面临和需要解决的问题既有训练竞赛、后备人才、教育科研、职业俱乐部生存和发展等方面的不利因素，又有影响和制约篮球运动发展的政治、经济、文化、法律等因素。因此，以影响我国篮球运动发展的内外环境因素为出发点，以可持续性发展为立足点，采用文献资料法、访问调查法、比较法、归纳演绎法、逻辑推理法，运用法学、经济学、管理学等学科的知识对我国篮球运动的内外环境进行全方位研究。

此外还有中国篮球运动的持续发展与篮球后备力量、中国篮球战略一缺陷等研究成果。

篮球方向研究生关于我国篮球可持续发展方面的选题研究有：我国竞技篮球的可持续发展战略研究、我国篮球竞技后备人才可持续发展影响因素的研究、现阶段我国篮球后备力量培养中几个主要影响因素与美国的比较研究等。

有一些学者在进行篮球理论研究时，还对国内外篮球科研的开展进行回顾，总结，以及时了解当时阶段的篮球科研情况，并对未来科研趋势进行分析探讨。

张丽在对 1970 年以来国外篮球科研文献及 1949 年以来国内篮球文献进行广泛普查的基础上，分析了国外篮球科研情况，探讨了几十年来国内外篮球科研特点。在回顾新中国成立以来我国篮球科研发展情况的基础上，通过对比分析，提出了篮球科研的发展与篮球运动水平的提高密切相关，科研起着促进运动水平提高的作用；加强管理是发展篮球科研的重要措施；围绕训练开展多学科综合研究；根据对我国篮球科研队伍现状分析，重视提高篮球教练员和专职科研人员的科学文化水平和专业理论水平；加强体育情报工作。

杨改生，吴晓强对我国 1985—1994 年间 17 种主要中文体育报刊登载的篮球科研论文进行了分析。认为目前论文发表量呈持续下降趋势，1994 年为 1985 年的三分之一。研究主要集中在基本理论、技术、战术、教学训练方面（占总量的 87%）；防守和心理研究有较大进展；运用生物学科理论研究的论文较少。研究方法增多，定量研究、定性和定量结合的研究有较大进展，但运用单一研究方法的仍占高比例，有不重视哲学方法的倾向。在篮球史、篮球意识、篮球风格与指导思想方面的研究较多。研究队伍缩小，教练员参与研究少。要重视运用研究成果，推动全民健身。

谭朕斌的《对我国篮球理论研究现状的研究》一文中，对我国篮球理论研究的历史进行了简要的回顾与总结，分析了我国篮球理论研究存在的不足。认为，目前我国篮球理论研究存在的问题有：系统性差，方向不明确，重点不突出；对篮球理论体系及规律方面的宏观理论研究的重视程度不及对技术、战术、及其教学训练方面的具体探讨；缺乏多学科的综合研究。同时，指出我国现阶段理论研究的重点：在科学方法论指导下构建我国篮球理论体系；探索和归纳篮球运动的基本规律，分析和论证对实践的具体指导作用。

王家宏，陈新的《论我国篮球科研的特点、现状及发展趋势》中，从篮球科研的对象和领域、研究的内容和问题、研究的过程和结果、研究的理论和方法论述了篮球科研的特点。分析了当前研究的重点：篮球教学训练、竞赛实践研究；篮球职业化、产业化研究；CUBA 发展研究；基本理论体系建设研究；现代化设备研究。展望了未来的趋势：以人文科学、社会科学为研究理论；发展战略与规划研究；管理体制研究；后备人才培养研究；教学训练科学化研究；科研方法创新研究。

五、开发篮球教学、训练和比赛现代化设备的研究

电子技术和电子计算机的广泛应用，将在篮球领域中充分显示现代科技的重要性。这些技术和成果的运用，将促使篮球运动的教学、训练和竞赛朝着自动化、电脑化、遥控化、轻便化、模拟化的方向发展，促进篮球科研从定性描述到定量研究的科学发展。开发现代化设备已成为篮球科研的重要方面，并已取得了一些研究成果。例如，北京体育师范学院和中科院电子计算机研究所联合进行了《掌上电脑及配套软件在篮球比赛临场技术统计中的应用》研究，钱君琪、符庆乔等人的《PC－BBS 篮球技术统计系统及其应用》。PC－BBS 篮球技术统计系统是至今最简易、快速和在各种场合均可应用的技术统计工具。陈华强，常庆的《用计算机进行篮、排、足球运动负荷测试方法的研究》是用计算机进行运动负荷测试统计和篮球运动员进攻战术意识测试实验的一次突破。王鲁宁等的《篮球比赛临场技术统计微机应用系统的研制》；朱利、金琼、闫育东的《三维“篮球区域联防战术”电教片的研制及运用》研究认为：开发微机软件，制作篮球三维动画在战术教学中是可行的；运用三维电教片的电化手段进行战术教学，效果优于常规教法；利用电教片进行战术教学，目前各高校均可承担，研制电教片进行电化教学具有实用性和推广价值。

此外，还有钟添发等研制的“TPHE－I 型综合测定仪”和“计算机多通道动态心电心率测定分析仪”；朱志堂、常庆等人研制的“声控篮球比赛临场统计系统”；常庆、陈华强等人研制的“DMC－I 型球赛统计微型计算机”，程世春等的“篮球基础训练电视片”；杨鹏飞等的《篮球重点规则》电视教学录像片；刘振东的“篮球投篮技术定性、定量、定型练习器”；刘鸣忠等的“遥控电动篮圈封闭器”；邵冠群等的“篮球训练反弹器”；孙新国的“无板多圈简易活动篮架”；杜利军的“篮球运动员的辅助训练器材——斜式弹网”等成果。

在篮球科研工作者的努力下，我国篮球科研已取得了相当可观的成果。但由于我国体育科研起步较晚，目前从事篮球科学研究的主力军仍然是篮球教学或体育教学的教师以及较少数的篮球教练员。他们一方面缺少丰富的篮球实践经验，另一方面受本身知识结构的限制，缺乏相关的学科理论知识，而往往只停留在大量的感性认识上。因此，研究者在课题的选择上只能根据现有的条件、能力，寻找一些较容易入手的、局部的、单一的课题进行研究，而宏观的、综合的课题研究很少。并且缺少先进科学仪器设备，科研方法单一。这些因素直接影响着我国篮球科学研究整体水平的提高。

第二章

篮球运动技战术分析及教学训练研究

篮球运动的教学训练是一个系统工程,从教学训练的全过程来看,涉及教学训练管理,教学训练准备,教学训练过程控制,教学训练的内容、方法、手段选择和运用,教学训练效果评价等多个环节。从教学训练内容看,主要有篮球理论知识、技术、战术、体能、心理、智力以及思想品质等多方面内容。其中,作为构成篮球运动基本要素的技术和战术,是篮球活动的本体表现形式和进行方式,也是篮球教学训练的核心内容和首要任务。

技术和战术的不断创新运用,是推动篮球运动持续发展提高的内在动力,因此,分析技战术的原理和结构,论证技战术运用的原则和要领,探讨技战术教学训练的最优化控制,建立技战术的优化模型,展望技战术未来的发展趋向是篮球科研的重要任务之一。

第一节　篮球运动技术分析及教学训练研究

篮球技术是在篮球运动实践中逐步形成、发展和完善起来,并随着运动员身心素质和竞赛环境条件、竞赛规则以及战术需求的变化,而不断得到改进和创新。篮球技术综合体现出运动员的智能、体能、机能、意识、创造力和比赛作风,在相当程度上反映运动员的竞技水平。

一、篮球技术概论

篮球技术是篮球比赛中运动员为了进攻和防守而采用的专门动作方法的总称。它是篮球比赛的基本手段,是运动员比赛行为的核心,是篮球战术的基础。篮球运动实践发展至今,已创造出极其丰富多样的技术动作。

(一) 篮球技术分类体系

经长期的运动实践和理论研究,我国篮球理论根据篮球运动攻守对立统一规律，人体运动科学原理和技术动作任务，建立了以攻、守技术为一级主干的多层次树状扩散分类体系，即把各类技术动作划分为进攻与防守两大类。进攻与防守两大类技术按隶属关系和逻辑层次，又各包含若干动作结构相类似或作用相同的技术动作。进攻技术包括：传接球、投篮、运球、持球突破；防守技术包括：防守对手、抢球、打球、断球；移动技术和抢篮板球技术在进攻和防守技术中都体现。进一步再依据技术的动作结构特点，衍生出更细化的技术动作。

这个技术分类体系基本囊括了所有的篮球技术，形成了一个较完整的树状层次结构，目前在我国已被广泛接受。也有一些学者提出了新的分类方法，如"单个技术—组合技术—对抗技术"，还有"位置技术"等。这些在技术分类体系中应怎样补充和调整，都值得进一步研究。

（二）篮球技术基本原理

篮球技术是在参与篮球活动过程中所运用的合理的运动动作，它以人体的骨骼、肌肉活动为基础，以人体解剖学、运动学和动力学的知识体系为确定动作结构的理论依据，以大脑皮层神经运动的暂时性运动条件反射联系为形成的生理机制，以"刺激－反应－适应"理论作为训练提高的基本原理，以运动员的身体素质和体能、心理素质及意识和智谋为运用的基础条件。

二、篮球运动技术分析和教学训练研究

为了掌握正确、合理的技术动作，提高运动员运用技术的能力和实际效果，优化教学训练的手段和方法，以充分发挥技术在比赛中的作用，对篮球技术进行多学科、多角度的分析研究是前提条件。

在对篮球技术进行科学的分析研究时，必须遵循一定的原理、原则和方法。篮球技术分析的原理有：运动解剖学原理、生物力学原理、运动生理学原理、运动心理学原理。技术分析的原则包括：实效性原则、整体性原则、优化发展原则、个性差异原则、规则准予原则。技术分析的方法有：观察分析法、动作结构分析法、生物力学分析法、控制分析法、技术统计分析法和综合分析法。

教材是篮球技术研究成果交流的一种形式。在各种层次、各类版本的篮球教材中，篮球技术都是其中最重要的篇章。这一类形式的技术论述主要集中在基本技术的定义、动作方法、要领、运用要求及简单的教学训练方法和手段方面。

除教材外，还有相当数量的技术专著对篮球技术的动作方法、运用要领、教学训练原则、练习手段和方法等进行了论述。这部分成果颇丰，相对于教材，专著对技术各方面的论述更为详尽、更细化。

刘玉林编著的《现代篮球技术教学与训练》(1992)，论述的技术及其教学、训练的内容全面而又重点突出，对投篮、防守和强攻做了较具体的论述。教学训练手段和方法的选择，遵循了由浅入深、由低而高、由理论到运用的教学训练原

则,符合学习者的学习规律。

于振峰、柳永青等编著的《篮球对抗技术》(2002),论述了篮球对抗技术的演变与发展,对抗技术的基础,有球对抗和无球对抗的目的任务、基本动作方法、运用要求和变化,抢篮板球的对抗,以及对抗技术的教学与训练。

刘颐等著的《篮球技术教学控制原理与方法》,以控制论的理论为指导,研究篮球技术教学的最优化控制,阐述教与学之间的相互作用和影响,提示篮球教学的特点、规律和原则。还有寇振声编著的《篮球教学与训练法》,韩之栋等编著的《篮球技术练习1000例》,王梅珍等编著的《篮球组合技术》等。

目前,大量的篮球技术研究还借助运用生物力学、解剖学、生物化学、心理学、生理学、数学、现场测试、观察统计、现代化仪器设备等理论和方法,从不同的视角和理论依据出发,对各种篮球技术的动作原理和结构、技术的科学教学训练、技术的优化模型、技术的实践运用和效果评价等多方面进行更深层次的理论和应用研究,并将成果以论文的形式发表。相关方面的研究有理论分析研究、应用研究和教学训练研究。

(一) 篮球技术的理论分析研究

运用多学科知识,多角度对技术进行理论分析,是技术研究的一个重要内容。通过开展这些工作,可以使技术运用更规范化、合理化;使技术训练更有针对性、实战性和实效性。相关的研究成果很多。

王惠林,武国政,吴强的《对我国少年篮球运动员基本技术和身体素质现状分析》:速度差,起动慢;弹跳能力差;全场运传球上篮中表现出弱手、高手和弱手补篮技术差,技术、速度、耐力和心理素质有待提高;投篮动作不规范,心理和技术稳定性差。研究还对造成不足的原因进行了分析,并提出了相应的对策和建议。

曹竟成等的《对男子篮球后卫队员阵地攻防技术的模糊评价》,把后卫阵地攻防技术分为4类技术能力和18项技术统计指标,建立了中国男篮后卫阵地攻防技术综合评判模型,使量化指标和不可量化因素同时参与评价过程。

周兴龙,赵芳的《篮球急停跳投的运动生物力学分析》,运用90 cm×45 cm三维测力平台,YA—506B型应变仪,连接计算机,让运动员在三维测力平台上完成跳步和跨步急停跳投动作。测力平台数据由测力平台专用软件处理,数据统计用软件EXCEL电子表格完成,冲量计算用数学软件包MATHMATICA自编程计算。

陈宏星,曹肇为的《现代篮球组合技术的方法学研究》,论述了篮球组合技术的定义和多样性、变异性的特点,组合技术的基础是:单个技术的运用能力;单个技术掌握的数量;技术运用的意识。组合技术的分类方法有:根据篮球攻防对抗的角度,分为进攻组合技术和防守组合技术;从篮球技术角度看,分为有球技术和无球技术；从比赛规则角度看，分为有球组合进攻技术、无球组合进攻技术，防有球组合技术，防无球组合技术。组合技术的教学训练原则有：实效性原则；匹配性原则；对抗性原则；与运动素质发展相适应原则。

刘利的《男子篮球主要技术掌握与运用敏感期探微》认为，篮球训练具有阶段性，技术的掌握必须与最佳年龄相结合。运球技术敏感期平均出现在13.12岁，14.53岁达到熟练运用阶段，15.85岁形成个人风格；传接球技术的各阶段时间比运球技术晚3～7个月；跳投技术的敏感期平均出现在14.21岁，到17.34岁基本定型，15.8岁是训练最佳时期；篮板球技术的敏感期平均在14.02岁，15.08岁形成动力定型，16.71岁个人风格基本确定；三步上篮敏感期平均在14.33岁，熟练运用阶段在16.21岁，形成个人风格时间在17.55岁。篮球技术的敏感期和各技术的复杂程度以及技术对身体素质的要求关系密切，14岁开始，系统训练4～5年，是技术由学习到运用的敏感期，也是成材的关键期；敏感期因技术不同而有差异；敏感期因人而异。

另外还有大量的研究成果，如投篮技术的研究："投篮原理浅论"、"投篮训练的生物力学基础"、"个人攻击跳投免遭封盖的空间参数模型"。黄先青等的"篮球投篮曲线的教学模型研究"，王志祥的"单手原地跳投动作结构的几项运动学特征"，李可可的"我国女篮队员投篮中某些感知觉特点"，徐卫华的"福建省女子篮球运动员罚球与神经类型关系的研究"等。

攻防篮板球的研究有："剖析争抢防守篮板球的抢位挡人技术"、"抢篮板球技术的分析与探讨"、"对我国女篮篮板球技术多角度的定量研究"、"对争夺防守篮板球中抢位挡人技术的初步研究"、"试析抢篮板球技术及教学建议"、"析抢防守篮板球"。还有，胡守善等的"篮板球技术动作与运用分析"，潘前的"我国部分男篮运动员抢篮板球能力中的身体和意识若干因素及其关系的研究"等。

持球突破技术动作的研究："原地交叉步持球突破技术动作的生物力学"、"甲级女篮队员持球突破对抗能力若干心理因素研究"、"篮球持球突破技术的动作结构及其运用"，还有周启盈的"原地持球交叉步技术动作分析"等。

位置技术研究："我国女子篮球队后卫队员的智力结构以及智力与若干运动技能的关系"、"对国内外优秀男篮中锋在投篮过程中身体接触的研究"、"篮球位置技术剖析"。还有，刘玉林的"现代篮球中锋队员的主要技术动作及运用"，都娟的"我国女篮甲级队后卫个性特征与其场上进攻行为的关系"等。

移动及脚步动作的研究：李沙的"对影响篮球跳步急停后再起若干因素的生物力学分析"，陆遵义的"青少年女子篮球运动员防守视动速度若干因素的研究"，陆风林的"对篮球防守的原地平步站立基本姿势下肢动作与起动关系的初步探讨"，毕务萍的"篮球移动技术分析及运用"等。

篮球方向硕士研究生有关技术分析的选题有:广东省少年男篮运动员脚步动作灵活性模拟模型的分析研究、对篮球技术动作分类的研究、我国北方少年女篮“三分球”远投技术相关因素的研究与评价、篮球防守技术大小髋角基本姿势稳定性与起动效果的运动生物力学研究和分析、NBA 明星特长技术之研究、少年女子篮球运动员短距离防守滑、撤步移动速度的研究等。

（二）篮球技术应用研究

于振峰等的《对篮球无球进攻队员技术运用要点和质量要素的分析》,通过对无球进攻队员技术运用要点和质量构成要素展开研究,分析归纳了技术运用的 5 要点:要有强烈的攻击性和策略性;提高应变能力;进攻目标的指向性;配合的时间性;个人攻击与配合的协调性。分析归纳了质量构成的 4 要素:强化提高移动质量;掌握接球要点;与假动作紧密结合;重视协同配合质量。

张锁雁的《篮球防守中手臂动作运用研究》认为,我国篮球对防守脚步动作较为重视,对手臂动作在防守中的运用注意不够,影响了防守技术的提高。

周威,董伦红,熊国庆的《中国男篮在身体接触情况下背向进攻特征研究》对 CBA 比赛、NBA 总决赛和奥运会比赛中某些场次的背向进攻方式、脚步动作、投篮方式等进行了研究。

许小静,崔祝的《影响篮板球控制能力的因素及对策》认为,要提高篮球运动员的篮板球控制能力,应做到:加强基本脚步移动训练;合理运用主动对抗技术;提高中锋抢篮板球时的对抗能力;加强身体素质和心理素质的训练。

另外的相关研究还有“第四届城运会男子篮球投篮技术运用能力的现状分析”、“CBA 与 NBA 三分球运用的比较研究”、“篮板球的反弹规律与进攻篮板球的拼抢”、“中国女篮技术诊断”、“篮球持球突破在比赛中的运用”、“第 12 届世界男篮锦标赛篮板球对比的研究”、“优秀女篮中锋阵地进攻活动的场区及人、球位置关系的特点分析”等。

近期篮球方向硕士研究生在篮球技术运用方面的选题有:“中外优秀男篮运动员投篮技术运用的比较及对策研究”、“第 26 届奥运会中国男篮后卫阵地攻、防技术现状的研究、第 13 届世界女篮锦标赛优秀中锋进攻能力和主要进攻技术运用方式的研究”等。

（三）篮球技术教学训练研究

篮球技术教学训练是在教师、教练员的组织、指导和学生、运动员的参与下,为学习、提高和保持技术水平而组织实施的教育过程。由于篮球技术内容丰富,形式多样,有许多单个技术和组合技术以及由于运动员场上分工不同所需具备的位置技术。因此,篮球技术教学训练的内容、方法和手段也呈现出多样化特征。有关篮球技术教学训练的研究范围宽广,内容多样。

陈树华,许永刚的《无球队员进攻技术教学与训练的分析研究》认为,篮球运动中,运动员进攻战术意识、全队进攻战术效果和无球队员进攻技术水平有密切联系。因此,研究运用了文献研究法和系统分析方法,把无球队员进攻移动技术放在篮球技战术体系中进行分析和考察。研究论述了移动摆脱的基本路线、摆脱接球的基本方法、运用时机及教学训练的步骤和方法,并提出了建议。

成惜今,张才超的《投篮技术系统训练的原则性方法》认为投篮技术必须系统训练的原因;比赛中投篮技术运用和得分情况的距离、方向和分类;比赛中影响投篮命中率的因素;运动技能形成的规律。归纳和设计了投篮系统训练的原则和方法:重复投篮训练;移动投篮训练;快速投篮训练;配合投篮训练。

李玉宁的《篮球远投技术训练系统的程序控制》,剖析了远投训练程序控制的理论依据:闭环控制系统原则、运动技能形成规律原则、弱者优先训练原则,建立了由总系统、一、二、三级层次子系统构成的远投训练控制系统结构,分析了远投技术程序控制训练流程与应用的方法和内容。

陶光中的《篮球持球突破教学的实验研究》,通过改进持球突破的技术要求(蹬跨第一步的方向在中枢脚的正前方而不是呈交叉状,上体前倾,主动接触对手身体,双手持球向远离对手一侧的前方放球),进行改进方法和常规方法的实验对比研究。研究结果:改进方法较常规方法更充分利用规则,符合实战要求,更容易被掌握、运用。

吴燕波的《体育院系普修课篮球组合技术教学改革实验研究》认为“篮球组合技术教学”在使学生掌握正确动作,提高实战运用能力等方面的总体效果上要优于传统的分解教学方法。“篮球组合技术教学”有利于充分发挥学生的主动性和积极性。

此外还有众多研究,如“试论篮球组合技术的训练”、“篮球持球突破技术教学实践探索”、“谈提高篮球课中投篮教学效果的方法和途径”、“篮球运动员投篮心理状态及其训练”、“篮球罚球的训练初探”、“篮球技术教学的特点、认知规律与原则”、“略论篮球技术教学的方法与手段”等。

近期篮球硕士研究生在篮球技术教学训练方面的选题有:“篮球普修课中技术练习时学生组合的初步研究”、“体育专业普修篮球技术组合教学的研究”等。

第二节　篮球运动战术分析及教学训练研究

篮球战术是战术指导思想和战术意识支配下的集体攻守方法。篮球战术以篮球技术为基础,是技术运用的组织形式,是发挥集体力量和个人作用的手段。战术质量的高低取决于队员技术水平、战术素养、比赛经验、应变能力、相互默契的程度等诸多因素。

一、篮球战术概论

篮球战术是篮球比赛中全体队员为战胜对手,相互间有目的、有组织、有计划、有意识的合理运用技术进行配合布阵实现攻守对抗的行动与方法。篮球战术的目的是有效地组织全队队员发挥个人作用和集体力量,从时间上和空间上争夺控制球权,争夺比赛的主动和比赛的胜利。

(一) 篮球战术结构

篮球战术结构指形成战术行动的各个组成部分的有机搭配,包括战术指导思想、战术意识、技术水平、攻防阵势和行动方法。其中战术指导思想是战术内容的核心和前提,是教练员制订战术计划、确定战术方法、形成战术特点、完成战术行动的准则。战术意识是运动员的比赛思维和反应,是运动员贯彻和实现战术行动的指导,反映了运动员的战术训练水平。技术是战术的基本组成元素,是战术的基础。运动员的技术水平是使战术行动得以取得预期攻防效果的保证。阵势是战术活动的外部表现,是运用有针对性战术配合的基本条件。行动方法是战术活动的程序,规定了战术活动中队员的位置布置、球和人的移动路线、技术动作的选择和组合,行动的时机和区域、战术的变化和层次等。

(二) 篮球战术分类体系

根据现代篮球竞赛攻守对抗的特点,篮球战术可分为进攻与防守两个系统。20 世纪 90 年代开始,篮球战术分类体系研究将战术分为进攻战术、防守战术和攻守转换三大基本系统。再根据参与战术行动的人数和区域,进一步区分为个人行动、配合行动和整体行动的基础分类。

1. 个人行动的具体内容

个人进攻行动:摆脱、切入、突破、助攻、投篮等。

个人防守行动:防守无球队员、防守有球队员等。

2. 配合行动的具体内容

进攻基础配合:传切、掩护、突分、策应等。

防守基础配合:抢过、挤过、绕过、交换、夹击、关门、补防等。

3. 整体行动的具体内容

全队进攻战术:快攻、阵地进攻(进攻人盯人防守、进攻区域联防、进攻区域紧逼等)。

全队防守战术:防快攻、阵地防守(人盯人防守、区域联防、区域紧逼等)。

二、篮球运动战术分析和教学训练研究

(一) 篮球运动战术理论研究

分析研究篮球战术内涵、分类体系、设置原理、组合方法、运用要求、发展趋势、创新原则等理论问题,并借鉴这些理论成果,指导我国篮球运动的发展和提高,是篮球战术研究的一项重要工作。

杨桦的《现代篮球战术创新理论》认为,篮球运动创新的实质和核心是技术和战术的创新,战术创新对夺取比赛的胜利至关重要。战术创新包括首创和再创两层含义。论文定义了战术创新的概念,阐述了战术创新的原则:包括领先性原则:领先思维、领先设计、领先实践和领先运用;针对性原则:包括针对战术运用者的特点、针对比赛对手的特点、针对战术发展趋势的特点;可行性原则包括:战术创新设计必须符合篮球运动规律、队员的条件和比赛实践的要求。研究还分析了现代篮球战术创新的规律:螺旋上升规律、交互作用规律、新陈代谢规律和波浪起伏规律。提出了战术创新的方法:递进创新法、组合创新法、列举创新法、非常规战术法、利用创新法和联想创新法。

郑尚武的《篮球进攻战术分类问题初探》认为,构成篮球进攻战术体系有两个层面的内容,处于基础层面的是"个人进攻战术行动"和"进攻战术基础配合";位于表面层面的是"快攻"、"抢攻"、'固定配合'和"机动配合进攻"。文章进一步就"快攻"类进攻战术三种形式(长传快攻、短传快攻和短传结合运球推进快攻)的定义和运用要求;"抢攻"战术的概念、运用时机和运用要求;"固定配合"进攻战术的概念、结构特点、基本配合方式和不同战术方法;"机动配合"进攻战术的核心、结构特点、配合形式、运用原则等理论问题进行了阐述。

谭朕斌的《篮球运动员战术思维的特征》,运用心理学理论,论述了战术思维的涵义、作用和重要性、心理学基础、类型和特征以及战术思维能力的培养。

郑尚武、向渝的《对篮球移动配合进攻战术的初步研究》,定义了移动配合进攻战术的理论概念,阐述了战术形式的结构特点和基本配合方式,分析了战术的组成原则,总结了训练的相关问题。

还有"篮球'固定配合'进攻战术探析"、"篮球频繁移动策应进攻法在比赛中的运用"、"现代篮球战术的内涵概述"、"试论篮球战术意识的内容、作用和培养"等相关理论研究。

王家宏的《大力提倡运用多变综合性防守》、朱亚爱等的《篮球进攻战术的新发展》、华炳泉的《篮球进攻战术体系初探》、李方膺的《谈战术整体化重要性》、臧鸣放的《现代篮球移动进攻法的探讨》、华炳泉的《一套以传切为主的移动进攻战术》、张宏达的《1－3－1 轮换移动的进攻法》、袁文蔚的《现代女篮进攻区域与特点的研究》、钟添发等编译的《现代美国篮球 12 大进攻战术》、胡利德的《在篮球运动中,应提倡突然运用'综合防守'战术》、王新华等的《综合多变防守势态剖析》、张继池的《对全场区域紧逼防守战术中几个问题的研究》、(2/3 场 1－2－2 区域紧逼及教学训练》、肖信武的《影响区域紧逼防守位移能力的若干因素分析》等研究，都从不同角度对篮球的攻防战术进行了较深入的研究。

（二）篮球战术运用研究

长期以来，我国对篮球攻守战术基础配合和全队战术的快攻、人盯人攻守、区域联防攻守等战术应用的研究很多，取得了不少的研究成果。

随着现代篮球技战术的发展，20 世纪 80 年代后，对篮球进攻战术体系与方法的应用研究逐渐进入了一个新的阶段。近些年来，随着世界篮球对防守的日趋重视，在注重进攻战术研究的同时，更加强了对防守战术的研究，改变了过去研究中存在的“重攻轻守”现象。在这种重视防守观念的指导下，篮球科研出现了防守战术研究的数量上超过进攻战术研究的趋势，研究质量也有较大提高。

陈京生等 4 人的《第 24 届奥运会篮球比赛防守战术调研》，是为了了解世界篮球防守的特点和发展趋势，分析找出我国篮球的差距和特点，并寻求有效的对付国外强队的防守方法的专题调研。研究认为：我国男篮防守战术单调，女篮防守战术的数量及变化优于苏、南，逊色于美国队。当今篮球防守战术发展趋势是战术变化多，建议我国家队熟练掌握防守战术，以根据临场对手特点变换使用。我国男篮第一阶段防守效果优于对手，第二阶段防守与对手有较大差距。改进的方法应在尽快掌握贴身防守技术的同时强化整体防守配合的训练。第三阶段防守差距明显，建议重点抓堵位训练。我国女篮第二阶段防守强于对手，第一和第三阶段防守弱于对手。建议我国女篮改变依赖中锋身高死守篮下的防守方法，增加全场防守的比例，强化第一阶段的防守，重视打、抢、断等攻击性、技术性技术和夹击等协调配合训练，并增加全队堵抢篮板球的练习时间。美国男、女篮的防守气势凶猛，力图在心理上压倒对手。战术多，变化多，防守面积大。特有的区域紧逼能有效地直接或间接夺取控制权。半场防守时采用一对一贴身紧逼或夹击，其余防守者有强烈的夹击、补防等配合意识，因此对手的投篮命中率被控制在较低水平。

陈京生，徐佩清的《对篮球比赛防守战术的发展趋势及我国家队相应战略的研究》认为，男队防守趋向于以半场防守为主过度，女队则有全场防守增加的趋势；男队以半场盯人和联防为主要手段；女队以半场盯人、全场盯人和联防为主要手段。

陈京生，徐佩清的《对篮球比赛进攻方法发展趋势的研究》认为，未来国外男女强队的主要进攻方法是外围和中锋队员的个人进攻、快攻、二次进攻和突破分球，建议我国家队加强对这几种进攻的防守训练。策应、传切是世界强队使用最少而成功率最高的进攻配合，建议我国家队增加这两种方法的使用，减少现在使用最多的外围及中锋队员个人进攻比率。各队配合进攻比率呈上升趋势，建议我国家队大幅提高配合进攻比率。近、远投比率将上升，中投比率将下降，建议我国家队建立伸缩性强的整体防守体系，男队减少远投，增加近投，女队减少中投，增加近投比率。

陈均，王睿，曹学锋的《关于第八届全运会篮球比赛的技战术分析》，对第八届全运会篮球比赛中技战术运用情况进行较全面的分析和研究，对实行职业化以来中国篮球的技战术问题提出建设性意见。

此外还有相当多的研究对篮球战术运用情况进行了分析，如篮球比赛犯规战术运用研究、对篮球被掩护配合时绕前交换防守方法的探讨、第 13 届世界女篮锦标赛中国女篮防守分析、1999—2000 年中国男子篮球甲 A 联赛北京首钢队主场比赛技战术特点分析、篮球新规则带来的端线掷界外球新战术、中国男篮 26 届奥运会阵地进攻基础配合与个人进攻运用情况的研究——兼与美国对比研究等。

（三）篮球战术教学训练研究

篮球战术教学训练是和技术教学训练紧密结合的篮球教育活动过程，是整个篮球教学训练内容的重要组成部分。其主要目的是使运动员在比赛中能有效地、有组织地进行攻守对抗，并发挥出全队的整体力量和优势，从而获取比赛的胜利。

篮球战术教学训练是提高篮球竞赛水平的必备条件和根本保障。因此，长期以来它一直是我国篮球科研的重要研究对象和研究内容，并取得了相当多的成果，为我国篮球运动水平的提高和科学化教学训练的实施打下了坚实的基础。

王守恒等人的《篮球战术全信息教学法的设计与运用——篮球战术教学与研究之三》认为，篮球战术“全信息”教学法的设计与运用，在篮球战术教学实验中取得成功，其教学效果明显优于常规教学。篮球战术“全信息”教学法，以反馈调节为核心，扩大了教学信息的交流网络，加强了教学活动的目的性，优化了教学过程，提高了战术教学的效果，符合系统理论的基本原理。篮球战术“全信息”教学法提出的“导学—操练—学导—实践”教学环节，建立在教学评价反馈的基础上，贯彻了以学为主体，导为主线的思想，符合学生的认知规律，有利于对所学知识的理解和运用。篮球战术“全信息”教学法，保证了学生学习的主体地位，调动了学生学习的积极性，提高了学生的自学能力和思维能力。

钟添发等的《篮球战术教学电视片的研制与运用》突破传统的战术教学模式，设计研制了以策应配合为主的进攻战术教学电视片，运用电化教学技术来呈现篮球策应战术教学的全过程，并结合篮球战术教学实际，实行多种教法的优化组合，以获得战术教学过程的最佳控制。为电教媒体作为现代化教育技术在体育教学领域的运用，为教学方法的改革和教学手段的创新，开创了新路。

姜晓莉、林珍瑜的《在篮球普修课传切、掩护战术基础配合和理论课教学中运用“学导式”教学法的研究》，是对体育院校普修课篮球战术教学方法改革的研究认为,“学导式”教学法用于篮球普修进攻战术基础配合和理论课的教学,符合篮球战术配合技能形成的特点,学生掌握篮球理论知识基本过程的特点,能使学生较好地掌握篮球传切、掩护配合的知识、技能和篮球理论知识。“学导式”教学法,符合教学与发展相互促进的基本规律,能够促进学生自学迁移水平的提高,从而有利于培养学生的自学能力。

梁建迎等人的《篮球战术教学训练微机演示系统的研制》,运用电子计算机技术,紧密结合体育院、系篮球专业教学实践,试图直观、形象、完整、动态地描述篮球战术中人、球移动的时间顺序及位置变化,并通过测验反馈、储存和研制篮球战术,解决篮球战术教学训练的难题。研究设计了“演示系统”软件的四大功能体系为:教学微机演示,内有八套战术重点提示及注意事项;测验系统,内有八套教学战术,每套有几个测验战术;篮球战术资料库,辑入了国内著名篮球教练员和专家的十几套战术方案;战术研制系统等内容。实验调查结果表明:“演示系统”在实践中应用效果显著,达到设计预期的各项要求,可以推广。

刘锋的《篮球专选课战术教学过程的优化方案》,以“三论”为基础,设计了篮球专选课战术教学的优化方案,并进行了教学实验。认为通过方案中的“导学”、“导练”、“学导”、“实践”以及“反馈”的作用,战术教学效果明显提高。

此外,还有大量的篮球教练员、篮球教师及篮球研究生对战术的教学训练进行了各种角度的研究。例如,全场区域紧逼防守与反击意识训练新法、篮球战术教学过程最佳学习方法探讨的实验研究、在篮球专修课部分进行基础配合教学中培养战术意识的初步探讨、开智教学法在篮球战术教学中的运用——对培养篮球专修班学生在进攻半场盯人防守中无球时移动配合意识的研究等。

第三节 篮球教学改革研究

狭义上讲,篮球教学是在教育学理论的指导下,在学校课堂的特定条件下通过篮球知识、技能的学习和传播活动来实现特定教育目标的教育教学过程。对于传播篮球知识和技能、活跃校园文化、实现素质教育、促进学生身心健康、推动篮球运动的普及和全民健身运动的开展等方面具有重要作用。

我国的篮球教学活动主要在普通大、中、小学校体育课、体育院系篮球普修课和专修课中开展。在长期的篮球教学实践活动的过程中,人们通过不断的认识和探索,逐步形成、完善了我国篮球教学理论和知识体系。

一、篮球教学改革概述

篮球教学是由教师和学生共同参与的教与学相互作用的教育过程,是学校体育教学工作的重要组成部分。在我国学校体育教学改革大环境的影响下，各级各类的篮球教学也积极进行改革创新研究，努力使篮球教学适应我国学校教育发展、篮球运动发展的需要。

由于受苏联凯洛夫教学思想和我国竞技体育战略的影响，在相当长的一段时期内，从小学到大学，甚至体育院校（系）的篮球教学，基本上处于一个单一的技能教学目标和一本教科书，一种教学模式的状态。这显然不适应社会发展、学校体育发展和学生身心健康发展的需要。因此，改革篮球教学，在教学活动中大量引进了各国现代教育思想，运用先进的教学理论和方法，提高篮球教学的质量和效率，实现全面素质教育，落实“健康第一”体育教育思想，就成为篮球教学现代化发展的必然需要。

（一）深层次篮球教学目标的拓展

一般而言，篮球教学主要是通过篮球运动的教学活动，使学生了解篮球运动的有关知识，掌握篮球运动的技术技能，发展身体素质和运动能力，培养良好的思想品德，实现对学生的全面素质教育。为适应社会发展、教育改革发展的需要，在此基础上，各级各类篮球教学改革还拓展出更深层次的教学目标。

（1）普通大、中、小学体育课的篮球教学，进一步注重学生对篮球兴趣的培养和“健康教育”指导思想的贯彻落实，使学生把篮球运动作为终生体育锻炼，增进身心健康而采用的一种方法、手段。在中、小学篮球教学过程中，还强调发现和培养具有篮球运动天赋的青少年和儿童，以便他们接受更为系统的教学和训练，为我国篮球专业运动队伍输送优秀后备人才。另外，培养大批篮球爱好者，普及和传播篮球文化也是篮球教学的重要任务之一。

（2）体育院系篮球教学进一步加强培养从事基层篮球教学、训练的教师、教练员，具有组织、管理篮球竞赛能力的人员以及裁判员。1997 年秋开始试行的全国普通高校体育教育本科专业《体育教育专业课程方案》明确提出，培养目标还包括：“培养适应我国社会主义现代化建设实际需要，德、智、体全面发展，具有良好的科学素养，掌握体育教育的基本理论、基本知识和基本技能，并受到体育科学研究基本训练的体育专门人才”，把体育科研能力的培养纳入了篮球教学之中。同时，培养能接受更高层次教育，从事高层次篮球科学研究的高级专业人才也成为深层教学目标。

（二）现代教学思想和方法的借鉴运用

现代教学方法在篮球教学中的运用，是篮球教学改革研究的重要成果。依据现代教育思想和教学理论，以认知科学、行为科学和社会科学的教学理论为指导，把当代系统论、信息论和控制论运用于教学实践，结合新的篮球课程教学目标和对象的特点，突出强调教学过程中学生的主体作用，注重学生综合能力的培养、思维的创造性扩散和身心健康的全面提高，是现代篮球教学方法的最突出特征。

篮球教学中常用的现代教学方法有：

1. 指导发现教学法

该方法根据美国认知心理学家布鲁纳的发现学习理论而设计。篮球教学中，学生在教师指导语的引导下，通过课前主动的观察、思考、体会；在课中通过有效的练习主动寻找、分析、归纳答案。这种方法能培养学生良好的发现问题、思考问题、解决问题的学习习惯，使知识、技能和能力都能得到发展。

2. 掌握学习教学法

根据美国教育心理学家本杰明·S. 布鲁姆的形成性评价理论，该方法以"人人都学习"这一信念为基础，把篮球教材分解成若干目标分类体系并制定相应的评价标准，借助各阶段评价，通过教学活动的重复、调整、强化、纠错和个别辅导，分层次逐渐实现教学目标。

3. 学导式程序教学法

根据美国心理学家斯金纳提出的程序教学思想，老师依据认知规律和技能形成规律，将复杂的篮球技、战术教材分解为若干相互联系的"小步子"，并编制作业顺序，让学生按程序进行学习。经过及时、严格的学习成绩检测获得反馈信息，完成了学习任务的继续下一个单元学习，否则，返回去重新学习，从而逐渐向教学目标逼近。

4. 合作学习法

依据社会学、社会心理学的理论，把篮球教学作为社会活动过程。教学中依据自愿的原则把学生分成人数不等的若干个小组，教学过程中运用小组练习，小组竞赛、小组评价、组内互助等方法，使学生在小组和伙伴的合作活动中学习掌握篮球教学的内容。

此外，在体育院校篮球教学中还研究运用了"讨论教学法"、"多媒体电化教学法"、"案例教学法"等多种现代教学方法。要引起我们重视的是，每一种教学方法都有自己的长短处，因此选择和运用教学方法时要做到"两结合"即：强调教学方法与教学目的、任务、教材特点、学生特点、教学条件、环境以及教师自身特点的结合；重视各种教学方法的结合运用。

总之，没有一成不变的教学方法，也没有绝对高效的教法。篮球教学中要从实际情况出发，紧密围绕"教与学"的双边活动过程，灵活加以运用，以使学生建立起攻防的应变观念，以合理运用技术能力为要求，以学生身心健康发展为前提，使教学活动取得最佳效果。

（三）重视反馈与强化手段的运用

控制论对于篮球教学的重要指导意义在于，充分利用教学反馈信息，借助运动技能学习过程中的反馈信息，不同动作技能类型的反馈和学生的自反馈，实现教学活动的最优化控制。如依据教学目标和篮球动作技能的形成规律，教学初期强调技术的规范性，此时动作的分化抑制不完善，应以阳性反馈信息和非自然的强化为主（练习本身和练习结果的自然作用）。在技术的提高阶段，分化抑制逐渐完善，动作自动化建立，追求动作的熟练性和准确性，这时应以自然的反馈与强化为主（教师依据教学结果而设置的强化，由教师控制发生的频率和时机）。

二、篮球教学改革研究现状

篮球教学研究是篮球教学改革的理论依据和指导。长期以来，篮球教学研究一直是我国篮球科学研究的重要内容，它始终伴随着篮球教学改革的进程而发展，并保证篮球教学改革向科学化、高效化、最优化、系统化方向发展。作为我国篮球科学研究主力军的篮球教师和体育教师，围绕学校篮球教学开展了大量卓有成效的研究工作，为我国篮球教学理论体系的创建和完善，为我国篮球教学的发展和改革提供了借鉴和指导，极大地丰富了我国体育教学理论和篮球理论体系的内容，促进了篮球教学质量的提高。

回顾我国篮球教学改革的进展，其研究主要集中在篮球教学教材及参考书籍的编撰，篮球教学目标的修订、教学模式的设计、教学方法和手段的更新、教学效果考核与评价的完善以及其他篮球教学相关方面的探讨。这些研究成果大都以教材、专著和论文的形式出版、发表，为我国篮球教学改革提供了科学指导和借鉴，为提高篮球教学质量奠定了坚实的基础。

（一）篮球教学教材及参考书籍的编撰研究

篮球教学教材是篮球教学的依据和指导，是篮球教学活动得以有计划、有顺序、有组织开展的先决条件。

1961 年由国家体委组织编写的体育学院本科讲义，《球类运动》上册中的篮球部分，填补了我国篮球教材的空白。该教材虽然参照苏联体育学院球类运动教材体系，但在内容上有我国自己的特色，对体育院、系篮球教学质量的提高起到了一定的作用。

1979 年体育系通用教材《篮球》，是在修订体育学院本科讲义的基础上，由全国体育学院篮球教材组编写的。这本书有一个较完整的体系，重视学术的系统性。在技术分析方面有一定的更新，在战术上也有所突破，理论方面大部分重新编写，内容增加较多，在广度深度上有一定的提高，文字表达严谨，图表规范，不仅促进了体育学院篮球教学质量的提高，并对以后其他教材及篮球书籍的编写都起着很好借鉴与参考作用。1985 年在总结我国篮球多年的教学经验，吸取了国内外先进经验的基础上，补充了新技术，增添了理论方面的阐述和教法内容，又出版了体育系通用教材《篮球》新的版本。

1988 年高等学校试用教材《球类运动——篮球》出版。这是在国家教委组织领导下,根据教育部 1980 年颁布的《高等师范院校体育专业教学计划(试行草案)》、4 年制本科球类教学大纲的精神和要求,由李震中、张德山、林取用、卓国能、赵经宏、高昌龄、唐珍贤组成的篮球教材编写组编写的。该教材充实了技术和战术的理论分析及教学训练原理、方法的内容,增写了中学教材教法和篮球游戏部分。

1995 年又出版了高等学校教材《球类运动——篮球》(修订版)。这是在全国高等学校体育教学指导委员会的领导下,根据国家教委 1991 年颁布的《普通高等学校本科体育教育专业教学计划》的培养目标和 1992 年制定并印发的《普通高等学校本科体育教育专业十一门课程基本要求》,由篮球教材编写组编写的,孙民治教授任主编。这本教材紧密围绕培养目标,面对中学体育教学的实际,较全面地介绍了篮球运动的基本理论与基本知识,基本技术与基本战术;注意基本技能与实际能力培养,充实了篮球运动的新观点、新技术、新战术及教学训练方法。

2001 年出版的高等学校教材《球类运动——篮球》(第三版),是根据教育部 1998 年颁布的《普通高等学校本科体育教育专业九门主干课程教学基本要求》规定的教学任务、教学时数、教学内容及考核要求,在结合现代世界篮球运动发展趋势与成果的基础上,由篮球教材编写组编写的。博士生导师孙民治教授、王家宏教授分别任主编、副主编。这本教材重视实践性与实效性、整体性与个体性的结合,强调落实综合素质教育和贯彻“健康第一”的指导思想。

2000 年出版的体育院校专修通用教材《篮球运动高级教程》是原国家体委、国家教委审定立项的普通高等教育“九五”国家级重点教材,由博士生导师孙民治教授、刘玉林教授分别任主编、副主编。该教材是博士生、硕士生、高级教练员、科研人员、体育院校篮球专修生,以及专门从事篮球高水平运动队教学、训练者的教学用书,具有“五高、四新、三结合、二多、一精”的特点。

此外,还有大量的教材问世,如 1991 年出版的体育学院专修通用教材《篮球》、1992 年出版的体育学院普修教材《篮球》、2001 年出版体育院校普修通用教材《篮球运动教程》和中学教师进修高等师范本科(专科起点)教材《篮球》、全国师专体育事业教育用书《篮球》、函授教材《篮球》等。

与此同时,大量具有针对性的教学参考书籍也纷纷出版。

孙民治编著的《篮球纵横》(1996),该书把篮球运动视为一项现代文化、现代文明、现代科技有机结合的统一体,对职业篮球模式、篮球意识和比赛节奏、篮球的布阵和战术、篮球教学、心理训练、3 分远投、篮球研究生的培养等方面的问题进行了论述。

由叶国雄,陈树华主编《篮球运动研究必读》(1998),主要供篮球研究生参考的专业用书。该书分概论、技术、战术、教学、训练和科研6大篇,各篇又逐层深入地组织了若干专题和内容。概述篇:讲述了篮球运动的起源、世界篮球的发展、中国篮球的发展、推动篮球发展的因素、篮球的特点和作用等内容;技术篇:探讨了篮球技术的发展、技术分析和技术运用等情况;战术篇:探讨了篮球战术发展、战术设计、战术意识和个人战术行动、战术运用等专题;教学篇。安排了篮球教学的目的意义、特点和相关概念、教学的理论依据、现代教学论的略述、教学文件的制定、教学效果的评估等部分内容;训练篇:论述了篮球训练的目的任务和内容、训练过程的特征、运动负荷的特点和安排、训练方法的结构和运用、"三论"的运用,训练的评价、比赛的指挥等多方面内容;科研篇:分析了篮球科研的发展历程、特点、现状和展望,介绍了我国篮球科研的部分成果,探讨了篮球科研的发展趋势,论述了篮球研究生的培养和科技手段在篮球运动中的作用。

王梅珍,张振东,李颖川,洪伟等主编的《篮球专修课教程》,是根据国家教委颁发的"普通高等学校本科体育教育专业教学计划"的精神,参照目前一些高校体育专业篮球专修课教学的安排而编写。该书制定了384学时的教学训练进度表,编写了120次课(240学时)的实践课教程示例。

中学体育教学丛书《篮球》、柳青等编著的《中学篮球教学与训练方法》以及阮尉村编著的《小学篮球》等多种专著。这些专著一方面充实了我国篮球的理论体系内容,另一方面又为篮球教学活动提供了有益的指导和参考。

(二)篮球教学课程改革研究

为了适应体育教育改革的发展,满足新时代对体育人才培养的要求,提高篮球教学的效果,许多篮球教师和体育教育工作者对篮球课程进行了具体而有效的改革研究。研究内容包括:篮球教学目标和教学模式、教学方法和手段、教学效果考核评价以及其他相关研究。研究对象涉及:体育院系专业篮球教学、普通高校体育课篮球教学、中小学体育课篮球教学等。研究方式有基础性的理论探索、操作性的实验对照、理论性的比较分析和经验性的推理论证等。

1. 教学目标修订和教学模式设计研究

樊文彬的《中、美中学篮球教学比较研究》认为,两国的教学目标有相似也有相异之点。我国中学教学目标对教学规范、有序地进行有积极意义;美国教学目标内涵外延更丰富。美国教学内容系统、全面、具体,教学时数多;我国则内容短少,时数明显不足。美国教学方法多样,趣味性、竞争性强,学生主动积极;我国则显得沉闷,消极。美国教学考核规范、全面;我国没有统一的内容和办法,甚至没有考核。研究还提出了一些建议。

钟添发等的《篮球课的组织与教学》认为,篮球课是进行教学训练的一种基本形式,是由教师和学生两个方面组成的,教师起主要作用,提高学生学习的自学性和积极性是教师的责任,是提高篮球课教学质量的重要环节;篮球课的组织教学中，要从培养目标出发，使学生达到“四会”；从篮球特点出发，解决基本技术之间、攻与守、练与战、身体、技术及作风等的结合。在篮球课的组织教学中要注意培养学生的战术意识和能力的培养；建立新型师生关系，必须做到教书育人等问题。

李杰凯的研究认为，体育教学的改革必须从转变教学观念入手，在新的教学观念指导下构建新的模式。体育教学模式的研究必须遵循“模式研究，理论先行”的原则，对现代篮球运动系统教学与速成教学模式的设计和功能，从其目标、教材、教学组织、质量标准等方面进行对比并提出了具体的标准要求。

刘玉运的《体育院、系篮球普修课教学控制系统的研究》认为，篮球普修课教学是一项复杂的动态系统，其教学控制系统模式表明，课程目标是在总体培养目标控制下由反馈等系统构成，体现了思想、知识、能力的整体、综合性特征。篮球普修课程目标只有具体化并具有可测量的指标，才能起到对篮球教学过程的系统控制作用。正确处理“六对联系”，是提高篮球教学质量的重要保证。多年的教学研究成果和篮球专项教学法特征的系统趋势图，表明已形成了新的篮球教学理论与方法，为今后深入研究和完善体系奠定了基础，并提供了依据。篮球普修课质量的反馈监测系统模式的初步形成，为篮球教学的测量与评价提供了定性与定量的指标信息，是及时反馈调控整个篮球教学系统的重要手段，有利于监控提高篮球教学质量。

万良华的《高师体育专业篮球课程的合作教学模式》认为，合作教学模式强化了教师主导、学生主体的地位，学生的“三基”、“四会”能力明显优于传统教学模式。

杨世强、王秀业的《篮球选项课对培养学生终生体育观念的研究》认为，《全国普通高等学校体育课程教学指导纲要》为篮球选项课教学的建设与改革的依据，对篮球选项课的目的、任务的确定，教学内容的选择，课的形式，发展第二课堂等方面进行了论述。

宋丽媛、邓艺珊，宋丽娟的《构建体育专业篮球普修课教学新模式》认为，当前篮球普修课教学模式已不适应社会发展需要。新模式应转变教师角色，重视教师的引导作用和学生主观能动性的发挥。教学内容包含体育道德素质教育，5大技术教育，了解基础配合，明确战术结构。教学方法运用过程中要坚持思想、技术、能力的一起培养。教学效果评定应从思想、技术、教学能力、理论知识水平入手。技术考核以示范能力为主，强调技术动作的规范性，技评与达标得分比重为7:3。理论知识评定包含基础理论知识评定、自学效果评定和理论表达能力评定三部分内容。

吕钢等人的《篮球教学过程系统化初探》认为，篮球教学过程是系统中的具体教学要素，评价系统反映的是对篮球教学过程的各个教学要素对系统发挥作用的价值判断。具备了上述两个要素,整体的篮球教学系统即可运行。作者对篮球教学系统可行性,评价系统在篮球教学过程系统中的意义,进行了具体分析论证,提出实施篮球教学过程系统化的要求。

谭朕斌的《关于篮球主修课教学的探讨》,针对现在篮球教学目标与要求不变,教学时数在逐渐减少,学生专业基础水平又不断下降的现状进行了实践性探索。

此外还有:函授篮球专修课教学模式的研究、对体育学院不同学制篮球课教学目标的研究、试论体育院系篮球普修课教学、对体院篮排球足球普修课课程改革的实验研究等。

2. 篮球教学方法和手段改革研究

马毅等 7 人的《现代教学法在体育院、系篮球教学中的十年应用研究》,依据现代教学理论,紧密结合我国体育院系篮球教学实际,构思设计了一套新的较为完整的体育院、系篮球课教学方法。研究分 7 个子课题进行,共历时 10 余年,研究对象涉及国内十多所院、系的千余名学生。这 7 个子课题是:普修课篮球小步子教学结合反馈调节的实验研究;指导发现式教学在篮球普修课教学中的运用;体育院、系篮球某几项进攻技术教学中运用掌握学习策略的实验研究;在篮球教学中运用范例式教学法的实验研究对体育院、系普修课几项投篮技术的教学实验;篮球战术教学引入"个案"教学法的实验研究;篮球教学中运用问题教学法的实验研究对体育院、系专修课掩护战术基础配合的教学实验;篮球教学中运用合作式教学法的实验研究——对部分体院普修课几项进攻技术的教学实验。

李杰凯的论指导发现式教学在篮球普修课教学中的运用,以现代教学论的理论与方法为指导,将"发现式"的学习理论应用于篮球普修课的教学实践。实验班的教学过程:编制新的教学进度;教师通过编写的每课"指导语"的方式向学生提供不同程度及难度的指导;教师为学生提供材料,引导学生进行观察发现式的学习;学生在教师的指导下,通过练习形成知识表象系统;课后学生进行归纳的概括,即对"指导语"进行第二次解答;教师对学生归纳、概括的情况进行分析研究,及时反馈。研究认为,指导发现式教学的最大特点在于改变了学生在教学活动中的被动地位,使学生成为教学过程的主体。它使学生发现学习新知识的同时,形成良好的探索性学习习惯,有利于学生各种基本能力的培养。

马毅的《普修课篮球小步子教学结合反馈调节的实验研究》认为,教学实验研究证明,篮球 4 种技术小步子教学程序模式应用于体育院、系篮球普修课教学是可行的。以小步子方式进行教学比较符合篮球普修班学生的特点,易于使学生对每一个教学小步子的技术动作进行学习,在教学过程中容易产生正迁移。在篮球普修课教学中,应用语言提示法、集体评价分析法、自我直观法、目标引导课内反馈法,都是使学生获得自身反馈信息较好的方法。对于学生自我改正错误,强化正确动作,形成适宜的学习心理状态,加速对篮球技术动作的学习掌握具有一定的促进作用。小步子教学易于教学反馈调节的进行。小步子教学结合反馈调节教学,使得教学过程更加系统化,形成一种较为完善的教学法。

陈大龙的《篮球战术教学引入"个案"教学法的实验研究》运用美国哈佛大学罗兰德克里斯坦森教授所提倡的"个案"教学法,对体育系篮球专修的学生进行教学实验后认为,个案教学实验组中,学生无球掩护配合的数量、质量和能力都明显好于常规方法教学组。篮球理论考核成绩,个案教学组明显好于常规方法组。个案教学法适用于篮球战术教学。

樊六东的《普通高校篮球选项课培养学生篮球意识的探讨》,设计一套含8种教法的方案进行教学实验研究。8种方法是:矛盾法、发现法、急骤联想法、定势打破法、反思法、类比法、辩论法、容忍暧昧法。实验后进行了掌握技战术概念原理、操作思维敏捷性、视觉思维判断力和篮球意识的评定。结果认为,实验班的篮球意识要优于对照班。研究还提出了培养篮球意识的方法:文化学习、战术思维训练、基本技术训练与篮球意识相结合、实战与观摩以及教师的主导作用。

贾志强、刘海英、武国政的《在篮球战术基础配合教学中运用"操作思维引导式教学法"的研究》,分析了在普通教学领域内取得良好效果的"思维引导式"教学法,然后在此基础上,结合篮球教学特点,设计了"操作思维引导式"教学法练习卡,来进行篮球战术基础配合教学实验。认为,"操作思维引导式"教学法符合篮球战术教学特点,能促进学生掌握篮球战术配合技能,加快战术意识的形成过程。

姜丽的《尝试教学法在篮球教学中的运用》,以原地单手肩上投篮、往返运球投篮技术为研究内容。尝试教学时,学生先学习教材中技术的概念和动作方法,然后结合自己的理解去尝试练习并进行讨论交流,在此基础上,教师进行针对性讲解和示范,然后组织学生再练习并加以指导。研究认为,尝试教学法的教学效果要优于常规教学法。建议:教师对尝试教学法的运用和操作、学生对尝试教学法的适应和接受问题有待进一步研究。

王鑫庆、刘志明、胡乔的《双侧性迁移在篮球教学中的应用研究》,根据运动心理学的理论,采用文献资料和实验研究的方法,以全场运球绕障碍上篮,半场左右手运球上篮,三角形运球为实验练习内容,并以1 min投篮为参考项目。研究认为:在篮球的运球、运球上篮乃至投篮技术的学习过程中存在双侧性迁移现象,而且这种迁移是正迁移;在篮球的运球、运球上篮技术的学习过程中,弱手向强手迁移的效果大于强手向弱手的迁移效果;强弱手参与练习的先后顺序,弱手先行参与练习的效果大于弱手先行参与练习的效果;强弱手练习的时间比例,弱手练习时间应占总时间的60% ~80%。

吴金元的《篮球技、战术渗透教学法的实验研究》认为，在教学中利用技战术的相互渗透作用把技战术结合起来教学的效果，要好于常规的分开教学效果。

樊六东的《掌握式教学在篮球传切、掩护战术配合中的实验研究》认为，对普通高校篮球专项班的篮球传切、掩护配合教学进行了实验研究。

马胜利，张秀珍的《少年儿童篮球训练的方法和手段》认为，在少年儿童篮球教学训练中，要注重柔韧和灵敏素质的练习；结合篮球步法提高快速移动能力；用运球的方法提高球性。

李超雄的《篮球教学中检查和纠正错误动作的方法》，对检查错误动作的方法，错误动作产生的原因，纠正错误动作的方法及纠正错误动作是应注意的问题进行了论述。

叶琼英的《篮球教学的口诀教法》，对篮球教学口诀创编的要求、篮球技术口诀的运用要求、篮球口诀教法的成效进行了论述，并介绍了一些技术动作的口诀。

此外还有篮球持球突破技术教学实践探索、对体育系篮球专选班专业理论课教法改革的尝试、关于篮球技术程序化教学训练方法的初步研究、篮球普修技术课“小步子加强反馈信息教学法”的初探、电化录像法在篮球防守战术教学中应用的研究、高师体育专业篮球普修课规则裁判法理论课教学方法的改革、篮球教学中如何培养学生思维能力、篮球普修课运用“结构一层次”教学法的实验研究、“三人制”比赛法在篮球必修课教学中的实验研究、对我院篮球副修课教学的思考等许多篮球教学改革研究成果。

3．篮球教学效果考核、评价的研究

于钢，孙民治的《篮球试题库》，依据体育系的培养目标、任务和篮球等级裁判员、教练员等级考核要求，参照体育学院、系篮球通用教材、青少年篮球运动训练大纲、等级裁判员、教练员近期的考核试题，以及北京等部分省、市体育院、系近年来各个教学层次篮球理论知识考核常用的试题编写而成。试题库内容丰富、方式多样、出题覆盖面广、答案力求简明扼要、准确实用，是体育系各教学层次学员进行篮球专业学习和报考篮球硕士学位研究生入学考试前学习的必备参考书，也是各种学制篮球教师、教练员备课时的工具书，是裁判员、教练员晋级考核前的参考资料。

孙民治的《篮球运动教学训练试题解答》，把篮球教学训练试题的内容整编成篮球运动概论类，篮球运动技术教学训练类，篮球战术教学训练类，运动员体能训练类，篮球教学训练理论类，篮球竞赛组织、临场指导、规则与裁判法等独立的6部分，并采用多种形式的命题方式，有填空题、鉴别题、选择题、概念题、论述题、计算题、绘图题和自我立论题等8种形式。

饶钢的《我国高等院校体育系篮球普修理论学业评价方法的研究》，结合我国篮球教学的实践系统地研究我国高等体育院、校体育系篮球普修理论学业评价的方法,探索改进评价方法的途径。研究认为,高等院校体育系教学过程是一个多层次、高难度的动态过程,要采用系统的定性、定量分析方法。评价与测量是相互联系,相互制约的同一过程的两个方面,影响评价可靠性的因素大多来源于测量过程所造成的误差。因此,只有从测量学的角度来讨论评价问题,才富有现实意义。通过 Delphi 专家调查,形成了较为统一的本学科认知领域的学习水平分类及其权重,和本学科评价内容及数量,并在此基础上研制试卷双向细回表,为统一评价标准编制试卷,提高其内容效度提供了依据。运用评价与测量理论,结合本学科特点,研制的一整套编制标准化考试流程图,经过实验的检验和专家的鉴定是可行的,使教学评价成为闭环反馈控制系统。研究对大纲规定的教学目标做了一些修改、完善,实验证明是必要的、可行的。研究增加客观试题的比重,从多角度、多层次测量学生的学习水平,有利于提高评价的信度和效度及培养学生的能力。

林珍等的《对篮球课教学质量的评估》,通过教学模型对篮球教学过程中相互制约、相互促进和干扰的多因素、多指标进行综合分析,借助信息反馈来验证评估的效果,对课堂教学质量进行客观的评价,从而促进教学质量的提高,逐步实现教学管理工作的科学化。该方法对篮球课教学质量进行评估,数据处理客观可靠,简单易行。对其他术科教学课,训练课质量,科研成果,教学管理等各类评估也有参考价值。

刘玉,朱越彤等的《高等体育院、系〈篮球普修理论标准化试题库〉的研究》以我国高等体育院、校篮球普修理论考试为研究对象,以试题标准化为主要内容,以试题的代表性和测量的客观性为重点,通过文献法、专家调查法,全面测量与检验等综合性研究方法,最后建立《篮球普修理论标准化试题库》。研究认为:全国部分院、系实验测试反馈调查表明:在国内部分体育院、系篮球教学及考试的研究有一定的影响。试题库具有明确的考试目标和大纲,符合教学目标,具有针对性,适合本课程考试使用。试题库经过编制、测试、修改、筛选而最后形成,其容量能同时满足不同性质及目标的考试卷 8 ~ 10 套。在研究不同试题类型的基础上,开发与移植 7 个选择题型,具有创新性。对标准化考试卷、题的信度、难度等指标,经过检验处理符合统计学要求。

张庆爵等的《篮球理论题 1700 例》由西安体育学院的共 10 部分内容。命题方式有填空题、是非题、选择题、概念题、问答题、计算题和绘图题 7 种形式,较全面系统地概括了篮球运动的基本知识、基本原理和基本理论。每部分题后都附有参考答案,有助于学习者加深理解和掌握本学科的内容。

杨进进的《体育学院体育系篮球普修课技术考核内容、方法及评分标准的探讨》认为,体育院、系篮球普修课的技术考核内容,应依据其培养目标、课的教学任务和时数情况，选择主要教材和比赛中运用最广泛的技术动作作为考核内容，共选择了12项技评、4项技术达标，实验结果表明具有可行性。体育院、系篮球普修课的考核方式，应采用技评与达标相结合，阶段测验与期末考核相结合的方法。研究所制定的技术考核方法，简便、易于理解和掌握，并能在课的有限时间内完成考核的全部内容。研究所制定的技术评定标准具体明确，易统一尺度，评分准确，能较客观反映学生水平的个体差异。

张朝晖的《篮球教学质量评估标准的研究》认为，篮球教学评价内容包括：思想品德教育，生理指标，"三基"教学效果和教学能力等4部分。

还有，林珍瑜，王耀宗的《女子篮球专修学生相当"一级水平"的定量化评定》、谭朕斌的《篮球教学中进攻战术基础配合战术意识评定方法及评定标准的初步探讨》、章莺，金一平，曾世华的《高校篮球选项课专项素质考评的累进记分方法》、夏振强的《在篮球普修课技术教学中场依存性对于程序教学和常规教学效果的影响》等有关篮球教学效果评价和考核的研究。

有许多硕士研究生也结合篮球教学改革展开学位论文的研究。如"篮球技术教学中激发学生学习活动的结构、方式及评价方法的研究"、"不同练习次数和分配练习方式对中距离投篮准确性影响的实验研究"、"对我国体育学院现行专修通用篮球教材的分析及评估方法的研究"、"篮球战术"网络"学习法的设计与运用"、"普通高校篮球选项课考试内容与形式的研究"、"普通高校篮球课教学与课外体育锻炼辅导有机结合的实验研究"、"对高校篮球课教学采用活动性游戏和组合技术的实验研究"、"刚果体育大学与北京体育大学篮球课程的比较研究"、"篮球战术教学控制模式的实验研究"、"我国部分体育院系和普通高校篮球教学中教师教学行为的研究"、"篮球普修课技术教学中积极教学法的设计与应用"、"篮球战术教学过程最佳学习方法探讨的实验研究""篮球教学中项目的自然强化功能对初学者学习行为及效果影响的初步研究"等。

第四节 篮球运动科学化训练研究

随着现代科技的进步，世界篮球运动的迅速发展，要达到最大限度地挖掘和发挥运动员在技术、战术、体能、心理、智力等方面的潜力，使篮球运动员达到"更高、更快、更强、更准、更全"的目的，就必须建立技、战、身、心于一体的整体训练控制系统，对运动员实施系统的科学化训练，并对篮球训练的全过程实施最佳化控制。

因此，运用多学科知识、现代化手段对篮球运动技术、战术、身体、心理训练活动实践进行最优化控制研究，一直是篮球科研的重要方面，进行了相当多的高水平研究，取得了丰硕的成果。

在20世纪80年代，以“科学化训练”为主题的篮球训练科研活动进行的极为活跃，大批的高水平成果见之于世，为我国篮球运动水平的快速提高和篮球科学训练理论体系的丰富与完善奠定了坚实的基础。

《篮球运动科学化训练研究》是1983年国家体委委管课题，1985年国家体委、北京科委双管委管的课题，由中国篮协科研委员会和北京体科所共同承担。参加该课题研究的成员单位有：国家体委科研所、北京体科所、广东体科所、河南体科所、吉林省体委、北京体育学院、北京体育师范学院、广州体院、武汉体院、湖南师范大学体育学院、江西师范大学、唐山师范大学、唐山市体委等。该课题共经过1983—1988年六年两个阶段的研究工作，1983—1985年完成14个子课题，1986—1988年完成13个子课题，共27篇研究成果。这些研究涉及篮球教学和训练的诸多方面，强调成果对篮球教学和训练实践的指导作用。研究成果曾分别获得中国篮球协会一、二、三等奖；北京市人民政府科学技术成果三等奖。

孙民治等的《对远投——三分球系统训练的探索》，是《篮球运动科学化训练研究》子课题。研究思路是按照远投系统训练的目标和程序，对远投训练过程进行了控制，从而使远投训练状态定向发展。研究选择了19项指标进行了为期两年的实验研究。认为：除投篮技术动作的规范性和协调性外，影响远投命中率的主要因素是上臂和胸大肌群的伸展能力、腹背肌群的收缩能力、腿部肌群的快速蹬伸能力，这些基本素质是进行远投系统训练的基础。

于钢等7的《青年男篮大运动量训练负荷临界幅度的初步探讨》，是《篮球运动科学化训练研究》的子课题。研究运用控制理论和方法对篮球训练过程进行深入研究，通过对所获得的运动员训练的各种反馈信息，研究控制训练负荷，使训练达到预期效果。研究结果：通过遥测心率测试、重量机能测定、教练员观察和运动员自我感觉，对青年男篮大运动量训练负荷临界幅度进行研究的方法是可行的。初步探索大运动量训练负荷临界幅度。训练安排：每周训练总时数24～26 Hr；练习密度为53%～57%；移动距离55 000～62 000 m。其中快速移动距离35 000～39 000 m；平均心率26～27次/10 s；大强度训练45%～52%。这是竞技学校青年男篮训练实验测试结果，可供青年男篮安排队大运动量训练参考。由于各队水平不同和个体差异，其临界幅度也不相同。此项研究是针对半训半读运动员进行的应充分考虑到半天文化学习的量，再加上其训练负荷，所得结论具有鲜明特点。在此研究基础上，尚需深入研究，如训练形式与数量、训练强度与时间、训练负荷节奏及其调整的关系等问题。

詹美莎等的《篮球运动员的心理选材方法》课题是《篮球运动科学化训练研究》的子课题。课题论述了运动员应具备的心理品质，广义上包括心理过程和个性两个方面。对优秀篮球运动员心理方面的要求是：反应速度，选择性好；四肢协调敏捷；距离判断准确；手臂、手指腕肌肉运动感受性高；动作思维敏捷；意志坚强，情绪稳定。此外，神经类型也是一个影响运动员成长的重要因素。神经类型和性格是篮球运动员选材的重要内容。

侯郅华的《探索意拳对消除疲劳的作用——在部分篮球运动员中的阶段实验》是《篮球运动科学训练研究》的子课题。研究认为运动训练后的机能恢复及消除疲劳是科学训练的重要组成部分。为了探索有效的消除疲劳的方法，研究把我国传统的意拳站桩引用到现代篮球运动训练的疲劳消除中去。在研究过程中，收集运动员的身体感觉、视觉、呼吸心率、经络传感和空位电阻值等变化数据，并进行分析论证。实验证明，采用自身感觉及感受、生理反应及变化的指标，能客观地反映意拳站桩的效果；通过意拳站桩后，增进了健康、改善了生理功能、提高了自控与自调的能力，为消除疲劳、提高机体能力创造了物质基础；为大负荷强度训练和提高运动成绩，提供了精神和机体方面的支柱和保证。

李少芬、陈树华等的《综合多变防守战术系统的研究》是《篮球运动科学化训练研究》的子课题，研究以国内外篮球运动的发展趋势为切入点，认为原来的四大防守体系向着"日趋多变，日趋综合"的方向发展，即指在一次防守过程中，合理地运用了两种或两种以上不同体系的防守战术形式。研究对该防守系统进行了基本理论、训练和评价的立体研究。

覃有渠、许永刚的《用系统工程的方法进行模拟控制训练——论篮球训练、竞赛的模拟控制训练》。运用系统工程的理论与方法，对篮球训练和竞赛进行模拟控制研究。模拟模型是以真实的模拟对象系统为基础，采用模型试验，对其客观系统的结构和行为进行动态模仿，并从中取得所需信息，作为了解行为或评价系统控制的过程。篮球训练、竞赛模拟模型由技术、战术、技战术综合、素质和心理等子系统模型组成。在建立和进行模拟模型训练前，先进行模拟设计，然后经过分析问题、明确模拟对象、建立模拟模型、测试模拟模型、验证模拟模型等后进入模拟控制训练。研究最后提出了科学化模拟控制训练方法内容和程序。

高鄂的《运用系统工程方法研究篮球训练》，根据现代科学技术革命对运动训练产生的深刻影响，认为运用现代科学理论"三论"，以系统工程方法研究篮球训练，实现科学化训练势在必行。系统工程理论可以改善广大教练员、运动员的知识结构，提高科学管理水平，使训练工作达到最佳化，促使我国篮球运动水平早日进入世界先进行列。该研究根据国外体育科技的发展趋势，提出篮球训练的特点：加强综合性；通过科学测试的方法使训练最佳化；采用模式训练法；重视对运动心理学的研究；重视运动与疲劳消除问题；组织"智囊团"等。研究过程中，具体分析了20世纪70—80年代高水平竞技体育较量的特点和区别，提出20世纪80年代不仅具备运动员的天赋条件、教练员的经验和训练的严格要求，而且已进入了电子和综合研究时期及科学化训练为主的激烈竞争时期。研究还阐述了现代篮球训练过程是由行政领导、科学工作者、医务工作者、教练员、运动员组成的系统,并起到反馈调控作用。最后,根据篮球训练的整体结构分析,提出篮球训练工作系统结构及其示意图。

池建的《对篮球训练中负荷强度变化形式的初步探讨》,又名《对我国优秀青年篮球队赛前阶段训练负荷强度的分析》,结果表明:赛前阶段训练课的负荷强度变化形式,与比赛的负荷强度变化形式存在着较大的差异。表现为:训练课心率变化范围大,呈高低间相交错的现象,比赛心率变化范围小,始终维持在较高水平;训练课心率达最高值所需的时间长,心率曲线达最高峰的速度和坡度都不明显,比赛心率达最高值所需的时间短,心率曲线达最高峰的速度和坡度都较明显。建议:为了适应比赛的特点,在全年的训练过程中,特别是赛前训练,要有意识安排一定次数与比赛负荷变化形式相适应的模拟训练课。通过这种结构的训练课,能增强运动员对比赛的适应能力,充分发挥个人和全队的技、战术水平。

许永刚的《体育共轭控制原理在篮球训练中的应用》认为,当今已进入科学化训练阶段,表现为其他学科的科学方法在运动中的移植和渗透,使运动训练的方法与手段有了新的发展。近年来,由于"三论"对体育的影响,为实现运动训练过程的最优化控制,提供了依据和实践手段。控制论中的共轭控制方法,在篮球运动训练中的具体运用,则构成了共轭控制法。这种方法丰富了科学化训练内容,提高了训练的效果。控制系统的基本控制方式包括:随机控制、记忆控制和共轭控制三种。共轭控制,就是随机控制和记忆控制相结合的方式,又叫推理控制。该研究根据共轭控制方法,对篮球运动员脚步动作灵活性的教学训练进行有效的控制,通过建立的模拟模型和数学模拟模型,对实验结果进行评价和诊断。研究结果:共轭控制方法,经过实践运用,具有一定的可靠性和有效性,可以作为少年男篮运动员脚步动作灵活性的控制训练方法。

王贺立等的《篮球运动员机能恢复的方法与手段》认为,当今世界体育强国都探索新的恢复手段作为提高运动成绩和夺取比赛胜利的法宝。研究采用文献综述方法探讨了恢复措施的三种类型,并结合篮球运动的专项特点,提出篮球运动竞赛、训练过程中的恢复与竞赛训练后的恢复办法,以获得能量消耗的节省化和能量补充的短时化,从而供篮球教练员选择使用。

邵冠群等的《少儿篮球技战术系统训练的初探》课题,是《少年儿童篮球运动员系列训练的研究》的子课题。研究认为:只要自幼全面地、有计划地抓好系统训练,学生在技术与意识、攻与守、两手两脚并用等方面全面而均衡地发展是完全能办到的,高水平队员的全面发展必须从少儿抓起。最后,又提出合理的意见和积极的建议。

杨鹏飞等人的《篮球运动员专项综合力量训练法的实验性比较研究》认为,发展力量素质是篮球运动中专项身体训练的重点;力量素质发展有利于提高运动员的弹跳力、速度、爆发力及其对抗力；篮球专项力量训练度必须符合专项素质特点。研究通过专家咨询法和对比实验法，对篮球专项力量常用练习法进行了改进、科学的论证和统计学的处理。研究结果：综合力量训练法是一种值得推荐的专项力量的训练方法。

白金申等人的《篮球运动心理训练》认为，现代篮球训练是以多学科为基础的综合性训练，并用大量的比赛实践论证了心理训练和篮球运动的相关性。根据篮球运动员不同的训练和比赛时期，心理训练内容和方法也各异。研究在基本期、竞赛前期、后期和一堂训练课等不同阶段，结合技术、知识、比赛任务等训练内容，分别提出了注意集中、注意分配、自信心、意志等心理训练专题；根据篮球运动员的成长规律和教练员与运动员之间的教学关系，分别提出了不同年龄阶段，心理训练工作重点、训练重点及其师生关系的具体要求。为篮球科学化训练，提供了心理学理论与方法依据。

成惜今的《篮球运动员多年系统训练的控制问题》认为，现代篮球训练包括人（教练员、运动员、科研人员）和机器（各种训练用的设备、仪器）、行政管理、医务监督、后勤服务、文化教育等多种要素，是一个复杂的系统；控制篮球训练的内容和层次，是由进行决策、组织实施、收集与归纳信息、加以总结等组成；篮球运动员的多年训练过程分预备、基础、专项提高和高水平、结束 4 个阶段，研究分别对不同周期、年龄、训练的组织形式等提出不同程度的任务指标；决定篮球运动员和运动技术水平的因素，是由一级子系统的形态机能、身体素质、技术、心理、思想作风、文化知识等组成，研究又分别从二级到四级子系统加以具体阐述。研究对多年系统训练的控制，从训练过程的控制人员；多年训练过程的控制；阶段、周期及年度训练过程的控制系统，又分别加以论述和提出控制系统。

第三章

篮球硕士学位论文分析

篮球硕士生培养是我国篮球专门人才高级教育阶段,着重培养篮球运动方面的科学研究人员、高校教师、教练员和应用部门的高级专门人才,对于提高我国篮球运动水平,加速我国篮球运动的科学发展,促进我国篮球运动和世界篮球运动的结合,推动篮球教学、训练、科学研究事业都具有重要意义。我国体育教育训练学篮球方向研究生教育,具有博士生、硕士生两个层次。至今,我国已经培养了相当数量的篮球研究生,他们中的许多人现在已成为我国篮球运动的学术带头人。

1957 年,国家体委委托上海体育学院举办我国第一个篮球研究生班,招收了 25 名学员,聘请苏联功勋运动员、国家队队员尤·克·拉古纳维邱斯专家担任教授,并由李震中协助培养,这些学员毕业以后已成为我国 20 世纪 70 年代以后各有关体育学院篮球学科的学术带头人。

1961 年北京体育学院就开始招收篮球研究生。1978 年教育部正式颁布了全国招收体育硕士研究生文件以后,北京、上海、武汉、广州、沈阳、成都等省市十几所体育院校和科研机构相继开始恢复招收体育教育训练学(篮球)硕士研究生。1986 年 12 月 15 ~21 日,全国第一届培养篮球硕士研究生研讨会在武汉体院举行,并成立了"中国培养篮球研究生学会",推举李震中为名誉理事长,钟添发为理事长。1987 年 6 月,中国培养篮球研究生学会首届一次理事会在武汉体院举行。1997 年,为了培养高级的教学训练科研人才,北京体育大学首次开始招收体育教育训练学篮球方向博士研究生。

发展至今,我国许多高校拥有了体育教育训练学篮球方向硕士点,近几年更是加大了招生的力度。体育教育训练学篮球方向博士点的建设也取得了较大的进展,目前招收体育教育训练学篮球方向博士单位有:北京体育大学(导师:刘玉林、杨桦、武国政、陈树华);苏州大学体育学院(导师:孙民治、王家宏);上海体育学院(导师:姚颂平、李元伟)。

第一节　篮球硕士学位论文的选题分析

学位论文工作是攻读硕士学位研究生接受科学研究能力训练的主要环节，关系到研究生的培养质量，是篮球研究生教育中极其重要的一个部分，为丰富我国篮球运动理论，活跃我国篮球科研活动，推动我国篮球运动水平的持续发展起到了积极的作用。

选题是篮球研究生进行学位论文工作的第一步，是篮球研究生在系统接受专业理论知识和相关学科知识学习的基础上，通过广泛阅读篮球文献资料和积极参与篮球活动实践，进行深入分析和认真思考而酝酿形成，并经过严格的理论意义和实践意义的论证后提出的，是顺利完成高质量学位论文的前提。因此，篮球研究生要会选题、选好题。

一、篮球研究生学位论文的选题内容和范围

综观历届篮球研究生的学位论文，研究的领域相当宽广，研究的内容相当丰富。从篮球运动的大的分类来看，选题涉及篮球理论研究、竞技篮球研究、学校篮球研究、群众篮球研究、篮球科研研究。从小的角度看，选题包括篮球的专业理论体系研究，篮球发展规划，策略研究，篮球生物因素研究，篮球技、战、身、心的理论与教学训练的控制以及方法，手段的改革研究，篮球竞赛制度，竞赛理论和竞赛实践研究，篮球规则，裁判法研究，后备力量，教练员的培养研究，篮球的产业化，商业化研究等。

（一）围绕篮球运动，全方位切入选题

对 1981—2000 年间，全国体育院校及部分重点大学体育院系、国家体育总局科研所等 19 个单位的 180 篇篮球研究生学位论文进行整理、分析，可以发现，研究生的论文从各个角度，全方位地探索篮球运动的各种现象（表 1－1）。

表 1－1　1981—2000 年部分篮球研究生学位论文选题统计表

	教学	运动心理	测量与评价	技术	训练管理	人才培养	篮球产业	生物科学	高校篮球	理论研究	人文社会学	战术	生物力学	运动医学	比赛	规则裁判法	仪器设备	少儿篮球	Σ
论文数	38	30	22	22	16	10	6	6	5	4	4	3	3	3	2	2	3	1	180
（%）	21.1	16.7	12.2	12.2	8.9	5.6	3.3	3.3	2.8	2.2	2.2	1.7	1.7	1.7	1.1	1.1	1.6	0.5	100

在篮球体育教学方面研究的课题,涉及各种教学法的研究、选项课考试内容与形式的研究、电教片和电视监控系统在教学中的应用、教学效果的实验研究、学业评价、教师教学行为的研究、对体育院系篮球普修教材或专修教材的分析研究及与国外体育大学篮球课程的比较等研究。

在篮球运动心理方面的研究包含了篮球运动员比赛心理准备、神经类型、归因倾向的差异性、攻击性心理品质、注意力结构、中外球员的个性心理特征、教练员运动员智力结构、防守中心理意识过程的某些特征及心理训练、运动感知、操作思维能力与技术发挥的关系、篮球运动员赛前情绪兴奋水平、优秀投篮手的心理品质、篮球运动员对群体心理气氛的研究等内容。

篮球运动测量与评价方面的研究涉及了篮球运动员身体素质与专项身体素质的评价,技术训练水平的评价,运动员持球活动或防守有球活动的结构、方式及评价方法的研究,篮球运动员身体素质基本技术、心理特征及运动训练水平的综合评价,中锋队员防守行为质量评价的研究,女篮“三分球”远投技术相关因素的研究与评价等。

篮球技术的研究包含了篮球比赛活动结构形式、特长技术、位置技术、防守投篮、突破、移动、篮板球以及各种技术在比赛中合理运用的比较研究等。

在篮球训练、管理理论与方法中包含了体院男篮、我国青年男篮、男子篮球甲级联赛(主客场赛制)训练负荷安排问题、男篮运动员学期训练与假期训练中训练负荷的比较研究、女篮运动员月经周期第四时相最大训练负荷临界值的探讨及篮球运动员心率负荷强度控制、速度、力量、速耐、爆发力等身体素质特点和训练方法的研究;管理方面包含管理方式的研究、训练管理中个体行为影响因素的分析研究等。

人才培养方面包括优秀篮球运动员成长规律,教练员成长的阶段性特征,裁判员培养,研究生培养,我国篮球后备人才发展的影响因素,优秀男篮运动员身高、体重、年龄结构和运动寿命的研究等。

篮球产业课题其中最突出的研究是对职业篮球俱乐部的发展现状调查、障碍因素分析、模式体系和对策的研究,我国篮球比赛市场的研究等。

有关生物科学方面的研究包括了篮球运动员心脏左心室形态及功能、皮纹特征、有氧和无氧能力的特点、训练与比赛的能量代谢特征等研究。

高校篮球研究主要是围绕 CUBA 联赛对比赛各队现状、发展趋势、联赛管理体制进行分析研究,并对这几年来高校篮球俱乐部、高水平篮球队的发展作了调查和分析。

篮球理论研究的课题包括有篮球运动竞技规律和发展特征、篮球运动中某些概念探讨、国内外篮球科研发展及篮球技术动作分类等问题。

有关人文社会学的课题包含主教练领导行为与队员的关系问题、影响高水平运动员运动年限的社会因素、人际关系对于篮球技术学习效果的影响、篮球教练员工作成效的若干因素等。

篮球运动生物力学的课题有单手原地跳投动作结构的运动学特征、影响篮球跳步急停后再起动的生物学因素及防守技术大小髋骨基本姿势稳定性与起动效果的运动生物力学等研究。

除此之外,研究生的论文选题还涉及篮球战术、运动损伤、比赛、规则裁判法、微电脑、少儿篮球、仪器设备等方面的研究,虽然这几部分分别所占的比例很小,但是却可以帮助我们更全面、深入地认识篮球运动的本质与发展过程中的诸多问题,有助于推动篮球运动的进一步发展。

（二）紧密围绕篮球的教学活动进行选题

我国高等体育院系是我国体育科学研究的主力军,其中研究生是不可忽略的一支新生力量。这一现状既表明了科学研究在体育院校的地位与作用,也表明了科研与教学的关系,确定了科研与教学紧密结合的特点。据统计,约 1/5 的学位论文的研究方向是篮球教学理论与方法。这与大多数研究生专业方向接近体育教学实践有关。在该类研究中,又以研究教学法为最多,究其原因,首先由于各种历史原因导致在很长一个时间内,我国体育教育界出于一个封闭的状态,教学理论的研究完全停滞。改革开放后,大量教学理论、教学观念、教学规律、教学过程、教学原则、教学方法等问题都亟待重新思考、重新探讨,因此这一领域为科学研究提供了极大的空间。其次,世界各国的教育家对教学理论重新进行新的探讨,迄今为止仍没有形成一些完整的、成熟的体系和具有真正权威和影响的教学理论。因此一种世界性的在教学理论上“求新”的趋势,对我国教育有着极大的冲击和影响。这种趋势必然启发了那些思维敏锐、外文较好研究生,使他们对新的教学理论进行思考,促使他们在这方面提出问题。第三,改革开放的政策使国内外的信息交流日益频繁,为研究生提供对体育教学理论研究的契机。研究生们时刻关注国外教学理论的发展与教学改革的动态,搜集国外资料,引进国外教学方法,结合中国体育教学现状,提出了各种有意义的假说。这对于打开思路、促进教学理论研究和教学方法改革起动了重要的作用。

（三）重视从篮球教学、训练、竞赛中的心理问题入手进行选题

涉及篮球运动心理学方面的学位论文占全部学位论文的 16.7% 。这些论文涉及了运动心理学的多个方面,也体现了篮球运动科学研究与心理学理论和方法相互深透的现象。现代篮球竞赛的最大特点,就是对抗性越来越激烈凶悍。在比赛双方身体、技术、战术水平势均力敌的情况下,胜负往往取决于心理素质水平的高低。我国男女篮球队在参加国际大赛中,功亏于心理水平较低的情况屡见不鲜。因此,运动员具有良好的心理素质的重要意义日益被篮球界人士所认识。由于心理学的研究,尤其是运动心理学的研究正处于不成熟阶段,其中还

存在着空白或需要进一步深入研究的地方，这就为篮球研究生提供了宽广的研究课题。研究生应充分利用自身知识结构的优势，发掘篮球运动在这一领域研究的空白，为提高我国篮球运动员心理活动水平作出应有的贡献。

（四）注重论文的理论探索和实践应用的结合

在研究中注重理论探索和实践应用的结合，是目前我国篮球研究生学位论文课题的一个明显特点。这类课题所占比例相当大。例如，“篮球防守技术大小髋骨基本姿势稳定性与起动效果的运动生物力学研究”、“不同练习次数和分配练习方式对中距离投篮准确性影响的试验研究”、“关于在篮球传切、掩护战术基础配合教学中运用‘学导式’教学法的研究”、“篮球运动员爆发力训练手段的优化及在山东普通高校男篮运动队中的应用研究”、“篮球比赛的运动形式与运动员体内的能量代谢特点——兼论篮球运动员的专项速度耐力素质”等。这些选题既是理论研究，也是与应用研究相结合的；既有认识客观事物作用，又有利用和改造客观事物作用；既有对篮球运动某些原理、规律的认识作用，又有改进与提高篮球运动技术、战术、教学与训练的作用。

（五）借助相关学科知识进行选题

科学技术的日新月异，使一些研究具有综合性和多学科性。纵观我国篮球研究生学位论文的选题，同样表现出这一特点。例如，有的课题既研究阵地进攻基础配合，又探讨这种配合在个人进攻时的应用情况，并与美国进行对比研究；有的课题既研究篮球比赛的运动形式，又探讨这种形式下运动员能量代谢特点以及对运动员专项身体素质能力的影响；有的课题研究进攻中身体接触对抗能力以及与心理特征、身高体重的关系等。课题研究的多学科性表现在除了涉及体育基础学科外，还涉及了社会学、历史学、经济学、法学等其他学科。例如，“影响省体校篮球教练员工作成效的若干因素分析”、“关于我国篮球比赛市场发展策略的初步研究——兼论上海篮球比赛市场经销策略”等。

任何事物的发展均具有简单向复杂，由单一向多样化发展的过程。我国篮球研究生学位论文的选题也具有多层次、多元化的特点。例如，1981 年第一批学位论文中，对身体素质训练的研究课题只是单一的研究，题目为“篮球运动员弹跳训练的研究”，到 1987 年研究的对象方法更加明确具体，如“对我国青少年男篮运动员弹跳调控训练的研究”，到 20 世纪 90 年代，对身体素质训练的研究发展成“篮球运动员爆发力训练手段的优化及在山东普通高校男篮运动队中的应用研究”；有关生物科学的研究课题从 1992 年的“对我国高水平篮球运动员皮纹特征初探”，发展到 1996 年的“对我国优秀少年篮球运动员皮纹特征及篮球运动员皮纹选材模式研究”；对篮球测量与评价这类课题的研究，从“对优秀少年男子篮球运动员主导身体素质的测定及研究”，到“我国青年男篮运动员跑跳能力的评价及其技术水平的关系”，再到“全国青年男篮运动员身体素质、基本技术及运动训练水平综合评价方法的研究”。这些研究在前人研究基础上，逐步深化，并形成了对同一问题多方位的全面研究，从而获得了一系列的研究成果。

（六）积极结合我国篮球运动中的新兴事物进行选题

社会主义市场经济的确立，促进了我国篮球运动的改革与发展，随之产生了一系列亟待解决的新问题。宏观方面有我国篮球运动各项制度改革的指导思想、基本模式、主要对策、篮球运动各项制度改革与运行机制等，微观方面有推动我国篮球运动发展的“内因”与“外因”研究、我国篮球运动的现状分析与开拓我国篮球市场问题的探讨等。

近几年来，我国篮球研究生学位论文的选题紧跟时代步伐，紧扣时代主旋律，尤其是1995—1996年赛季男篮甲级联赛赛制改革和1998年CUBA的顺利开赛，吸引更多的研究生将目光投向有关篮球经纪人、篮球俱乐部制、篮球联赛、篮球职业化等问题的探讨，如“我国篮球职业化影响因素分析及对策的初步研究”、“对建设具有中国特色的职业篮球的影响因素和模式体系的研究”、“全国男子篮球甲A联赛东莞竞赛市场的研究”、“对参加CUBA联赛A级比赛各队现状与发展趋势的调查研究”、“全国大学生篮球联赛管理体制的现状分析及对策研究”、“我国高校办高水平篮球队障碍因素及发展对策研究”等，都充分体现了目前篮球研究生学位论文选题的一种新的趋势，同样标志着我国篮球科学研究进入了新的发展时期。

二、选题中存在的问题

（一）深层次的篮球理论、篮球战术、篮球规则裁判法、运动医学及有关篮球场地器材的选题较少

从以上学位论文选题的分布看，选择篮球教学理论与方法、篮球技术及有关篮球运动心理方面的课题约占50%。表明大多数研究生选择贴近自己，相对容易创造研究条件，符合自身知识结构的微观课题。但这在一定程度上影响了篮球研究生学位论文的层次与分量，同时也造成了对某方面问题的过多重复研究。这一状况一方面反映出目前我国篮球研究生基础知识不扎实，知识面狭窄。虽然掌握了某些新学科知识，但深度不够，难以深入去探讨某些深层次问题。其次，也反映了研究生中存在的一定程度的理论脱离实际。术科研究生对于篮球运动的训练与比赛缺乏足够的实践知识和认识，难以提出问题，也不敢涉及该类问题。这一状况提醒了研究生和导师们，在以后的教学工作中，必须拓宽研究生的知识面，积极参与社会实践，善于从实践中发现问题、提出问题，勇于探索和解决实际问题。选择篮球科研课题一定要面向篮球运动实践，适应篮球事业发展的需要。

（二）选题的重复性大、缺乏创新观点

“创新”是科学研究的“灵魂”。对于高层次的篮球研究生，在研究中必须敢于创新、能够创新。就已有的研究成果看，研究生学位论文做的还不够。例如，“对优秀男篮运动员持球活动的结构、方式及评价方法的研究”与“对优秀男篮运动员防守有球活动的结构、方式及评价方法的研究”；“全国青年男篮运动员身体素质、基本技术及运动训练水平综合评价方法的研究”与“湖北普通高校男篮运动员身体素质、基本技术、心理特征及运动训练水平综合评价方法的研究”；“我国男篮优秀投篮手若干心理品质的探讨”与“我国女子篮球优秀投篮手若干心理特征的探讨”等。这种性别、位置上稍有区别的选题，理论依据及研究方法基本相同，缺乏改革创新。因此，难以达到研究生学位论文的基本要求。创造是科学研究的灵魂，也是篮球科学研究选题的根本原则，研究生选题必须选择前人尚未研究或未完全解决的问题，这样才能确保研究成果的突破性与独创性。

（三）命题的科学性、严谨性有待提高

研究课题的题目名称应该能够反映整个研究的主题。从题目中能看出所研究的主要内容。然而，在相当一部分学位论文的题目上或多或少存在一些问题。表现在以下几个方面：

1. 题目名称不准确、清晰

在学位论文中相当一部分论文题目用了“若干”“几个”“某些”的不确切用词。例如，“甲级女篮前锋队员持球突破对抗能力的若干心理因素研究”、“全场区域紧逼防守战术中几个问题的研究”、“男子篮球运动员防守中心理认识过程的某些特征探讨”等。这些题目用词含糊，研究主题不明确

2. 论文题目与研究内容不一致

不少学位论文出现了内涵与外延不一致的现象，内涵小，外延大，论域太小，出现了偏概念，以局部代整体的现象。例如，《我国男篮运动员反应速度与测量中若干问题的探讨》一文，研究的只是部分运动员，但作者却冠以“我国”的整体范围，而且“若干”问题使人难以清楚论述的具体内容。

3. 有些论文题目名称太长，过于繁冗

某些学生总想把研究的主要问题都集中体现在题目上，而不善于概括，简化，所以题目冗长。例如，《“开智”教学法在篮球战术教学中的应用——对培养篮球专修班学生在进攻半场人盯人防守无球时移动配合意识的研究》，题目全长 48 个字，文字累赘，且表达不明确。

4. 为了追求新意，忽略了课题的可行性、应用性

研究生在选题时没有从本人所具备的主客观条件出发，没有考虑到研究的客观条件——所需要的各种资料、仪器、设备、经费、时间等，更没有考虑到研究的主观条件——本人掌握本课题有关科学理论知识的程度，有关研究方法、手

段、经验及研究能力等。以《篮球赛三人制裁判法的可行性研究》为例,如果作者缺乏二、三人制裁判法的知识,缺乏临场执法的经验,那么他的论文除了进行浅层次的叙述外,就无法写的深入透彻。又如,我国篮球职业化影响因素分析及对策的初步研究,如果作者缺乏经济学、体育法方面的知识,他的论文就会失去理论依据,必然影响到研究的质量,影响到研究成果的科学性。另外,为了追求新意,而未考虑到研究的成果是否具有实践意义。

第二节 篮球硕士学位论文的研究方法分析

科学研究方法,是人们发现新现象,提出新理论的手段,是在科学实践中运用科学的实践与理论思维的技巧。随着现代科学技术对体育科学技术的渗透,随着体育运动的不断发展和人们对体育认识的不断深化,促进体育科研向深度和广度方面迅速发展,并逐渐形成了适合体育自身要求的研究方法。目前,观察法、调查法、实验法、逻辑方法、数学方法和“三论”方法等均已在体育科学领域中得到了广泛的应用,同样,也在篮球运动科学中成为探索篮球运动发展规律的有力工具。

人类科学史与科学研究实践证明,任何科研成果的取得,采用正确的研究方法是一个非常重要的因素。科研方法制约着科研水平和科研成果的质量。

一、选用研究方法分析

(一)综合性方法大量加以运用

从对研究生论文统计看,大部分学位论文已克服了研究方法的单一化,广泛地采用了调查研究法、测试法、观察统计法与实验等方法。统计结果表明,绝大多数的论文采用多种研究方法以满足课题研究的需要。在所有学位论文中已杜绝了单纯运用总结经验的方法,表明学位论文研究的深度及对篮球运动各种现象的复杂性、多样性有了足够的认识。当然对于篮球运动的本质及其发展过程中诸现象的探讨必须在大量观察统计、实验、测试和充分调查基础上获取大量科学事实,加以分析、推理才能科学的认识,得出的结论才有说服力,才有参考性。

(二)重视数学方法的运用,加强研究的量化程度

马克思曾说过,只有数学进入某一科学才标志着这一科学的成熟。这一观点揭示了社会科学和自然科学发展的共同趋势。篮球运动科学研究如果只停留在定性分析上,没有精确化、规范化、定量化,则不能准确地把握事物的“度”,也不能科学地反映篮球运动的内在规律的科学的预见性。从统计中我们可以看到,绝大部分的学位论文设计中都包含了数据处理的统计学方法。说明量化研

究方法已得到了研究生的广泛重视,从而保证了研究成果的客观性与科学性。

(三)引进最新的理论和相关学科研究方法

引进其他学科研究方法扩大了篮球科学研究的范围,丰富了研究内容。涉及的其他学科包括:运动生物力学、运动生理学、运动解剖学、运动心理学、运动医学、人体测量学、体育社会学、人才学、"三论"体育统计学等。例如,利用皮纹学研究篮球运动员的皮纹群体特征,为少年篮球运动员的选材提供了遗传学的参考。运用能量代谢的测定探讨篮球运动员有氧、无氧能力,研究篮球比赛时运动员能量代谢的特点。运用心理测试方法研究罚球命中率与代谢的特点。运用心理学方法研究我国优秀投篮手的心理品质,为培养投篮手提供参考。运用社会学及社会心理学研究方法探讨教练员领导行为对队员关系的影响。运用教学方法研究运动员的弹跳高度与相应各环节肌力间的数学模式。运用"三论"方法来研究篮球训练的调控问题。利用微电脑研究战术意识的测定和战术决策中的应用等问题。运用拍摄电影来测试和探讨篮球运动员的战术判断能力。运用录像技术来研究篮球战术教法改革的问题。运用比较法来探讨我国篮球决赛制度的改革问题,为主客场赛制的实行提供了理论依据与参考。

这些科学研究方法从不同角度探讨篮球运动的各方面问题,开拓了篮球运动科学研究的领域,加深了对篮球运动各种现象的认识,为篮球运动的发展提供了理论依据和科学方法。

二、科研方法存在的问题

(一)调查访问比重过大

运用这种方法的论文大都以对专家调查的意见作为提出的科学事实依据和研究进行的前提。这种方法存在着在选择上缺乏对专家的知识结构、研究方向与特长的了解,仅以专家回答意见的统计作为科学论点,必然带来许多主观片面性,依据是不科学的。

部分论文问卷调查的设计,缺乏对问卷的效度、信度检验。问卷的效度是指对于要调查问题的有效程度,即问卷所设计的内容与结构特征与要调查事物、问题的特征的一致性程度。问卷的信度是指通过问卷所调查得到的材料的可靠程度,即调查材料反映调查对象实际情况的可靠、真实程度。效度与信度两者密切相关,问卷的信度是效度的前提。调查结果的信度与效度对结论推导的真实性有至关重要的作用。因此,保证问卷的信度与效度是研究者必须掌握的技巧。

(二)方法运用缺乏针对性和规范性

首先,表现在研究方法运用中缺乏针对性。例如,机械地运用统计学方法,造成一些不必要的失误。不论是自然科学还是社会科学,尤其是社会科学研究中,好多需要解决的问题并不是成线性关系,而有些研究生在作论文时往往机械地搬用某些计算方法,用解决线性关系的统计学方法去解决非线性问题,严重地影响到研究成果的可靠性与科学性,由此产生的错位应该是今后研究生做学位论文引以为戒的一个重要问题。

使用研究方法中的"实用主义"倾向,不规范。这主要反映在对调查材料的使用上。有些课题在研究方法设计上采用了调查法,在附件中也附有提纲,但在论文的结果与分析中,丝毫未提到调查结果,又未对结果进行分析。

(三)引进新的方法少,创新更不多见

"系统论"、"控制论"、"信息论"三论既是新的科学理论,又是科学方法论。它们突破了长期以来传统研究方法的局限,深刻地改变了科学方法论体系,具有高度的综合性和概括性,并向所有社会科学、自然科学、科学技术等领域广泛地渗透。"三论"作为研究方法为各类学科研究广泛运用。纵观历届篮球研究生学位论文,只有极少数作者引用了"三论"方法进行研究。另外动手做实验获取第一手资料进行科学探索的课题也很少,更谈不上有创新的研究方法。相反,应用社会调查,计算方法进行研究的课题占有相当大的比重。一些论文计算出的数据说服力差,很难为篮球运动实践所采用。

随着体育科学研究的发展,越来越多的篮球研究综合地采用观察法、实验法、调查法、数理统计法等研究方法,大大提高了研究的量化程度,出现了不少定性研究和定量研究相结合的课题。研究生作为体育科研队伍中的新生力量,纵观他们的学位论文有相当一部分论文是定性研究。因此,局部的经验多,缺乏准确的实验与观测统计材料,缺乏客观的依据,因而难以看到整体的效益。而另一部分则过于强调定量研究,动用多种统计计算方法,虽然提供一些数据,但分析很不深入,很难看清事物的本质。在科学研究上,纵观事物的现象只能在定量分析的基础上进行定性分析,才能深入到事物的内在本质,进而才能作出比较中肯,具有科学性的结论。因此,今后篮球研究生的学位论文在研究方法的运用上,应特别注意,在定量基础上采用定性方法,运用系统的、科学的方法使研究符合辩证的方法论,从而使研究水平再上一个台阶。

第四章

篮球运动科学研究展望

第一节　我国篮球运动科学研究的热点

随着世界科学技术与体育科学研究的迅速发展，在未来的篮球科学研究中，多学科知识的相互交融将愈加明显。在继承已有研究成果的基础上，充分借助自然科学、社会科学和现代科学技术，对我国篮球运动进行全方位的深入探讨，是我国篮球科学研究发展的必然趋势，也是实现我国篮球运动与时俱进、快速发展的关键所在。

目前我国篮球运动改革已取得了相当大的成绩，为了加速篮球改革进程，必须对所面临的诸多问题进行科学的、严谨的、系统的、深入的研究。这些问题是当前我国篮球科研的热点，也是未来篮球科研的关注焦点。我国篮球科研未来将继续关注的热点问题有：我国篮球运动发展战略与规划研究；篮球运动教学与训练科学化研究；我国篮球运动管理体制研究；我国篮球运动市场化研究；我国学校篮球运动开展研究。

一、我国篮球运动发展战略与规划方面的研究

我国篮球运动的发展战略与规划研究是一个宏观的、方向性的大课题。它决定了未来我国篮球运动的发展走向。

（一）我国篮球运动战术与训练指导思想发展研究

关于我国篮球运动发展指导思想的讨论，源于20世纪50年代初的苏联国家队来访。经全国范围的大讨论之后，我国篮球运动基本确立了“积极、主动、快速”的发展方针。

此后，对于我国篮球运动的战术指导思想，相继提出了“以投篮为纲”，发挥“狠、准、灵”的技术风格；“以我为主，以攻为主，以快为主，积极防守”的战术指

导思想;"从难、从严、从实践出发,坚持大运动量训练"的训练指导思想;"积极主动、勇猛顽强、快速灵活、全面准确"的16字方针以及立足"苦"字,苦练、苦钻,坚持"以小打大、以快制大、以巧取大"的"快速、灵活、全面、准确"的指导思想。

当代篮球运动竞赛已发展到一个全新的高度,如何以当代篮球运动的特点和发展趋势为指导,结合我国篮球运动的实际情况,重新思考和确立我国篮球战术和训练的指导思想,以保障我国篮球赶超世界先进水平,是我国篮球科研的基础工作。

(二)我国篮球运动发展方向的研究

篮球运动职业化改革极大地促进了我国篮球的发展。回顾改革的历程,我国篮球运动在取得成绩的同时,面临和需要解决的问题还很多,特别是未来我国职业篮球运动的后继发展方向与道路问题,更是当前篮球科研热烈讨论的课题。

我国篮球在发展环境和战略、职业联赛竞赛制度、运动队管理、联赛和球队、球员的推广、包装、后备人才的培养途径等方面,是全盘学习美国篮球还是结合我国实际,走我国篮球发展的特色道路,以及如何向世界篮球先进国家学习赶超世界篮球强队、我国篮球发展特色道路等战略性与规划性问题,都亟待需要得以解决。

二、我国篮球运动教学与训练的科学化研究

篮球教学与训练是重要的篮球实践活动,其质量的优劣直接关系影响到篮球竞赛水平的高低。自20世纪80年代起,以篮球科学化教学与训练为主题的研究相当活跃,成果丰硕,为这一阶段我国篮球运动跻身世界水平奠定了坚实的基础。

当代篮球竞赛的快速发展对篮球教学与训练提出了更高的要求,利用现代科学技术成果和学科知识来优化控制篮球教学与训练,以达到最大限度地挖掘运动员技术、战术、体能、心理和智力的潜力,是今后篮球科研将继续重视和加强的工作。

有关篮球教学与训练的科学化研究表现出的趋势为:进行深层次篮球教学与训练基本理论的探索;组织不同学科的专家,运用多学科知识联合进行教学训练研究;研究内容更趋于细化和全面;广泛运用高科技成果来控制教学训练过程。

三、我国篮球运动管理体制改革的研究

我国竞技体育管理体制在计划经济条件下,具有显著的政府行为和高度集中计划管理的特点,但是随着我国经济体制改革的推进,原有的政府管办竞技体

育运动的行为已难以适应我国经济体制改革及与其相适应的竞技体育事业发展的需要。因此,国家体委从1988年开始实行竞技体育管理体制的改革,以运动项目管理体制改革为重点,全面推进运动项目管理协会化,这一改革成果在于:一是作为政府机关不再直接管理运动项目;二是作为运动项目管理中心既是国家体育行政管理部门直属的事业单位,又是单项运动协会的常设办事机构,并赋予其对所属运动项目的全面管理职能。这种新的运动项目管理体制,既不同于我国传统的计划经济体制下由政府体育行政职能机构直接操办竞技体育的具体事务,又与国外运动项目协会制有着很大的区别,是一种适应我国现阶段国情的体育运动过渡性的管理体制。

(一) 中国篮球运动管理体制改革所取得的成绩

中国篮球职业联赛已进行了8个赛季,总体上讲改革取得了很大的成功。首先初步建立了俱乐部体制,把旧体制下专业队的模式转变成市场经济条件下的职业队模式。其次,对原有计划经济体制下的篮球管理体制和运行机制进行了改革。根据中国篮球协会出台的多项法规文件,篮球俱乐部基本上趋于规范化,俱乐部实行竞争机制、激励机制、约束机制,调动了广大教练员和球员的积极性。实现了转会制,打破了过去运动队和球员归所在省市行政单位所有的旧的属地化管理模式,增强了教练员和球员的竞争意识和风险意识。同时也加强了国内外交流,三名优秀球员赴美国参加NBA职业篮球联赛,同时外籍著名教练、优秀球员被吸引到中国职业联赛中。通过以上改革措施的实行,对提高我国篮球整体水平起到了积极的推动作用。

(二) 目前中国篮球运动管理体制改革中存在的问题

1. 篮球运动管理中心在管理中存在的问题

CBA联赛成立之后,国家体委在管理机构上进行了改革,于1997年成立了中国篮球运动管理中心。其主要任务是:根据国家的法律、法规和体育方针政策,统一组织、指导全国篮球运动项目的发展,推动项目的普及和运动技术水平的提高,促进运动项目的社会化、产业化的发展。但由于新成立的中国篮球管理中心与中国篮球协会是"一套人马、两块牌子",因而存在一些弊端。篮管中心主任信兰成在全国篮球协会负责人座谈会上做了比较精辟的概括:在计划经济体制的影响下,由于政事合一,管办不分,这种协会和政府主管理部门两块牌子,一套人马的体制既有其优越性——即政府的牌子硬,办什么事情都体现了政府行为,很容易办成;也有其明显的弊病——即政府陷入了繁杂的事务性工作中,宏观管理职能无法充分行使,协会过分依赖政府,协会的职能也无法真正体现。

2. 职业篮球俱乐部与篮球运动管理中心之间存在的问题

中国篮球管理中心在对职业篮球联赛的管理和市场的经营开发方面,实际上是把职业篮球俱乐部作为自己经营开发职业篮球的市场。但是,职业篮球俱乐部一般都隶属于某家大型企业，与中国篮球管理中心（简称篮管中心）之间并不存在直接的行政隶属关系和经济产权关系，而篮管中心主要是依靠其现有职权对参赛的各职业篮球俱乐部进行指令性管理。另外，作为事业单位，篮管中心的目的是“提高我国篮球运动水平”，而企业俱乐部的目的是“获取经济利益”，由于目标取向不同，必然导致篮管中心与俱乐部之间对“利益”追求上的差异。

3. 职业篮球俱乐部自身管理中存在的问题

职业篮球俱乐部自身管理中存在着各职业篮球俱乐部之间没有建立统一的合作与互利关系；职业篮球俱乐部的领导层将目光定位于短期内是否获得经济效益，而没有对俱乐部进行长远发展的规划与设计；职业篮球俱乐部的内部管理与商业开发机制还不够完善；运动员、教练员、工作人员的管理条例没有步入法制化、规范化的轨道。

4. 职业篮球联赛管理方式改革中存在的问题

关于职业篮球联赛的主客场赛程安排原则；竞赛规程中外援的使用要求；竞赛规则的制订、职业篮球联赛市场的主体（广大观众、球迷）的行为、管理约束机制；职业联赛中球员的引进、转会及奖惩制度；教练员的聘任方式；裁判员的临场执法监督机制等均存在一定的管理问题，尚需进一步完善。

5. 基层篮球组织管理方式中存在的问题

以健身、娱乐为主的社会性业余篮球俱乐部；以“业余体校－竞技体校－省市队”为主体的“三线式”竞技篮球训练网络；以“小学－中学－大学 CUBA”为主体的学校篮球训练网络，三者之间如何更好地协调与衔接，如何为篮球运动培养、输送人才等问题，应在实践中探索与提高。

（三）篮球运动管理体制改革的研究动态

近年来，许多专家和学者在进行多年潜心钻研的基础上，针对上述问题提出了对市场经济条件下中国体育管理体制改革及当前中国篮球运动管理体制改革的独特见解与建议。

针对我国篮球运动管理体制改革的研究，杨鹏飞的《对建立有中国特色篮球管理体制的研究》，提出对我国篮球管理体制改革的观点为：篮球体制改革要适应我国经济体制改革的步伐，按照篮球市场的运行规律，改革过去单一由国家办的状况，实行“一球二办”的发展战略；国家应集中资金，重点投入国家队和重点职业篮球俱乐部的建设；推进职业俱乐部的股份制改革，鼓励更多的商业赞助；建立培养青少年优秀篮球运动员的新体制；不断建立完善篮球法规；形成多层面、多形式的多强对抗的竞赛体制；按照市场经济的规律和篮球项目的特色开发篮球市场。

针对我国体育管理体制改革的研究，孙洪涛的《我国体育管理体制改革研究》，研究了社会主义市场经济对传统体育管理体制的影响，分析了市场经济条件下传统体育管理体制表现出的社会环境的不适应性及其产生原因，如决策结构上的过分集中、动力结构上的贫乏、资金结构上的单一等，并提出了加强体育管理决策、加强体育管理组织的改革等建议。

于善旭的《关于我国体育管理体制改革的战略构想》认为，在从发展战略的高度研究探索体育管理体制改革的目标、任务、方针等重大问题的基础上，提出了我国体育管理体制改革的战略对策，即深化体育行政管理体制的改革；深化运动项目管理体制的改革；深化运动训练管理体制的改革；深化体育竞赛管理体制的改革；深化体育人才培养和使用管理制度的改革；深化基层体育组织管理的改革。

肖进勇的《现阶段我国体育行政管理改革的成效与不足》认为，分析了我国体育行政管理现状，充分肯定了体育改革带来的观念变革、管理范围的拓展、管理手段的创新等显著成绩，同时也指出当前体育行政管理中存在的行政管理权主体资格不明确，体育管理部门具有双重主体资格，管理对象不一致造成管理不统一，体育经济政策不配套，没有形成法制化管理等问题。

（四）深化篮球运动管理体制改革的战略构想

1. 依法深化中国篮球运动管理体制改革的构想

既然要将中国的篮球联赛推向职业化、推向市场，就应当给予完善的法律保障。只有在严谨、科学的法制、法规的监督和扶持下，篮球运动才能健康发展。我国现有的篮球法规与制度还不够健全、完备，如对于联赛的产权制度，可以依据“谁投入谁所有”的原则确定；依据“自愿、公平、等价、有偿”等原则建立联赛产权交易的具体法则和程序；建立产权价值利益获得和分配的有关制度；对于在比赛中“打假球”、“吹黑哨”、“收受贿赂”、“薪水高而素质低”等现象，制定出有关联赛合同的订立程序、必备条款、履行与担保、变更与解除、纠纷的解决、违约的责任等内容的法规制度。中国的法制原则是“有法可依、有法必依、执法必严、违法必究”，只要确定完善的法律制度，中国篮球运动将具有光辉的前景。

2. 深化中国职业篮球运动管理体制改革的构想

（1）从职业篮球运行机制的改革入手，通过扩大市场化机制，逐渐强化我国职业篮球的市场化程度。建立科学、民主的决策机制；调整分配制度，建立良好的动力机制；学习 NBA 的选秀制度，建立科学的创新机制；加强我国职业体育的法规建设，进一步完善约束机制。

（2）改革现行赛制。在适当的时机，取消现行的升降级制度，使职业篮球竞赛更能反映篮球运动的自身特点，提高篮球竞赛的观赏性，满足观众的需求。根据我国篮球运动水平和市场需求状况，确定一定数量的联赛队伍，在保证竞赛质量的前提下，有计划、有步骤地扩大联赛球队的数量。使俱乐部把更多的精力投入市场，规划长远利益，使俱乐部稳步增值。

(3) 明晰 CBA 职业篮球联赛的产权,建立合理的利益分配制度。根据产权的基本理论,可以将我国甲 A 职业篮球联赛进行产权界定。进一步明确联赛的所有权、经营权、收益权等产权关系。使投资者真正成为联赛的主人,享有联赛的所有权、经营权和收益权,确保投资者的利益,为进一步深入改革创造条件。

(4) 建立与市场经济体制相适应的我国职业篮球管理体制——职业篮球联盟(或公司)。以现已成立的职业篮球联赛管理委员会为基础,逐渐过渡到由篮管中心与甲 A 俱乐部组成的职业篮球联盟。组成形式是篮管中心内部设立一个专门全面负责职业篮球的组织竞赛和经营管理的办事机构。该部门可以以无形资产的形式作用为投资入股,甲 A 各俱乐部各投入等量资金,共同成立一个股份制形式的职业篮球联盟。

3. 深化中国篮球运动人才培养渠道的构想

我国篮球运动十分普及,参与篮球活动的人口为世界之最,这为我国篮球运动发展提供了广阔的后备人才资源。在优化篮球后备人才的资源配置上,应形成以篮球学校和体育运动学校为龙头、以篮球基层布局单位和业余体校为重点、以篮球传统项目学校为基础的社会性篮球一条龙后备人才训练体制,辅之建立起以大学为龙头(CUBA 联赛)、以中学为重点、以小学为基础的教育系统篮球人才培养网络,最终形成高层次以国家篮球队为龙头、以多支国家青年队和希望队(特体队)为重点、以俱乐部队为基础,以各类基层青少年队、中小学篮球队为源泉的全国性网络,这是十分重要的举措。

四、我国篮球运动市场化的研究

(一) 我国篮球运动市场化的发展

在我国计划经济向市场经济转轨的过程中,我国的经济体制发生了巨大的变化,随之形成了篮球改革的社会环境和政策环境。1995 年,中国篮球协会在原国家体委"坚持正确方向,抓住有利时机,继续深化改革,发展体育事业"的精神指引下,坚持"积极稳妥,健康有序"的改革方针,抓住与国际管理集团(IMG)合作的机会,以全国男篮甲级联赛赛制改革为突破口,以职业化、市场化为方向,推动了我国篮球职业化进程和俱乐部的建立。1996 年又推出全国职业篮球联赛;1997 年举行希尔顿全国俱乐部篮球比赛;1998 年同时实行甲 A 和甲 B 联赛。中国篮球协会组织的职业篮球联赛逐步推向市场。

篮球的市场化改革,为我国篮球事业注入了新的生机和活力,展现出更为广阔的发展前景。男篮甲 A 1998—1999 赛季 172 场角逐,现场观众人数达 62 万,绝大部分赛区上座率在 75% 以上,有的赛区甚至超过 100%。2000—2001 赛季 164 场比赛共有 563 700 人次现场观看,平均每场上座率达 85%;上座率最高达 108%,观众人数达 53 300 人。另外,新闻传播媒体对篮球的日益关注,也在很大程度上推动了篮球市场的发展。

职业联赛的实行和篮球市场的建立，激发了运动员、教练员的积极性，吸引了众多篮球爱好者和社会的广泛关注，有效地扩大了篮球运动的影响，形成了相当规模、相当稳定的观众和球迷群体，同时也为企业提供了有利的商机。

（二）我国篮球运动市场化研究动态

1995—1996 赛季男篮甲级联赛赛制改革和 1998 年 CUBA 的顺利开赛，吸引了我国篮球工作者将目光投向篮球运动职业化、市场化的研究。篮球科学研究的选题也紧跟时代步伐，紧扣时代主旋律，就篮球市场的开发、篮球市场中存在的问题与思考、篮球经纪人、篮球俱乐部、职业篮球联赛、篮球市场的观众特征等方面的问题进行探讨，取得了一定的成绩。

李敦杰的《世界篮球市场发展对我们的启示》，通过较系统地考察世界篮球市场产生和发展的历程，认为要尊重客观规律，结合我国国情，选择正确战略，利用“后发优势”，积极开发培育我国篮球市场。

陈胜的《中国篮球市场发展潜力的研究》，通过对中国篮球市场若干方面的发展现状和趋势进行调查研究和资料分析，认为我国篮球市场存在“市场经济意识落后，主体性本体产业定位不恰当，市场发展不平衡；管理体制不够完善，机构、法制、法规不健全；市场营销策略缺乏长期性、全局性和互助合作，缺乏与新闻媒体的沟通；青少年这一主要消费群体没有得到足够重视”等问题，并提出了相应的对策。

杨铁黎等的《关于我国职业篮球市场现状及对策研究》认为，目前我国职业篮球市场经营渠道单一，效益不理想，大部分俱乐部经营中存在困难，其中我国职业篮球市场的现行管理体制、运行机制和对职业篮球价值取向的不同是影响我国职业篮球市场发展的主要因素。

杨留锁等的《在关于中国篮球市场深化改革的思考》认为，比赛的质量不高，缺少明星队员，对门票销售认识不足，缺乏与球迷必要的沟通和联系，对球员的转会流动缺乏认识和合理的制度保障，电视转播媒体的行业垄断，联赛主办单位、推广商、主办单位、参赛俱乐部以及新闻媒体没有形成合力，造势不够、宣传推广工作薄弱等。

李建军的《在中国篮球改革所面临的困惑》认为，在篮球产业化进程中，我们存在着篮球市场无序性；企业对篮球投资行为中，功利主义等短期行为严重，对政府和企业投入的资金使用不合理等。

广大研究生也在篮球运动市场化方面进行了研究。例如，我国篮球职业化影响因素分析及对策的初步研究、对建设具有中国特色的职业篮球的影响因素和模式体系的研究、全国男子篮球甲 A 联赛东莞竞赛市场的研究都充分体现了目前篮球运动科学研究选题的一种新趋势，同样标志着我国篮球科学研究进入了新的发展时期。

（三）进一步发展我国篮球竞赛表演市场的构想

1. 完善我国篮球市场的管理体制

我国篮球市场管理体制的改革的基本要求应当与中国经济体制发展的基本要求相一致，即要有利于把我国篮球市场发展成为以公有制为主体，国家宏观调控下的垄断竞争性市场。

（1）政事分开，管办分离

我国篮球市场的管理机构必须运用市场经济制度管理篮球市场，以“国家调控市场，市场引导企业”的方针为原则规范管理行为。“国家调控市场，市场引导企业”，就是要求以市场为核心，通过时常进行分工协作，优化资源配置。管理机构实行宏观管理，必然要政企，政事分开。

（2）扩大市场机制增量，强化市场化程度，缩小计划经济体制存量成分

机制是体制的一部分，是为体制服务的，是体制的外围部分，它的调整还不涉及到体制的本质，改革较易进行。我国目前职业篮球市场运行机制存在着决策机制不够民主，动力机制和创新机制欠缺等问题。因此，在当前着重需要解决的机制是：建立科学、民主的决策机制；建立良好的动力机制；建立科学的创新机制；加强我国职业体育的法规建设，进一步完善约束机制（制定有关章程、规定，进行赛制改革，明晰 CBA 职业篮球联赛的产权，建立合理的利益分配制度。）

（3）成立职业联盟和业余联盟

当篮球竞赛表演已不再具有公共产品的性质，市场具有较好的市场结构，以及市场法规健全时，市场就趋于成熟。这时，中国篮协为了增加竞争机制，可以成立独立的分支联盟，例如成立职业联盟和业余联盟。

2. 优化市场结构，发展市场供给主体

（1）转变经营理念，提高经营素质

在长期计划经济的影响下，我们管理层的管理概念还没有转变过来，习惯于运用行政手段，存在着等、靠、要的思想，还不习惯以市场方式配置资源；有些俱乐部虽已被推向了市场，但还没有真正形成市场意识、经济意识和企业意识；俱乐部运作的观念陈旧，球队的指导思想往往还是更重成绩而不重经营。俱乐部的经营管理人员经营概念还比较狭窄，缺乏专业管理知识和经验，缺乏对市场情报的研究和利用先进管理技术和制度的素质，对球市、球迷与俱乐部、运动员的关系还没有摆正。所以，俱乐部要逐渐提高俱乐部管理人员的经营开发素质，锻炼和培养出一批懂经济、懂法律、会经营的新型的管理者和经营篮球产品的专门人才。

（2）健全机构设置，拓宽经营渠道，开发新的经营领域

健全的机构设置是俱乐部进行正常有序运行的重要保证。为了增强俱乐部

的生命力,建立良好的运行机制,有利于开展经营活动,最终实现盈利的目的,各俱乐部必须设立齐全的部门。俱乐部的经营运作要依托于比赛市场,依托于篮球资源和人才市场,使人、财、物实现最佳组合。

3. 培育市场需求主体,实现可持续发展

市场是由需求产生和推动的,要发展我国篮球市场就必须培育市场需求。

4. 大力培育篮球市场,开发新闻媒介的巨大潜在功能

俱乐部的生存和发展,要依托于篮球市场,要依托于篮球资源和人才市场。球市是体现运动项目的价值、使投资者得到回报的重要因素。只有壮大和成熟的球市,才能吸引更多的投资者和赞助商,使项目获得更充足的资金,使经营活动不但盈利,并且不断刺激篮球整体水平的提高,最终形成较完善的篮球产业市场。通过几年的职业联赛,中国的球市已出现端倪。但是,市场的潜力需要俱乐部去培育,去挖掘。俱乐部只有直面市场,以市场为中心,想方设法吸引球迷,使球迷与球队同呼吸,共命运,从而才能促进球市的火爆,吸引更多广告商,才有较理想的收入,才能最终促进俱乐部的发展。

进入20世纪90年代以来,新闻媒介与体育的关系达到了空前密切的程度。在这样的背景下,中国篮协和各职业俱乐部必须把和新闻媒介的合作问题提升到决定篮球职业化发展的战略性高度。必须意识到,新闻媒介对各俱乐部的关注程度甚至可以决定各俱乐部的发展是否平衡。篮协、俱乐部、新闻媒介和赞助商之间要形成相互依托的关系,使大家都在一个统一体中,互相配合,互相受益。所以,中国篮协、各地方篮协和各俱乐部要开发新闻媒介这一巨大的潜在功能,加大新闻宣传力度,普及篮球运动知识,提高观众的鉴赏能力。篮球比赛属于集体项目,对抗性强,天生具有观众亲和力,传媒对我国篮球职业化的宣传及国内篮球赛事全方位式的报道可以提高社会各界对篮球的重视,使企业竞相在比赛间隔时间内,在比赛场地或其他方面做广告,从而吸引大量的企业家增加对篮球的投入,为我国的半职业队向职业俱乐部的转换提供资金保证,也能为篮球职业俱乐部的运营创造较好的社会经济环境。

五、我国学校篮球运动开展的研究

20世纪80年代以前,我国的国际社会交流少,教育界对国外先进的教育观念、思想、教学方法等教育信息很难获得、接受、吸收以及利用,我国的教育事业远远落后于国外教育先进国家。改革开放以后,我国社会迅速发展,教育界也积极解放思想、更新观念,努力吸收世界教育先进国家的教育、教学思想和教学方法,促进了我国教育事业的飞速发展。但总体上相对于社会的发展,《中共中央、国务院关于深化教育改革全面推进素质教育的决定》:指出“我们的教育观念、教育体制、教育结构、人才培养模式、教学内容和教学方法相对滞后,不能适

应提高国民素质的需要。”因此，进一步深化教育改革，“形成具有中国特色的，面向21世纪的社会主义教育体系”，就成为我国学校教育发展的重心。

学校体育是学校教育的重要方面，其一方面要顺应学校教育的发展，另一方面它又对学校“全面素质教育”的实施起重要推动作用。目前，“健康第一”与“以人为本”的现代体育观念已形成，我国“学校体育要树立健康第一”的指导思想已确立，中学体育课也更名为“体育与健康”课。各级学校体育教育改革的启动，为体育教学科学研究提供了丰富的科研素材。

现在，“健康第一”的学校体育指导思想的确立，又赋予了学校篮球教学更深层次的健康教育目标。“大健康”的观念包括身体健康、心理健康和社会活动的健康。如何在中小学，普通高校体育课的篮球教学中，以及在体育院系篮球专项教学中贯彻、落实这一“健康第一”精神，如何在体育院系篮球专项教学中使学生掌握实施这一指导思想的方法、理论，如何使学生在他们的篮球活动中获得健康，以及如何健康地参加篮球活动和体育活动等，都值得广大篮球科研工作者，特别是学校管理者、学校篮球工作者、体育工作者去思考、去探讨、去研究。围绕健康教学，就成为当前学校篮球教学科研的重要任务之一。

另一方面，学校作为我国篮球后备人才的培养基地之一，如何最大限度地发挥这一培养功能，提高篮球基础力量培养的科学化和成才率，使基层学校篮球训练在我国三级人才培养体系中发挥更大的作用，也是一个需要继续深入研究的课题。

高校篮球的蓬勃发展，极大地推动了我国篮球的提高，为我国篮球市场的形成与发展培育了很好的外围条件。同时，高校篮球还面临继续发展、提高的任务。高校篮球提高的契机是什么，发展的策略有哪些，面临的困难如何解决，发展的条件怎样保障，诸如此类的问题都是目前篮球科研正在进行的课题。

围绕学校篮球开展进行的研究已相当广泛，这一课题人仍然将是我国篮球科学研究的关注焦点。

第二节　世界篮球运动发展的最新动态

一、美国NBA篮球发展的动态研究

职业篮球在美国有近百年的历史，NBA职业篮球联盟已成为全世界最有影响的体育组织之一。因此，对美国NBA篮球发展的动态研究，有利于促进世界篮球运动水平的提高。

职业篮球俱乐部作为一个具有独立法人资格的事业实体和经济实体，必须

建立并健全自己的经营功能,获取经济利益,否则将无法生存。俱乐部的经营道德必须保证以竞赛为重点,用竞赛来拉动其他事业的发展,也只有通过高水平的比赛,才能获得理想的效益。在美国,其职业篮球俱乐部的主要经济收入形式为比赛的门票、广告、电视转播权等。另外,为了具有雄厚的经济基础,俱乐部还必须善于开辟多种多样的经营方式。如利用球队的无形资产和明星效应,争取赞助费和拉广告,利用电视转播收取转播费、发售彩票、发售股票、组织青少年夏令营、冬令营、转卖运动员等,从各个渠道来增加经济收入。只有俱乐部经营活动搞好了,俱乐部才有生命力。

(一) NBA 的球员管理方式

篮球俱乐部与球员及工作人员之间的关系是雇佣关系。为了维系这种雇佣关系,俱乐部与其成员必须签订合同协议。这种合同协议一经双方签字,则具有法律效应。它的具体内容包括:合同的期限、合同的内容、报酬、保险福利待遇、权利与义务、广告与宣传、合同的变更和解除、终止及续订、争议处理和双方约定的其他方面事宜。

为了增强比赛的激烈程度,避免各队实力悬殊太大,NBA 建立了统一的每年一度的“新秀选拔制度”。各俱乐部,按照上个赛季的比赛成绩,由弱到强依次选人。这样就保证了实力较弱的俱乐部能够选到水平较高的球员,为来年与其他强队抗衡创造条件。

(二) NBA 篮球赛事的宣传推广

把比赛和球员与球迷联络起来,媒体起着纽带作用。每当赛季开始,国家电视台和当地的地方电视台就大量报道比赛实况,电视台除了一般性报道外,还经常通过技术处理将一幅幅精彩的画面展现在观众面前,使观众大饱眼福。媒体基本上是通过三种方式把比赛传送到世界各个角落,一是 NBC 电视网、TNT、TBS、ESPN 等有线电视网,还有世界各国或地区的 109 个固定 NBA 电视网、台。二是国际互联网,从 NBA. COM 网站上,你可以了解到你所关心的 NBA 赛事。三是报纸和杂志。据调查,1998 年仅中国内地就有 39 种刊物刊载了 NBA 的内容。

(三) NBA 篮球俱乐部后备人才培养的渠道

吐故纳新是职业俱乐部生存和发展的根本之道。因此,每一个俱乐部都十分重视后备人才的培养和选拔。我国主要采用体校培养的方法,而美国则主要从大学代表队中选拔。目前,全美大学生体育协会(NCAA)的规模较大,共开展三个级别的大学生篮球联赛。这一联赛非常正规,共分甲、乙、丙三级,实行升、降级制。每校只能派一个代表队参加,每个队的人数也限定为 15 人。美国大学生篮球代表队各队都有专职教练员,训练时间和相应地训练保障条件,因而人才济济,实力雄厚,构成了篮球人才培养金字塔的中层,是其尖端——美国职业篮球队的人才库。美国大学生篮球代表队的成员每年大约毕业4000人,其中真正有幸进入职业篮球队的大约只有50人。

二、欧洲篮球发展的动态研究

（一）欧洲篮球运动水平及技战术特点

欧洲受美洲影响较大,普及面广,整体运动水平比较接近,成为美洲队最大的威胁者,其基本打法向美洲型球队靠拢,以粗犷、凶悍、整体型作战为主体,传统特点体现了高、狠、准的整体实力。其中南斯拉夫和俄罗斯最具典型,而立陶宛、意大利、西班牙、德国、法国等国都具有较高水平,与美洲强队相比各有千秋,在不同时期内曾分别入围世界大赛前8名。

欧洲球队的风格以俄罗斯队和前南斯拉夫队为代表,其特点是“大型化”,普遍在身高和力量上占优势。如俄罗斯、克罗地亚、意大利、南斯拉夫等欧洲强队,不仅中锋身高超过2.10米,而且前锋也在2米以上。他们的指导思想是以高制胜,在打法上强调集体配合,注意内外结合,掌握进攻节奏。防守也非常严密,能充分发挥集体作用,尤其是前南斯拉夫队,不仅具有高度,而且队内拥有数名明星队员。他们智力水平高,移动速度快、投篮准确、判断及时、节奏得当,能合理地掌握各种时机。

（二）欧洲篮球运动的发展动态

欧洲篮球运动传入较早,开展比较广泛,普及程度也较高。欧洲男子篮球锦标赛从1935年开始举行,女子篮球锦标赛从1936年开始举行。1958年欧洲开始举行了每年一次的男子篮球俱乐部比赛,1992年改为欧洲篮球超级联赛,优胜者代表欧洲参加国际篮联和NBA联合举办的“麦当劳世界俱乐部公开赛”。1959年欧洲开始举行每年一次的女子篮球俱乐部比赛,并一直沿袭到现在。德国、希腊、西班牙、法国、意大利等国家都有职业篮球俱乐部。职业篮球俱乐部的球员大都以本国球员为主,同时也引进一些美国和非洲籍的球员。由于欧洲的篮球运动水平较高,参加俱乐部比赛的球队也较多,俱乐部比赛的竞赛制度非常严格,常常采用分组循环比赛和交叉淘汰比赛相结合的方式进行。2000—2001赛季同时有两个冠军联赛相继举行,一个是国际篮联(FIBA)欧洲分部旗下的欧洲篮球超级联赛,另一个是要与FIBA对抗的欧洲篮球联盟(ULEB)首创的欧洲篮球冠军联盟赛。两个联赛的赛制安排分别为:ULEB举办的联盟赛将24支球队分为4个小组,每组6队进行双循环赛,前四名进行第二阶段比赛。八分之一和四分之一决赛采用三战两胜制的淘汰赛,半决赛和决赛采用五战三胜的赛制。联盟赛的总冠将在2001年4月产生。FIBA举办超级联赛由上赛季的24支球队缩减为20支,分成两个大组打双循环。每组的前8名进入第二阶段比赛。在小组赛中,每个队都要打18场比赛,目的只是淘汰掉4个队,赛程显得十分冗长,八分之一和四分之一决赛则采用三战两胜制的淘汰赛。最后的四强赛将于2001年5月开始。

早期进入NBA的欧洲球员不仅获得了个人的成功和球迷的承认,而且还为所在球队的胜利做出了不可磨灭的贡献。他们的加盟给NBA带去了欧洲的独特打法和别样风格,丰富了篮球的内涵,促进了欧美篮球的交流。如今,进军NBA的欧洲球员已经汇成一股浪潮,猛烈地冲击着这个世界上最高水平的篮球联赛。

三、亚洲篮球发展的动态研究

亚洲篮球运动处于世界竞技的水平的中游,虽然中国、日本、韩国在世界锦标赛、奥运会上均获得过较好的名次,但由于受身体条件的制约,成绩并不稳定。为了促进亚洲篮球运动水平的普及与提高,近年来,亚洲部分国家大胆地进行了职业俱乐部联赛的赛制改革,并在韩国、日本等国家相继成立了职业篮球联盟,通过引进外援、国际交流等方式,不断地完善亚洲篮球运动"以小打大"的制胜策略与方法。

亚洲篮球以中国、日本、韩国为代表,在此将概括介绍亚洲篮球运动技战术特点、亚洲篮球联合会的职能,中国篮球协会、中国篮球职业联赛、日本职业篮球联盟、韩国职业篮球联盟的发展动态。

(一) 亚洲篮球运动水平及技战术特点

亚洲区东亚较强,中、韩、日三国女篮曾取得过较好名次,相比中国男、女队略占优势,但韩国、日本尚有实力与中国队抗衡。在2002年中国男篮虽进入世锦赛决赛,但排名12位。中国女队在2002年14届锦标赛上落后韩国排名第六,(韩国队名列第4名)。在27届奥运会上韩国队名列第4名,而中国队未能取得参赛权。中国男队在2002年的亚运会上更大失水准,负于韩国名列第二名,未能称雄实现五连冠。

亚洲区各国受传统篮球意识和身体、体能条件与训练水平所限,整体实力不均衡,亚洲区东亚较强,西亚有所崛起,但总体上亚洲普及面不广,实际水平与美、欧国家相比有较大差距,国际大赛成绩起伏较大。亚洲型打法其特点是快速、灵活、外围投篮准确、突破能力强。近年来,由于中国队队员身高普遍接近欧洲、美洲球队。因此,中国队在不断完善亚洲型打法的同时,也逐渐向欧洲、美洲风格靠拢。在身高方面亚洲球队(除中国外)居于劣势,尤其缺乏高大灵活、技术全面的中锋。因此,指导思想是以快、准、灵制胜。

(二) 亚洲篮球联合会的职能

亚洲篮球联合会,简称亚洲篮联。成立于1960年,总部设在马来西亚吉隆坡。1964年国际篮联承认亚洲篮联为它的区域性组织。目前,亚洲篮联会员已下区决9～12名，列第11、12名的队降至乙级队。1996—1997赛季，中国篮协将全国男子篮球联赛分为三个等级，即甲A队伍12支、甲B队伍10支和乙级队6～8支。其中甲A和甲B联赛的后两名降级，甲B和乙级联赛的前两名升级。1997—1998赛季，将总决赛定为5战3胜制。1998—1999赛季，将每场比赛由原来的2×20分钟改为4×12分钟；许两名外援在一场比赛中上场4人次。1999—2000赛季，又将半决赛定为3战2胜制，两名外援在一场比赛中可上场5人次。2002—2003年赛季，又规定各队在每场比赛中必须选择其中一节采用全场紧逼防守战术。

为推动中国女子篮球运动水平的提高，中国篮球协会于2001—2002年赛季首次举办了全国女子篮球甲A联赛(WCBA)，至今已举办了二届，为提高我国女子篮球运动水平、加快女子篮球职业化步伐，奠定了良好的基础。

（三）韩国篮球联盟(KBL)发展动态

1993年韩国在篮球协会下成立了职业篮球委员会，1997年成立了篮球联盟(KBL)。KBL的工作范围是：组织篮球比赛，进行篮球方面的文化交流，研究和发展篮球技术，训练高水平的篮球运动员、教练员、管理者和组织者，出版有关篮球的刊物、借助媒体宣传篮球，并进行必要的商务活动等。KBL的最高权力机构是代表大会，由委员长和各队的拥有者(10支职业队的总裁)组成。KBL共有10支职业队，均为大企业冠名赞助的球队，联赛从每年10月到第二年的2月间进行常规赛，每队之间各打5场(主场2、客场2、中立城市汉城1场)，每队一个赛季共打45场球。每周除一、五不打比赛外，一般要打3～5场比赛。常规赛结束后的2月份最后一个周日举行全明星赛，由中部明星对南部明星在汉城进行比赛。3月到4月进行排名赛和决赛，前6名队伍进行角逐。第一轮5局3胜制，决赛7局4胜制，没有升降级。KBL已经形成良性的运动员选拔机制，各队按照成绩排序，从最后一名开始依次挑选大学生队员，并且KBL每年统一到美国选拔一批拟进入职业队的外援到韩国。各队按上赛季的名次分成3组(1～4名、5～8名、9～10名)进行选拔，每队只能选拔两援外员。对外员的身高有特殊规定，一名不能超过2.05米，一名不能超过1.93米，限制身高的目的主要是有利于韩国队员水平的发挥，否则外员太高，都围绕高个制定战术，体现不了韩国的真实情况，不利于韩国参加国际比赛。KBL的裁判是中立的，共有15名职业裁判，由联盟发工资，另有部分非职业裁判，按执裁场次取酬。KBL专门从美国NBA请来一名裁判主管，负责裁判的培训。

（四）日本篮球联盟(JBL)发展动态

日本篮球联盟(JBL)是日本篮球协会下设机构，成立于1994年。JBL的组织机构是：总会、监会、理事会、常务理事会。其中常务理事会下设4个业务部门：竞技部、广告部、事业部、总务部。JBL共有18支队伍，都是由汽车、汽车配件和电器公司组建的球队。公司办队的主要目的与韩国相同，树立公司形象和获得广告效益。每队可注册 14 名队员，其中允许注册 3 名外员。全日本有 50 名外员，都是美国人。外员的选拔由 JBL 统一进行，一般是每年的 6 月份 JBL 到美国举办公开的招聘会（训练营），通常有 700 多人报名，最后通过选拔，选出 24 人来日本。每年的 10 月到第二年的 2 月底是 JBL 的比赛时间，每支球队一年大约打 16 ~ 22 场比赛，但 JBL 认为太少，因此，他们在 2000 年进行了改革，将 18 支球队依照水平分成两个部门管理，使每支球队一个赛季的比赛达到 21 ~ 28 场。JBL 很羡慕中国联赛的升降级竞争制度，但由于电视转播在前一年就要定下具体的转播场次，赞助也要在前一年谈定，所以 JBL 无法引入升降级制度。

主要参考文献

1. 王慧琳.对我国少年女子(13～15岁)篮球运动员身体素质、基本技术评价模型的研究.体育科学,2001(4)

2. 孙民治,杜俐,李颖川.试论篮球教练员的素质.体育科学,1998(5)

3. 章建成,孙晋琨,赵军等.篮球裁判员知觉技能水平的测试与评价.体育科学,1999(5)

4. 张伟健,邓飞.中国篮球甲级联赛(CBA)、职业联赛(CNBA)和美国(NBA)联赛的比较研究.体育学刊,1998(3)

5. 孙民治,陈钧,方明.21世纪中国篮球竞技运动的发展趋势—兼论中国篮球运动现状及对策.体育科学,2001(3)

6. 张宏成,潘晟.从近两届奥运会展望中国男篮.体育与科学,2001(5)

7. 刘成华,刘占波.对青少年篮球运动员远投心理训练的探讨.北京体育大学学报,1999(3)

8. 罗兴华,陈树华.运动性尿蛋白试纸在篮球科学训练中的应用.中国体育科技,1988(12)

9. 邵冠群等.儿童篮球技战术系统训练的初步探讨.中国体育科技,1989(5)

10. 孙民治.21世纪世界篮球运动发展的趋势与特征.体育学刊,2000(6)

11. 于振峰.论篮球比赛前的侦察与准备.中国体育科技,1996(1)

12. 梁建平,李敦杰,汤悟先.对我国篮球职业化改革的思考.北京体育大学学报,1999(2)

13. 周勇,翁荔.CUBA的现状与发展.中国体育科技,1999(5)

14. 谭朕斌.对我国篮球理论研究现状的思考.北京体育学报,1999(9)

15. 虞重干,郭权.篮、排球运动员下肢3关节肌等速测试的对比研究.体育科学,2000(2)

16. 金加介,林文波.篮球比赛犯规战术运用研究.体育科学,1999(2)

17. 钟添发.篮球课的组织与教学.科技论文选集,武汉体育学院,1983(3)

18. 白金申.篮球运动员的心理训练.北京体育科技,1984(1)

19. 马振洪.篮球运动“少防多”的训练方法与效果.北京体育学院学报,1993(2)

20. 王亚琪,赵禹,郭伟,王斌.篮板球的反弹规律与进攻篮板球的拼抢.北

京体育大学学报,2002(1)

21. 张毅.篮球跳步急停持球突破技术的掌握与运用.中国学校体育,1998(5)

22. 高淑珍等.原地交叉步,持球突破技术动作的生物力学分析.天津体育学院学报(增刊),1996(11)

23. 陈辉太.旋转球对正碰篮板球命中率影响的生物力学分析.体育与科学,1997(2)

24. 王满福,朱舰.磷酸肌酸与篮球运动员力量速度素质关系的探讨.体育学刊,1999(2)

25. 孙鲁珉.不同位置男篮运动员血乳酸与心率的测定.上海体育学院学报,1995(2)

26. 姚鸿恩等.我国篮球运动员运动损伤患病率调查.中国运动医学杂志,1995(3)

27. 练碧贞,张冰,胡晓飞.对少年篮球男子运动员左心室形态及机能变化的初步研究.体育科学,1996(1)

28. 饶平,聂集体.浅析气质类型与篮球运动员的选材、战术位置及技术特长的关系.北京体育大学学报,2001(1)

29. 刘秀芬等.对青少年篮球运动员焦虑情绪的探讨.上海体育学院学报,1995(2)

30. 谭朕斌.影响篮球运动员情绪稳定的因素及训练.首都体育学院学报,1995(2)

31. 马启伟,张力为.体育运动心理学.杭州:浙江教育出版社,1998(12)

32. 陈志铭.应用 Fuzzy 数学对中国女篮运动水平的综合分析.体育科学,1985(3)

33. 曹竟成,宋晓秋,刘玉林,孙凤武.对男子篮球后卫队员阵地攻防技术的模糊评价.体育科学,1999(6)

34. 周显雀.关于篮球技术程序化教学训练方法的初步研究.北京体育学院学报,1988(2)

35. 王家宏,茅鹏.关于儿童、少年篮球适宜形式的研究.中国体育科技,1997 (11 ~ 12)论文版

36. 刘玉.体育院、系篮球普修课教学控制系统的研究.天津体育学院学报,1996

37. 梁建迎等.篮球战术教学训练微机演示系统的研制.1992 年全国体院教学研究论文集.北京:北京体育学院出版社,1993

38. 叶国雄.篮球运动员弹跳高度与相应各环节肌力间教学模型的初步研

究.攻读硕士学位篮球研究生毕业论文摘要汇编,中国培养篮球研究生学会,1988

39. 成惜今.我国青年女篮运动员身体素质的检查评定及训练重点问题的研究.攻读硕士学位篮球研究生毕业论文摘要汇编,中国培养篮球研究生学会,1988

40. 郑於莲.全国青年男篮运动员在比赛和训练中心率遥测情况对合理安排训练负荷强度的探讨.篮球论文选编,中国体育科学学会运动训练学会,中国篮球协会,1982

41. 傅企明,陈允生.对青少年男子篮球运动员有氧与无氧能力特点的研究.上海体育学院学报,1991 增刊

42. 丁兵,刘玉林.我国优秀篮球教练员的基本情况及其促进因素研究.天津体育学院学报,1996 增刊

43. 潘书波.女篮运动员神经类型与技术特长关系的研究.体育与科学,2000(2)

44. 孙民治.影响中国职业篮球模式建设的因素和对策的研究.篮球纵横.北京:人民体育出版社,1996

45. 王家宏等.我国篮球产业的发展现状及对策研究.2002 年国家社会科学基金项目

46. 赵国华,孙民治,杜俐.我国篮球运动走职业化道路的影响因素初探.北京体育师范学院学报,1997(1)

47. 高瞻,杜俐.对我国职业篮球俱乐部现状与发展对策的研究.北京体育师范学院学报,2000(4)

48. 赵芳.中、美职业篮球俱乐部之比较.首都体育学院学报,2001(2)

49. 杨铁黎,张建华.关于我国职业篮球市场现状及对策研究.北京体育大学学报,2002(2)

50. 白喜林,苏荣伟,张勇等.中国职业篮球俱乐部的经营现状与发展对策.北京体育大学学报,2000(1)

51. 迟晶.论主客场联赛制给竞赛市场带来的活力:以 1996—1997 全国男子篮球甲级联赛为例.体育与科学,1997(5)

52. 方明.我国职业篮球俱乐部的法规研究.博士论文,北京体育大学,2001

53. 曾志雄.我国实行职业化篮球俱乐部障碍因素分析对策.硕士论文,广州体育学院,1996

54. 宗卫锋.我国篮球职业化影响因素分析及对策的初步研究.硕士论文,武汉体育学院,1996

55. 白喜林.对我国男子职业篮球俱乐部现状的调查研究.硕士论文,北京

体育大学,1999

56. 程克强. 关于我国篮球比赛市场发展策略的初步研究:兼论上海市篮球比赛市场经销策略. 硕士论文,上海体育学院,1998

57. 张晓东. 中国篮球运动的职业化发展和困惑. 体育,中国人民大学书报资料中心,2001(1)

58. 杨铁黎,刘玉林,张建华. 深化我国职业篮球体制改革的对策研究. 成都体育学院学报,2001(2)

59. 王美逸,汤小康. 影响我国篮球职业俱乐部建设的因素分析. 广州体育学院学报,1999(2)

60. 苏文山. 试论影响我国篮球职业化的主要因素. 中国体育科技,1999(2)

第二篇　排球运动教学训练理论与方法

第一章

排球运动科学研究进程

第一节 排球运动科学研究的历史回顾

排球运动自1895年诞生至今已有100多年的历史。在一个多世纪中,排球从开始仅仅是少数人的一种游戏、娱乐的活动形式,逐步发展到今天的竞技运动项目。国际排联已成为世界上最大的单项体育运动联合会,拥有217个国家和地区的会员。排球运动已经成为遍及世界五大洲的运动项目之一,深受各国人民的喜爱。排球运动经历了三个阶段:第一阶段从娱乐排球向竞技排球过渡;第二阶段竞技排球的迅速发展;第三阶段竞技排球的多元化和娱乐排球的再兴起。

排球运动发展至今已从一般的身体活动发展到了有着自己独立的教学训练思想、教学训练理论、教学训练体系、教学训练内容及教学训练方法的完整体系。

一、20世纪80年代至今国际排球运动科学研究的回顾

20世纪80年代以来,世界排球运动科学研究朝着多视角、全方位的方向发展。研究内容的覆盖面进一步扩大,内容涉及排球运动的基础理论和应用研究的许多方面。如主要的研究领域有排球运动员的生理特点、供能方式、视觉特点、肌纤维类型等,计算机在排球比赛和训练中的应用,排球技术的运动生物力学研究,排球运动员的营养学研究,排球运动员的心理训练及个性心理特征研究,青少年排球运动员的选材及培养模式,系统理论在排球训练和管理中的应用等。研究的新方法增多,定性研究与定量研究密切结合,加强了研究的力度,且提高了研究的深度。特别是对先进的排球技术、战术的研究成果更为突出,如后排扣球、跳发球、“三差”进攻、两人或三人接发球站位、立体进攻战术、多种二传

变化、扩大或缩小防守、摆动式进攻等。在新技术研究、战术创新及比赛中运用方面形成了一个高潮，而且研究的成果具有很强的实用性，并使其成果在训练及比赛中发挥了很好的效果，如美国男排取得的“三连冠”及美国女排的水平飞速提高就是很好的佐证之一。

到了20世纪80年代末90年代初，世界排坛上出现了一些令人耳目一新的具有超前意识的新理论和新观念。如意大利男排主教练范科斯塔提出的“排球场上没有防不起的球”的全新观念，并以此作为训练的指导思想。他提出了防重扣的有效方法是：发挥潜意识的作用，预先综合判断，注意起球的技巧与控球能力。该先进理论的提出与实践，使意大利男排的防守成功率大大提高，并在比赛中多次取得世界冠军。美国男排主教练比尔提出的高度、速度、全面等边三角形均衡发展学说，提倡个性与集体的最佳结合等。这些新观念为世界排坛开创一个全攻全守的新时代做出了贡献。

进入20世纪90年代以后，排球运动科研的热点主要是电子计算机在排球运动领域的应用。现在意大利、美国的国家队教练员都采用计算机对比赛现场进行分析的方法，即让专家助手将现场比赛资料及时输入计算机，经过处理后，立即将结果用无线电传给主教练，教练员通过耳机可以获得比赛进行中准确的统计数据，并以此作为临场指导和决策的依据。我国也已从意大利引进了这套计算机处理系统。现在巴西国家队和俱乐部队全部实行电脑化管理，对每支强队和每名运动员建立情报档案和信息资料库。巴西男排主教练罗伯特依靠信息和计算机对国家男排进行指导，使巴西男排成功夺得1992年奥运会、1993年世界男排俱乐部赛和世界男排联赛的金牌。

古巴排球运动科研工作最富有成效的方面是他们总结出了一套发展身体素质的速效法和队伍衔接的好方法，这体现在古巴女排运动员惊人的腰腹力量、卓越的弹跳力、闪电般的挥臂速度以及具有鲜明独特的“四二”配备和战术组合，使每个上场队员的潜能得到充分的发挥。在国家队队伍的交替方面，采用逐渐更新的方法，使实力不受影响，长期保持世界女排“排坛霸主”的地位。

日本排球界也十分重视科研工作，专设了科研委员会，专职科研人员达50人之多。日本在体能训练方面的科研也有独到之处。20世纪70年代斋滕先生就创造了世界闻名的“斋滕身体训练法”。1994年，日本女排主教练横田中义请来了优秀体操教练家原光男担任女排身体训练教练，他要求女排运动员经过一年左右的训练要能做出倒立与前手翻后立起、前空翻、倒立行走9米、后空翻等高难度动作。此外，日本还特别重视对世界强队进行技战术分析、资料收集，并对提高弹跳力、营养恢复和选拔高大运动员等方面的问题进行研究。日本排协科研委员会的目标是：不仅要在运动成绩方面，而且要在科研方面居世界排坛的领先地位。

世界排球强国都十分重视排球运动科研，从研究的成果来看，体现出了现代科技手段在排球运动科学研究的进一步渗透，应用了数理统计、电子计算机，研究内容与排球运动实践紧密结合。基础研究深入，应用研究广泛，开发研究受到重视。高层次运动训练和与高层次训练相关的训练研究更为重视。但是，世界各国排球运动科学研究的发展不平衡，水平差距较大。欧洲、亚洲、北美洲和南美洲的排球运动科研开展的较好，非洲、中美洲、大洋洲国家的排球运动科研基础较弱，且排球运动整体水平也较低。

二、我国排球运动科学研究的历史回顾

（一）我国排球运动科学研究的阶段划分与特点

对排球运动科学研究的历史回顾要从排球运动科研队伍初步形成及排球运动在我国的发展回顾开始，在分析中要将其放在我国体育科技发展的背景中进行考察。

我国排球运动科学研究的发展，离不开体育科技的发展，离不开我国政治经济和科技发展的历史背景。体育科技的发展有其自身的鲜明特征，根据我国的历史时期划分和体育事业发展的阶段，将我国排球运动科研发展过程划分为三个阶段：

第一阶段：起步探索阶段（1950—1966）。主要特点是创建排球运动科学研究队伍；借鉴苏联经验；艰难曲折地独立探索；科研工作初具规模。

第二阶段：停滞阶段（1966—1976）。主要特点是全面停顿，但排球运动项目的复苏是在 20 世纪 70 年代初“乒乓外交”后，在周总理的关怀下恢复训练和研究的。

第三阶段：恢复与发展阶段（1976 至今）。主要特点是排球运动水平迅速提高，排球运动学科大发展；排球运动科研面向实践；为体育两个战略服务。

（二）改革开放前的排球科学研究

1. 起步、探索阶段

新中国体育事业的发展，奠定了排球运动科学研究的基础，排球运动水平的不断提高，使排球运动科学研究内容不断丰富，研究水平不断提高。

新中国成立初期，我国进行了全国高校院系的调整，至 1957 年止，全国先后创办了 6 所体院和 11 所体校，恢复了 38 所高师体育系科。这是新中国排球运动科学研究的基础力量。

在新中国成立初期的一段时间内，由于苏联处于世界排坛的领先地位和我国社会大环境的影响，我国排球理论界主要借鉴苏联排球理论与实践。在此基础上，我国排球广大教练员、运动员、科研人员在实践中不断总结，结合我国实际情况进行了大胆改革与创新，逐步形成了我国的排球科研理论体系。

1957年华东体育学院(现上海体育学院)聘请了苏联专家开始了体育理论、排球、篮球3个专业的研究生培养工作,为我国培养了第一批排球研究生,这是我国有史以来最早培养的第一批排球高级专门人才,这些高级专门人才成为了我国排球运动科研领域的带头人。

在1956年2月1日~7日,新中国成立后的第一次体育科学讨论会——北京体育学院第一届体育科学研讨会召开,会议报告和讨论了有关体育理论、生理卫生、运动技能、运动教学和教练等方面的论文。这次大会对推动我国体育科研工作起到了积极作用,排球作为运动训练学科的组成部分,其研究也逐渐展开。当时研究的领域主要局限于运动技术方面。包括对技术要领探讨、训练方法的探讨以及技战术指导训练思想等。1955年3月国家体委首次提出球类运动必须贯彻"积极、主动、灵活、快速"的技战术指导思想。1958年夏,排球界提出了"技术全面、战术多样"的训练方针,标志着我国排球理论界对排球运动规律与特点的认识水平有了较大提高,是广大排球工作者和科研人员共同努力的结晶。

1964年周恩来总理邀请日本女排教练大松博文来华协助中国队训练。大松带来的新技术和训练思想对中国排球界产生很大的冲击,全国排球界都在学习日本女排的先进经验,学习研究蔚然成风。

通过学习研究大松的训练方法,我们找出了适合自己特点的排球发展道路,我国排球理论界提出了"技术全面、战术多样"和"快、准、狠、变"的技战术指导思想。针对训练的实际情况,明确提出了"三从一大"(从难、从严、从实际出发,坚持大运动量训练)的训练原则,对当时排球运动的发展起了很大的推动作用。1965年我国把握规则修改的契机,发明创造了当时世界领先的"盖帽拦网"和4号位"平拉开"扣球等先进技术,1965年我国男排已达到当时的世界先进水平。

2. 停滞阶段

"文化大革命"开始,排球训练和研究停止,直到20世纪70年代初期,在福建漳州建立了排球训练基地,将全国几十支优秀运动队集中训练、互相学习、观摩、研究,对排球运动技术和战术水平提高起到很大作用。这一时期,以广大教练员为主体的排球研究人员,结合运动实际,对我国排球技战术的特点作用和规范,对排球的训练思想与方法,对排球技战术发展的指导思想进行了深入的研讨和总结,丰富了排球理论内容。也正是这一时期的集训和研究,涌现出一大批条件突出的青年选手。1976组建了新的国家队,通过数年的奋斗,女排在三大球中率先夺得世界冠军。可以认为,女排的世界冠军凝结了几代排球人,包括教练员、运动员、科研人员和管理人员辛勤劳动的汗水,是中国排球理论与实践的智慧结晶。

(三)改革开放后的排球运动科学研究状况

1976 年粉碎“四人帮”后，标志着“文化大革命”十年浩劫的结束。从此，中国步入了新的历史发展时期。“文化大革命”十年使我国的科技远远落后于世界发达国家的水平，各行各业百废待兴。

1980 年 12 月，中国体育科学学会成立。自 1980 年到 2001 年，我国共召开了六届全国体育科学大会。在历届大会上，排球运动科研始终充当着运动训练学科的生力军。

从 1978 年至今，中国排球运动水平从辉煌到低谷，再到积极寻找中国排球重攀世界高峰的突破口，排球运动科研尽管受排球运动水平的影响，在研究上有起有落，但总体看，在我国社会、文化、经济发展的大背景下，排球运动科研是同中国体育科技的蓬勃发展同步而积极发展的。

改革开放后，由于排球运动水平的不断发展和大众排球运动的普及，排球运动科学研究的对象和领域不断扩大。研究的领域主要以排球竞技运动金牌战略和排球运动健身战略为两条研究主线，研究的对象主要是高水平排球竞技运动和学校排球运动。20 世纪 80 年代中期，伴随着中国女排取得“五连冠”的成绩，我国对排球运动的发展趋势，技战术及全攻全守打法的研究达到世界先进水平。因此，我国排球运动的理论研究在世界具有一定的权威性，被广泛传播。

在排球运动科学研究中，突出标志的是排球运动科研与实践相结合。从国家体委历届获奖的成果中可见一斑，如获国家体委科技进步二等奖：中国女排参加第 26 届奥运会和世界大赛的综合公关研究，对中国女排主要对手国技战术的分析及相应对策研究，为改革少年排球竞赛方法，对技评、素质测验项目内容和方法的研究，中国竞技排球运动训练系统决策研究。

目前，排球运动科研已从过去重点研究竞技排球逐步转向竞技排球与娱乐排球并重方向发展，大众排球研究日益受到重视。在研究方式上多学科研究不断加强，强调同一对象进行多学科同步综合测试、观察和研究；在研究方法上，从定性描述转向定性与定量相结合，力求做到多样化与综合化；在研究手段上，从手工操作日益转向现代化，电脑广泛运用在排球科研中；在研究思路上，重视吸取现代科学思想，重视借鉴现代科技理论和成果；在研究主体上，已从专家独立作战逐步转向专家与教师结合研究。

第二节　我国排球运动科学研究现状

我国排球科研活动随着排球运动的发展从无到有，由浅入深，研究总体水平有明显的提高；能紧密结合训练实际，针对训练中的诸多问题进行分析和探索，呈现出基础研究、应用研究、开发研究紧密结合，多学科交叉渗透综合运用的活跃局面。

一、主要研究领域及其内容

按照排球运动课题的研究方向,根据排球运动课题内容的研究性质等实际情况,目前我国排球运动科学研究的主要研究领域及其内容大体有以下几个方面:

（一）排球运动发展趋势的研究

这类研究包括排球运动发展史、发展动态、大赛调研报告和综述等。主要通过追溯排球运动的发展进程,不断发现和总结排球运动带有普遍性的特征、发展规律及基本特点,阐述其今后发展的走势。例如,中国排球运动发展史、排球技术、战术的演变规律及发展趋势、全国第八届运动会男、女排球比赛调研报告等。这类研究的特点是面向历史,立足现在,综合信息,认识规律,促进发展,展望未来。这为其他各类研究提供了依据,奠定了基础,所以受到格外关注。

（二）排球运动技术、战术研究

这类研究以实践为基础,对技战术的具体问题进行探索、完善和创新。我国在排球技战术研究中可以说是具有超前意识,做出了一些具有前瞻性与开拓性的研究工作。例如,扣远网快球、我国部分优秀女排运动员 1 号位后排进攻技术的运动学研究、排球扣球中最佳击球点定量化研究、关于中国女排立体进攻战术设计与应用研究、单脚起跳背飞扣球战术打法的研究等。此类研究主要以探讨排球运动的技战术原理、运用时机、运用效果及训练中采用的最佳手段为目的。技术分析一般采用高速摄影拍摄技术动作,并运用影片解析仪对技术革新动作的结构进行生物力学分析;战术的设计与运用效果,多采用临场观察和看录像并通过整理统计等方法进行分析和综合研究。

（三）排球运动训练科学化研究

这类研究主要是通过对排球运动训练的状态和规律的探索,根据排球运动的特点和训练任务,研究如何采用专门的训练方法和手段,有效地发展专项所需的各种特殊的身体能力(体能)、技能、智能和心理能力,为直接促进排球竞技能力的全面提高和发展创造条件。同时包括对影响训练的因素,如运动负荷、训练效果的评定,以及训练与竞赛的关系等方面进行了研究。例如,科学安排运动员训练负荷量的方法,排球运动员弹跳力训练原理,排球专项灵敏素质的研究现状及其训练方法,排球运动员的机能、心理、技术、素质评定规范化,研究高水平排球队大赛前实战模拟训练研究及中国女子排球甲级联赛主客场制周期安排与竞技状态的调控等。

（四）排球运动员心理特征与心理训练方法的研究

这类研究主要通过运用运动心理学的理论,对排球运动员训练与竞赛过程中的心理状态以及个性心理特征等方面进行研究，探讨心理训练与排球技战术之间的内在联系，以及对培养运动员顽强拼搏的意志品质、保持良好的竞技状态、提高比赛中的应变能力、克服比赛中失常的心理表现及自我调节方法的探讨与研究。例如，我国成年女排二传手性格特征与其二传行为的关系研究、我国青年女排运动员的焦虑特点与影响因素、优秀排球运动员比赛中的心理评价等。此类研究理论与实践有脱节现象，在实际训练过程中重视程度不够，表现为在我国高水平排球队中仍没有配备专职的心理训练教练。

近年来，对排球运动员智能特征的研究逐步展开，在我国此类研究是一个新的研究领域。随着现代体育科技的不断进步，竞技运动领域的争夺日益激烈，在运动员竞技能力的各要素中，除体能、技能、心理能力外，智能已经愈来愈居重要的地位，在球类项目上尤为突出。为了探讨排球运动员的智能特征，葛春林等从传统智力测验方面和运动心理学方面对排球运动员的一般智力特征及专项智能特征进行了全面深入的研究，从理论上揭示出排球运动员智能的本质特征，认为排球运动员的智能包括一般智力和专项智能，一般智力是基础，专项智能是运动员训练和比赛过程中表现的信息加速度、认知策略及反应认知方式的心理特征。研究结果表明，用传统的一般智力测验难以揭示出排球运动员的专项智能特征。

葛春林等还运用现代模拟的研究方法，通过计算机动态模拟运动情景及比赛中信息刺激条件，并在计算机系统的控制下，准确记录运动员的反应时、动作时，为了解和训练运动员中枢神经系统对比赛中信息的反应能力，提供了一种行之有效的途径。具体的运动情景通过计算机模拟程序呈现出来，让运动员操纵仪器对模拟情景及在特定情况下进行操作，这样运动员就作为信息加工器和决策器而介入到系统中，通过反应时、动作时、判断正确率等指标就可以对运动员的专项信息加工过程进行更深入的研究探讨。

（五）排球教学理论与方法的研究

这类研究在我国体育院、系及学位论文中占有一定的比例。主要是通过对教学理论在排球教学中的运用，探索排球教学中的特殊规律，寻找符合现代教育发展规律的新方法、新理论，以求达到最优的教学效果。改革和创新的教学理论和方法对指导教学实践，提高教学质量起着关键性的作用。此类研究常用的研究方法有调查法、教学实验法等。研究内容广泛涉及教学计划的制定、教材教法设计、考核方法和标准、教学仪器研制及学生能力培养等诸多方面。

（六）排球运动员选材的研究

这类研究主要是通过遗传学的理论，结合排球运动的专项要求，探索对青少年排球运动员形态、生理、心理、智力测试和评价的选材指标和方法，选拔在排球运动项目上有接触才能和运动发展潜力的“专门人才”的研究。例如，排球运动员选材指标体系的研究、骨龄与排球运动员选材、少儿排球运动员选材标准及评价方法的研制等。

(七) 排球竞赛组织和规则裁判法的研究

这类研究主要通过运动竞赛学与裁判学的理论和方法,对排球竞赛规则的发展与完善、规则修改对排球运动技战术的影响、竞赛制度与编排以及裁判工作等方面的研究。例如,对每球得分制实施后的对策研究、排球规则的研究与修改、世界女排锦标赛混合制编排法探析、排球裁判员执法视野与视线的研究等。

(八) 排球运动科学理论基础的研究

这类研究利用其他学科知识、理论与方法,深入研究排球运动的基本规律和特点。如生理生化研究、医学研究、生物力学研究、社会学研究、管理理论研究、训练学分析手段以及系统方法 、信息方法、控制方法、功能模拟法在排球运动研究中进一步运用,并且大量的运用数理统计和模糊数学等方法,使研究水平不断地向科学化发展。

(九) 其他形式的排球运动研究

近年来,其他形式的排球运动开展很快,此类研究开展的比较活跃,如对沙滩排球、软式排球等研究。其他形式的排球运动研究开辟了排球运动大家族新的研究领域。

我国排球运动科研的领域较广,也有一定的研究深度,但由于认识上新观点不多,缺乏突破性。研究成果的运用也明显滞后。另外,在研究层次的结构上也有缺陷,没有形成合理的构成比例,即对于高水平训练相关的青少年训练的研究为数甚少。对男排落后的根本原因、中国排球的发展方向等重大问题,缺乏权威性意见。

总体上说,我国排球运动科学研究工作也是随着排球运动的发展,经历从小到大、从低级到高级的发展阶段,基本上与我国排球运动的发展相一致。

二、我国排球运动科学研究对象、方法与内容分析

目前,全国有数十种体育学术刊物,反映了排球运动科学研究的方方面面。我们选取了我国三大体育刊物:《体育科学》,《中国体育科技》和《北京体育大学学报》登载的排球论文进行调查统计分析,希望能对目前排球运动科研现状作进一步了解。

(一) 研究对象

研究对象反映了排球科研选题的立足点及对问题的观察角度。为了说明问题,我们对三大体育刊物 1999—2002 年排球论文的研究对象分布情况进行了统计,借以从一个侧面说明目前排球科研对象的主要指向。

从表 2-1 中,可以看到目前三大体育刊物排球论文的研究对象主体是高水平竞技比赛和高水平运动员,约占 70% 左右。其次是高校教学和训练研究及运

动技术研究。仅从表2-1中分析，反映出目前排球科研的对象大部分局限在竞技运动方面，对目前排球竞技运动和全民健身运动的协调发展认识还不全面、深入，对目前排球社会化、职业化、商业化及大众排球进展与改革关注不够。这也是今后排球科研应关注的主要问题之一。

表2-1　1999—2002年排球科研对象情况(%)

对象	百分比
高校教学、运动队	9.5
人才市场	2.4
裁判	2.4
器材	2.4
运动技术特点	9.5
青少年排球	1.2
沙滩排球	4.8
软式排球	2.4
高水平竞技比赛、优秀运动员	65.5

（二）研究方法

1. 研究方法类型

通过对1990—2002年发表在《体育科学》、《中国体育科技》和《北京体育大学》的排球文章进行统计发现，目前排球科研的方法呈多样性特点（表2-2）。其中，由于文章类型的不同，所采用的研究方法也不同。例如，《体育科学》登载的文章思辨总结类的不多，多以数据分析和实验的文章为主。因此，其呈现出来的研究方法以数学方法、调查方法、实验方法为主。而《中国体育科技》登载的思辨总结类文章较多。因此，文献资料法出现的频率较高。考察研究方法的类型也从一个侧面说明了研究方法与研究内容与对象有很密切的关系。在对研究方法的考察时，要明确一点，方法是为课题服务的，方法无所谓谁优谁劣，往往一篇文章会以思辨的方法提出问题，用定性方法做初步说明或探讨，用定量分析方法做研究。因此，方法为研究目的和主题服务是不容置疑的。要讨论的只是如何合理有效地运用方法，更好地使方法为研究课题服务。

表 2－2 1990—2002 年排球科学研究方法类型情况(％)

对象	百分比
数理统计法	19.9
文献资料法	27.5
逻辑法	20.3
调查法	19.1
摄(录)像	5.2
实验法	6.7
其他	1.3

2. 排球科研方法运用

对研究方法的运用情况的统计表明(表 2－3),现在一篇论文中运用的科研方法最多可达 4 种或 4 种以上,2 种至 3 种研究方法是目前论文采用最多的。这说明在排球科研过程中,已逐步摆脱过去用单一方法去说明或解决问题的模式。在研究过程中,作者为了适应课题研究的要求,往往采用多种方法,从不同视角去观察、分析、判断问题,最终达到课题的研究目的,大大提高了排球科研论文的科学性和实效性。

表 2－3 1990—2002 年排球科研方法运动情况(％)

对象	百分比
四种方法以上	11
三种方法	28
两种方法	37
一种方法	24

表 2－4 反映了三大体育刊物排球科研文章类型情况。通过分析发现,《体育科学》、《中国体育科技》登载的排球科研文章类型以思辨型文章和对运动技

表 2－4 1990—2002 年三大体育刊物排球科研文章类型情况(％)

对象	百分比
分析类	42.1
思辨类	36.6
实验及教学改革类	13.7
新技术方法运用类	7.6

战术及应用分析，排球运动生物学和医学应用分析三大块为主。《北京体育大学学报》登载的排球科研文章教学与改革实验和科学实验型的文章偏多，反映了三大体育刊物特点。从表2-4分析，可以看到排球科研乃至体育科研文章大部分是对排球实践活动的总结评述，将实践中一般经验上升到理性认识，从而又指导实践。另一部分的研究是在实践活动中通过发明、实验形成理论，然后用与指导实践的理论研究。这也从一个侧面反映出运动训练学科研究中具有自然科学学科和社会科学学科双重属性。排球运动研究中有关生物学、医学研究、人体研究、基本技术研究属自然科学研究范畴，而有关管理、社会、历史、文化等研究属社会科学研究范畴。

（三）研究内容

从对三大体育刊物1999—2002年所登载的排球科研论文统计，所研究的内容比先前更为丰富（表2-5），据统计，研究中50%以上的领域主要还是集中在排球技战术的发展、运用以及运动规律特点等方面，此外，研究内容还包括排球教学实验、排球心理学、排球运动医学、排球社会学等方面，对排球的新兴项目如软式排球、沙滩排球及排球市场、计算机运用研究也有所涉及。这种状况基本上反映了目前排球科研的内容向着多样性方向发展的趋势。不足之处在于排球与其他学科结合的多学科研究在篇幅上少了一些；对一些排球形式，如气排球、残疾人排球，以及排球健身理论应用还未体现，这些内容都应是今后排球科研所关注的重要内容之一。

表2-5 1999—2002年排球科研内容情况（%）

对象	百分比
器材	1.2
规则	2.4
计算机方面	3.6
沙滩排球	4.8
软式排球	2.4
产业方面	3.6
医学方面	3.6
心理方面	8.3
教学方面	7.1
体能方面	9.5
竞技运动、技战术规律和特点	53.6

（四）研究成果简述

排球运动的科研特点之一是研究与实践紧密结合，从而使排球科研产生了较好的社会效益。排球研究成果的社会效益和经济效益可以从两大方面体现：一方面是各级获奖成果，反映了社会对科研的承认与认可；另一方面是从排球理论与方法在研究过程中不断充实，用于指导教学与训练的实践中体现。

纵观近年来有关排球运动科学研究的发展历程，大量的研究能与排球教学训练实践相结合，研究成果富有成效的应用于排球运动实践，促进排球运动的发展。例如，20 世纪 70 年代末，美国女排将计算机技术引入临场指挥和技术分析；前苏联男排把心理暗示疗法引入队员放松训练；日本用三维摄影分析扣球技术等。80 年代初，我国的张丽茹等人以统计学为工具进行了弹跳力、灵活性等模式训练的研究；钟秉枢等人以教育心理学为基础进行了排球技战术程序教学法、掌握式教学法、数据教学法、组集诱导法等的研究；陈康等人以运动心理学为依据进行了排球队员神经类型、心理品质、个性特征、智力结构等研究；黄辅周等以人为运动生物力学、影片解析为基础，进行了扣球技术运动学研究、防守起动力学分析、强攻和二传技术力学研究等。这些多学科、多侧面的研究，为排球专项的科研开辟了新的领域，为人们进一步加深对排球运动规律的认识提供了工具。“我国重点青年女排高大队员弹跳力模式训练”的研究成果，为我国青年女排高大队员的弹跳训练过程模式定量控制提供了依据和指导；单脚起跳背飞技术的设计研究，已使背飞技术成为世界各国女排普遍使用的快攻杀伤武器；排球比赛计算机统计分析系统的研制，可为教练员临场指挥和赛后总结分析提供全面的数据资料；排球电脑试题库的研制，可为科学的抽题配卷提供先进的手段。科研直接为排球教学训练比赛服务，是排球科研活动的一个显著的特点和发展方向。

从对国家体育总局科技进步奖排球项目获奖成果分析，获奖成果具有实践性、科学性等显著特点。例如，1985 年获三等奖的对中国女排主要对手国技战术的分析及相关对策之研究（天津体育学院郑必达等）；1987 年获三等奖的为改革少年排球竞赛方法对技术评定全面身体素质测验项目、内容与方法的研究（北京体育学院等黄辅周等）；1997 年获二等奖的中国女排参加第 26 界奥运会和实世分大赛的综合攻关研究（国家体委科研所董天姝等）；1999 年获三等奖的排球运动员智能特征及测试新方法的研究（北京体育大学葛春林等）。以上这些成果或与运动队结合，解决运动员实际问题，为我国男女排冲击世界高峰做基础和准备；或对少儿训练实践问题加以研究解决；或用科学的方法阐明排球理论中一些未知领域，这些研究与现实紧密结合，深得运动员的欢迎，其理论对实践有较大的指导意义。应当说，中国女排的“五连冠”和中国排球的兴旺发达，都凝结了排球科研人员的辛勤劳动和汗水。

然而排球科研也存在着许多的问题,如当前研究过多的是注重排球运动的竞技性,而忽略了排球运动的普及性,对如何抓好排球运动的普及和青少年排球教学训练方面的研究较少;基础理论研究和开发创新研究落后于应用研究,研究缺乏整体性和系统性;室内竞技排球的研究较多,室外沙滩排球的研究较少,单枪匹马作战的研究较多,而有组织的多学科人员群体联合攻关的大课题研究较少;较多的应用研究和开发创新研究成果的实际应用明显滞后,不能及时转化为实践成果而产生社会效益。

三、多学科相结合的排球运动科学研究

(一)排球运动科学研究所涉及的相关学科领域

当前,排球运动科学研究中呈现出多学科相结合进行研究的发展趋势。据统计,排球运动科学研究涉及的学科已达10多种(表2-6)。

表2-6 排球运动研究所涉及的相关学科及研究领域

学科	研究领域
运动医学、生理学	排球运动生物学研究
运动心理学	排球运动心理学研究
体育社会学	排球运动的社会学研究
体育教育学	排球运动的教育学研究
体育管理学	排球运动管理学研究
运动生物力学	排球运动生物力学研究
运动生物化学	排球运动生物化学研究
体育史	排球运动发展史研究
比较体育学	排球运动国内、国际比较研究
体育哲学	排球运动哲学研究
电子计算机应用	排球运动中电子计算机应用研究
体育仪器器材	排球运动仪器、设备开发研究

(二)排球运动的社会科学研究

体育社会科学在我国发端于19世纪末的维新运动时期。新中国成立后,体育社会科学发展很快,改革开放以后,体育事业取得了令人瞩目的成就。体育社会科学在整体科学分化、综合发展趋势的影响下,许多社会科学学科渗透移植到体育领域,使体育社会科学逐步由单学科发展成为多学科的知识体系,成为一门新兴的、由许多边缘交叉学科组成的,具有相对独立性的社会科学学科。

通过分化和移植，体育社会科学学科的二级学科发展迅速，共计有体育史学、学校体育学、社会体育学、体育管理学、体育经济学、体育社会学、体育法学、体育哲学、体育伦理学、体育美学、体育科学学、比较体育、奥林匹克研究、运动心理学、体育概论等10门。

从研究成果分析，与排球运动科学研究结合较密切的有下列学科领域和内容：

1．排球运动史研究

主要同体育史学相关。研究内容主要有：排球运动起源、发展与发展趋势。例如，从排球发展历程探研现阶段排球运动的规律和特点。

2．学校排球运动研究

主要与学校体育学相关。研究内容主要有：学校排球运动开展，学校排球运动的目的、任务、学校排球运动教学与训练。例如，我国普通高校体育教育专业排球普修课程的改革与探索，程序教学在普通高校排球正面扣球技术教学中的实验研究。

3．排球运动的社会学研究

主要与体育社会学相关。研究内容主要有：以健身、娱乐为目的的群众性排球运动的开展状况。具体内容有：排球身体锻炼的理论、排球运动休闲、娱乐理论与方法、排球运动社区活动的组织与管理、不同排球活动形式与人群活动的特征等。

4．排球运动管理研究

主要同体育管理学相关。研究内容主要有：排球的管理体制、排球竞技运动管理、学校排球运动管理、排球运动产业的经营与管理等。例如，我国实行竞技排球运动职业俱乐部制改革的可行性分析与对策研究、排球运动管理体制改革的国内、外比较研究。

5．排球经济与市场研究

主要同体育经济学相关。研究内容主要有：排球运动的市场开发、排球运动品牌及运动员的市场价值、排球运动消费与服务、排球产业资金管理与使用等。例如，排球主客场赛制下的广告运行机制与效应探索、排球运动品牌与明星效应。

6．排球运动的哲学研究

主要同体育哲学相关。研究主要内容有：排球运动员的人生观、价值观形成、排球运动中的哲学现象、排球教学与训练过程中的哲学思考，排球运动中引入系统论与耗散结构观点方法。例如，排球技战术过程中的哲学现象、运用系统的观点分析排球运动发展趋势等。

7．排球运动的国内外比较研究

主要同比较体育相关。研究主要内容有:排球运动的国内外比较、排球运动与篮球、足球、羽、乒等项目的国内比较等。例如,排球主客场赛制的国际比较,我国部分优秀男子排球运动员沙滩排球与室内排球扣球技术的运动学比较研究。

8. 排球运动心理学研究

主要同体育心理学相关。研究主要内容有:排球竞技运动过程中的心理现象、学校排球运动过程的心理现象、排球健身运动过程中的心理现象。例如,神经类型及运动竞赛焦虑对排球运动员成绩的影响研究、我国甲级女排主力队员与替补队员角色心理比较研究。

(三) 排球运动的自然科学研究

在我国,体育自然科学学科主要包括:运动解剖学、运动生理学、运动生物化学、运动生物力学、运动医学、运动训练学及体质形态学、运动形态学、运动创伤学、运动医务监督、运动营养学、体育保健学等。这些自然科学学科在排球运动中的运用主要涉及领域和内容有:

1. 排球运动生理学研究

研究领域主要涉及排球运动生理学。研究内容主要有:排球运动员生理变化现象如心率、血压等一系列生理特点,排球运动员运动反应运动能力。例如,青年女排运动员上下肢体定位操作反应时的初步研究,排球运动员神经类型的研究。

2. 排球运动医学研究

运动医学是体育科学中十分重要的一门综合性学科,它包括运动创伤、运动医务监督、运动生理、运动营养和生化、运动解剖和运动康复等 6 个分支学科。排球运动医学研究的内容主要体现在排球运动员伤病的诊断与恢复、运动员营养与恢复、运动员医务监督等方面。例如,排球运动员冈下肌萎缩发病机制的探讨,排球运动员营养与恢复。

3. 排球运动的生物力学研究

排球运动生物力学主要研究运动人体结构和机能特征,研究最佳动作技能等。排球运动是一项人体运动项目。因此,对排球运动的生物力学研究十分活跃。例如,对排球运动员弹跳力的生物力学研究,对排球运动中滞空技术的生物力学探讨。

4. 排球运动生物化学研究

运动生化在排球运动中的应用主要体现在对排球运动的代谢和供能特点规律的研究。研究内容还有:认识提高运动能力,改善运动能力等。例如,排球供能特点研究,上海男排运动员无氧代谢能力与血流动力学指标关系的初步研究。

5. 运动训练学在排球运动中的运用

近年来,运动训练学在排球运动中的运用也比较活跃。排球运动中的运动训练学研究主要是解决排球训练的理论与方法问题,内容有:制胜规律,项群理论,运动规律与特点等。例如,我国优势运动项目制胜规律的研究,九个运动项目(包括排球)教学训练大纲的制定。

四、排球科学研究的特点

(一) 创新、领先性

排球运动科研为教学训练实践服务,最快捷地反映了排球教学训练的成果。由于我国对世界排球的贡献。因此,我国的排球研究的一些理论与成果在世界上具有创新领先性。例如,1965 年我国发明的“盖帽拦网”技术、四号位“平拉开”扣球技术的理论与实践在当时处于世界领先地位。1978 年,我国学者对汪嘉伟的冲飞扣球进行总结研究,形成了我国的“空间差”扣球技术理论与实践。中国女排夺取“五连冠”,其全攻全守打法同美国男排的打法一起代表了当时的世界排球发展趋势,对今天的排球运动还产生深远的影响。

(二) 综合性

20 世纪 80 年代以来,世界排球运动科学研究朝着全方位、多学科综合进行的方向发展,其他学科的新理论、新方法应用于排球运动越来越多。进入 20 世纪 90 年代后,世界排球运动的水平快速提高,排球运动的职业化、商业化、社会化程度不断深入,体育社会科学学科和软科学系统科学的发展,使得排球的社会科学研究呈上升趋势,排球运动社会科学和自然科学研究朝气蓬勃。

(三) 广泛性

当今排球运动的科学研究对象和领域越来越广泛。研究领域包括竞技运动、健身运动、学校体育运动,研究对象以高水平运动员、学生、大众为主,呈现出多方位、多视角的特征。

(四) 实践性

实践性是排球运动科研最重要的特点之一。目前研究的两大主线是围绕着我国体育发展的两个战略进行。在研究中强调解决排球运动训练比赛问题,学校排球运动问题、全民健身排球活动开展问题等,提倡在实践中发现问题,探索规律,又用理论指导实践的研究风气。

(五) 动态性

排球运动科研具有动态性和社会性的特征。因为作为研究的对象之一,运动员、学生及大众具有社会性和动态性,教学和训练过程也是动态的。因此,要针对研究对象动态的特点展开有效的研究活动。

第二章

排球运动科学研究的理论与内容分析

第一节 排球运动基本理论研究

一、“项群”训练理论在排球运动中的应用

项群理论是20世纪90年代中期发展起来的运动训练理论，其创始人是北京体育大学田麦久。

项群训练理论对来自于“运动项目的不同类属的项群”进行研究，其理论主要实质是揭示项群训练基本规律。研究项群理论的意义在于：从训练学角度分析，可以把几个项目放在一起进行比较、分析、研究，能清晰显现出项群的运动特点，从而更全面、更深入地揭示运动规律。

排球在项群理论中按竞技主导因素分类为技能主导类中的隔网对抗运动项目。在这一项群中还有乒乓球、羽毛球、网球等运动项目。例如，将排球、乒乓球、羽毛球等项目放在一起共同考察，可以发现运动项目的基本规律，如对制胜因素（时间、空间）研究：该项群共同具备快、变、全、准、狠的规律，并且有自己的训练特点；对得失分规律方面研究：该项群共同具备得失分阶段、得失分手段、得失分表现等一般规律，并且有自己项目的比赛经验和要求。

项群训练理论的研究在排球中的运用，主要表现在两个方面：其一是对排球运动制胜规律的研究，其二是对排球运动得失分规律的研究。

（一）排球运动制胜规律研究

制胜规律是指在竞赛规则的限定下，人们在竞赛中战胜对手，取得胜利所必须遵循的准则。

制胜规律的组成包括两个方面：其一是制胜因素，其二是制胜因素之间的本

质的联系。制胜因素是由竞技项目所决定的竞争双方战胜对手的基本要素。制胜因素之间的本质联系是指这些要素之间的相互关系和组和方式。

高水平竞技排球运动制胜因素是根据排球运动自身的规律和特点及竞赛规则决定的,对制胜因素的研究是排球基本理论研究中的一个重要课题。我国排球界对高水平竞技排球制胜因素的认识,经历了一个由少到多、由表及里、由感性到理性的认识过程。在20世纪80年代以前大都以技、战术指导思想替代了制胜因素的提法。80年代以后,谢亚龙、王汝英等人对我国优势竞技项目制胜规律(包括排球)进行了系统的研究。

随着排球运动的不断发展和竞赛规则的修改,制胜因素的内涵在现阶段发生了变化。综合文献研究,制成现阶段排球主要制胜因素内涵表(图2－1)。在图2－1中,主要制胜因素涵盖了高度、力度、全面、准确、心理等方面,其中各因素之间是互动、互补、相互影响的。在不同的时期,由于各因素之间的均衡点不断变化,对胜利起着不一样的作用。在主要制胜因素中,高度和力度是夺取胜利的基础条件,全面、准确是夺取胜利的保证因素,心理是取得胜利的关键因素。

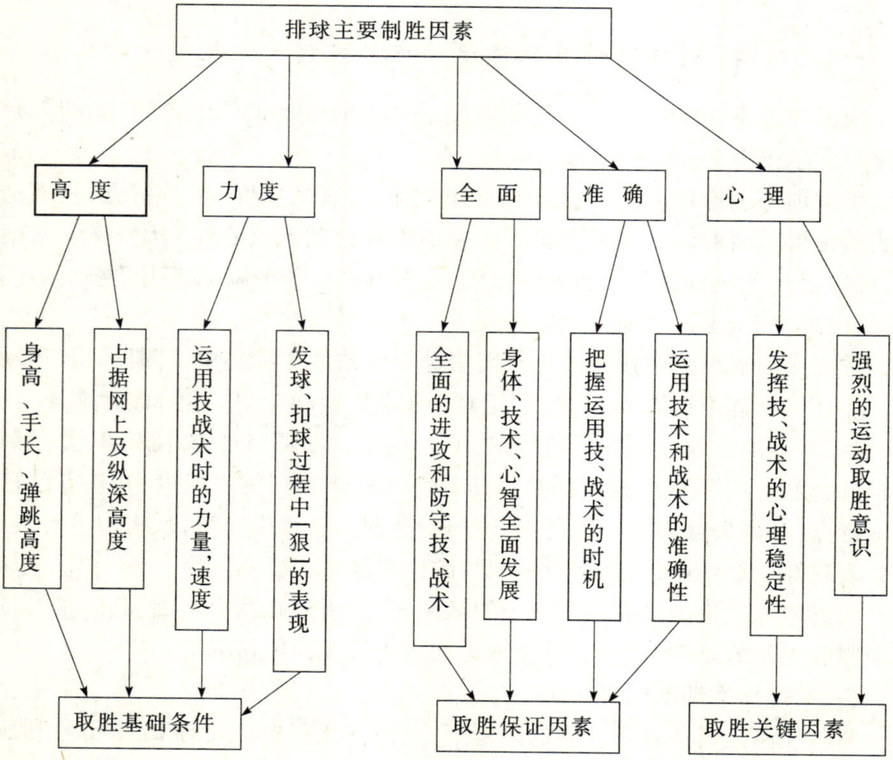

图2－1　排球主要制胜因素

在对制胜因素的研究中,有的文献还对制胜因素有序组合规律进行探讨,其主要内容包括:① 对制胜因素的互补协同优势组合研究——指同一项目内制胜因素彼此相互补充,取长补短形式。例如,排球高度因素同技术、战术的因素互补。② 综合制胜因素系列连锁效应研究——指与有关制胜因素按一定的时间与空间的配置分布,一环扣一环地连接在一起所形成的协作形式。例如,场上的主攻制胜因素同发球凶狠的制胜因素的连接,将起到连锁效应。对制胜因素有序组合规律的探讨,有助于更客观全面认识和应用制胜规律,有助于人们更深层次地认识制胜规律的作用。

(二) 排球运动的得失分规律研究

对得失分规律的研究历来是排球的一个重要研究课题,特别是1999年排球实行新的比赛办法后,得失分规律发生了一定的变化,如何尽快地认识变化的规律,使运动训练能适应变化,适应比赛的规律,是提高我国排球运动水平的关键因素之一。对得失分规律的研究主要表现在两个方面:其一对比赛的规律认识,其二对得失分结构的认识。对比赛规律的研究重点在对影响比赛胜负因素方面:1999年国际排联修改比赛办法以后,排球比赛规律发生了较大的变化,通过研究发现比赛较过去胜负的偶然性加大,而比分接近时,比赛呈激烈竞争态势,比分差距拉大时,要赶超比分,反败为胜,难度加大。比赛中人为的客观因素(如裁判、观众、主场优势等)对比赛胜利起到较大的作用。

对得失分结构、重要性排序等方面,通过研究发现,得分结构发生变化,排球比赛得分的四个因素(发球、扣球、拦网、对方失误)出现了结构性变化:发球得分率锐减,扣球(一攻、再攻)得分率大大提高,拦网得分相对减少,对方失误比率有所下降。据资料记载,第九届全运会男女排得分情况(表2-7,表2-8)。

表2-7　第九届全运会男女排得分情况(%)

比赛名称	发球得分	扣球得分		拦网得分	对方失误
		一攻	再攻		
九运会男排	5.28	55.98		11.59	27.1
九运会女排	3.2	34.5	26.8	11.0	24.5
20世纪80年代甲级赛(男)	10.9	29.9		22.6	36.6
20世纪80年代甲级赛(男)	9.9		30.4	28.2	26.6

注:数据来源:葛春林主编.最新排球训练理论与实践.北京:北京体育大学出版社,2003:202,205,247

表 2-8　第九届全运会男女排失分情况(%)

比赛名称	一传	防守	拦网	二传	保护	一攻	再攻	发球	其他
九运会男排	5.28	46.27	15.27			12.45	5.59	13.74	1.4
九运会女排	3.2	50.2	11.7	0.75	10.1	6.15	6.65	9.0	2.05
90 年代男排联赛	3.1	51.4	19.0			10.0	5.50	8.2	3.2

注:数据来源:葛春林主编.最新排球训练理论与实践.北京:北京体育大学出版社,2003:202,205,247

二、排球运动人才成材规律与特点

排球运动人才从广义上可理解为:指为祖国建功立业的运动集体;从狭义上可理解为:指为祖国建功立业的运动人才。这类人才是竞技排球运动中的中坚力量,也是全民健身运动和学校排球运动的中坚力量,对排球运动人才的选拔与培养,使之为国争光,应是教练员、教师的重要职责之一。

(一)排球运动人才培养的三个阶段

培养一个比较成熟的优秀运动员,在 20 世纪 80 年代的排球理论界一般有一种说法即 3 年成形,5 年成才,8 年成器。这是上个世纪中国排球运动员普遍现象。

所谓 3 年成形,就是通过少年训练阶段后,在进入青少年阶段(16 岁左右)经过 3 年左右的培养与训练,运动员初步获得了排球专项的一些业务知识,掌握了一定的排球技战术,具备了一定的身体素质,开始参加全国性的一线比赛。这个阶段的运动人才特征是,在思想上较活跃,并逐步形成世界观人生观;身体上大部分处于机体发育的末端时期,但发育尚不平衡;在排球技术上有一定能力,并有一定的战术意识。

所谓 5 年成才,就是在 3 年成形的基础上,再经过两年的专业磨炼,运动人才在理论和技术上、战术意识上、身体素质等方面均有较好的基础,这阶段的运动人才,在重要比赛中能够独当一面;对群众性的排球运动,又能作讲解示范,进行指导。

所谓 8 年成器,就是运动人才经过 8 年左右的训练比赛实践,运动员思想上和技术上均达到成熟程度;有丰富的经验,能身传言教、身体力行,初步形成教练能力,思想稳定,胸怀祖国,立志为国争光。

(二)排球运动人才的培养与管理

排球运动人才的培养与管理涉及的内容十分丰富,也是近年来管理学科与排球运动人才学相结合的研究课题之一。

1. 用现代管理理念对运动队进行管理,促进人才培养

21 世纪社会经济的发展促进了中国的体育事业蓬勃发展,随之带来许多有待研究的课题。对运动队而言,社会的影响是巨大的。突出表现为运动集体的团队成员思想较过去活跃而复杂,团队成员的社会人际关系的多元化,团队成员资讯的多渠道获得且快捷便利。这些给运动队的管理提出了更高的要求,因此引入现代管理理念对排球运动人才集体进行管理是非常必要的。

何方生在运动人才学专著中对运动人才集体管理的作用进行了描述,提出了 1 +1 >2 的观点,即运动人才培养过程中,如果培养和管理均到位,那么将发生 1 +1 >2 的效应,强调了科学管理在人才培养中的特殊作用。

有学者认为,运动人才集体管理系统应被视做是个开放性系统,这个系统有三个显著特征:同外部信息交换特征,交流发展特征,新陈代谢特征。

对运动人才集体管理中要注意根据系统特征进行管理,要充分考虑到社会对运动队带来得影响,改变以往封闭式的管理模式,做到及时不断的同团队成员进行信息交流,以求在最短时段解决问题;做到管理的规章、制度办法根据形势发展,不断修订且符合实际情况,管理办法不断更新;做到管理者与被管理者的平等对视、交流沟通。这些观点在排球运动队伍管理上均有很强的现实意义。

2. 对运动员的培养注重“全面培养”

北京体育大学钟秉枢教授认为,新时期的运动员,面对知识经济的挑战,我国优秀运动员的培养与管理也必然做相应的变化。他认为,在运动队这样的群体中,竞争和压力是巨大的,而良好的客观环境对运动员是必要的。其中,教练员与队友是运动个体释放压力的主要对象。在培养过程与实施目标管理时,运动个体渴望“全面培养”,全面培养包括对运动员创造成绩和退役后生存能力的培养,应当说这是目前人才培养一个全新的研究层面。

三、心理学在排球科学研究中的运用

近些年,运动心理学发展速度加快与研究领域的扩展使运动心理学这一名词已经不能准确涵盖既有区别又相互联系的体育运动中三个心理学研究领域:竞技运动、体育教学和大众健身。

张力为等人在《体育运动心理学研究进展》一书中对运动心理学的解释为:广义上包括竞技运动心理学、体育心理学和锻炼心理学;狭义上指竞技运动心理学。就排球与心理学两个学科相结合的研究成果看排球运动心理学研究实际上包含了对竞技运动、体育教学和大众健身这三个领域的内容。

(一) 排球运动心理学涉及的三大领域内容

1. 排球竞技运动心理学

排球竞技运动心理学的研究主要是围绕运动员的心理选材,心理技能训练

和心理咨询工作进行的,涉及研究的问题主要有运动动机,自信心的建立与培养,情绪的调控,注意力集中以及良好的人际关系等。

2. 体育教学心理学在排球运动中的应用研究

体育教学心理学在排球运动中的应用研究主要是围绕如何有效地完成教育目标和更好地掌握运动技能,如何通过学校体育课和课外体育活动培养学生良好的品格两方面进行的。

3. 排球健身心理学

排球健身心理学研究主要围绕参加体育锻炼的动机和体育锻炼与心理健康这两个方面进行的。长期以来,由于竞技运动在体育中的突出地位,使竞技运动心理学研究一直比较活跃,得出了大量成果;而体育教学心理学和健身心理学的研究开展缓慢,较为薄弱。近几年来,随着全民健身战略的实施,人们对体育过程中的心理作用的依赖和重视程度日益提高,对心理学研究的不平衡状况有了很大改观。

(二)排球竞技运动心理学研究的主要内容

1. 运动员人格的研究

主要涉及两个问题,一是运动活动对人格的影响;二是人格对运动的作用与影响。对排球运动而言,有两个很重要的研究内容:排球运动的集体性是否会加强人的社会取向及公共关系人际化的良好品格形成;二是人格的外向和内向与集体项目的活动特征相一致的问题。

2. 唤醒、焦虑与运动成绩关系的研究

由于唤醒、焦虑和运动成绩关系在排球竞技运动中日显重要。因此,这也是排球运动心理学研究的热点之一。对排球运动中唤醒,焦虑的研究主要从专项运动特点中进行考察,寻求影响运动成绩的主要因素。

3. 心理技能训练的研究

近些年,排球竞技运动的实践和理论上均出现了心理技能训练研究的内容。例如,注意力集中的训练,关键局、关键分时心理调控等。研究更多关注在心理技能训练的效果以及评价体系的建立等方面。

4. 运动动机的研究

动机问题是国内外运动心理学研究热点之一。排球运动员的动机研究主要从运动员的目标取向,兴趣养成及良好的人格基础等方面进行。

(三)体育教育心理学在排球运动中的研究热点

颜军在《体育心理学论稿》中指出:目前,体育心理学家正试图建立一门以学习和认知的理论研究成果为基础,密切联系体育教育实际,能提高体育教育效益的体育心理学体系。这些研究热点也应是排球心理学的研究热点之一。

研究热点:体育教育与学生个性发展的研究。体育教育与学生创新素质培养的研究。体育教育对学生社会,心理和行为影响的研究。体育知识学习,运动技能掌握及体育学习策略,认知心理研究。体育能力,体育意识的概念、范畴、层次及其培养的研究。体育学习结果和教学过程评价的心理研究。体育课堂互动与行为矫正研究。不同学习阶段(大、中、小学、幼儿园),不同区域(城市与农村,内地与沿海,东部与西部),不同国度学生体育学习心理差异比较研究。体育教育与心理健康,行为的研究。体育考试的心理研究。体育教育与学生品德心理研究。

(四)排球健身心理学研究的主要内容

(1)排球运动在健身运动中的作用与地位;

(2)排球健身运动过程中参与者的主体意识;

(3)排球健身活动过程中的心理状态研究。

四、排球运动员的营养与恢复

排球运动是一项有自身鲜明特点的运动,除了技战术运用等因素外,运动员的身体状况对比赛胜负起着直接的作用。排球运动员的身体状况主要表现在运动员的体能上,体能对排球的训练和比赛均起到很重要的作用。排球的训练是比赛的基础,而良好的体能状况是保证运动员能保持高水平的训练质量的基本物质条件。只有训练上了水平,比赛才能有水平。排球的比赛特别是高水平的竞技比赛对运动员的体能提出了较高的要求。因此,如何在训练和比赛中采取必要的方法和手段保持良好的体能,是排球训练恢复的重要研究课题。

营养与恢复是运动员训练恢复中的一个重要组成部分。超量的训练负荷要依赖于长期的营养学恢复和保证。因此,营养学恢复也如同训练一样应作为训练计划的一个重要组成部分。这一点在马俊仁马拉松训练中充分得到体现,但在排球训练中还未引起足够重视。因此,训练中不但要有苦练加巧练的干劲和方法,更要有营养的保证和心理的调节,运动员才能在训练、比赛中有出色的表演。

国家体育总局运动医学研究所杨则宜研究员在其《排球运动员营养学恢复手册》一文中,提出要重视排球运动员的合理膳食。他根据排球运动的特点,提出排球运动员的特殊膳食必须尽量选择高糖的食物,运动训练、比赛时可使用高糖和电解质的运动饮料,为促进肌肉增长,保证排球运动员的力量和爆发力,排球运动员还应该选用含脂肪低的优质蛋白。

五、排球运动员体能训练的理论

在排球运动员竞技能力的构成因素中,体能起着举足轻重的作用。在取得好成绩的三要素(体能,技能,比赛经验)中,体能是基础,没有体能,就不可能充分发挥技术。纵观世界强队,无一不具备良好的体能条件。

(一)排球运动员专项体能训练的特征

排球运动属技能类集体对抗性项群中的隔网对抗项目,其身体形态,机能和运动素质都具有鲜明的专项特征。

1. 网上争夺是排球比赛中攻防对抗焦点,扣拦是制胜的关键。因此,要求排球运动员既要有身高,又要有高水平的跳跃能力;不仅要跳的高,而且要跳得快,能持久。

2. 接发球和接扣球能力反映了运动员的防守能力。防守能力主要体现在低重心的反应能力和移动及时到位的短距离快速移动能力,以及使身体向多方向移动和持久移动的耐久力。

3. 扣球和跳发球是排球中主要通过手臂动作取得得分的技术。因此,一方面要求运动员具备跳跃能力,另一方面要求运动员的挥臂能力。要求力量大、速度快。

(二)排球运动员专项体能的构成

弹跳能力:弹跳高度,弹跳速度,弹跳耐力。

移动能力:反应时间,起跳时间,移动时间。

挥击能力:挥击速度,挥击力量,挥击耐力。

(三)排球运动员专项体能训练的特点

1. 力量

进行力量训练时,要选择与专项体能方式相结合的运动动作,科学论据强烈地倾向于支持力量训练应接受专门化的理论。力量训练专门化观点认为"力量训练的练习应在运动解剖学形式,肌肉收缩速度,类型和收缩力量上尽可能地模拟实际从事的运动动作。"排球运动员力量应以动力性为主要形式。

2. 速度

进行速度练习时,反应的信号应以视觉信号为主,这样同比赛时对球的反应过程中的从视觉到反应神经通路是一致的。专项速度练习要注意神经的兴奋性和灵活性,因此要在运动员兴奋点较高时进行训练能达到较好的训练效果。排球运动员场上速度表现往往同注意力集中能力有关。因此,可同心理训练结合进行训练。

3. 耐力

排球运动员所需耐力以有氧耐力为基础,以无氧耐力为主导。排球耐力训练一方面要考虑比赛的长时间性,有计划地提高有氧水平,另一方面要结合场上阶段性,攻防回合的具体要求,有针对性地进行训练,提高无氧耐力水平。

4. 灵敏协调性

排球运动员的灵敏协调性主要体现在:球和动作的一致性;时机和动作的一致性;准确的时间和空间感觉。训练专项灵敏协调性要结合专项技术进行,或选择的方法要尽量接近专项技术动作。

(四)排球运动员专项体能训练的基本要求

1. 体能训练方法多样化

体能训练中容易产生方法简单,缺乏兴趣的问题。因此,在训练中要合理安排,要调动运动员的积极性和主动性,并结合竞赛性和游戏性的体能训练方法,使队员在情绪高涨、兴趣浓厚、兴奋性强的情况下进行训练。

2. 体能训练全面性

排球运动要求运动员具有全面的身体能力。在完成技术和战术时,才能快速、适时、准确地表现应有的水平。因此,体能训练应结合训练任务,突出重点,全面安排。

3. 合理安排体能训练的时间和运动负荷

运动员的体能力训练时间安排要注意运动员大脑皮层应处于良性兴奋状态。一般把柔韧、协调、速度等内容安排在训练课的前半部分,力量、耐力等内容安排在训练课的后半部分。在负荷安排上,要上、下肢搭配,左、右侧平衡,避免局部肌肉过度疲劳。

4. 体能训练应与技战术训练有机结合

结合球的技战术训练能较强地体现排球专项的特点,与专项身体能力的发展联系紧密,对技术战术的运用能力促进作用很大。

5. 体能训练要有具体指标要求

体能训练要讲求实效,不能走过场,不能急功近利,要严格遵循身体发育的规律,要根据运动员的年龄、性别等特点进行训练。训练中不能搞一刀切,要对运动员区别对待,做到每个运动员都有自己的计划和指标要求。

第二节 排球运动技战术研究

一、排球运动技战术分类与命名

研究排球运动技战术分类与命名的意义在于帮助我们更确切地了解排球运动技战术的发展脉络和其内涵,使我们面对各时期众多的技战术名称,能有比较一致和清晰的认识。考察技战术分类与命名时,我们主要对全国高等学校《球类运动—排球》教材和全国体育院系《排球》教材这两大全国统编教材进行对照分析。

(一) 排球运动技术分类与命名内涵分析

1. 排球运动技术的几种分类方法

(1) 中国大百科全书把排球运动技术分为无球技术和有球技术两类。无球技术主要指准备姿势、移动和相关的判断取位等。有球技术指发球、垫球、传球、扣球、拦网等身体直接接触球的动作。

(2) 有的书按照排球比赛过程的先后次序将排球技术分为:发球、垫球、传球、扣球、拦网。

(3) 苏联排球教材把排球技术分为进攻技术和防守技术。内容为:进攻技术指发球和主要进攻技术,防守技术指拦网及后排主要防守技术。

目前全国高等学校教材《球类运动—排球》和全国体育院系教材《排球》两大权威教材对排球技术的分类趋向一致,即将排球技术分为无球技术和有球技术两大类。其中,发球、垫球、传球、扣球、拦网为有球技术,准备姿势和移动称为无球技术,或称配合动作。

2. 各项有球技术的种类分析

通过对各项有球技术的种类分析可以帮助我们更深层次的理解排球技术的演变及内涵以及各版本教材的编写思路。

(1) 发球技术:高等学校《球类运动—排球》分类方法是按动作结构区分发球种类办法,将发球技术分为8种:正面上手发球、勾手发球、正面上手发飘球、勾手发飘球、正面下手发球、侧面下手发球、发高吊球、跳发球;全国体院教材《排球》是按性能区分发球种类的办法、将发球技术分为:飘球—正面上手发飘球、勾手发飘球、跳发飘球;旋转球—正面上手发球、勾手大力发球、跳发球、正、侧面下手发球、侧旋球和高吊球。

(2) 垫球技术:按动作方法可将垫球技术分为:正面双手垫球、体侧垫球、背垫、挡垫、跨步垫球、跪垫、让垫、滚翻垫球、前扑垫球、单手垫球、侧卧垫球、鱼跃垫球、脚垫球等;按用途可以分为接发球垫球、接扣球垫球;接拦回球垫球和接其他垫球。全国高等学校《球类运动—排球》、全国体院教材《排球》对垫球的分类是一致的。

(3) 传球技术:20世纪以前对传球的种类大多分为正传、背传、跳传、侧传四种。但这四种分类方法极不科学,且有逻辑错误。例如,跳传的类别中可以包括正传、背传、侧传等传球动作,而这种分类方法却将跳传与其他传球混为一谈,是上下位概念的混乱错误。

在后来的教材重新编写与修订中,专家学者们充分认识到传球的这种分类错误,将传球种类重新划分。全国体院《排球》教材将传球按方向分为正面传球、背传球和侧传球。这三种技术是指原地完成。跳起在空中完成传球动作的方法称为跳传。全国高等学校教材《球类运动—排球》将传球按传球方向分为正面传球、背向传球、侧向传球三种。按支撑方式分为原地传球、空中传球(跳传)两种方式,可以发现后者划分更为科学。

(4) 扣球技术:扣球的分类方法在全国两大体系教材中的分类中基本一致。即按扣球动作方法分为:正面扣球、勾手扣球、单脚起跳扣球。按扣球区域分为前排扣球、后排扣球。体院教材还把扣球按节奏分为:强攻、快攻。全国高校教材还把扣球按用途及变化分为:快球、自我掩护扣球,其他运用变化等几种。

(5) 拦网技术:拦网技术分类通常均按人数分为:单人拦网、双人拦网、三人拦网,其中双人和三人也称集体拦网;全国高校教材还把拦网按运用与变化分为:原地拦网、移动拦网、拦强攻、拦快攻、拦打手出界、拦后排进攻几种。

(二) 排球战术分类命名内涵分析

20 世纪 90 年代以后排球运动水平呈现出快速发展的趋向。由于规则的修改,赛制的改革,使得排球运动的社会化、职业化不断深入,排球运动水平有比较大的提高。比赛场上的战术特别是进攻战术内容与表现都更加丰富,在这种情况下,过去教材对战术的描述与概括明显落后。因此,最新的高校和体院两套全国统编教材均对战术这一板块进行了修改,其目的是想更全面更准确地将现代排球战术形式与内容表达出来。

1. 对战术的分类

体育院系《排球》教材将排球集体战术分为进攻与防守两大块,在这两大块中产生进攻阵型与进攻打法、防守阵型。通过攻防战术组合,在四攻系统中具体运用。高等学校教材《球类运动—排球》将排球集体战术按四攻系统进行分类,而后在四攻系统中按进攻与防守两类再给予具体展开与描述。

应当说,这两类分法无本质上的差异,其主要内容是相同的。

2. 排球进攻战术的命名与内涵

表 2-9 反映出两本统编教材对进攻战术的命名与内涵。对这两种教材进攻战术的命名分析可以发现他们各有特点,高校教材注意进攻战术阵型命名与旧教材的承接性、可接受性,进攻战术阵型的命名考虑能反映全部阵型人员的参与并以此作为进攻阵型命名的联想点。例如,插三二就反映出场上一个插上二传和前排三个队员及后排两个队员进攻的情况。这种战术的命名与内涵比较一致,便于理解和接受。

体院教材在命名上首要从比赛实际出发,力求能将高水平竞技排球比赛中出现的一些阵型涵盖在其名称中。如对心二传的命名,表达了作者对高水平排球运动特点和打法的理解,这种命名将二传作为进攻阵型命名的联想点。再如边二传进攻阵型,也是以二传的位置作为阵型命名的联想点。

两种命名方法是否符合实际或为大众所接受,其科学性都有待时间检验。

表 2-9 进攻战术阵型命名与内涵

	高教版教材	体院版教材
旧教材进攻阵型命名与内涵	中一二:指 3 号位队员做二传,2、4 号位队员进攻的阵型 边一二:指 2 号位队员做二传,3、4 号位队员进攻的阵型 插上:指后排队员插上到网边,网边保持三点进攻的阵型	中一二:指 3 号位队员做二传,2、4 号位队员进攻的阵型 边一二:指 2 号位队员做二传,3、4 号位队员进攻的阵型 插上:指后排队员插上到网边,网边保持三点进攻的阵型
新教材进攻阵型命名与内涵	中二三:指 3 号位队员做二传,前排 2、4 号位队员和后排队员三点进攻的阵型 边二三:指 2 号位队员做二传,前排 3、4 号位队员和后排队员三点进攻的阵型 插三二:指后排二传队员插上到前排做二传,前排保持三点进攻和后排两名队员进攻的阵型	中二传:由一名前排队员或后排队员在前排中位置做二传,其他队员参与进攻的阵型 边二传:由一名前排或后排队员在前排 2 号位做二传,其他队员参与进攻的阵型 心二传:二传队员在中场进攻线附近组织进攻的阵型称做"心二传"进攻阵型

二、排球运动的特点、技战术指导思想及其研究的现实意义

（一）排球运动的特点

当前现代排球运动的发展进入了一个崭新的阶段,排球运动由原来的高度竞技化阶段进入竞技排球的多元化和娱乐排球的再兴起阶段。人们又从不同角度,用不同方法对排球运动特点进行再审视,由此,产生了对运动特点不同的理解和描述。

(1) 从运动本身的地位和价值角度进行考察,排球运动特点有:

① 形式的多样性和广泛的群众性;

② 技术的全面性和高度的技巧性;

③ 激烈的对抗性和严密的集体性;

④ 轻松的娱乐性和高雅的休闲性;

⑤ 活动的全身性和良好的观赏性;

⑥ 攻防技术的两重性。

(2) 从运动方法角度进行观察,排球运动特点有:

① 击空中飞行球的击球技术特点；

② 击球时触球时间短促；

③ 允许全身部位击球；

④ 有自身特点的得失分计算方法；

⑤ 完成战术配合时触球次数的有限性；

⑥ 完成技战术时的时空有限性。

(3) 从运动活动形成角度出发，排球运动特点有：

① 比赛与活动对场地要求不一，运动负荷可大可小，活动者年龄、性别、水平不限均可活动；

② 比赛规则有位置要求，对技术要求全面；

③ 比赛规则限制击球次数，对技术要求细腻；

④ 比赛不受时间限制，但受一定的空间限制。

上述几种对运动特点的描述都从自身的角度出发，概括了当今排球运动特点的主要内涵。但除了身体各部位且主要用手击空中飞行的球这一点外，尚不能找出能高度概括排球运动区别于其他运动的显著特点。

通过对排球运动特点的描述，我们可以认为，排球运动已由过去单一的竞技型运动转化为今天集竞技与娱乐一身的运动。正是由于这一转变，使排球运动更加竞技化、大众化、娱乐化。

(二) 排球技战术的指导思想及其研究的现实意义。

1. 排球技战术的指导思想

我国排球技战术指导思想是经过长期实践和逐步认识排球运动规律中确立的。在其发展过程中，我们在不断总结正、反两方面经验教训的基础上，逐步探索出一条适合我国排球发展的道路。纵观我国排球发展历程，我国在1955、1958、1965、1972、1978、1989、1993、2001年分别提出了我国排球技战术指导思想。应当看到，我国不同时期的排球技战术指导思想对我国排球运动起到了指导与推动的作用。从我国排球技战术指导思想的发展和变化过程中可以看到，要保持高水平的竞技排球水平，就必须使制定的指导思想符合排球运动客观规律，顺应排球运动的发展趋势，并且适合本国排球运动实际情况。在论述指导思想时，要特别论及袁伟民在谈中国女排指导思想时所做的总结：博采众家之长，发扬快速多变打法，并引进欧洲型打法的长处，适应具有一定高度、攻防兼备全面型的新型打法及1978年我国重新确立的排球运动技战术指导思想："在技术全面的基础上，发挥各队特色，向全攻全守型发展，坚持快速，发展高度，狠抓扣、拦、发三项得分技术，力争网上优势。以全面、快速、高度、灵活、准确的打法，争取主动，夺取胜利。"

正是当时袁伟民的组队思想和我国确立的技战术发展指导思想顺应了当时

排球的发展趋势，在世界上率先提出全攻全守的思想，使中国女排在20世纪80年代的世界排坛上夺取五连冠，奠定了中国女排在世界排坛的历史地位。

1993年我国提出了新的排球技战术指导思想："攻防全面，发展高度，坚持快速，灵活善变，不断创新，培养尖子"。2001年提出了："技术全面，突出特点，准确熟练，快速善变，发展高度，不断创新，加强体能"。这一阶段，由于我国排球运动观念、训练思想和方法落后于世界，因此未能很好地贯彻落实技术战术指导思想，使我国排球运动水平徘徊不前。

2. 研究技战术指导思想的现实意义

进入21世纪后，排球竞技运动有了很大发展，对排球的技战术指导思想研究更为迫切和具有现实意义。要研究排坛的技战术发展过程中的变化，要分析在新的竞赛办法下，新的训练指导思想下产生的新的技战术打法。例如，在全攻全守的现阶段排球比赛中，进攻的威力和作用日益增加，防守的重要性日益突出；强攻、后排攻、跳发球的大量运用，对扣球和发球的力量和速度提出了新的要求，比赛中一击成功率的提高，冲击了以往排球技战术的多变体系。诸如这些，是新形势下的排球运动规律使然，还是暂时的、局部的现象，都有待于进一步深入研究。

三、对现代排球技战术的再认识与评价

1999年新规则的实行，使排球比赛方法发生了变化，排球技战术体系均发生了一定的变化。因此，如何正确地对技术、战术的作用与地位进行重新认识与评价已成为影响排球技战术训练比赛的重要因素，也是当前排球技战术研究的重要课题之一。

（一）发球

1. 发球技术的重要性与地位

对发球技术的指导思想，历来有着两种看法："稳"和"狠"。由于现代高水平竞技排球运动的发展，目前发球的地位和作用已被人们重新认识，突破了过去的观念。首先将发球视为一个队的进攻开始，将发球技术作为先发制人，取得主动的首要技术。基于这种认识，世界强队都高度重视发球技术的训练与运用效果。可以说，要想跻身于当前世界强队之列，强有力的发球技术是必不可少的。从排球运动规律看，发球是比赛的起始技术，它的好坏影响整个比赛系统。高难度的发球会提升后面的一攻、防守系统的水平。

目前发球技术虽然占总得分比率还较少，但发球对对方的心理威慑作用以及关键阶段、关键比分时的作用是巨大的，这种威力主要体现在跳发球技术上。

2. 发球的效果与速度

据资料记载，目前，世界强队强有力的跳发球速度均在 30 m/s 以上，只有达到这个速度，发球的作用威力才会有较好的体现。目前，中国男排除个别人外，普遍的发球水平低于 30 m/s。由于训练的对抗因素所致，在比赛中出现了我国对国外强队的发球不适应，到位率不高，而我国的发球对对方接发球形不成威胁的局面。如何应对这一局面，一方面要加强中国队员的力量和速度训练，另一方面要在其他方面进行补救。例如，可以结合找人、找点、控制发球落点、提高准确性的方法，全方位提高发球的攻击力。因此，就这一点上讲，中国男队队员的发球技术应当避免盲目追求力量速度（当未能达到 30 m/s 时），要多在发球的策略上下功夫。

（二）垫球

1. 接发球的地位和作用

现代排球赛，第一回合的进攻作用已越来越明显。有数据显示，比赛中得分的 60% ~70% 是进攻所得，而其中一攻占 40% ~50% 比例。第一回合进攻的基础是接发球，因此，高水平竞技排球的训练和比赛，对第一回合一攻的各个环节均高度重视。北京体育大学教授葛春林曾提出接发球是进攻的粮仓观点，形象地说明了接发球与进攻的关系。

2. 对防守垫球的认识

在 1999 年新的比赛办法实行后的一段时间内，由于一攻的作用凸现出来，使人们在对防守和再攻的作用缺乏全面和正确的认识，通过实践，人们提高了对进攻与防守的辩证关系认识及其对比赛的作用的认识。垫球是一切进攻的基点已成为大家的共识。在高水平竞技排球比赛中，防守垫球的作用是巨大的，可以说，没有防守，即没有进攻，就没有比赛的胜利。

（三）传球

1. 二传的作用和组织的原则

二传是进攻的组织者，也是全队战略战术的组织实施者。目前世界强队均以“五、一”配备进行比赛，就体现了二传在比赛中的地位和作用。我国教练员曾提出，高水平竞技排球比赛的竞争很大程度上是二传之间的竞争。这话是很有道理的，因为，攻手的能力和水平是必须依靠二传来调度和配置的，好的二传，能将攻手的作用发挥到淋漓尽致。

二传组织进攻一般依照如下 4 个原则进行：①根据一传的质量；②攻手的状况；③对方拦网情况；④场上比赛阶段和比赛分数的变化。

2. 组织战术的信号

二传与攻手之间的默契方法通常采用的是战术组织的信号联系，有手势、声音、眼神、习惯动作等等。发出信号要注意几个环节的问题：信号要简单明了，信号必须具备双重机制，信号要及时反馈。

(四) 进攻

1. 一攻和再攻的作用

据资料记载,1999 年世界杯赛中,进攻占总得分 60%、接发球组织进攻系统——攻系统得分占 43%,据第九届全运会女排的统计数据表明一攻系统得分占总得分的 34. 5% 再攻系统得分占总得分的 26. 8%,进攻共占总得分的 61 .3% 左右。由此可见,现代高水平排球比赛,进攻在比赛中的作用较过去要大得多,这对我们的训练提出了新的课题和挑战,如何提高扣球技术、如何提高进攻体系的攻击水平(包括基础一传、防守和传球组织能力、扣球攻击能力)均是重要的研究课题。

2. 进攻系统的几个特点

(1) 对一击成功的高度重视与注意:一击成功指进攻一个回合即产生好的结果。现代排球比赛一击成功占了比赛得分的很大比例。分析一击成功的全过程,其时间非常短促,动作干净利落,要求运动员在这一过程中思想高度重视,注意力高度集中。2003 年的中国男排联赛打出了不少高分局的精彩比赛,在最后的比分阶段,场上队员基本上处于高度关注一击成功的状况之下,这时,队员思想高度紧张与注意力高度集中,此时,只有抛弃杂念,关注场上的细小变化,及时果断判断,合理运用技术,才能夺取最后胜利。一击成功过程的思想高度重视和注意力高度集中也正是中国男排、女排在关键分、关键场次上必须解决的问题。

(2) 全方位组织进攻:后攻的广泛运用,使得进攻区域更为扩大。特别是防反中后攻已成为重要的进攻手段。据统计,国内外比赛中,一攻中后攻的组织以右区(2 号、3 号之间)为主,占总后攻次数的 60% 左右。而防反中的后攻组织中区比例有上升趋势。通过对扣球的效率分析,后攻的成功率也明显高于前排进攻。

(五) 拦网

1. 拦网的作用

由于排球比赛方法的变化,拦网得分占总得分的比率下降,从过去的 25% 左右下降到现在的 12% 左右,但并不意味着拦网技术不重要了。相反,在现在的排球赛中,拦网还是对付进攻的第一道强有力的防线。拦网还是本方防反的起始点,拦网还能在心理上给进攻方以巨大的心理压力。

2. 拦防配合系统与信号传递

现代排球比赛,拦网已改变了过去单一技术作战的状况,而是同防守有机地结合在一块,使拦防成为一个完整的防守系统,从而发挥更大作用。目前,强队中的信号运用,不但在进攻中体现,在防守中也发展了防守系统信号。一般这个信号以拦网人的手势信号为主,拦网人根据对对方攻手的判断,将手放在身后,给后排防守人员发出信号。例如,手握拳表示我拦直线你防斜线,手张开表示拦网人随人移动等,后排防守人则根据拦网人的信号信息随着拦网人的变化而变化。显然,拦网已发展成为真正意义上的防反系统中的一个组成部分,拦网也有可能成为变防守的被动局面为主动局面的防守发动技术之一。

3. 集体拦网的阵型

目前,世界强队大都采用二一拦网阵型。二一拦网阵型是预先将二人摆在四号或二号位置上,而另一人在其他位置上。有二二四(2 号位置二人,4 号位置一人)和四四二(4 号位置二人,2 号位置一人)两种。这种拦网的阵型是对人盯人拦网阵型的补充。当然,二一拦网阵型的运用要建立在预先对对方进攻了解基础上。

(六) 自由防守队员

自由防守队员的技术运用主要是接发球垫球和防守垫球。由于这一角色的重要作用,特将自由防守队员单列进行论述。

自由防守队员也称自由人,是 1999 年新规则实行后的比赛方法重要改变的一个方面。通过几年的实践,应该说,自由人的实施对增加排球的观赏性和增加比赛的激烈程度均起到很重要的作用。目前,对自由人的研究正深入展开,集中体现在如何提高自由人的自身防守能力和如何更充分地发挥自由人在场上作为后排防守队员的作用这二点上。

对自由人作用的研究表明,第九届全运会我国男排自由人接发球数占一攻组织总数的 42%,这个数据低于世界强队 60% 左右和亚洲强队韩国队 52% 的数据,说明我国自由人的接发球还有发展的空间。从防守上看,九运会女排的数据显示,自由人防守效果明显优于其他队员,但自由人的防守接球比例却处于 18.2% 的较低水平,从而制约了自由人作用的发挥。因此,要研究如何提高自由人防守触球的比例,对提高全队的防守水平有直接关系。研究主要应从根据对手的进攻和落点,合理安排自由人的换位,而不是盲目地一律地以自由人换副攻进行防守;比赛中要适时调整,根据情况应变,从而使自由人的作用充分发挥。对自由人的研究另一重要方面是对自由人自身防守能力的研究,包括自由人的选拔,自由人的判断能力的提高和防守动作技术的运用等。文献记载表明,研究已涉及对自由人防守能力的模型建立等方面内容。

四、排球技战术的理论与实践

(一) 排球运动科研为实践服务

科研直接为排球教学训练和比赛服务,是排球运动科学研究活动的一个显著特点和发展方向。从某种意义上说,实践问题的解决过程,也是促进排球科研发展的过程;从方法论看,科研人员越来越多地从文献研究、思辨研究走向实证研究，正在从不同层面上去关注学校、关注运动训练实践、提高研究的实际应用价值。但同我国科技成果转化为生产力的情况相同，体育研究成果的实践应用率还不是很高。这种实践和理论相脱节的情况，在排球运动科研中也存在，排球技战术理论和研究还缺乏第一线队伍的强有力印证，而第一线队伍的实践过程又亟待强有力的理论指导。这种状况应当引起研究人员的注重。

（二）技战术创新与继承的关系

技战术创新是运动发展的生命力。从历史上看，排球要想取得好成绩，就必须对技战术进行创新。20 世纪 60 年代初，日本大松教练发明了滚翻救球、勾手飘球、小臂垫击等技术和极限训练防守方法，依靠创新和防守精神取得世界冠军。20 世纪 80 年代，中国女排依靠全攻全守的创新理念，用于指导运动实践，领导了世界排坛发展潮流，取得“五连冠”。因此，只有创新，运动才能发展，运动员才能取得好成绩。

在创新的同时，要注意对传统的继承，但这种继承是批判性的继承。排球技术理论与实践的历史，有很多正反两方面的例子解释了创新与继承的关系。

日本在 20 世纪 60 年代由大松创造了防守制人的排球指导思想，由此，辉煌过十几年，但在 70 年代末，是坚持防守为主打法还是在全攻全守的世界潮流下，转向进攻与防守并重，日本国内存在种种思想，不乏反对的阻力，由此，推迟了日本女排大型化的进程，从而直接对日本女排的成绩产生了影响。这种影响是深远的，直到 20 世纪 90 年代，日本女排还未完全摆脱落后的局面。

在 20 世纪 90 年代，世界排球的训练和比赛观念均发生了较大变化，欧美等队由于其先进的训练指导思想和对排球运动的理解，符合了排球运动发展趋势，因此，水平上升很快，很快占据了世界排坛领先地位。相反，过去在世界称雄的中、日、韩等国，由于对排球的理解和观念落后及训练方法落后等原因，致使训练与比赛脱节，比赛中未能取得好成绩，落入世界二、三流队伍之列。

上述例子，充分说明了技战术理论与实践必须创新，对传统的东西必须批判地继承，运动才能发展这个道理。

从排球发展历程看，男、女排在技战术创新上的道路和特征不同。男排侧重于进攻，女排偏向于防守，而女排的进攻技战术则主要是从男排技战术中移植过来的，比较典型的有跳发球、后排攻等。

五、不同排球活动形式的技、战术特点分析

排球成员众多，开展比较普遍的有沙滩排球、气排球、软式排球等。各种形式的排球运动均有自己较稳定的活动人群，也有自己的技、战术特点。

（一）不同形式的排球运动比较（表 2－10）

表 2－10 不同形式的排球运动比较

名称	排球材料	排球性质			运动场地			活动人群	活动人数	奥运项目
		圆周 cm	气压 kg/cm^2	重量 g	长	宽 (m)	网高			
硬排球	外壳由柔软皮革或合成革制成，内装橡皮或类似材料	65～67	0.30～0.35	260～280	18	9 男	2.43	各类人群	6 人	是
					18	9 女	2.24			
软式排球	由柔软的材料制成	65～67 成人组 63～65 青少年组	从 2m 高处落下，反弹高于 50cm	220～240 成年组 200～220 青少年组	16	9	23.5 男 2.20 女	学生	4～6 人	否
气排球	由柔软的塑料制成			100～150	12	6	2.20 男 1.80 女	老年人	4～5 人	否
沙滩排球	外壳由柔软防水皮革制成，内同硬排球	其他要求同硬排球			8	8		各类人群	2～4 人	是

（二）不同形式的排球运动技术特点

本节主要介绍软式排球、沙滩排球、气排球与硬式排球技术特点。

1. 软式排球技术特点

软式排球由于球体较软。因此，击球时，手臂的动作宜较大，击球时间较长，击球点要求更准确。例如，发球时可用手的各种姿势击球，尽量击球的中下部，垫球时抬臂的力量较大，扣球时必须扣准球等。

2. 沙滩排球技术特点

沙滩排球是户外运动，球体相对比较重，手触球范围稍大，并且户外运动受风力和阳光等因素影响。因此，要求击球的技术动作有一些特定的方法。如传球用比较长的缓冲动作，来保持对正球、传出球。为了避免持球犯规，大量运用垫球，扣球时动作需干净利落。由于参赛人数少、场地大，活动范围也大。因此，对技术动作的准确性要求较高。

3. 气排球技术特点

气排球活动的人群主要是老年人。气排球的球较轻，在空中飞行受空气阻力影响较大。飞行轨迹不确定，飘度较大。因此，气排球的技术运用过程中，对技术动作要求不是很严格，可以用各种击球方法将球击出，只要不连击或不将球停在身体上即可。

（三）不同形式排球运动的战术特点

1. 软式排球的战术特点

软式排球有 6 人制和 4 人制两种赛制。6 人赛制的战术同硬式排球相同。4 人制赛制的战术比较灵活，一般以一个二传和三个攻手配备进行攻防战术的配置，队员之间的跑位范围较 6 人制要大。

2. 沙滩排球战术特点

沙滩排球有 2 人赛制和 4 人赛制两种。由于比赛的人数比较少，进攻战术的变化相对较少，防守战术比较讲究拦网与防守配合，合理分工。

3. 气排球战术特点

气排球主要赛制为 5 人制。由于老年人活动以健身为主，并且规则对进攻有一定限制，因此气排球的战术变化相对较少，战术运用中讲求实效。

第三节 排球运动教学与训练研究

一、排球运动教学理论发展历程

（一）旧中国排球运动教学理论状况

旧中国排球项目开展的地区很少，对其教学理论与方法的研究几乎为零。

（二）新中国排球运动教学理论发展状况

新中国成立后，伴随着排球运动的开展，新中国体育教学事业和科技事业的不断进步，排球教学理论从无到有不断发展。

20世纪50年代初主要学习和引进苏联排球教学理论与方法，几个突出标志是：1951年苏联版《六人排球》教科书翻译出版。1957年邀请苏联专家到中国讲学，并在上海体院举办排球研究生班，培养新中国第一代研究生，这些人员后来都成为我国排球理论界的泰斗。在此期间排球作为运动项目开始出现在大、中学体育课上。我国1958年出版了《排球简要技术》——普及读物，20世纪50年代还没有全国统编教材，各高校体育院系采用自编讲义。60年代初《球类运动》（全国统编教材）出版，其中足球、排球内容在中册部分，初步形成了我国自行的排球教学理论体系。

20世纪60年代日本女排教练大松博文来华访问与训练讲学，极大促进了我国的教学训练体系改革，大松的教学训练法对我国的理论与实践均产生了大的影响，结合学习大松的训练方法与手段，我国排球教学理论的研究出现了非常活跃的时期。"文化大革命"后，进入改革开放年代，百废待兴，体育有了大的发展，排球教学理论也逐步发展与趋于完善。排球教学理论主要以两种形式表现。一种是在高校体育院系统编教材中体现教学理论的进展和成果；另一种是专业排球队的一些教练员进行的实践和理论相结合研究成果。高校教材教学理论的特点是归纳性强，分析全面，逻辑性强，富于条理性和说理性，注重科学性。专业队伍一线教练员的教学理论特点是针对性强、实践性强，以竞技运动为主要关注点，既注意技战术的一般教学理论与方法，也注意新的理论与方法在实践中的运用。

20世纪70年代教学理论的成果主要以两种形式呈现给读者，一是中国体育科技等学术期刊登载介绍；二是以高校教材形式出现，特别是中国女排夺取"五连冠"的过程中，大量的专著、译著纷纷出版，排球理论研究趋于成熟。教材出版历程中，1978年出版了"文化大革命"后的第一本全国体育院系通用《排球》教材。但教学训练理论尚未独立开章，只是包含于技战术内容中。1983年的全国统编教材修订第一次把教学与训练首次独立地分为一个章节进行论述，标志着我国教学与训练理论体系的成熟。1987年以后，高校有了两大权威统编教材：一是全国高师体育系的统编教材；二是全国体育院系统编教材。此后的教材均把教学与训练理论单列进行阐述，且论述的篇幅和内容也越来越丰富详细，显示出对排球教学理论与方法的研究越来越深入。2002年高等教育出版社进行全国高校百门教材的立项，在立项指南中，对新时代的教材的编写又提出了全新的理论，即教材的发展应朝着立体化教材方向发展，包括纸质教材、音像教材、网络多媒体教材等。预示着排球教学理论与方法的研究将向着现代化教育理念迈进。

（三）排球教学理论与教育思想及其他学科的关系

1. 排球教学理论与教学思想

捷克大教育家夸美纽斯《大教学论》标志着现代教育思想的产生。夸美纽斯强调的特点是:普及教育,统一教学原则、学校组织方法,阐明教学原则。其后,世界出现了多位有影响的教育家,阐述了各自的教育思想,他们有德国的赫尔巴特,美国的杜威。而最早提出体育教学法的是瑞典体育教师斯卡斯特罗姆,他于1914年出版了《体育教学法》。新中国后,我国教育界受苏联的教育家,主要是凯洛夫的影响较大。体育学的教法以凯洛夫的“特殊认识过程”理论为依据,以向学生传授“三基”为目的,运用凯洛夫教学理论中的“感知－理解－巩固-运用”的模式和技能形成过程中“泛化－分化－自动化”的生理学原理,将体育教学程序分为“讲解示范－学习掌握－强化练习－巩固提高”4个步骤。此类方法运用于基本理论技术、技能为主要的教学目的教学中,仍不失为有效的教学方法,然而随着现代体育教学的目标多元化,对人才素质越来越高的要求,传统方法已显然不适应现代教育发展的理念,从而引发出许多新的教学方法。几十年来,暗示教学法、程序教学法、最优教学法、快乐教学法等方法的理论探讨和实践成果频频出现于教学实验报告和科研论文中,反映了教学方法研究和改革的动态。

2. 排球教学理论与其他学科的关系

教育心理学同排球教学的关系:排球与教育心理学学科的关系非常紧密,强调如何把握教学双方的心理活动规律和心理特征规律进行卓有成效的教学。

(1) 生理学与排球教学理论发展的关系:由于教学对象是人,因此如何根据人的生理特点使排球教学理论与方法的研究与实践更具科学性,可行性和教学效果更优化,均取决于生理知识的运用。

(2) 排球教学理论与管理学的关系:近年来,管理科学在我国发展很快,排球教学过程实际上也是一个科学管理过程,这方面的研究课题有比较大的发展空间。

(四) 排球教学方法研究现状

1. 排球教学方法研究领域的新观念

(1) 整体观:整体观指既考虑到教学过程的各种要素,又把各种教法视为结合的,融合于总体教学之内的一个整体。使一种新教法的形成,与课程改革或对教学内容的某种处理,以及教组织形式、各种教学物质条件的改善,能同步进行。

(2) 结构观:为了使更多的教学第一线的工作者能切实地把握住新方法的要领,研究者在多数情况下都会粗线条的规划出实现该方法的基本步骤,使具体教学方法过程和结构变得明朗化。如程序教学法中的“直线性程序模式”,就是将所要学习的技术动作分成若干个较小的“步子”,并按技术动作自身结构的顺序进行教学。

(3) 重学观:现代教学方法把学的一面放到了比以往任何一个时代都要高的位置。对学生如何学、怎样学的重视,是现代教学方法研究的一个重要特色。可以说,现代任何一种新的教学法,若忽视了怎样调动学生的主动性和积极性,那么其可接受性便会值得怀疑。

(4) 发展观:这是与重学观紧密联系的一种新观点。教学方法的研究与应用,不再只着眼于如何引导学生更有效地学习技能,积累知识,而是向着引导学生的智力培养、能力的提高,向身心调协方面发展。

(5) 审美观:学习过程不应成为学生沉重的精神负担,它带给学生的应该是快乐和精神的享受。在现代审美观的支配下,当前出现的一些新的教学方法,正试图按照美的法则规划教学的具体进程,努力把众多的、美的因素带到学生的活动中。在教学中借助审美的方式,引导学生掌握知识和发展能力,已成为现代教学方法改革的新观念。

2. 教学方法由单一化向多样化发展

在实际教学中,由于教学任务的多面性和教学对象的差异性,教学法的研究也应是多重性,以满足现代教学发展的需要。如当前涌现的既有以教师为主导的"传授式",也有以学生自己学习为主的"自主式"。既有面向全体学生的"集体式",又有照顾到学生间差异的"个别式"。

3. 既研究教师如何教,又研究学生如何学

传统的教学方式以教师为中心,只注重教师的教,不研究学生的学。针对这一弊端,国内外的教法研究都注重到了"如何学",充分考虑学生的主体意识,从传授知识转移到发展智力、培养能力。

4. 教学方法内涵更加丰富,手段更加先进

现代化的仪器设备、计算机等进入排球教学领域,是当前新教法的一大特点。一些原有教学方法运用范围扩大,一些新的教学方法的产生,例如,多媒体教学方法等,都与现代化的教学手段息息相关。

5. 各种教学方法综合发展

在研究一种新教法的初期,研究者总是会"偏爱"新教法,尽量夸大其优点,因而导致在方法运用上的单一,对整体教学质量造成不良影响。随着时间的推移,人们逐渐地全面认识事物,采取辩证的观点,去其糟粕,取其精华,并且把多种教法的优点融为一体,使其各自的优点都能得以发挥。

二、排球训练理论的发展历程

(一) 排球运动训练概念和主要内容

排球运动训练是指根据排球运动特点,在排球教练员的指导下,以提高排球运动成绩为目的的教育过程。

排球运动训练包含的主要内容有:

(1) 探索排球运动发展规律,科学合理地组织教与练双边活动。

(2) 运动训练的主导是教练,主体是运动员,在教练员主导作用下,通过运动员的主体的训练,不断提高排球运动水平。

(3) 排球运动训练是在排球项目特点制约下开展的一个专门活动。

(4) 排球运动训练随着运动水平的提高,不断丰富、扩大,现还包括技战术、身体素质、心理、智能、社会条件等。

(二) 我国排球运动训练理论的形成与发展的简要回顾

我国开展排球运动已近 100 年,在此期间,我国的排球运动训练理论从形成到发展、成熟,经历了较长的时间。

旧中国,我国排球的运动水平与日本在亚洲同处领先的地位,由于世界洲际排坛没有交流,那时我们的排球运动以 9 人制排球为主,在此阶段初步积累了以 9 人制排球为主要内容的排球运动训练理论,这种状况是我国排球训练理论体系形成的雏形。

新中国后,我国积极实行 6 人排球,参与世界交流,运动训练水平有了较大的提高。20 世纪 50 年代后期,我国对运动训练理论的研究开始,20 世纪 80 年代,运动训练学科初步形成,在其后发展的过程中,汲取了大量的排球训练理论的成功经验,排球运动训练理论的研究成果丰富了运动训练学科理论。这些成果对其他项目的训练也起到积极的作用。

20 世纪 80 年代初中期,伴随着中国女排“五连冠”的成绩,我国排球训练理论体系已处于世界领先地位。当时,我国的训练思想和理论以及实践方法随着大量的援外教练广泛地向世界各地传播,展示了中华民族的创造力和智慧成果。

进入 20 世纪 90 年代中后期以后,由于排球运动的迅速发展及其社会化、职业化、商业化程度的不断提高,排球理念发生了较大的变化,我国排球运动由于种种原因水平下降,训练理论与体系落后于世界发展水平。其间,我国的女排运动水平尚保持在二流水平之首。因此,与世界接轨的一些基本训练理论还广泛运用于实践之中,并产生较深远的影响和积极的结果,而男排却由于运动水平的下降与世界强队的训练与比赛相脱节,训练思想与排球理念落后于世界先进水平,严重制约了中国排球运动水平的提高。

(三) 排球运动训练理论的生物学基础

排球运动训练理论的生物学基础主要包含供能特征和心率变化、肌纤维特点、视觉特点、神经类型、反应时等方面的内容。从排球比赛实际出发一般认为排球运动是一项有氧供能与无氧供能相结合的运动项目。无氧供能约占 20% ~40%,有氧供能约占 60% ~80%。排球比赛的负荷强度基本属于中等强度的负荷。

（四）排球运动训练理论的社会学基础

从社会学角度研究排球运动是近10年蓬勃发展的排球交叉学科的显著特征之一。这类研究充实了排球运动训练理论，研究涉及的领域有排球运动的功能、作用，职业化、社会化、商业化以及排球运动训练的哲学观等。

三、现代排球教学训练新观点与方法

1995年国际排联技术委员会秘书J.肯塞尔先生在北京体育大学举办的"全国排球高级研讨班"上介绍了流行于欧美排球队教学训练中的新观点及这些观点贯彻于训练中的情况。2001年，国际排联在上海举办了亚洲教练员研讨班，来自俄罗斯的尤金.切斯柯诺夫（国际排联监督.俄罗斯）、美国的道格.比尔（美国国家男排主教练）、荷兰的尔贝塔（荷兰国家男排主教练）等世界著名教练员到会讲课，对排球运动训练的新观点和方法进行了讲解和讨论，这对我国排球教练员开阔视野、拓宽思路具有启迪意义，对广大排球工作者了解新理念、新观点也是大有裨益的。以下概括了这些著名教练员提出的新理念和新观点。

（一）世界高水平队伍建设的一般理论

高水平运动队伍指在一段时间内能将比赛成绩维持在较高水平的运动队；高水平队伍建设的两个阶段：初级阶段到高级阶段，高水平维持阶段；高水平队伍的领导职责：与队员沟通了解获得有益信息，面对风险，敢于决定与坚持。

（二）正确理解高度，运用高度

身材高大化是排球发展趋势，但高度不是决定成绩的惟一因素。例如，中国男排拦网高度达到3.37米，在世界锦标赛12支队伍中排名第三，但拦网效果很差。为什么？值得思考。规则有利于高个队员，但高超的技术能弥补身体不足，排球比赛中技术对胜负起关键作用。训练思想与方法的落后是成绩不好的根本原因。

（三）现代排球运动的若干特征

进攻过程中影响一击成功的主要因素是注意力。注意力不集中一直是妨碍球队向高水平队伍迈进的重要障碍。现代排球运动特征体现在对来回球的观察与机会的寻找，对比赛局数与分数的特征了解，20分后教练员的策略选择，教练员对换人位置的安排策略，根据得失分规律进行训练安排等方面。

（四）力量型是排球运动的发展方向之一

现代排球运动的发展方向是向力量型发展，现在，世界强队均具备了力量这个条件。从这点讲，中国队员的力量不够，这是一个很大的缺点。

（五）提高教练员水平的主要途径

首先，教练员必须学会合理运用他人的知识；其次，教练员应将学到的理论与知识，经验看成是制定队伍发展计划的基础；第三，教练员要有自信心，要相信自己一定能成功;第四,教练员要善于学习,学会提问与讨论,这个过程就是思考的过程,通过思考、分析、对比、提炼出有用的东西用于教练工作中去。教练员的格言:尊敬运动员。比赛中注意的焦点是队员的表现而不是比赛的结果。

(六) 跳发球技术训练与发球理念

要发好球,必须做到:了解发球在比赛中得失分率情况。要充分认识发球在现代排球比赛中的地位和作用。跳发球的训练时间要短而有益。发球对体能的要求很高。因此,长时间的发球训练是不现实的。一般高水平队伍的发球得分与失误比是1:3,顶尖队伍是1:2。

(七) 排球运动员心理训练方法与原则

心理训练常用方法:心理训练与实践结合,训练中施加心理压力。例如,每一分都是第一分,即使比分是22:22,24:24时,都可以看成是从零开始。荷兰队经常采用的办法是从20分以后打比赛,而不是从零分开始。给二传的压力应同传球的位置和效果结合进行,并施以拦网进行对抗。心理训练几个原则:重视胜负,渐进式增加压力的安排;让队员做他们不愿意做的事;利用表象训练减少训练时间;强调注意力集中训练;训练情景要与比赛接近;训练过程中引入竞争机制;灵活性与原则性结合;注意团队成员之间的沟通。

(八) 世界强队对拦网的理解

拦网时拦网人的手高一致,能达到好的拦网效果;拦网要从比赛开始前就给对方压力,暗示对手"高度和宽度都是我的"给对方施加心理影响;拦网的关键在于手型。他认为拦网不要过早盯住对方可能进攻的队员。拦网关键一点是看二传,因为二传得到的信息量最大。拦网的姿势相对较直,拦网手的位置高于下颌低于头顶,主要考虑移动。

(九) 拦网的阵型

目前,世界强队大都采用二一拦网系统,改变过去的人盯人平均取位方式。二一拦网系统是预先将二人摆在4号或2号位置上,而另一人在其他位置上。有二二四(2号位置二人,4号位置一人)和四四二(4号位置二人,2号位置一人)两种。当然,这种系统要建立在预先对对方进攻了解基础上。

(十) 拦网与防守配合的信号传递方法

拦网人发信号,告诉后排防守人拦网人的意图和动作。如握拳表示拦网随球移动,手张开表示拦网随人移动。

(十一) 把防守最好的队员放在哪里

这里提出的问题是把防守最好的队员部署在哪里?回答是把防守最好的队员放在对方落点最多的地方,而不区分他打什么位置。例如,美国女排二传手凯塞琳防守很出色,她防守时有时在6号位,有时在5号位,而不是在1号位。

(十二) 二传组织与信号运用

组织进攻战术一般以二传发信号便于考虑全队情况。信号必须具有单一性,双重信号机制,反馈等特点。

(十三) 世界强队的训练原则

每时每刻每球必争;训练中充分利用时间;训练尽量接近比赛。

(十四) 技术比身体素质更重要

对于排球项目来说,技术的重要性大大超过了身体素质的重要性。经常可以看到队员年龄较大的队战胜队员年轻而技术不太成熟的队。

(十五) 用积极失误消灭消极失误(表 2-11)

比赛中的失误总是不可避免的。教练员要给运动员讲清楚,积极的失误比消极的失误要好。

表 2-11　积极失误与消极失误的内容

技术	积极失误	消极失误
发球	发球出界	发不过网
二传	传倒三角	传扎网球
扣球	扣球出界	扣不过网
接球	垫不到位	垫给对方

资料来源:黄辅周. 排球运动科学探蹊. 北京:北京体育大学出版社,1996

从表 2-11 可以看到,积极失误比起消极失误来,还有一点积极因素。例如,发球出界情况,对方还可能因判断原因去垫球,而发球不过网对方不用判断就轻易拿分。

(十六) 给队员正反馈

高明的教练员总是鼓励队员,对正确的动作给以充分的评价,这就是正反馈。

(十七) 初学排球应先教他什么

一群孩子学打排球,先教什么技术才能引起孩子们的兴趣?答案是先教扣球,尽管从技术上说,这是不太合理的,但扣球对孩子最有吸引力,能引起孩子们的兴趣。

(十八) 现代排球训练讲求效率

现代排球教练方法必须解决时间与效率的问题。例如,中国排球训练方法一直不能寻找到一条简约有效的道路,这是落后的根本所在。

(十九) 要加强交流,学习意大利模式

意大利竞技体育的核心是职业联赛,职业队伍。世界排球运动高手云集,高水平竞争造就了高水平的运动员和教练员,这是意大利成功的经验和核心的部分。如果缺乏国际交流,往往无法把握住排球发展变化规律。亚洲排球还存在旧时排球的优越感是危险和值得关注的。

(二十) 学习外国经验,要合理解读有效信息

21 世纪是信息时代,教练员要合理解读信息。如跳发球速度没有达到 30 m/s,即失去威胁。不要盲目学习。

四、排球课程改革研究

目前,我国高校体育教育的教学改革已经由体制、体系和模式的改革,过渡到“以培养目标,课程设置、教育教学方法为主要内容,以提高教学质量和人才培养质量为根本目标”的深化改革阶段。而课程作为实现人才培养目标的中介与途径,也逐渐成为改革重点。

排球课程一直以来都是作为我国体育院系技术学科的重要组成部分,1985 年国家教委就确定其为学科专业课程,1997 年试行的新方案将排、篮、足三大球合并称为“球类”,属体育教育专业的主干必修课程。因此,排球课程的教学是实现体育教育专业培养目标与任务的主要课程之一。

目前,我国各高校体育教育专业排球课程通常设有普修、一修(专修)、二修(第二专修或辅修)三类。对课程改革的研究也涉及一修、二修和普修三类。

(一) 课程目标与课程教学目标变革与分析

课程培养目标与课程教学目标是不同范畴的两个目标。排球普修课程教学目标一般有如下几条:

(1) 初步具备中学排球教学训练,课外活动及组织竞赛与裁判工作能力;

(2) 使学生掌握各主要的排球技战术及相关教学法;

(3) 较为全面地学习、掌握排球运动的一般知识与技能;

(4) 学生形成终身锻炼的兴趣,享受排球乐趣;

(5) 提高学生心理素质及排球文化素养。

通过对全国大部分体育院系的问卷调查,目前各高校之间对教学目标的认定与重视程度是不一样的。但大部分学校对前三条都持以认可态度。在进行课程研究之前,应当对目标准确定位,才能对教学起到指导作用。

(二) 软式排球引入中小学后对高校排球教学改革的影响

国家在 2001 年已正式将软式排球规定为中学体育健康教育课程的必修教材。中小学的排球教学改革对培养师资的师范院校体育教育专业的排球课程改革势必提出新的要求。

据对全国院系排球教学改革调查显示,为适应软式排球进入中小学的要求,大部分院系在排球普修教学中基本上增设了对软式排球的介绍和教学。但突出问题是普修教学应如何处理好硬式排球与软式排球的衔接及如何正确对 6 人排球运动和软式排球的技术动作进行教学。

（三）排球普修课程课时设置情况

通过对全国大部分体育院系排球课的调查，目前各校存在着下列教学时数类别：64 时，72 时，54 时，48 时，60 时等几种。排球普修课总课时呈大幅度下降趋势，因此，如何合理安排教学内容，实现教学目标是必须深入研究的问题之一。

（四）排球专修课程改革的关注点

1. 专修课程的教学目标

专修课程的教学目标应当在关注发展专项能力和培养综合能力层面上。二专修课程的教学目标应当在解决普修课程不能深入学习的内容和相关的能力培养层面上。一专修与二专修教学目标的连续性也应当是课程教学目标改革的关注点。

2. 专修课程改革需解决的主要问题

一、二专修之间的教学目标及实现目标的教学内容与方法；专修教材选用与教学内容的确定；专修的能力培养内容与方法；专修的质量考核与评价

（五）课程教学方法与手段改革情况

目前各院系教学方法的选择和应用情况表明，传统的教学方法如讲授、讲解、演示、练习、比赛和预防与纠错等方法仍处主导地位。一些具有新时期特点的现代化教学方法如程序教学法、表象法、讨论法等虽已用于普修课教学，但使用的频率相对偏低，这一方面反映了体育学科的教学方法的特殊性；另一方面，说明教师们在教法选择与应用方面的思想转变速度较慢。

除教学方法外，为了提高教学质量，排球教学中都积极采用一些现代化的教学手段，据调查现今录像资料是各院系进行排球教学活动中很重要的教学资源，而吊球、沙盘则是教学实践中最得心应手的教学辅助工具。另外，摄像机、计算机等教具也逐渐进入各院系的教学过程中。此外，在一些院校出现了一些较新、使用价值较大的教具，如北京体育大学应用的扣球器，上体的传球测准器，成体院拦网视觉判断仪，福建师大的目标准确性标志，集美大学的多媒体 CAI 课件，湖南师大的传准器和打准器等。

（六）教学考核与评价体系

1. 考核内容

据调查，在排球普修课教学中，教师一般从理论知识技术动作和技能三个部分进行考试与评价。统计结果显示，所调查的院系九成以上考评涉及这三部分内容，相应的比例是 30% ~40%，50%，10% ~20%。

2. 考试内容与方式

各院系在排球的技战术教学方面有自身的特点，因而在技术考试的内容与方法上呈现多样性。从考试内容来看，95% 的院系进行单项技术动作考试，并且在单个技术考试基础上，逐渐开始重视单个动作间的连接运用考核。从评价方

式来看，各院系均采用"达标＋技评"的评价方式。比例有5:5，3:7，4:6等几种。总体趋势越来越重视技评分数。

3. 技能考试

技能考试在调查的院系中呈现出评定成绩方式多样化，内容多样化的现象。成绩评定方式有任课教师评定，监考教师现场评分、平时观察评分、综合性评分等几种。考试内容有：讲解、示范能力、组织带操能力、纠错能力、裁判能力、场地管理能力等。

五、国外排球队训练方法介绍

（一）身体训练方法简介

1. 荷兰男排力量训练方法简介

队伍的准备阶段，每周进行三次力量训练。出外比赛，每周安排2～3次力量训练。训练非常个体化，针对每个队员制定计划。比赛前期，荷兰队的负荷量是最大负荷量的70%～80%。做练习时非常强调动作的速度，从而增加爆发力，即速度力量。

2. 古巴

古巴前女排教练欧亨尼奥介绍，为提高爆发力和耐力，古巴女排经常采用的方法有：肩负杠铃的快速深蹲练习，负重一般为45～70kg，跳远数在10次到近100次；在本人最高摸高点10厘米处，连续全力纵跳上百次；近百次双脚跳跃跳箱。

3. 美国

美国队每天训练安排有1小时身体训练。特别是每周还有2～3次专门练习弹跳的训练。提高弹跳力主要方法有：

（1）橡皮筋固定腰上向上纵跳，增加弹跳阻力；

（2）背汽车轮胎起跳，轮胎重量约22～34kg；

（3）连续高跳过障碍物；

（4）准备活动简介。

① 伸展练习：在活动或训练前，必须进行伸展练习。拉长肌肉，活动关节和韧带。伸展练习不必做太长时间，主要是活动的身体部位要全面；伸展活动既可以热身，又可以防止身体受伤。

② 二对二练习：这种练习没有进攻，只是把球推过网。在球被推过网后，要求二传与后排防守队员互相换位进行活动。要求不能进攻，如要进攻，也只能打一个控制球，把球送过去。

（二）技术训练方法简介

1. 三人打防训练法

三人打防训练方法在排球训练中是常用的一种方法，但要有目的解决下列问题：通过训练，提高变换方向，变换角度的能力。

2. 三对三对抗练习

场上三个队员都要树立进攻的观念。这种练习可以改善身体素质，提高防守能力，给每个人表现的机会，解决相互协防问题。养成一个队员接球，其他队员随之移动，配合协防的习惯。并有机会让队员创造性地解决防守中突发事件。

3. 拦网和防守配合的信号传递练习

运动员在场上运用信号时有两种系统信号：一个是进攻系统信号；一个是防守系统信号。拦网过程中，拦网人用手势做信号，向后排防守队员表示拦网人的意图。防守队员应该以拦网人的取位而取位，必须以拦网人的变化而变化。拦网队员可以尽力拦住一定区域，争取做到只让对方将球打到后排一定区域。

（三）心理训练方法简介

1. 二传的心理压力训练方法

二传在二号位。教练员要求发5个球，二传必须传出五种不同的球：二号位的背后传球；中间的快球；4号位的进攻；5号位的后排进攻；6号位的后排进攻。同时，安排三人拦网进行对抗。这对二传提出了很高的要求，施加了很大的压力。二传即要考虑一传的质量，又要考虑球的分配以及对方拦网的情况。

2. 利用对抗性练习向运动员施加压力练习

例如，进攻和拦网对抗练习中，对拦网人的要求是必须拦死一个，有效拦网三次。如不能完成指标，则必须完成一定的处罚。

3. 注意力集中练习

将比赛的每一分都看做是24:24分，注意力高度集中。荷兰队常用的方法就是从20:20分以后打比赛。

第三章

排球硕士学位论文的选题与写作

学位论文是为获得相应学位而撰写的论文，是评判是否达到相应学位学术水平的重要依据。学位论文按申请学位层次不同，有学士学位论文、硕士学位论文和博士学位论文3种。不同学位，对某学术水平有不同要求，相应的学位论文也要适应这种要求。国务院学位委员会在《关于进一步做好硕士学位授予工作的通知》中要求：硕士学位论文应是在指导教师指导下，由研究生本人独立完成，论文有自己的新见解，论文工作有一定的工作量。这就在基础理论、专门知识和写作时间上有了更高的要求，而且在学术问题上更强调新见解和独创性。根据中华人民共和国国家标准规定，学位论文是表明作者从事科学研究取得创造性的结果，或有新的见解，并以此为内容撰写而成，作为提出申请授予相应的学位时评审用的学术论文。硕士学位论文应表明作者掌握了本专业坚实的基础理论和系统的专门知识，并对所研究的课题有新的见解，具有从事科研工作或独立担负专门技术工作的能力。要符合硕士学位的创新要求，使自己的学位论文"对所研究的课题有新的见解"，就离不开创造性思维。搞科研要了解科学前沿，熟悉本学科专业的创新成果和进展，这对硕士学位论文尤为重要。

体育学学位论文按学科专业不同，可分为体育教育训练学、运动人体科学、体育人文社会学和民族传统体育4个二级学科，每个二级学科又可分为若干三级学科，如运动人体科学可分成运动生理学、运动生物化学、运动生物力学等三级学科。体育教育训练学可分成运动训练学和体育教学理论与方法等三级学科。

排球专业研究生的科学研究是体育学研究生教育的重要组成部分。研究生在开展研究的过程中，主要运用生物力学、生物化学、遗传学、心理学、医学、社会学、管理学、教育学和训练学等学科的理论与方法，并利用各学科之间的相互交叉、相互渗透的优势，研究和探索排球运动的本质及其规律，提高排球运动的科研质量和水平。通过学位论文的研究工作，使研究生的科学素养和科研能力得到全面提高。

第一节　排球硕士学位论文的选题

科研选题和设计是科研工作者学识水平和科学思维能力的集中体现，是科研能力的重要反映。学位论文的选题，是撰写学位论文的重要环节。因为学位论文要从选题开始，这就要求作者要有严肃的科学态度和正确方法，更要有正确地、恰当地选题。它是衡量导师能否站在科学前沿，并给学生提供有价值的选题；也是衡量导师水平的一个重要指标。无论是指导教师还是学生，都要高度重视这项工作。

一、选题的概念

所谓选题，是指在确定研究方向的基础上，选择与决定研究课题。研究课题的选择是科学研究工作的第一步，是整个科学研究工作中的首要环节。课题研究实质上就是发现问题、提出问题、解决问题的过程，而学位论文就是将这一过程用文字的形式总结表述出来。排球科学研究选题是指在科学研究活动中选择排球运动中尚未被认识和解决的或认识与解决得不完善的研究课题的途径及程序。研究生要掌握选题方法，提高选题能力，善于从科学发展中呈现出来的已知和未知的矛盾来揭示和提出有创见性的问题，并从各种问题中选择有价值的、又适合自己研究的课题是研究生走向成功的开始。

学位论文选题的核心就是我们能否发现具有学术价值的理论问题和实践。选好题，无论是应用性题目，还是理论性题目，只要认真调研就会发现，每个学科都有许多尚未被人研究过的空白，至于跨学科与边缘性的选题，就更多了。选题应具有“新颖性、深刻性”。从创新意义上讲，科研成果只承认第一，第二就是重复劳动。排球运动科学研究的范围非常广泛，具体的研究内容亦十分丰富。排球专业硕士研究生的选题是否正确、恰当，将直接关系到课题研究效果和学位论文质量的优劣。因此，在论文选题过程中，要反复问自己，这篇硕士学位论文准备解决什么问题？能否解决这些问题？

二、选题的来源

一般来说，学位论文有三种选题方式：一是完全独立的自选题目；二是在参考题目范围内选题；三是指导教师建议的题目。但是，从科研课题的来源，对于一些研究生来说，他们的课题常常是参与导师的研究工作，完成导师所承担的研究课题的一部分，或称子课题，一般不存在选题的问题。但是，大部分研究生则是采用第一、第二种选题方式。在科研实践中，只有那些通过科研途径解决，并获得新发现、新观点的问题才能作为科研课题。因此,科研课题的来源就显得格外重要。如何选题,选什么样的课题,具体方法各种各样,但因人而异。研究生选题一般在导师的指导下,根据研究方向的需要、导师的专长和研究生的基础条件和兴趣而选定。根据本人指导硕士生的经验,可选择亟待解决的课题,选择开创性课题,选择有矛盾的课题和选择有争论的课题。

在排球运动的科学研究中,学位论文选题的来源主要有:

(1) 从排球教学训练实践中获得研究课题:对于排球运动科学研究而言,大量的、正确的科研课题来自于排球教学与训练实践。通过排球教学与训练实践的长期观察与经验积累,就可以发现很多值得探索与解决的实际问题;再通过对一系列理论与实践问题的科学分析与筛选,从若干问题中获得具有学术价值的科研课题。事实上,排球专业学位论文选题的绝大部分是直接来源于排球教学与训练实践,当然也可以从排球运动实践提出的新问题中选题。

(2) 从排球运动的"空白"领域中选择课题:就科学进步而言,当今科学发展的一大趋势是各个学科的相互交叉与渗透。在各门科学的边缘地带,或在同一门学科各个分支学科的相互交界处,往往会形成科学知识的断面,即存在着大量的科研"空白区"。而我们对这一现象剖析就会发现,在这些"空白区"中往往存在着大量具有学术价值而尚未被发现或解决的科研课题。但是,随着硕士、博士毕业生的增多,空白领域将会减少,选题的难度将越来越大。

(3) 从解决排球运动已有理论与经验事实之间的矛盾中获得研究课题。

(4) 对排球运动科学研究中已有的科学假设进行实践检验。

(5) 对排球运动已有理论进行分析,消除理论内在的逻辑不完备性。

(6) 运用借鉴移植方法选定课题,将其他学科领域中新的实验测试技术或新的发明有效地移植到本学科专业,并在排球运动中运用、推广和改进。

(7) 在排球运动科研中,要善于抓住排球科研中意外出现的新问题和新线索或以失败的探索为借鉴,从反面提出新的研究课题。

(8) 从讨论和交往中或从理论学习和在研究中发现问题。用批判的精神,怀疑的眼光,寻找新的组合点和迁移点,形成新观点,产生新理论。

三、选题的原则

在排球运动的科学研究范畴内,众多可供选择的科研题目中,如何选择一个既具有学术研究价值,又适宜于自己研究的课题,则需要自己做一个理性的判断与选择。因此,就需要遵循一些选题的基本原则,对若干的待选的课题进行比较、分析与筛选,然后通过综合思考与评估,择优选取。

(一) 需要性原则

根据体育科学理论发展与运动技术实践的客观需要选择课题。在排球运动的科学研究中，研究课题所要探索和解决的问题，必须要面向排球运动实践发展和理论发展的需要。根据排球运动训练实践的需要，先确定其实际价值的大小，再通过研究寻求科学上实现目标的途径与方法。如北京体育大学李安格教授关于排球技战术的系列研究，对提高我国的排球运动水平发挥了较大的作用，体现了其应用价值。根据排球运动科学本身发展的需要，先规定科学探索的价值目标，然后通过研究发现其规律，再指出和探索实际应用的前景和手段。

（二）创造性原则

科学的魅力在于探究未知。创造性是科学研究的灵魂，也是科研选题应遵循的一条根本原则。创造性的研究课题，是指前人未涉及，或前人已涉及但未能解决的问题，因而具有先进性、新颖性和首创性的课题特征。而创造性的研究课题所取得的体育科研成果，在理论性研究中具体表现为新发现、新观点、新理论。如新观点体现在提出前人未提出过的观点，有争议的观点，纠正或部分纠正了前人提出的观点，发展或补充了前人所提出的观点，对前人的观点进行系统全面的比较，从而使人们更清晰地认识前人的观点。在应用性研究中则具体表现为新方法、新技术、新战术。如新方法体现在采用全新的研究方法或部分采用了新的研究方法，纠正或部分纠正了前人所采用的错误的或不科学的方法。因此，一项研究课题有无创新与发现，也是社会检验其科学研究或是科学复制的“分水岭”。

关于硕士学位论文的新见解和独创性问题，根据硕士学位论文的情况，提出了以下看法：一是运用已有的理论和方法解决了本学科专业领域内某个或某些理论与实践的问题，进行了理论分析和实验研究，得出新的结果；二是运用其他学科领域的理论和方法解决本学科中实践问题；三是采用新的实验方法、测验手段，获得了有意义的实验结果，或对某项技术、战术进行分析，得出新的结论和有新的见解，并有一定的理论意义。

（三）科学性原则

科学性原则是选择课题的内在依据，也就是说，研究课题的选择应持之有据，选之有理。这个“据”和“理”指的是客观存在的事实和已经被科学实践反复证实了的客观规律。问题是否有一定的科学理论依据。这就要求选择课题的立论根据充分、合理。

（四）可行性原则

可行性原则是目标与条件的差异性。选择研究课题必须是以研究者所能胜任为前提，而这个前提又可分为主观与客观两方面的条件。其中，主观条件是指研究者所具备的科学知识、排球专业经验与研究能力等因素；客观条件是指研究的外部环境因素，如仪器、设备、经费、图书资料、实验对象与研究时间等。只有具备了一定的主客观条件，科研课题才有取得成功的可能性。在研究中要特别注意选题的可行性，有些选题很有特色，也很重要，如果缺乏实现的必要条件，如资料很少，无法下手，也是不可取的。

（五）适当性原则

适当性原则是指题目内容的难度与领域范围的广度应合理适当，以避免所选择的题目过大与领域过宽，以至于课题研究时间太长，面面俱到而又深不下去的情况发生。通常情况下，选择课题不宜过大，且力求准确化、具体化。如何使所选择的课题更加具体与准确，可采用从题目的内容、空间、时间、范围等方面进行限定的方法。例如，研究排球运动员的训练问题，一是将研究的范围限制在性别特征上，即专门研究男女排球运动员的训练问题；二是可将研究的范围限制在地域上，即专门研究某一省、市（或某一学校、俱乐部等）排球运动员的训练问题等。通常硕士生可用于做论文研究工作的时间只有1～1.5年，因此选题时课题不宜过大，对象内容不宜过多。

四、选题的程序与步骤

大量的体育科研实践证明，正确的选题必须讲究科学的选题步骤与方法。一般而言，排球运动科研选题应经过提出问题、收集信息、排比方案、优化课题、课题评估等5个主要阶段，最后才能获得一个有价值的科研课题。

（一）问题的提出

提出问题是排球运动科研选题的第一步。可以说，所有的课题都是从发现问题和提出问题开始的。所以在选题时，应首先认识到排球科研课题的存在，认真观察和寻找有那些课题可供自己选择，同时从背景调查与能力衡量两个方面去探索研究这些课题的可行性。通常要求学位论文撰写者在开展课题研究之前，一定要进行充分的文献调研，写出有关的文献综述，作为开展科研的背景材料或开题报告的依据，提请导师、有关专家审定，这已成为惯例。

（二）信息的收集

信息收集又称为情报调研，应是排球运动科研选题中最重要的一个环节。排球信息的收集主要包括阅读排球科研方面的文献，对排球专家进行咨询、对排球教学训练与比赛的现场考察等三类方式。阅读排球科研文献是指查阅并收集与选题有关排球科研方面的信息资料，如排球运动专著、教材，有关排球运动的刊物，学术档案、网上有关排球运动的科研信息等。收集信息的目的主要有以下几个方面：

1. 确认科研选题的惟一性

为了避免重复选题，一般在查询条件允许的情况下，要求选题惟一性的验证应在国内外排球运动科研的范围内进行。

2. 了解国内外排球运动科研课题方向的研究现状

为了便于选择自己的研究重点，并确定具体的课题题目，必须了解国内外是否有人正在研究同一方向的课题，并获得了那些方面的进展，如采用的研究方法，进行的研究实验，得出的研究结论等。

3. 借鉴前人的研究成果

为了启发或验证自己的选题思路，从中获得选题灵感，吸收前人的研究成果来扩展自己的视野和充实自己的研究思想，吸取前人的挫折教训，使自己避免重蹈前人失败的覆辙。在排球科研选题中，要认真阅读和消化前人在排球运动的科研的学术资料及其学术观点，这是非常重要的意义。

4. 选题方案的比较

课题方案抉择的正确的方法是以提出问题的方式先排列出若干问题，再以收集信息的方式对这些问题进行筛选、质疑并排列出若干评价意见，最后在此基础上遴选并整理出至少 2 ~ 3 个课题方案，从中选定一个最适合自己的研究课题。

5. 科研课题的优化

依据所确定的研究方向和选定的研究课题，进一步具体规划课题研究的目的、主要内容与任务。最后，课题设计以开题报告的形式表述出来，并提供给导师或导师组进行课题评估。开题报告是对论文选题工作的总结和修改。因此，要求研究生做好文献综述和评述，在此基础上写出可行性的论文报告，然后专家对课题可行性和创新性进行重点论证，并提出意见和建议。

开题报告的内容包括：本课题目前国内外研究的现状，包括进展与问题；本课题研究的理论意义和现实意义；本课题研究的主要内容和基本思路；论文完成时间等。开题报告在导师规定时间写好后，提交导师指导小组，讨论通过后，方可进入写作阶段。有的导师提出，在写开题报告之前，写一个研究综述，这样开题报告就会写得很实在、很具体，也为下一步拟订大纲奠定扎实的基础。在开题报告的基础上，进一步加工形成详细的写作提纲。要经过导师的审阅和批准，方可开始写作。

一般情况下，课题的优化应包括以下三个方面的内容：

(1) 确定研究目标：应围绕课题的中心思想与主体内容，设计与确定出具体研究目标；

(2) 确定研究领域：确定研究领域即限定排球运动科研课题的研究对象与论证的范围。如在“关于我国优秀女子排球队凝聚力的研究”中，课题的研究对象明确的限定为我国“优秀女子排球队”，课题的论证范围限定为“凝聚力”；

(3) 确定研究方法：排球运动科学研究常用的方法有文献法、调查法、实验法、教学法、逻辑法等。在研究过程中，采用何种方法，应根据排球运动科学研究的目的、性质、内容、对象和实施的条件来确定，有时可采用某一种研究方法，但多数是采用交叉或综合应用的方法。

目前硕士学位论文选题存在的主要问题：

（1）从选题上分析，有的选题缺乏适合性，有的论文选题作者对此课题既没有深入的理论研究，又没有实践经验，只是因为手中有这方面的现有文章就来选择这一方面的题目。有些硕士学位论文的选题过窄，而有些选题面过宽，论题太大，研究不深入，重点不明确；

（2）从选题上分析，有的选题缺乏构思成熟的科学理论，或目标不明确，有的论文综述缺少国内外有关文献的动态分析，比较分析不够。虽然提出了新的方法，但缺乏与其他方法的全面比较和对自己方法全面客观的评价，综述部分的归纳过于简单；

（3）论文的选题缺乏创新，有些论文的选题理论与实践结合不够，造成了研究结果缺乏实验支持，主要数据缺乏统计学依据等。

五、研究方向的设置和选题分析

20 世纪 70 年代到 90 年代中期，我国体育学体育教学理论与方法专业所培养的硕士研究生，大多是“技术学科”中某一专项的研究生，如体育教学理论与方法（排球）和体育教学理论与方法（田径）等。1990 年 10 月原国家教委和国务院学位委员会正式批准了《授予博士、硕士学位和培养研究生的学科、专业目录》，对体育教学理论与方法设置的研究方向是高等学校、体育院系、中等学校的体育教学理论与方法，各体育运动项目（田径、体操、游泳、足球、篮球、排球、手球、乒乓球、重竞技）的技术理论、教法、发展史及发展趋势的研究。90 年代后期，取消了上述研究方向（专项）括号，研究范畴拓展了，探索的触角延伸了。

根据 2003 年《全国硕士研究生招生目录》统计结果表明：设置排球研究方向的主要有排球教学训练理论与方法，或排球教学理论与方法（表 2－12）。

表 2－12 2003 年硕士生招生部分专业目录

院校	学科专业	研究方向
北京体育大学	体育教育训练学	体育教学的理论与方法；运动项目训练的理论与方法；
西安体育学院	体育教育训练学	排球，田径，体操，篮球，足球，武术
河南大学	体育教育训练学	排球教学训练理论与方法

续表

院校	学科专业	研究方向
河南师范大学	体育教育训练学	排球教学训练理论与方法
湖南师范大学	体育教育训练学	排球教学理论与方法
湖北师范大学	体育教育训练学	球类理论与方法
山东师范大学	体育教育训练学	球类教学训练理论与方法（篮球、排球、足球）
上海交通大学	体育教育训练学	体育教学理论与方法；运动训练理论与方法学
华东师范大学	体育教育训练学	专项技术教学理论与实践；运动训练理论与实践
上海体育学院	体育教育训练学	排球理论与方法
苏州大学	体育教育训练学	排球教学理论与训练
南京师范大学	体育教育训练学	专项技术教学训练理论与方法
南京体育学院	体育教育训练学	运动教学、训练和竞赛理论与实践（篮球、足球、排球、体操、田径）
扬州大学	体育教育训练学	排球教育训练改革与发展
浙江大学	体育教育训练学	排球教学理论与方法
安徽师范大学	体育教育训练学	排球教学训练理论与方法
江西师范大学	体育教育训练学	排球教学理论与方法
福建师范大学	体育教育训练学	排球运动的社会学研究
东北师范大学	体育教学训练学	排球教育、训练理论与方法
	课程与教学论	排球运动教学理论与方法
北京师范大学	课程与教学论	体育教学（球类从篮、排、足中任选一项）

作为学位论文的研究工作，选题是确定学位论文的研究方向。研究方向的设置在较大程度上体现本学科、专业的学术水平和发展方向，反映学科、专业的特色。研究方向的设置是否稳定、科学，对充分发挥本学科专业的优势，促进学科专业的建设与发展，提高研究生培养质量，都有着重要意义。但是，目前在研究方向设置上存在主要问题有：对什么是研究方向，按什么标准设置研究方向缺乏统一、清晰的认识，出现了千篇一律的不规范现象；存在着因人设研究方向的

现象。一般来说,研究方向应是二级学科专业的子系统,通常按三级学科设置,体现各校的学术优势和培养特点。因此,研究方向设置名称要规范,数量要适当,突出优势和特色;研究方向宽窄要适度,新学科专业目录中的二级学科,如体育教育训练学是由原来两个二级学科归并而成;研究方向要注意有一定的前瞻性。

一般来说,选题要符合研究方向,不能超出本专业研究方向的范围。要在研究方向的范围内,根据所掌握的或可能掌握的资料,确定论文的题目。题目确定后,要集中一段时间查阅文献。在这个问题上,导师要提供一些文献,并指出一个大的范围,让学生逐步扩大知识面。可采用“顺藤摸瓜”的方法,是一个可以在较短时间内收集到较多资料的捷径。要充分利用计算机进行网上查找,在查阅了大量文献的基础上,进行综合性研究。但在研究文献资料时,一是清楚别人所得出的结论是否正确,有无创新,有无偏颇之处等;二是要弄清这一结论是如何得出的,采用的研究方法,通过查阅、收集、整理有关排球运动的科研的文字资料、电影、图片,从而对排球运动中的某一个问题进行科学研究,采用文献法可以及时了解有关排球运动领域中某一问题的研究成果、现状和发展趋势,便于进行科学选题。另外,还能为研究课题提供数据与事实依据。在研究工作时,要把收集的各种资料来源进行整理、鉴别、选择,然后应用分类比较、分析综合、归纳演绎等方法进行逻辑推理,阐明所要研究的问题,提出解决问题的具体方案;科学研究方法论可帮助研究者去鉴别自己和别人成果的正确与谬误。因此,在阅读文献时,应注意实验方法及与方法密切相关的有关实验条件,诸如测量仪器灵敏度、试剂的纯度,时间的准确性等,可能出现的误差都会影响结果的可靠性。三是要弄清别人的成功和不足之处,不要盲目追随,要多问几个为什么,要能够举一反三、扬长避短。

根据对《全国体育院校(系)研究生论文题目索引》中1981—2000年的90篇排球研究方向的学位论文进行统计,在硕士学位论文的选题进行分析和研究发现,对排球教学和运动训练的研究比例最大,达到92.2%。统计结果显示:

(1) 从排球研究生学位论文的选题时间上呈现的特点:1981—1985年5年间论文篇数占总数的22.2%;1986—1990年占31.1%;1991—1995年占17.8%;1996—2000年占28.9%。

(2) 从排球研究生学位论文选题内容上来看,对竞技排球的研究所占的比例最大,占论文总篇数的72.2%,其次是学校排球,为26.7%,不足的地方在于对大众排球的研究甚少,仅占1.1%。

(3) 从排球研究生学位论文选题的研究类型来看,比较注重基础研究,该类型研究的篇数占论文总篇数42.2%;在应用研究方面,所占的比例也比较高,为32.2%;开发研究方面的占25.6%。开发研究的选题所占的比例较少,究其原因,主要有受学科专业特点的限制,制约了学位论文选题的空间。

(4) 从排球硕士研究生学位论文选题的研究领域来看,对排球运动训练,尤其是高水平排球运动的研究较为突出,占论文总篇数的77.8%,其次是学校排球教学方面的研究,占论文总篇数的14.4%,而对排球竞赛和裁判方面的研究论文数较少,仅为2.2%。

(5) 从排球硕士研究生学位论文选题所涉及的学科来看,训练学、教育学、心理学、生理学、生物力学方面的研究论文篇数分别占总篇数的34.5%、21.1%、21.1%、20.0%、3.3%。

(6)在对排球技战术研究中,技术的研究论文数占总篇数的45.6%,在90篇论文中,研究排球技术占论文总数的45.6%,对排球新技术的实验研究以及排球运动员个性心理特征研究等,还有一些论文主要涉及排球技术研究。其中发球方面的研究论文数占7.8%,传球方面占6.7%,垫球方面占2.2%,扣球方面占17.8%,防守方面占7.8%;战术研究占论文总篇数的13.3%;其他研究占41.1%。

(7) 从对排球本身特性研究来看,硬式排球的研究最多,占94.5%,沙滩排球和软式排球的研究较少,分别仅占2.2%和3.3%。可见,论文选题越来越重视理论与实践的结合,选题范围广,应用领域宽,涉及的交叉学科多,面向教学和训练实践。但选题多局限于本专业学科问题的研究。因此,选题过程中要求要拓宽视野,选择属于本学科的前沿领域作为研究生的研究方向。

第二节　排球硕士学位论文的写作

学位论文写作是高素质人才必备的技能和素质,是衡量研究生水平和能力的重要标志。熟悉和掌握学位论文的写作技巧就成为研究生的一项基本功。为了适应信息时代的要求,学位论文的行文格式日趋规范化、标准化。随着体育科技的迅速发展和对外交流的深入,学位论文的写作格式在世界范围内越来越趋于规范化,必将对学位论文写作提出更高的要求。

学位论文是硕士学位研究生培养的重要环节,是对其申报学位,进行学术研究水平、科研能力考察鉴定的重要依据,也是衡量研究生培养质量的重要标志。它反映了申请者掌握排球学科知识的深度和广度,反映了其创新和独立从事科学研究的能力。学位论文的写作,标志着研究生的学习进入了一个新的阶段,这一阶段主要特征是研究生由分散的、广泛的学习掌握知识,转为集中地、专门地对特定领域进行深入研究,而且由被动地接受知识转为主动地运用知识,从而独立地开展创造性的思维活动。

排球专业研究生学位论文是以申请本专业的硕士学位而提出的作为考核、评审和答辩的体育科研论文。排球专业学位论文写作要经历从论文选题到答辩的全过程,要掌握和运用好论文的基本格式、文字细节、技术细节、表达规范等各个环节与方法。但是,排球专业学位论文写作的标准化、规范化并未完全引起研究生的高度重视。有些作者对国家标准深入了解不够,在写作学位论文时,往往考虑不到论文的有关书写格式是否标准、规范,影响了我国排球专业学位论文的质量。为了探索这些问题的存在形式及其原因,需要认真审视和思考。因此,如何写好学位论文并提高标准化、规范化水平,正确掌握学位论文的写作技巧及规范,对作者在写作中会遇到的各种具体问题,给出详细的答案。

一、学位论文的构成

论文必须提供4个方面的信息:研究什么问题;为什么要研究这个问题(即论文的文题、摘要、引言);怎样研究这个问题(即论文的材料、方法和研究过程);有何发现(即论文的结果);该发现有何意义(即论文的讨论)。

根据中华人民共和国国家标准《科学技术报告、学位论文和学术论文的编写格式》GB7713—87(以下简称“国标”)对学位论文的格式作了明确规定,甚至连论文的封面都严格要求按规定填写。学位论文的封面内容:分类号,密级,编号,题名和副标名,作者姓名,指导教师姓名,申请学位级别,专业名称,论文提交日期,论文答辩日期,学位授予单位和时间,答辩委员会主席,评阅人,填制年月日。学位论文由三部分构成:前置部分,主体部分和附录部分,各部分包括的主要内容如下:前置部分:摘要,关键词,目录页,插图和附表清单(必要时),符号、标志、缩略词、名词等注释表(必要时)。主体部分:引言(或绪论),正文,结论,致谢,参考文献。附录部分附录A,附录B等。在国标中,对每一部分内容都有具体要求,其编写格式是相对固定的。

二、学位论文的特点

学位论文,无论形式和内容,都有其特点和要求。学位论文的突出特点:科学性、创造性、逻辑性、学术性、规范性等。这些特点(表2)概括为以下主要几点:

(一)内容的科学性和结果的创新性

创造性是科学研究的生命,是学位论文的显著特征,是论文的“竞点”所在。它是衡量学位论文有无价值的最根本的标准。“首次发现,首次提出”,当然是具有重大价值的研究成果,但毕竟为数不多,在某一问题有新意,对某一点有发展,或者哪怕是在关键点上有所创新,弥补某一缺陷都是创新性的具体体现,属于创新范围,决定论文的价值。学位论文的创见性可体现在以下两个方面:一是在对问题的分析和研究中,发现别人没有发现和没有涉及的问题;二是在总结别人的基础上创新,提出自己的独特见解。当然,一篇论文不可能从头到尾都是自己的创造。据估计,一项创造性的科技成果,90%左右是从以往的文献中获得的,而独创部分仅占10%左右。因此,针对前人研究成果和研究方法中存在的失误、漏洞和不足之处,予以修正、补充、完善,从而提出新的观点,得出新的结论,做出新的发现和新的创造,做到课题的新颖性、先进性。

科学性是科学研究的任务所决定的,它是学位论文的核心和灵魂,是学位论文的基本特征,是审核学位论文的首要问题,也是评价学位论文有无价值的重要依据。科学性就是要正确反映人们在体育科研活动过程的本质和规律。学位论文科学性的含义包括真实性、准确性、再现性和创新性。学位论文最讲究科学性、准确性和严谨性。进化论的奠基人达尔文明确指出:科学就是整理事实,以便从中得出普遍的规律和结论。一篇学位论文的科学性如何,主要视它所体现的内容是否真实可靠,有理论和实践为依据,正确反映客观事物的现象、本质和规律,体现学位论文的科学性、学术性和准确性。因而要求学位论文中采用的资料必须真实可靠,每个概念和数据等必须准确无误,实验的设计,技术路线的确定,实验材料的选择,实验方案的实施和实验结果的统计分析等都必须科学公正,经得起科学的验证,做到立论客观明确、论据充分、论证严谨。因此,一篇科学性强的学位论文必须做到:

(1) 科学试验的设计方案合乎科学,采用的测试方法应当正确、先进,具有充足的调查资料和大量的科学数据,运用严密的逻辑推理方法,对这些资料和数据,加以综合分析,得出恰如其分的结论。导出的结论不仅揭示了事物的本来面目及其规律性,为人们改造客观世界提供依据;而且还具有科学的预见性,提出新见解,预示它的发展。这是学位论文在方法论上的特征。

(2) 资料的正确性。数据和文献的引用要准确无误,论证所使用的材料和知识必须真实可靠。论文中切忌出现常识性错误或技术上的差错。科学研究和科学实验都离不开数据。科学工作者为了寻求一个或一组科学数据,往往要进行几百次乃至上千次实验研究,以求数据的科学性和有效性。在学位论文中,有时同一个数据在文章中多次出现,这样很容易出现前后不一致的错误,实验研究得出的数据具有严格的单值性,如果同一个数据在论文前后出现的数值不一致,哪怕是微小的差异,也会失去数据的科学性和有效性。

(3) 结果的确证性。研究方法可重复,实验结果有重现性,数据、结果要忠于事实和材料,不能违背客观事实,主观臆造,夸大或缩小研究中的数据和结果,结论要有充分的论据,使写出的论文能真实地揭示客观事物的本质和事物发展规律。论点、论据能经受住别人的实验检验和批评。结论要根据实验的结果,要有充分的证据,能重复或被证实。发表的论点应明确,论据可靠而充分。具体地讲,它包括论点正确、论据充分,论证严密、推理符合逻辑、数据可靠、处理合理、计算准确、实验可重复、结论客观等。

因此,要求排球专业研究生在研究课题过程中,突出研究的科学性原则,即充分体现研究过程中所收集资料和调查数据的真实性与准确性,要注重各知识层次之间的逻辑性和客观性,实验方法真实可靠,能经得起他人检验,即再现性。

学位论文中的科学性上的问题主要是概念、原理、定义和论证等说理性内容叙述不够清楚、确切,历史事实、人物、时间以及图表、数据、公式、符号、术语和参考文献等书写不准确、不适用或者前后不一致等。

（二）论理的逻辑性

逻辑性是论文的结构特点,必须运用科学的概念、判断、推理、证明和反驳等逻辑手段,来分析、表达在实验、理论、观测方面的研究成果或见解。明确的概念、恰当的判断、正确的推理,从而得到严密的逻辑证明。从某种意义说,逻辑思维能力能反映出一个科学研究工作者的创造才能。逻辑思维常采用比较与分类、分析与综合、归纳与演绎、具体与抽象等方法。

在排球运动的科学研究工作中,比较法在排球教学训练研究中应用较为广泛。例如,比较中国男、女排在各个发展阶段上的特点;比较中国女排与古巴女排、日本女排的异同;比较同一生理指标在不同年龄排球运动员之间的差异等。在排球教学中,通过不同技战术的比较和教学手段的比较,可以帮助建立正确的动作概念,发现技战术之间的共同点与差异点,更快地掌握排球技术战术;分类法是指根据研究对象的共同点和差异点,将研究对象区分为不同类别的一种逻辑方法。分类是在比较的基础上进行的。通过比较分辨出对象之间的共同点与差异点,然后根据共同点将对象归合为较大的类,或根据对象内部的差异点将对象划分为较小的类,从而将对象分成不同的类别。分类法在科研工作中有着重要的意义,它可以把一些杂乱的技术分理成各自的系统,从中发现其间的联系,以探索事物内部的规律,如对排球技术、战术进行分类,就是经常采用这种方法。

在排球的教学研究中,通过对排球技术不断的综合分析,从而获得对该项技术完整而正确的认识。例如,在分析正面扣球技术环节时,先将扣球动作分解为准备姿势、助跑起跳、空中击球和落地 4 个部分,接着对各个部分技术进行分析研究,然后采用综合方法,对扣球的完整动作进行概括,从而看出空中击球是扣球技术中难度最大而又是关键的一个环节。

在排球运动的科学研究工作中,在研究排球运动员专项身体素质时,除了用实验来证明以外,还可以应用归纳与演绎法。例如,运动员在扣球或拦网时,需要跳得高,有较强的爆发力和弹跳力;传球时需要有较强的手指、手腕力量;防守时需要反应快、移动快等。通过归纳、演绎等方法进行逻辑推理,最后得出结论,即弹跳力、移动速度、灵敏反应是排球运动员所必需的专项身体素质。在学位论文写作过程中,从确定题目,提炼主题,整理和加工资料,到谋篇布局,遣词造句,修改定稿,作者都要运用思维方法。特别是要通过分析、综合、比较、归纳、抽象、概括、直觉、联想等思维方法,从原始资料中提炼出创造性见解。例如,在科研中,从整理实验材料得出科学结论,依据某些科学事实提出科学假说,从不同寻常的科学现象中产生对原有理论的怀疑等,归纳法都是很有用的思维方法。

在排球运动的科学研究工作中,现代排球理论的建立是从大量的排球现象入手,抽象出若干的概念,再经过深入探讨,逐步上升到理论,最后形成一套目前较完整的排球运动科学理论体系。

（三）论证的理论性

学位论文具有学术性、科学性、创造性和理论性的特点。其中理论性是学位论文与其他反映科学研究内容的文章(如科普读物、实验报告、科技情报等)的区别所在。学位论文的理论性,除了表现在思维的理论性和作者的理论修养之外,还体现在表达的论证性上。它既要有对研究成果理论思维后高度概括和升华的结论(即论点),也要运用充分确凿的事实根据(即论据)对结论展开严密的论证,以达到无懈可击,不容置辩的说服力。

（四）章法的规范性

规范即可供效法的标准和范式,也就是说论文规范表达方面的清晰概念,运用的方法和效仿的式样。是人们在不断的实践当中创造、发现并总结出的优化准则和最佳模式。而规范化就是使事物合乎优化准则并成为最佳范式。撰稿过程的规范是指学位论文的撰写者在写作过程中所应遵循的科学程序。从操作层面上提出了特定的规范要求,它包括学位论文编写格式的标准化、规范化,科技名词的统一和规范化,量和单位的规范化等内容。结构的严谨性,论文写作的格式一般为标题、摘要、前言、材料与方法、结果、讨论与结论。学位论文编写格式的标准化和规范是指对章、节的编号、题名、著者、摘要、关键词、引言、正文、结论、致谢、参考文献和附录等方面的规范化要求。在文字表达和技术细节方面,包括名词术语、数学、符号的使用,图表的设计,计量单位的使用,文献的著录等都应符合规范化要求。科技名词术语的统一和规范化是指要使用国家审定的科技名词术语,量和单位的使用要以我国法定计量单位为依据,与国际上通用的国际单位制接轨。编写格式规范化的科技论文反映了作者严谨的治学态度,体现科学的内涵,准确表达科学的内容,从而有利于信息传播、贮存、检索和利用。

（五）表达的简洁性

科学研究的任务就是要用简明的方式概括说明极其复杂的自然现象和社会现象的本质特征和规律。所表达的观点、结论要鲜明、突出。学位论文的语言要求明确、准确、简洁。语言表达要求单刀直入,直截了当,这些特点不但是学术论文区别于其他类型作品的一个方面，而且以此形成了学位论文的语言风格。在完整地表达一个意思的前提下使用尽量少的文字。应以最少的文字表达最大量的信息，这就要求措辞精练、简短明确（表 2－13）。

表 2－13　学位论文的特点

特　点	主要内容
科学性	实验方法真实可信，具有可重复性；实验结果忠于事实和原始材料；介绍的事实准确，数据经过统计学处理；论点正确，论据充分，论证严密，推理符合逻辑；数据可靠，处理合理，计算准确，实验可重复，结论客观；结构严谨，层次清晰，说理透彻，合乎逻辑，能客观、实事求是地评价自己和他人的工作；引文得当。
创新性	创造研究方法或技术采用新方法或技术，或对已有方法作了改进，理论深度，学术见解达到或超过国内外先进水平，新现象的揭示，新概念的提出或对概念的新界定，新观点的提出，建立新的理论体系。
规范性	文题简明、确切（一般不超过 20 个汉字、外文不宜超过 10 个实词）； 摘要具备四要素（目的、方法、结果、结论，采用第三人称撰写，字数符合规范）； 关键词标引规范（选词数为 3～8 个）； 标题层次采用阿拉伯数字分级符号，全文统一； 插图和表格自明性，主题突出，与文字无重复； 参考文献著录符合国家标准，项目齐全，正文引用处与文后参考文献表对应。
可读性	文字简练，表达明确；使用规范汉字、规范体育名词、法定计量单位；数字用法合乎规定，外文字母、标点符号书写正确。

综上所述，创新性、科学性是学位论文基本内容的写作要求，有其各自独立的内涵，但又是相互联系的，不能孤立地强调某一方面而忽视另一方面。

三、学位论文各部分的写作要求及存在的问题分析

长期以来，无论是自然科学类还是社会科学类论文，均存在着不同程度上的非规范问题。由于学科、专业以及具体题材的不同，学位论文的写作格式也不会完全一致。目前，较为通用的格式有“三段式”（除标题外，包括绪论、本论、结论三个部分）和“多项式”。理论性较强的论文一般多采用前者，而以科学研究成果为内容一般多采用后者格式。按照“国标”的规范，学位论文主体一般由前置部分：题名、论文作者、摘要、关键词；主题部分：引言、正文、结论、参考文献等部分组成。这些组成部分既反映了作者对事物认识的过程，又反映了事物自身发展的逻辑顺序。

分类号________　　　　　　　　密级________
UDC ________　　　　　　　　　编号________

学 位 论 文

______________________.

（题名）

____

（作者姓名）

指导教师姓名（职务、职称、单位名称及地址）

____

申请学位级别________专业名称________

论文提交日期________论文答辩日期________

学位授予单位和日期________

答辩委员会主席________

评阅人________

200　年　　月　日

学位论文的编写格式是在一般学术论文的编写格式基础上扩充而来的，由于需要向各学科委员会报告、答辩、上报学位评审委员会，因此都采用单行本格式。它包含了一般学术论文编写格式的全部内容，只是为了单独印刷、发表及适应篇幅较大的需要，扩充了前置部分，增加了附录部分和结尾部分等辅助性栏目，其主体部分基本上于一般学术论文的格式相同。下面结合排球专业学位论文特点进行讨论，对几个主要部分进行说明。

（一）论文题目

题名又称标题或题目。论文题目的主要功能是高度概括、准确揭示论文主题，用于检索。按照“国标”的要求，题名是以最恰当、最简明的词语反映论文中最重要的特定内容逻辑组合。要求题名的写作必须确切、简明。题名一般不超过 20 个字，外文题名一般不超过 10 个实词。因此，应仔细推敲，反复斟酌，使题名具有特异性、明确性、简洁性和可检索性。对于副标题来说，主要是把握它的充分必要性。对于分标题，字数尽量少，内容要集中、精练，不要与总标题雷同，各个分标题更不能重复。

由此可见，学位论文的题名要做到以下几点：一是反映最重要的特定内容。即准确地反映论文的研究范围和深度，避免笼统、过大；二是标题的概念、判断要合乎逻辑。即要弄清标题中出现的概念的内涵和外延。分标题就是一篇论文的各章节标题，也是论文的“骨架”。分标题的作用是对文章内容的详尽说明和解释，是向读者提供直接信息和明确内容说明。它能体现出作者研究问题时的思路及研究结果的论证方式，反映出文章的层次及逻辑推理。论文中分级标题要注意用同一级标题，应反映同一层次的内容，同一级标题讲究“排比”，即结构相同或相似；学位论文的层次标题：不同层次的内容用同一层次（即同一级）的标题来概括，会造成层次混乱。层次标题应准确得体，能概括全节、全段或该小段的特定内容。为了突出中心，一般宜用词组，同时应简短精炼，明确得体。相邻两级层次的标题，字面上尽可能不重复，同一层次的内容要列标题都列，要不列都不列。运用排比式标题时所包含的各种概念在本质属性上应统一，并恰当地组合在一起。以便合理地排列、组合，作出合乎逻辑的判断。它集中体现了选题者的科研构思与对这一问题的认识水平。

1. 设计学位论文题目要点

在拟定标题时，需要精心琢磨，仔细推敲，准确反映文章的研究内容和研究深度。题名要能准确地概括论文内容，限定论文的范围。在写作和对初稿的修改过程中，随着认识的深化，对标题可能会有新的考虑，既可随时修改并最后定题，也可采取一篇论文列出几个标题，互相比较，从中选出最佳标题。从题名可分析论文所属的学科领域或研究范围，甚至可以显露出科研成果的新颖性、创造性、研究深度与水平。论文题目应当反映出排球研究生学位论文科研成果的广度和深度。论文题目一般由三大基本要素组成:一是研究对象和范围,二是研究内容的高度概括,三是研究方法或研究程度。要写好题目,应根据选题、论文初稿或修改的内容,首先回答"研究什么?"、"怎样研究?"、"研究的方法或程序如何?"三个问题。研究生在拟定论文题目时可以先用一段话,详细、准确表述这三个问题,然后把这一段话缩写成一个句子,最后提取出句子的主要成分形成题目。按照题目的三要素,结合论文具体内容,经过提炼缩写,就能够力求使题目达到确切、恰当、鲜明、精练。

副标题对主标题起补充、说明、解释作用。一般来说是对总标题内容的进一步说明和补充。通常是总标题不能完全表达论文的主体内容时再加副标题。采用主副式标题。有些副标题才是全文论述的主题,副标题是作者在题名交待不清楚,内容需引申或是题名字数较多时使用。

2. 学位论文标题中常见的问题

(1) 题名过大,如"论世界排球运动的发展",这是一篇硕士学位论文题目,不过该课题实在太大,即使是博士学位论文也不一定能论述清楚。

(2) 命题大而笼统,与内容脱节,用词不规范,结构残缺和层次混乱。应避免用泛指性太强的词汇和华丽的词藻及模棱两可的过分夸张的语言。

(3) 题名常将同义词或近义词连用,最常见的有"××的分析探讨"、"××的分析研究"、"××的研究探讨"等。一般来说,在学位论文写作中对用"研究"就不要再用"探讨或分析"了。另外,不少作者在论文题名撰写时,常见的模式现象总是习惯在题名后缀上加"研究"二字,而文章的实际内容只是一般的论述分析,根本说不上"研究"。换言之,学位论文题名未必非用"(的)研究"。

(4) 题名与层次标题设置不合理,出现下一级标题内容重复上一级标题内容,标题下正文的内容重复标题中已有的内容,或同一层次标题下出现层次缺失现象。即同一篇论文,有的一级标题下有几个二级标题,有的则一个也没有。因此,应提倡同一层次标题下的层次设置要尽量一致均衡。应避免相邻两级层次标题字面上重复太多或完全重复,把层次标题与自然段的领句或者与要点混淆起来。还有一级、二级层次标题过长,过繁,内容不简洁。层次标题序号设置混乱。

(5) 减字、用字不得当,出现"的"字多用和漏用。根据汉语语法规则,联合词组,偏正词组、主谓词组、动宾词组和介词词组作定语时,中心词的之前需用"的",而多项定语中的"的"字可少用。

(二) 摘要

摘要,也称提要。它是论文的内容不加注释和评论的简短陈述。它是全文的精华和缩影。摘要是硕士研究生写作硕士论文所包含的基本思想和观点的缩影,是全文的高度概括和浓缩,是科学研究论文的重要检索点,是评审专家或读者判断论文价值的主要依据。国家标准 GB6447—86《文摘编写规则》规定,文摘"以提供文献内容梗概为目的",要用第三人称的写法。应采用"'对……进行了研究'、'报告了……现状'、'进行了……调查'"等记述方法标明一次文献的性质和文献主题,不必使用"本文"、"作者"等作为主语。

实验型的论文,其摘要的内容应告诉读者这个实验主要研究什么,用什么方法去研究,得到什么研究结果和结论,发现什么特点或规律,具有什么重大意义。也就是说,摘要一般应说明研究工作目的、实验方法、结果和最终结论等,而重点是结果和结论。在摘要中报告实验结果,只写统计最终结果和差异显著性。

摘要的特点,类型和要素如表2-14所示。

表2-14　摘要的主要作用、特点、主要类型和要素

主要作用	审定论文价值的最初依据、了解论文的重要内容	用于计算机检索
特点	独立性	独立成篇
	自含性	应包含原论文的基本信息,要客观如实地反映原文的内容,不加进原文内容以外的解释和评论,只对论文内容作忠实介绍,即不加评论或自我介绍和评价
主要类型	资料性摘要	一般包括研究目的、对象、途径、结果、结论等内容,提供论文的主要信息和数据。充分反映该研究的创新之处,适合于叙述实验研究和专题研究的论文
	指示性摘要	概括介绍论题,起到揭示研究范围,介绍论文轮廓,适合于综述、评论、短讯、纯理论性论文和创新少的论文等
要素	研究目的(objective)	简要说明研究的目的,说明提出问题的缘由、表明研究范围及重要性。阐明研究目的,研究基础,局限性,目的和任务所涉及的主题范围,研究背景,该研究的缘起、发展和现状作概要描述
	研究方法(methods)	简要说明研究问题的基本设计,使用的材料和方法,如何分组,对照,研究范围及精确程度,数据是如何取得的,经过何种统计学处理。采用的原理,公理、定项、定律、材料、仪器、资料和数据计量标准
	研究结果(results)	简要列出研究的主要结果和数据,有什么新发现,说明其价值及局限,叙述要具体明确,并需给出结果的可信值,统计学显著性检验的确切值。注意不要将结果与结论混为一谈,结果是发现什么,结论是说明什么。

续表

研究结论 (conclusion)	简要说明取得的正确观点及理论价值或应用价值，是否可推荐或推广等，突出提出研究的新见解和研究成果的独到之处，创新之处。突出对结果的分析和研究，比较和评价，提出问题对今后的启发、建议与预测等（准确描述该研究的主要结论，并提出是否还有与此有关的其他问题有待进一步研究）

1．摘要写作的基本要求

（1）内容独立、完整。应该概括出研究目的、研究方法、研究结果、结论等主要内容，多用陈述句和判断句，不要用疑问句和感叹句。句型力求简单、慎用长句。

（2）表达准确。不叙述研究过程、不举例和论证，不用图表和公式，不分段落，不应出现正文中没有的内容和结论，不加注释和评价，更不应进行自我评价，不用引文。对教科书已有的知识应避免重新描述和论证，要尽量采用参考文献的方法。重点阐明研究的新内容，强调新观点，切忌罗列本学科领域的常识内容。

（3）简明扼要，字数在200字左右，不要简单重复题名中已有的信息，切忌罗列各章节的标题。

（4）要用第三人称，不要使用“本文、本人，作者、我们”等作为摘要陈述的主语。常用“结果表明……”、“结果提示……”等之类的表达式。

（5）避免过于笼统的、空洞无物的一般论述和结论，过简过繁都是不适宜的。

（6）要用规范化的名词术语。

对于指示性摘要，因其属“简介性质”、“目的”要写得详细些，“方法”、“结果”和“讨论”可写得简单些；对于报道性摘要，重点应放在“方法”、“结果”和“讨论”上，要可能写得详细，具体，“目的”则可以写得简单些，在对摘要四要素的把握上，突出创新内容的表达是最基本的原则，注意结构要素不能残缺。

摘要虽然是放在论文最前面，但往往是在最后写成的。在通常情况下，对摘要的要求是短小、精练、完整。短小，就是指摘要内容的行文要简短扼要，学位论文摘要不宜过长，通常在1 000字左右；精练，是指语义确切，结构严谨，逻辑性强，不列图表；完整是指摘要能够独立成短文，不分段落，便于计算机检索。

2．学位论文摘要内容中存在的问题分析

在学位论文的摘要中往往会看到如下几个较突出问题：

（1）结构松散，重点不突出，语言不精练，内容冗长，达一、二千字之多；语义或词义不确切,主题反映不清晰,语法和逻辑存在问题。出现数字表达式、非公知公用的缩略词等。

(2) 只叙述论文的过程,而对论文的主题、特别是结果和结论,尤其是对自己的创新观点阐述不够,即自明性不够。

(3) 简单地重复题名中已有的信息,为了补充字数,加一些常识或多余的语句,一些作者对其论文的价值、重要性、意义进行主观评价。如前人没有研究过……,本文创造性地提出了……,在国内外首次设计了……,达到了国内先进水平等。

(4) 表达不当,信息量太少。从信息量说,摘要两三行、两三句话、不过几十个字的情况较多,文字过于简略,简单地重复题名中已有的信息,把论文中的各级标题罗列起来作为摘要的现象时而有之。这样少的信息量显然无法表达正文的主要内容,无论如何也无法表达全面。

(5) 与题名、段标题、引言和结论简单重复。信息价值低、可读性差,毛病在于简单重复已有信息或将小标题堆砌,有的原封不动地搬来结论代替摘要,而丢失了论文研究的目的、方法、结果、结论。中心内容不突出、把握不住摘要应有的基本内容。文章写作也忌讳重复。要注意摘要与主题或与引言部分的研究目的相重复的错误。

(6) 摘要要素不全,信息遗漏。在研究目的、方法、结果和结论四大要素中,只阐明研究目的和结论,缺少研究方法和结果。方法及数据是一篇学位论文的关键部分,应重点写,但有的作者写得较含糊;或只阐明研究方法和结果和结论,而缺少研究目的。

(7) 无用的、不必要的信息。审阅一篇篇学位论文文稿,以至翻开一本本公开出版的学术刊物,论文摘要、引言、正文、结语或讨论中不难发现,“本文”、“本研究”、“本试(实)验”等随处可见。“国标”规定文摘的写作应以第三人称方式来写,或省略主语。如采用“研究中考察了……”,“实验时测定了……”等省略主语的方式表达。而摘要中使用“本文、本工作、作者、笔者、本实验、我们、本文研究的内容是……”以及“讨论了……”等无用的信息。这是最常见的问题。“本文”、“本研究”和“本试(实)验”的错误用法多出现在论文的摘要和引言中,也散见于结语、讨论和正文中。有的摘要使用了本学科、本专业的常识,这对学位论文写作来说,提供此类信息是不必要的。

(8) 英文摘要中的语义不准确、语法错误、单词拼写错误等问题。

上述问题反映出在学位论文中摘要的写作不规范,深究其原因有二:一是有些作者对论文摘要的重要性认识不足,对撰写摘要的类型和规则了解不够;二是忽视摘要的研究和加工。由此可见,撰写摘要虽然不复杂,但掌握一定的写作方法还是必要的。

（三）关键词

关键词，又称主题词。关键词的标引过程实质上是对论文内容的提炼过程，评价过程和概括过程，是与论文的命题、摘要、写作水平有非常重要的内在联系。它代表全文的核心内容，其主要功能在于情报检索。关键词意义单一，指向性强，特异性高。

在摘要之后写出关键词，同时也要有外文翻译。关键词是指从论文题目、摘要和正文中抽选出来，用以揭示或表述论文主题内容特征，具有实质意义，未经规范处理的自然语言词汇。如何选取关键词？一般是从标题、摘要、正文中选择出来的，而不是论文标题的分节。每篇论文一般选 3～8 个，应是本学科中规范的、有特定含义的、通用的名词术语。如有可能尽量选用综合性主题词表（如《汉语主题词表》）和专业性主题词表（如《体育汉语主题词表》）中的规范词。某些无收录和检索意义的词，如介词、连词、代词、动词、副词、形容词和名词不得选作关键词，如“讨论、研究、探讨、使用、方法、问题、质量、观察、必须”等。由于这些关键词几乎在大多数学位论文中都可以使用，所以使其在提示具体某一篇论文主题内容的专指性方面的作用就大大降低，失去该关键词应起的基本作用。关键词书写时，每个关键词之间空一格或用逗号、分号隔开，最末不用任何符号。

国家标准局 1983 年 9 月 13 日发布了《文献主题标引规则》（GB3860—83），规定了文献主题分析、主题词选定、标引、组配等规则。一般来说，学位论文中较常见，大体有以下几种标引：一是直接从文章题目抽取名词；二是不仅从文章题目中抽取名词，还从小标题中抽取部分词汇；三是与文章题目中词汇基本不沾边。事实上在某种程度上说以上三种标引方法都不容易概括反映出关键词的真正含义。应从主标题、小标题、摘要或正文中查找，才能全面地揭示论文的主题内容、中心论点。同时必须标注单一的概念，切忌复合概念。

（四）引言

引言又称前言、导言或绪论。引言应主要回答“为什么”研究这个问题，即要指明进行此项研究的原因和理由，说明该项研究将要解决什么问题及重大意义。阐述论文的目的，概述研究和观察的理论基础，国内外对该项研究的现状，已经解决的问题，尚未解决的问题，无需对主题展开回顾。不要过多的复述文献资料，特别是不要大段引用别人的原文。在介绍文献时要用自己的话概括叙述，并注明参考文献。在介绍研究概况时，对前人的工作评价要公正。

如何落笔起句，一向是论文作者特别关注的技巧问题，其成败直接影响论文的质量和效果。它的主要内容包括简明扼要地阐述研究工作的目的和范围，交待研究背景，揭示并限定研究范围和研究途径，阐述研究的缘由、理论依据，预期目标，课题在学科领域中所占的地位，对他人已有研究成果的评价，表明本问题研究的重要性和必要性，选题的主要依据，相关研究的成果及其存在的问题，从而衬托论文作者研究成果的创新性。科学知识的继承性和创新性在研究工作中都能得到体现。作者对他人的研究成果进行介绍,重点指明前人的工作在哪些方面存在不足,这正是作者要解决的问题,关键在于必须说明前人的成果与本项研究工作的关系,是否要填补已有知识的某些空白,使人们对所论述的问题有全面的认识,从中找准切入点。

任何一篇学位论文首先要点题,常用"问题的提出"、"选题的依据"或"前言"等这些标题来介绍论文的选题。科学研究以问题为逻辑起点。"引言"部分,是学术论文的起点,它所要阐述的是,为什么要从事本项研究工作,本研究工作的意义何在,与本课题相关的前人的成果和知识空白是什么,本研究将填补哪些知识空白,其理论依据是什么,预期达到的目标是什么。这里的关键是必须说明前人的成果和本研究工作的关系。在实证性研究中,引言一般常用"问题的提出"这一标题来介绍论文的选题。论文所提出的科学问题,主要表现为理论自身的矛盾,不同理论之间的矛盾,理论和经验事实之间的矛盾。科学问题总是处于科学研究的前沿,科学前沿总是孕育着重大突破,而科学前沿所出现的重大突破,往往会极大地推动科学进步。从提出存在问题和解决这一问题的必要性、重要性和迫切性入手,在此基础上提出所要研究的课题。在基础理论研究中,则多从综述前人的研究成果,指出前人尚未解决的问题,从而提出本文所要研究、解决的问题。该课题相关领域的前人工作和知识空白,评述前人研究成果,不必列述篇名,不要引述原文,只需用自己的语言概括说明,但要加注序号并在"参考文献"中说明出处,以示言之有据,这也可说明作者对该课题、本学科的研究动向和前沿水平的把握以及有较宽广的知识视野。

在硕士研究生的前言部分要有文献综述部分。硕士研究生学位论文中的文献综述部分,对论文选题价值和占有资料的分析有较高的要求,因此需要专门列出文献综述部分。通过这部分内容来反映作者对该研究课题前人研究成果的了解和理解的深度与广度以及评价水平,体现研究课题题目的来源、依据及研究假设的合理性。研究生在撰写学位论文时导言部分通常都较长,因为没有篇幅的限制,就鼓励研究生进行详细的阐述。

引言写作中常见的问题如下:

(1) 引言各层次之间缺少内在逻辑联系。先写什么后写什么,要按逻辑顺序来安排,每个句子同上下文的关系要反映出它们之间有联系或区别,否则上下文或衔接不明,或逻辑关系混乱,不能理顺前后的逻辑关系。上下文承转硬,跳跃性太大不易理解。首尾不呼应,在引言中提出了论文的主要目的,但在讨论中却没有说明目的的实现情况,发现了什么规律,解决了哪些理论和实际的问题。在引言中说明历史背景和前人的工作,但在讨论中却没有说明对前人或他人有关问题作了哪些研究,哪些与本文研究结果一致,哪些不一致,作者作了哪些修改、补充、发展,证实或否定,还有未解决的遗留问题等,在学位论文的撰写过程中应注意避免这些问题的出现。

(2) 内容过分简单,作者往往只是强调该项研究的重要性,而不提前人工作。目前,学位论文中引言部分存在的一个主要问题,恰恰就在于不说清楚前人工作的成果和自己所要填补的知识空白。让人很难分辨哪些属于作者做的工作,哪些是属于他人做的工作。此外,还较常见的是不说前人做了哪些工作,而只讲自己所做的工作,并声称已经达到了××水平。这往往也反映出作者未能了解该研究领域的全面情况。

(3) 与摘要雷同。引言与摘要二者内容最易重叠之点就是"研究工作的目的"和"研究结果"。摘要中可立足于已经实现的情况,引言中不妨立足于"预期",扣紧主题,写出研究工作的打算,解决问题和准备达到的目标。

(4) 引言平淡冗长。前言写得太长,有的像写综述,甚至介绍了许多与本文雷同并已做结论的内容,但并未说清楚本题所作重复工作的目的何在。未介绍必要的内容,如必要的定义、国内相关研究的现状,问题或分歧。对理论命题和假设中的一些重要概念和术语进行定义。定义是为了保证该研究工作能始终在确定的范围内进行而不会产生偏差,保证结论具有适度性而不致产生结论大于研究范围的不正常现象。与讨论重复,如本应在讨论中叙述的内容在引言中出现。不能明确提出论文所探究的问题和划定研究范围和视角,提示研究方法的途径。个别硕士学位论文的作者写这一层,常常重述一般教科书已有的知识,须知已有知识不必大段重复,只需指出参考文献,稍加说明,便可引入正题,突出自己的观点。最好不要分段分述。

(5) 引言少用套话。在引言中一般不要出现"才疏学浅、水平有限"、"抛砖引玉"等这些套语,论文水平如何,读者自有公论。

(五) 正文

正文是学位论文的核心,是论文的主要篇幅。如果说引言是提出问题,正文则是分析问题和解决问题。由于研究工作涉及的学科、选题、研究对象、研究方法、工作进程、研究成果、表达方式等有较大的差异,所以正文的写作形式会有所不同。"国标"对这一部分的内容也不作统一规定,只要求写明调查对象,实验和观测方法、仪器设备、材料原料,实验和观测结果,计算方法和编程原理,数据资料,经过加工整理的图表、形成的论点和导出的结论等内容。要求实事求是、客观真实,准确完备,合乎逻辑。要层次分明,简练可读。一般来说,正文部分应包括研究的对象、研究方法、研究结果和讨论这几个部分。

正文常常分成几个大的段落,每个逻辑段落可冠以适当的标题,即分标题或小标题。段落的划分,应根据论文的性质和内容而定。结构层次与层次标题构成了论文的基本框架。这是因为硕士学位论文的数据结果较多,其研究结果部分可以分段写出，并在各段的前面加上说明性的小标题，这样论文的结构层次就清楚明了。分段的方式很多，如按调查指标分段；按实验过程分段；按观察内容分段；按施加因素分段等。一般来说，层次设置的要求是：层次多少依据论文的类别、内容和篇幅大小而定。层次标题设置的级位要合理。同层次标题的内容之间不应出现交叉重复。层次结构的设置和层次标题的排序要考虑论文正文部分内容的逻辑组合。

概念与观点往往构成学位论文的实质内容，尤其是对体育人文社会学学科来说更是如此。概念的表述和运用是否清晰、准确、科学，观点的表述是否明确、清晰、准确、科学，可以说是反映论文水平的最主要方面。因此，必须重视概念的科学界定和准确运用。

实验是科学研究不可缺少的重要组成部分。实验方法一直受到排球科研工作者的关注，也体现了实验方法在排球科研工作中占有重要位置。实验型论文是以实验为基础，大都要涉及实验方法、材料过程、结果以及在实验基础上导出的一些理论，从而形成论文的自身特点。实验是提出和验证新理论的依据。实验型论文主要有两种类型。一种是以介绍实验本身为目的，重在说明实验装置、方法和内容。一种主要是通过实验结果的分析和讨论，从而阐述某一客观规律或确定某一物质的特征。上述两种实验型论文各有特点。其正文部分又都由“材料和方法”、“结果”和“讨论”三个部分依次构成。有的论文，因其“结果”较简单，无需单列为一部分，而将它合并到“材料和方法”中，作为该部分的最后一层；有的论文，因其“讨论”内容单薄无需单列一个部分，或因其实验有几项结果，而且各项结果的独立性都较大，必须逐项讨论，于是就将“讨论”和“结果”合为一个部分，尽管在组合形式上有些变化，但主体的内容是不变的。

正文部分一般包括研究对象与方法或材料与方法、研究结果与讨论或研究结果与分析、结论（与建议）等。以下根据这一逻辑顺序，结合实证性研究分别进行讨论。

1. 研究对象与方法或材料与方法

研究对象及研究方法的选择，是评审论文质量的重要依据。对象选择是否合理，方法采用是否妥当，直接影响到研究结果的可靠性、真实性、科学性。

研究对象是指本课题研究的具体的人或事物，如学生、运动员、排球俱乐部等。对抽样选取的研究对象应说明其数量、构成、具体方法等，以及研究对象选择的主要条件和指标等。对研究对象进行说明时，要写清楚对象的一般情况和特征。如具体的人物，要写明其年龄、性别、身份、身高、运动等级水平，以及样本含量大小和代表性如何等。

研究方法和手段的介绍：一般可按实验研究过程的进展，顺序逐一展开，这一部分的主要内容包括：实验研究中所出现的主要概念的释义或界定和有关名词的解释;实验设计的组织形式;实验对象的选择和组合;实验措施的实施和无关变量的控制;实验研究采用的设备和测量工具等;实验资料的处理方法等。实验报告中方法和过程这一部分的撰写,主要是要说明实验研究方法及实验研究过程,以便评价整个实验研究在体育科学理论和实验上的科学性和客观性,并据此决定是否承认和接受该实验研究所得出的结论。因此,要重视研究方法和结果的阐述,研究价值是以方法的科学性和结果的可靠性为条件,材料不够确切的、没有经过核实的不要写出来,一般来说,看研究方法与结果部分,就可知道这篇论文的科学性。在写作时应十分重视这一环节。有经验的科学家,评价一篇科学论文时,往往不只看其的结论,而且更重要的还要看论文作者的结论是通过什么样的方法取得的,道理就在于此。

在研究方法中要说明研究对象的取样与选择,研究因素的实施与控制,文献资料的收集与处理等方面所采用的方法和手段。根据研究的不同问题采用不同的研究方法,如用观察统计法,应写明统计尺度的概念;如用实验法,要写清楚实验设计与步骤。采用实验时还应对测试用的仪器、材料做简明的介绍,注明型号和规格,若是自制的仪器要写明其可靠程度,目的就是使人了解实验的可靠性和准确性。

研究方法这一部分应体现科研构思与科研设计的各项要求,看了使人相信材料的可靠性。在调查性研究中,首先应介绍抽样方法和样本数量的设计,以及在实施过程中的结果,可据此评价研究结论的适用范围和偏差状况。其次要说明问卷设计的基本原则和内容安排,以了解资料的可靠性和准确性;第三要说明资料收集的方法,并对资料收集中的优点和缺点作出评价,对资料收集工作中存在的缺点应予以公开指明,不得掩饰,这是科学研究严肃性的体现。最主要对资料处理的说明,这体现了资料处理过程是否客观、科学。对于调查性研究来说,主要是把调查对象、调查项目以及调查项目的具体指标等交代清楚。对于实验性研究来说,主要是受试对象(性别、年龄、体重)、实验方法、受试因素、实验效应指标以及主要仪器检测的灵敏度等等。

体育科研涉及许多统计学问题,正确使用统计学方法,关系到研究数据的收集、整理、分析,研究结果的正确解释和认识以及结论的真实、可靠等问题。数理统计是以概率论为基础,以认识体育现象数理特征的重要工具,它为体育科研的设计、资料的收集和整理、结果的分析以及提供了有效的手段。必须认识到,统计学的问题关系到科研论文的科学性、可信性。一篇统计学方法和结果有重大缺陷的论文,其科学价值将会受到质疑。实验法是依据排球运动科学研究课题的内容,利用专门的仪器和设备,人为地对研究对象通过控制、模拟、变革等手段进行观察,从而取得研究对象特征及变化规律的方法。排球教学训练实验法可以采用多种形式和手段,常用的对照实验方法有:单组实验、多组实验(分组实验)、轮组实验(循环实验)。

在排球运动的科研工作中常用数理统计法,如在判断运动员某项技术水平的平均水平及运动水平密集的大致位置时,可测其变异系数的分值大小,分值越大则客观性越差;在评定发球技术稳定性时,所得标准差越大,说明发球技术掌握不稳定。应用数理统计法时要掌握准确、完善的数据,这是进行数理统计研究的有效依据。

在叙述"材料和方法"时,材料和方法是科研的基本条件和手段,是判断论文科学性和创造性的主要依据。材料部分主要说明作者具体的实验观察对象。方法部分则重点介绍研究对象与实验数据的取得,使人们对样本的代表性、组间可比性、指标与观测方法的精确性能够客观地了解与评价,并可按作者提供的材料和方法重复验证本文取得的成果。如研究对象选择是否随机,采用何种随机方法,因而,影响对实验数据科学性信服的程度及统计学方法是否恰当等。

材料与方法是论文中的论据,是用来说明科学性和表现主题的,是立论的基础。因此,要特别注意其完整性、客观性、准确性和可比性。实验资料应以科学性为依据。必须写明实验材料及其制备方法,实验设备、装置、仪器(名称、型号、精度、纯度、生产厂家、性能、特点等),必须写明实验方法和过程,即说明实验要用的是什么方法,实验步骤,实验结果的记录方法,实验的运算处理方法等。

例如,在排球运动科学研究中,排球运动科学观察是与解决排球运动中一定的问题相联系的。因此,它不仅能获取第一手资料,而且还具有组织性、计划性和目的性的特点。观察可分为定性观察和定量观察两大类。定性观察是通过观察来确定客观事物发展的本质特征,如在排球比赛中,可以观察到有的运动员是采用发旋转球技术,有的是采用发飘球技术,这两种发球的性能就有本质的差别。定量观察是通过观察来确定客观事物在发展过程中数量的变化,如排球比赛中,统计两队运动员发球次数、扣球次数、拦网次数和进攻、防守战术的组成率、失误率以及全队得失分原因等。此外,也可借助高速摄影机拍摄技术动作,对主攻队员扣球速度、角度、最佳击球点做定量分析等。采用观察法应注意:观察要有针对性,要明确观察任务、内容、对象和时间,人员分工要合理,记录方法应统一。观察时要客观、系统,忌带有主观性与片面性,应坚持实事求是的态度。记录资料应及时、准确、可靠。在实施过程中要尽量采用先进的测试手段、科学仪器和音像设备等,以提高观察的精确度。

研究生要根据观察、实验、调查及文献研究等方法取得的论据材料,对提出的论点假设进行探讨与证明。在排球运动中,通过比赛的临场技术、战术统计,可以搜集到大量的第一手材料,并根据对统计数据的分析,客观地分析一场比赛,找出比赛胜负的原因,以及发现训练中存在的主要问题,提出解决问题的方法和途径，以及今后训练的方向。为有效地提高训练的质量，改进教学训练方法提供依据。还可通过比赛的临场技术、战术统计，为球队和运动员建立比赛档案，为研究球队和运动员的成长，提高教学训练水平提供数据。常用统计法对训练、技战术运用效果等进行统计，如在训练中统计多用于收集学生的触球次数和课的密度、强度及某技术训练的效果等。在比赛中的统计多用于技战术效果。统计法实施的一般程序是先选题，然后针对所选题目的需要进行统计处理，最后依据统计结果得出研究结论。统计法往往与观察法同时进行，通过预先采用统计法来设计的统计表格，将观察内容如实记录。统计法的最大长处首先是收集的资料具有较高的精确性、选择性和判断性；其次是能够对排球科学研究中的某些因素进行量化处理。采用统计法，要求统计标准、尺度一致，统计数据齐全。

实验数据或结果，通常用表格、图等予以表达，表格的设计要符合规范化要求。国内有关著作专门讨论了表格规范化问题，这里不再赘述。一般来说，应是先见文字后见表格，要善于将研究结果数据系列化，以表的精确性、简明性、规律性的特征弥补文字表达的不足。但应注意尽可能地避免图与表在内容上的重复，避免图与表重复地反映同组数据或是用了图又用表，再用文字说明同一问题。按照逻辑顺序在正文、表格和图中表述所得结果、文字叙述时，无需重复图表中的全部数据，也不要详述，只需强调或概括其重要发现。表达结果时，图与表重复或设计不合理上，图或表中的数字在文中重复或将不可比的数字进行对比，图或表中有统计学差异的数据应作出标记并在图或表下面说明。

表序、表题、图序、图题不规范，最常见的问题有：用汉字数字来做表序、图序，如“表一”、“表二”，“图一”、“图二”等；缺表题，图题，只排印了表序、图序；表序、表题、图序、图题未居中排于表、图的正上方。

表格不规范表现：有的表格或无表序，或无表题，或两者皆无，缺乏自明性。在每篇论文中没有以阿拉伯数字连续编号的表序，特别是仅有 1 个表没有编为“表 1”，而只是在文章中用“如下表所示”提示。

图不规范的表现：有的图缺图序、图题或应有图注而缺图注，缺乏自明性。有的图题与图的内容不符。但恰恰忽视了图表的正确设计和数字的科学表达，在量和单位的使用上仍沿用早已废弃的非法定计量单位，这就大大降低了论文的科学性和严谨性，使论文的学术水平直接受到影响。

2. 研究结果与讨论

研究结果与讨论是硕士研究生论文研究过程中主要的理性认识阶段，是硕士学位论文论述的重点所在，是全文的主体部分，是论文结论和推论赖以产生的基础。在这一部分，作者的主要任务是根据研究结果或文献资料提供的材料，引用已有理论来分析和论证本研究课题所提出的问题，力求从客观事实和逻辑分析中，验证、补充、修正、完善研究假说，揭示事物的本质和规律 ，形成科学的理论。

在叙述“结果”时，要实事求是，以最能反映事物本质的数据或现象作为结果。结果是科研论文的核心，是结论的依据，是形成观点与主题的基础。用结果引发讨论，导出推理。全文的一切结论由此得出，一切议论由此引发，一切推理由此导出。结果的中心内容是经过甄别与统计处理的数据而不是原始的数据，更不是原始的记录。论文中写的结果并不是实验结果的全部，在选择过程中，既不能按个人实验前的观点假设取舍数字和现象，更不能伪造数据和现象。选取数据要充分，要能满足“讨论”部分的需要。研究结果只有与国内外同类研究相比才显示出其价值及意义。在叙述数字和现象要考虑它们的逻辑顺序。

分析是作者对研究结果作理论的解释，是研究过程的理论升华，是更深刻、更完整、更有指导实践意义的部分。这一部分内容主要包括：研究结果的理论阐述；所获得结果有何意义；能否证实有关假说；结果中有何内在联系、规律；与其他研究者的研究结果及理论阐述的比较；对相互矛盾的资料提出自己的见解等。

在分析中，对每一个问题的提出，作者都要运用一系列的逻辑方法（分析、综合、归纳、演绎、比较、类比、证明、反驳等），运用与课题有关的科学理论，对研究结果进行客观解释、全面分析、正确推理判断和充分论证。因此要求：一是论点正确、新颖、可靠。论点是作者从材料中提炼出来的观点见解，是论文的核心内容；正确可靠是指从客观事实出发，判断推理合乎逻辑，避免片面和前后矛盾；新颖是指论点要有新意，有独立的见解，有深刻性，是作者首先提出或比前人有所突破。二是论据真实、充分、典型。论据是用来论证论点的理由和根据，即论文中引用的客观事实、数据。真实是指引用的客观事实数据来源于实际研究。充分是指根据研究课题，客观事实或数据要能充分说明问题；典型是指客观事实或数据应具有代表性，避免所有材料的堆积。三是论证合乎逻辑，有说服力。论证是作者运用论据来证明论点，验证假说，形成科学理论的过程，论点和论据必须高度统一。论证要主题鲜明，重点突出，分析要深刻透彻，避免模棱两可，论证问题的排列合理，层次分明。

由于该部分的论据与论证对论文结论起着重要的影响作用，所以，一定要注意这部分的文字推敲与处理。在撰写这部分论文时，作者可引用各个科学领域中已经被肯定的命题、论据、公理、及公式来证明自己的研究结果。凡是能证明自己正确的论证过程称之为证实，反之，则称之为证伪。研究结果与分析的内容应来自于研究的成效，同时引用各个领域中已经得到承认的观点和材料，内容要紧扣主题，充分反映研究结果。

在叙述“讨论”时，讨论是从研究目的出发，以研究结果为依据。它是对研究结果的科学解释与评价。应该着重讨论研究中的重要方面和新的发现以及从中得出的结论，不必重述已在前言和结果都分述过的数据和材料，讨论中应包括该发现的含义和限度，进一步研究的启示，并将客观结果与其他有关研究相联系，应避免交待不成熟的论点和不足为作者自己的资料所支持的结论，避免工作尚未完成时就提出或者暗示要求首创权，有充足的理由时可提出新的假说，但应恰如其分，它是对研究结果的科学解释与评价。应表明影响实验的根本因素，实验中发现的规律，实验中的测量误差分析，实验结果与理论推导结果对比等。必须以事实为基础，以理论为依据，对实验结果进行科学分析。在表述这一分析的结论时，要严密清晰。结果的讨论旨在阐述实验的意义，要对研究中获得的材料进行归纳，概括和提炼，进而找出事物的内在联系，进行理论上的论证。对于实验中出现的异常现象或反结果现象，应予以解释，不要随意删掉，要反复验证，查明原因。

讨论是对研究结果的科学解释与评价。如果标题定为“结果与讨论”，对于“讨论”（或分析），这一部分与其他部分相比，则更难以确定所应写的内容，但写好“讨论”具有以下几个主要特征：

（1）应将研究过程具体陈述出来，以便人们鉴定这样的研究设计是否科学，得出研究结果是否可靠，同时还可让别人重复自己做过的实验，看是否得出同样的结果。要设法提出“结果”一节中证明的原理、相互关系以及归纳性的解释，但只对“结果”进行论述，而不应进行重述；分段讨论时，每段应集中围绕一个论点，提出论断，加以论证，讨论部分一段时不用图和表。

（2）要指出该研究结果和解释与以往文献相一致或不一致的地方。对分歧部分寻求原因，并为进一步研究提出问题。解释因果关系，说明偶然性与必然性。要能指出任何的例外情况或相关关系中有问题的地方，并且明确提出尚未解决的问题及解决的方向。讨论常见的通病是把自己的结果放在一边避而不谈，罗列大量文献结果，才涉及自己的结果符合某某作者的结果。讨论应紧紧围绕自己的成果进行恰到好处地引证前人或他人的论点，不要过多地引用文献，冲淡了作者自己的观点和见解。讨论应以论述自己的材料为主，切忌大量旁征博引，而对自己的材料反而一带而过，切忌这种写法。应在材料与方法部分交待的内容却出现在结果部分，提要中出现的内容在文中却未出现；文中未提到的内容在结论中出现了等。总之，讨论要有理论高度和深度。

（3）在结论或讨论中切忌简单地重复各段的结果，而是应指出研究结果所揭示的原理和普遍性以及在理论上和实践上的价值。要写好讨论部分，作者必须对研究结果数据及背景数据进行深刻的思考。要论述你的研究工作的理论含义以及实际应用的各种可能性。

（4）要对自己的创新部分加以强调，指明与他人研究的异同点。从“材料与方法”和“结果与分析”两者的逻辑关系来看，“结果”的可靠性取决于“材料与方法”的合理性,“结果与分析”部分的分析应是实验结果获得过程的分析,重在说明实验结果的可靠性,以及对实验可能产生误差的分析。

(5)“讨论”和“结果与分析”也应是相关的,“讨论”是围绕直接研究结果而生发出来的,两者在逻辑关系上紧密相连。“分析”和“讨论”的对象和内容是不同的,“结果与分析”中的“分析”与讨论内涵不清,也是写作时存在的缺陷。以致“结果与分析”中的“分析”说了“讨论”的话,“结果与分析”部分所占比重过大也就不可避免。

研究结果与讨论部分,在语言文字运用上力求简洁,通顺准确,用词恰当,语法正确,合乎逻辑,没有语病。在具体撰写研究结果与讨论中,实验性研究论文多将两部分分开写,其余论文多将两部分融为一体。

(六)结论

关于结论的重要性,以下这些论著对结论的论述得十分清楚。谭炳煜在“怎样撰写科学论文”指出:“结论对全篇论文起画龙点睛的作用,是全篇论文的归结”;翁永庆在“科技论文写作中的一些问题”一文中指出:“结论是科学技术报告最终和总体的论点”;李福林,朱若茜在“论文写作导论”写道:“结论是整个课题研究结果的总判断、总评价,是研究结果的逻辑发展,是整篇论文的归宿,在全篇文章中起画龙点睛的作用”。钱文霖在“科技编辑方法论研究导扬”指出:结论应在对研究结果更深入的认识,是对正文的全部内容,经过判断、归纳、推理等过程而得到的新的总观点。

“国标”指出,结论是论文最终的、总体的结论,不是正文中各段小结的简单重复。结论应该准确、完整、明确、精练。结论是以结果与分析为前提,是全篇论文的精华。结论又以自身的条理性、明确性、客观性反映了论文或研究成果的价值,鲜明地突出学位论文的学术见解。人们在决定是否阅读某篇论文时,往往是看标题和结论。这表明,结论的作用是很大的,它能体现论文的价值。

结论是认知的结果,来源于结果,但抽象于结果。写结论时要抓住本质,用词精炼,不要重述前面的结果和讨论。要准确,不要用“可能、大约”之类的词,不适合写结论的论文可以写结语;有些学位论文,常把“结论”部分不单独列出,而将其隐含于“讨论”部分的文字中,且常见于最后部分,最简短的文字来概括。这也是一种可行的处理方法。要讲求写作技巧,在节段安排上,要单立结论节段,在结论节段之内,也是最简短的文字部分,要把意义最大,水平最高的结论放在前面。凡属结论之外的内容,都不要写入结论节段。对于没有结论的文章,不要安排结论节段,以免文不对题。如果结论段的内容较多,可以分条来写,并予以编号。如果结论内容较少,可以不分条写,以整段叙述。也有些学位论文有讨论而无结论,有的把讨论与结果分析合并,形成结果与讨论。总之,要突出重点,观点鲜明,避免创造性成果被一般知识淹没的毛病,恰如其分。要视表达需要而定,不能千篇一律。文字要精炼,措词严谨,逻辑严密。

论点是从大量材料中提炼出来的,是对材料的高度概括。作者通过调查、实验、考察、归纳、整理,探求材料中所蕴涵的本质的规律性的东西,从而形成明确的论点。论点是学位论文的灵魂。材料的取舍,结构的安排,语言的运用,形式的选择等,都要服从于论点的需要,论证一个观点常用的方法有演绎法、实证法和权威支持法。大的课题或长篇论文可以有一个中心论点,然后有几个小论点或基本论点,这些小论点都是为中心论点服务的。

结论是全篇论文的精髓所在,是研究结果和理论分析逻辑发展的必然结果,是研究结果的高度概括和总结。结论包括得出了的哪些新观点、新理论、新方法;解决了哪些实际问题;揭示了哪些规律、特征与法则;验证了什么原理与方法;发现了什么新问题等。结论是全篇论文的精髓所在,是研究结果和理论分析逻辑发展的必然结果,是研究结果的高度概括和总结。结论要与研究的目的相结合,但不应有不能为自己的数据所完全证实的不适当的陈述和结论。应注意写结论时不切合实际,如只作了某些方面局限性工作,而夸大其词,结论尚难肯定时,应有分寸,留有余地。在结论的提法上不宜绝对化,大多避免用全称肯定或全称否定的用语。结论以结果与分析为前提,是全篇论文的精华。可提出尚需深化研究的一些问题,供大家研究讨论。

结论的导出是整个研究过程中十分重要的一环。如果只停留在研究过程中资料堆积,忽视研究结果的表述,那是十分可惜的。在概括研究结论时要特别注意以下几点:

(1) 要抓住最本质的内容。要实事求是、客观地评价研究结果。论文的各部分之间,每个部分内容之间应该存在清晰的逻辑联系,不能形成内容的机械堆砌。例如,对体育教育训练学这门实践性很强的学科来说,论文的内容结构应体现其核心部分——新的观点、新的方法、新的技术。

(2) 结论并非论文中各分论点的若干局部,也不是各个分论点的简单相加,而是各项、各分论点经过辩证分析后综合而成的总观点。结论是对论文的一种新的归纳,也是更深层认识的结果。结论不是论文中各段小结的重复,应陈述自己发现什么规律,解决什么问题,自己的研究对现有理论和知识有哪些发展,与先前已经发表过的研究工作的异同,对前人或他人的相关问题作了哪些检验。如果意识到研究中有哪些不足,尚遗留一些有待解决的问题,进一步深入研究本课题的建议,也可写在结论之中。当作者无法从实验结果中导出可靠的结论时,必须通过讨论存疑并提出问题,以引起同行的关注,为进一步研究奠定基础。或对文中初步涉及但未解决的问题,提出自己的设想和建议。凡是无法得出具体明确结论的,必须指明该问题将留待进一步探讨。

(3) 结论主要不是对实验方法和结果的总结,而是对所要研究的论题作出研究性判断。结论必须明确说明本项研究成果是否填补了“引言”所述的知识空白。可见，学位论文的“引言”与“结论”具有内在的逻辑联系。“引言”是因，“结论”是果，判断论文的理论价值，必须将二者联系起来。“结论”必须明确说明本项研究的结果是否填补了“引言”所说的知识空白。有的作者忽视了科学研究的逻辑过程，重要研究结果的得出，首先来自论文引言中研究问题的提出，进而是科学的选材及正确实验方法的应用，方得出预期的结果。有的作者误认为只要研究结果能说明问题就行，忽略了作为论据的研究结果应有的逻辑地位。学位论文在结论中存在类似的问题。

① 从结论的内容上看，罗列结果，实验结果不分析提炼，不归纳整理，不分主次，把结论部分当作堆砌实验结果的部分；文不对题，名曰结论，实为小结，既对实验过程的回顾，又对未来的展望建议；缺乏根据，前文毫无述及，又无实验数据，只作一些很不充分的研究，仅凭说明问题的例证或数据，勉强凑成结论。

② 从结论的格式看，无序排列，序列不分，主次不明；乱用题序。问题提得多，而解决得少，结论多于结果或由于部分“结论”不好解释而予以回避。结论不是真正意义上的结论，多是正文中层次标题的重复。

③ 有些学位论文的结论要么与摘要相同，要么就是摘要的注释，或各章内容小结的简单重复，而不是对全文进行认真的综合分析、归纳，从而达到对全文的进一步认识。

④ 结论有的太长，显然没有归纳提炼。有的结论中并无必要，都出现了类似“通过以上分析可以得出下列结论”的多余的话。还有的结论中出现了图表。结论不切合实际，如只作了某些方面的局限性工作，而夸大其适用范围。

⑤ 有的论文在没有经过充分的文献检索的情况下，即没有交代文献检索所用的数据库及检索文献的范围，盲目夸大说“该研究方法属于国际首创”、“目前全世界仅有 3 例报告”等，如此缺乏依据的结论往往是论文的致命弱点。

因此，下结论的过程主要是逻辑推理的过程，最忌与材料、结果、讨论相割裂，甚至不相关，结论必须从材料中提升出来。凡是结果与讨论中未提到的以及论据不足的内容绝不能在结论中出现。结论必须回答科研构思或科学假设提出的问题。最关键的问题是下结论，要特别注意结合取样范围，材料来源以及整理材料的方法等一并考虑。

建议部分是对本论文虽涉及，但还未解决，或推广、参考本研究成果中应注意的问题与某些条件要求等的简要说明，放在结论之后。不涉及这些内容的可以不写建议。

此外，正文撰写中涉及量和单位、插图、表格、数学式、化学式、数字用法、语言文字和标点符号等，都应符合有关国家标准的要求。

一般情况下，在学位论文撰写中，结论与参考文献之间，还需要加上致谢部分的内容。

换言之，在正文与参考文献之间，必要时应写上致谢。《科学技术报告、学位论文和学术论文的编写格式》明确将“致谢”列为科学技术报告、学位论文和学术论文的主体部分，并规定了可以在正文后对下列方面致谢：

（1）“国家科技基金、资助研究工作的奖学金基金、合同单位、资助或支持的企业、组织或个人；

（2）协助完成研究工作和提供便利条件的组织或个人；

（3）在研究工作中提出建议和提供帮助的人；

（4）给予转载和引用的资料、图片、文献、研究思想和设想的所有者；

（5）其他应感谢的组织或个人。”

从上述内容可见，“致谢”是作者作为其科研工作和论文写作做过实质性贡献的单位、组织和个人，但尚不足在论文中署名者，以公开致谢的方式来肯定他们所给予的帮助和贡献。

致谢段可以列出标题并贯以序号。对被感谢者不要直书其姓名，而应贯以敬称，如“某教授”、“某博士”等，尤其要注意不可把他们的工作单位和姓名写错。

下面举出几个致谢实例，供参考。

本研究是在导师××教授指导下完成的；谨向××导师致以深深的谢意！

××计算工作是在××支持下完成的，在此对他们表示衷心感谢！

××是在××完成的。××博士承担了部分实验工作，对他们谨致谢意！

（七）参考文献

探索性是科学研究的本质，创造性是科学研究的灵魂，继承性是科学研究的前提。参考文献是研究者研究思路的提示，研究方法的参考，研究结果的佐证。它的著录格式标准、规范与否，直接影响读者研究工作的参考和扩展分析的价值。在学位论文写作中，一般需要引用、评述前人的观点、数据等，都需要在参考文献部分中一一著录。

著录参考文献的功用及重要性：一是表明作者的科学态度和科学的严肃性，它既可以提高论文的科学性和严谨性，又是对前人成果应有的尊重；二是表明论文的科学论据。科学的发展过程，是知识不断积累的过程。任何一项科研工作，都离不开前人的工作而独立进行，任何一项科研成果都要以前人的工作为基础。论文中必须分清哪些是别人的研究成果，哪些是自己的研究成果。借助引用参考文献可以做到突出论文的创新内容；三是表明作者研究的思路来源，方法来源和证据来源。参考文献是评价学位论文的水平与质量的重要依据。人们可以通过引用的参考文献的年代、数量、作者、刊物以及著录的完整性、准确性等方面作出基本的评价。参考文献的学术意义要体现在反映科学的继承性，表征研究工作的起点和尊重他人劳动成果的标志,代表科学研究的严肃性和作者的严谨的科学态度。论文所引文献的形式,近期率、广泛性、完整性、权威性、语种等可以判断研究工作所涉及学科领域的广度和深度,进而推测其论文水平的高低。

参考文献提倡著录权威的、高水平的、最新的文献,这不但说明作者的视野和水平,而且可增加论文中的论点、论据的可靠性。从某种意义上讲,引文的质量也是对选题先进性的一种证明,引用高水平的文献也间接地反映所撰写论文的水平。参考文献的新颖性和权威性是反映论著水平高低的重要标志之一。一般来说,某参考文献,如果是最新的,且被刊载在权威刊物上或某作者为学术权威,则说明该论著起点高。反之,说明此论著也许尚处于较低水平。参考文献要尽量期刊多于书籍。引文的衰减系数,即引用文献中近5年文献所占的比例,在知识大爆炸的今天,很难想象,一篇取材于二三十年前的文献资料的论文能有很高的学术水平。一般来说,有关论文报道参考文献一般要选用最近5年之内,保证论文科研成果是该学科的前沿水平。反之,若参考文献多为教科书,且是很久以前的,则表明作者尚未进入研究领域的前沿。特别是经典著作,有新版本的就不能引用老版本。总之,参考文献既是一篇完整硕士论文的重要组成部分,也是判定硕士论文质量高低的重要指标。国外研究表明:完成硕士学位论文要求消化100篇左右的参考文献,而博士学位论文则要求消化150篇左右的参考文献。如果一个论文作者的引文中,外文资料占有相当比例,这起码反映了该作者在本学科中占有资料的全面性,而这一优势必使他的论文多一些客观性,论文视野也必更为广阔。

在学位论文写作中,一般在下列情况下标注参考文献并作著录。

(1) 在引言部分说明学科发展、列述前人研究成果,指出尚未解决的问题时,需要说明参考文献;

(2) 在正文部分说明实验研究或测量方法时,需要标注参考文献或所采用的方法;

(3) 有些论文引述他人研究成果,作为自己论断的佐证时,需要标明参考文献。

(4) 有些论文在分析、讨论中,涉及或详述他人观点时务必说明参考文献。

著录参考文献格式可参考有关国家标准的要求。

《中国学术期刊(光盘版)检索与评价数据规范》所涉及的期刊规范数据项共14类。分别是:刊名与刊号,文献标识码,文章编号,题名,作者及其工作单位,作者简介,摘要,关键词,中图分类号,收稿日期,基金项目,参考文献,期刊基本参数,电子邮件与网络地址。其中,在文献标识码这一数据项下还设置了5种文献标识:A类为理论与应用研究学术论文;B类为实用性技术成果报告、理论学习与社会实践总结;C类为业务指导与技术管理性文章;D类为一般动态性信息;E 类为文件、资料。一般 A 类文献要求的必备数据项最多,包括英文形式的题名、作者工作单位,摘要,关键词在内共需 14 项(表 2-15)。

表 2-15 常见文后参考文献著录格式和著录符号

文献类别	顺序符号	责任者	分隔符号	文献名 [文献类型标别]	分隔 符号	出版事项 (文献定位)	结束 符号
连续出版物	[ ]	主要责任者 其他责任者	·	文献题名 [J]	·	刊名,年,卷 (期);起止页码	·
专著	[ ]	主要责任者 其他责任者	·	文献题名 [M]	·	出版地,出版者 出版年;起止页码	·
论文集	[ ]	主要责任者 其他责任者	·	文献题名 [C]	·	论文集名,出版地 出版者,出版年,页码	·
学位论文	[ ]	主要责任者	·	文献题名 [D]	·	保存地点,单位 年份	·
报纸	[ ]	主要责任者	·	文献题名 [N]	·	报纸名,出版 日期,版次	·
电子文献	[ ]	主要责任者	·	电子文献题名 [ ]	·	出处或地址 发表日期	·

学位论文中参考文献著录不规范的主要问题

(1) 有的论文将所看的参考文献,都列到自己论文的参考文献中。有的未查看原始文献,在论文中引用了别人所引用的文献,当别人文献著录错误时,导致了自己也错引了。这样,失去了应有的规范意义。

(2) 有的著录项目不齐全。一般缺少作者姓名,只写出刊名,缺少期刊卷号或期号。

(3) 只在文后列出参考文献表,却不在文内引文处做标注。未著录引文在原文献中的位置。在硕士学位论文中还存在这样一些现象:文后列出了一系列参考文献,但在整篇论文中找不到任何引用文献的标识,这都是不规范的。

(4) 有的参考文献序号与正文中标引的序号不统一,使人无法查阅。

(5) 参考文献偏少与引言偏短有关,这是学位论文中较常见的缺陷。

最近几年,笔者通过参加体育教育训练学研究生硕士学位论文的指导、评审和答辩,在目睹研究生学业取得很大进步的同时,也明显感受到在某些研究生论文写作的不足。在审查论文编写格式并浏览其内容时,发现有相当一部分硕士研究生的学位论文存在的突出问题是:层次不分明,重点不突出,前后内容重复较多，计量单位、参考文献的引用及著录格式不规范等。今后我们还应对学位论文的编写格式是否符合撰写规范进行审查，并作为能否申请论文答辩的一个前提条件。

综上所述，一篇好的学位论文，不仅要有科学的分析论证，独到的学术见解，而且还要做到结构严谨、层次清晰，语句通顺，用词准确，合乎一般的文字修辞要求。学位论文各结构部分的相关性和和谐性：论文的"引言"要明确交代研究信息的背景并提出论点，都必须参考他人研究工作。如果选题较大，并具有前沿性，则作者必须阅读较多的文献并予以参考标注，方作为立论的依据。可见，不难理解引言与参考文献之间的相关性。

总之，在成果表述方面，要求研究生在学位论文写作中必须具有很强的发现问题的敏锐性，分析问题的求异性，提出问题的多样性，验证假说的独特性及结论表述的新颖性。学位论文必须按照规范格式和要求来撰写。学位论文的规范表达涉及撰写格式的标准化，文字细节和技术细节表达的标准化和规范化以及语言表达和标点符号的规范运用。要保证学位论文在学术方面的首创性、数据的再现性、逻辑的严密性、数字的精确性、文字的简洁性、引文的广泛性、学科的方向性、格式的规范性等。可见，如何写好学位论文并提高标准化、规范化水平。一篇学位论文的结构形式不但应在层次、段落、开头、结尾、过渡和前后照应诸方面体现出结构的严密，思路的清晰、体系的完整性，而且更应注意的是确立论点，安排好结构、组织好材料，并合理运用逻辑方法通过论据来论证论点，最后得出客观的结论。其结构可概括为：提出命题，阐明研究方法，得出研究结果，给出明确结论。

四、硕士学位论文的修改定稿

对于排球专业硕士研究生来说，要写出一篇优秀的论文，除了导师的精心指导之外，对论文初稿进行反复细致的修改也是必不可少的工序。而事实上只有对论文初稿进行不厌其烦的反复修改，硕士研究生才能作出一篇质量较高的学位论文。

（一）论文修改的入手处

一般情况下，修改论文应从论文的内容与形式等两个方面来考虑：

1. 论文的思想内容

论文的思想内容主要包括：论文的论题是否有意义？论文的论点是否正确？论文的论证是否充分必要？论证过程是否严密而且符合逻辑。其中最重要的是该篇论文是否有新见解与新观点。

2. 论文的呈现形式

论文的呈现形式主要包括：论文的结构是否合理？论文的语言修辞是否正

确？论文的风格是否符合题意？论文的论点与引用的资料是否统一？论文表述的内容与形式是否和谐一致？

（二）论文的检查

论文初稿完成后，研究生应争取有一段时间放松头脑，转换生活方式，然后以读者的眼光对初稿认真审读修改，这是保证论文质量的至关重要的一环。每一次修改后都应交导师审阅，征求导师的意见。

一般在修改论文前，应将论文反复通读几遍，每一次通读都应先规定出具体的目标任务，并设法找出不同的问题与错误，而不能希望只阅读一遍就能发现所有的毛病。

第一遍通读可注重检查论文的内容与格式。即本篇论文是否正确的论述了所要研究的课题而不是套用或堆砌他人已有的概念？自己对这个课题有什么新发现与新观点？论文对自己的观点是否提供了足够的论据事实与论证方法？自己的论据与论证是否严密而且符合逻辑？自己的论文层次顺序是否对合适等。

第二遍通读应侧重于论文的有效性与可靠性方面的检查。其检查的节奏要缓慢，要逐字逐句的认真精读。比如，论据中的数据是否准确？论文的相互关系是否清楚？论述的事实是否客观合理？论证的概念是否正确？读者能否准确的理解其中的含义等。

第三次通读应侧重于论文语法及用词的技术性检查。比如，用词是否确切？以及标点符号、字母缩写、数学公式、计量单位、图表序号、参考文献、附件页码等等。

（三）论文修改的方法

一般情况下，首先要明确修改的方法，常用方法有听取导师和其他专家的意见。其次，要选择核查论文的中心论点和分论点，即大标题和小标题是否正确、全面、深刻。论据是否充实、推理是否严密，分析是否合理。要抓住重点，做到主、次、详、细，恰当分明。然后检查论文结构、表达方式以及语言运用。结构是否完整，各部分之间是否连贯，字、词、句、标志符号是否正确，语言是否准确、简练。硕士论文的具体修改方式可用以下四个字来概括，即“增、删、换、调”。其各自的含义可以解释如下：

所谓“增”是指增加补充。如果发现论文中有资料不足、论据不充分的情况，就要着手去增补。同样，如果发现论文中的段落之间缺乏必要的承上启下或转折过渡关系，就要把相关的词语增加上去。

所谓“删”就是指删繁就简。硕士学位论文本身就是一种严谨简洁的文体，每一句话都应十分干练。修改论文的一项重要工作就是要敢于删除论文中的繁文赘句，即将论文中的那些多余、重复、冗长的段落、语句、词字等删去。

所谓“换”就是指更换。如果发现论文初稿中存在着不正确、不全面、不准确的地方,或者自己又找到了更典型、更具有代表性、更具有说服力的资料或词句,就要敢于去以新换旧。

所谓“调”就是指移动调整。如果发现论文初稿中的章、节、段、句安排得不合理或不够恰当,或是内容层次不合乎逻辑等,就要进行调整。如果经过几次的修改后未发现明显缺陷,根据导师的意见,就可以定稿了。个别硕士生的学位论文写作时间仓促,来不及对论文初稿进行仔细推敲、反复修改便申请论文答辩,打印错误、错别字时有出现,难怪一些导师抱怨修改学生的学位论文太累了。

后记,这也是有些学位论文中的内容,对自己论文的写作过程作些说明是必要的,对曾经支持和帮助过自己完成学位论文的人,特别是对自己的授课教师、论文的指导教师,表示感谢也是合乎情理的,但是把一些不大相干、无关紧要的东西也写了上去,是不合适的。

第四章

排球运动科学研究展望

第一节　排球运动科学研究热点

一、我国排球竞技运动与群众性排球运动的协调发展

经过100多年的实践，排球运动已成为世界性的运动项目，国际排联组织也成为世界第一大单项运动组织。100多年来，排球运动经历了三个阶段：第一阶段，从娱乐排球向竞技排球过渡；第二阶段，竞技排球的迅速发展；第三阶段，竞技排球的多元化和娱乐排球的再兴起。

在我国，排球竞技运动历史悠久，并且有着女排“五连冠”的光辉历史，20世纪90年代以后，我国其他形式的排球运动如沙滩排球、气排球等也发展很快。排球已日益成为人们健身的主要运动项目之一。但长期以来，同世界排球运动历史一样，我国的排球以竞技为主，忽视了群众性排球运动的开展。竞技排球与群众性排球的脱节，造成排球人口锐减，提高困难的局面。如何使竞技排球与大众排球运动能够协调发展。在发展中共同相得益彰是当前研究的热点之一。

二、我国学校排球运动

学校是排球运动开展的主要阵地，全国大、中、小学生是排球人口的主要组成部分。因此，对学校排球运动研究的是排球的主要方向之一。

近年来，我国对教育非常重视，从《中国教育改革与发展纲要》指出：“世界范围的经济竞争，综合国力竞争，实质是科学技术的竞争”。教育的主要任务是培养人才，学校体育在培养合格人才中起到重要的作用。目前，全国的学校及中、小学的教育改革正逐步地向深入推进，主要内容包括学校专业设置，课程设置改革，中小学课程标准的实行，对教学方法、内容、手段的改革等。因此，如何

面对社会发展、教学改革,学校排球运动如何开展均是当前研究的热点之一。

三、软式排球的应用与硬式排球的衔接

国家教育部2001年已正式将软式排球规定为中小学体育教育的必修教材。目前,根据新的"课标"与教材,中小学的排球课中均以软式排球取代硬式排球。软式排球的推广价值在于安全性、方便性、大众性、趣味性。但在推广过程中将同硬式排球的学习产生矛盾,其主要表现有:

(1)小学课程标准的贯彻和新教材的使用均以软排为主,大学体育教育专业的学习如何应对这一局面,才能使今天的学习和明天的工作衔接。

(2)对竞技排球而言,软式排球的技术特点明显区别于硬式排球,在扩大排球人口的同时,如何更好地引导排球人口中竞技人才的选拔与过渡。

(3)软式排球推广过程中的重要问题是球的成本太高,这成了制约软式排球开展的主要因素。

以上诸点,都是实践中亟待解决的问题。

四、排球社会化、商业化、职业化的深入研究

20世纪90年代以后,排球的社会化、商业化、职业化的发展很快。1996年,我国排球运动以赛制改革为先导的排球改革,拉开了序幕,确立了以主客场赛制代替以往的赛会制,1997年,国家排球管理中心成立,2000年,国家排管中心又规定了参赛队伍俱乐部性质,到2003年,排球竞技运动的改革已经进行了8个年头。从总体上看,改革的效果是有目共睹的。运动水平有所回升,赛场观众有所增加,排球社会化、商业化、职业化的程度有所提高,但从总体上看,我国的排球运动改革力度和效果还是不够显著。目前,有如下一些热点研究:

(1)职业化的改革长期以来未能真正落实,还未形成真正的职业操作。

(2)在社会化改革中未能很好地处理竞技排球与群众排球运动普及的关系,排球改革还未引起社会真正的关注和大众参与。

(3)在商业化改革中,排球运动的商业运作是初始的,还未形成自己的商业运作机制,还未形成排球商业品牌和商业价值。

(4)如何根据我国的国情,借鉴世界的先进经验,展开社会化、商业化、职业化的国际比较研究,使我们的改革步子迈的更大,取得效益更好。

五、排球新技战术的理论与实践研究

创新是体育运动乃至排球运动发展的生命力。历史证明,谁在技战术理论与实践上有创新,谁就能在比赛中取得好成绩。

在当前中国女排全力瞄准2004年奥运会奖牌和2008年在我国举办的奥运

会长远目标时,创新成为我国排球界刻不容缓的首要任务。创新首先取决于排球观念的改变,创新的基础包括对运动规律的深刻认识,对技战术指导思想和打法的正确认识。运动实践中技战术创新,打法创新,训练手段与方法的创新等问题,是一个系统工程。我们期待着广大排球工作者在理论研究和实践中的创新成果,期待着中国排球的新局面的到来。

六、排球教学训练过程的科学化研究

排球教学训练过程的科学化研究主要内容:

(1) 教学训练过程中科学化管理;

(2) 教学训练的方法、手段的选用、依据与评价体系的科学化;

(3) 教学训练仪器、设备的先进性。

第二节 排球运动研究最新动态

一、研究方向

(1) 排球运动发展趋势研究。

(2) 世界排球技战术状况与水平的分析研究。

(3) 我国女排冲击世界冠军的理论与实践研究。

(4) 排球竞技运动与大众排球运动的多元化发展研究。

二、研究领域

未来的排球运动科研的发展方向和研究课题将向以下领域拓展:

(1) 科学定量地控制排球运动训练过程以及实施科学定量的评价和建立评价标准模式。

(2) 计算机应用于排球运动研究的各个方面。

(3) 多指标综合评价系统应用于排球运动员选材。

(4) 从排球运动员的生理特点研究转向生化特点研究。

(5) 促进排球运动员身体能力提高的新的训练理论与方法手段。

(6) 运动生物力学新方法手段应用研究。

(7) 排球运动员的体能恢复和营养学研究。

(8) 发展排球运动员专项智能水平的方法和手段。

(9) 排球运动员心理素质定量化评价以及心理训练方法的优选。

(10) 排球运动员身体和机能状态的评定。

(11) 排球运动员职业化、明星化问题。

(12) 设计创新排球新技术、新战术的研究。

(13) 排球运动的哲学研究。

(14) 排球高水平运动队的系统管理。

(15) 排球教练员的素质与培养。

(16) 排球教学最佳模式。

(17) 如何控制排球比赛的时间、规则裁判法研究。

(18) 沙滩排球技战术创新以及训练规律研究。

(19) 娱乐排球普及化研究。

(20) 高科技含量的排球、器材、服装研究。

主要参考文献

1. 田麦久主编. 项群训练理论. 北京:人民体育出版社,1998

2. 陈小蓉. 体育创新学. 上海:同济大学出版社,1994

3. 中国排球运动史编写组. 中国排球运动史. 北京:人民体育出版社,1990

4. 葛春林主编. 最新排球训练理论与实践. 北京:北京体育大学出版社,2003

5. 黄汉升主编. 中华人民共和国体育科技发展史. 北京:科学出版社,2002

6.《体育科学研究方法》编写组. 体育科学研究方法. 北京:高等教育出版社,1999

7. 张然. 排球纵谈. 江苏:江苏人民出版社,2001

8. 黄汉升. 球类运动—排球. 北京:高等教育出版社,2001

9. 黄辅周. 排球运动科学探蹊. 北京:北京体育大学出版社,1996

10. 李安格,黄辅周主编. 现代排球理论与实践. 北京:人民体育出版社,1986

11. 杨国良,黄汉升主编. 现代排球运动教程. 山东:青岛海洋大学出版社,1997

12. 颜军. 体育心理论稿. 江苏:河海大学出版社,2001

13. 张力为,任未多主编. 体育运动心理学研究进展. 北京:高等教育出版社,2000

14. 虞重干主编. 排球运动. 北京:人民体育出版社,1999

15. 中国排球协会. 排球竞赛规则(2001—2004). 北京:人民体育出版社,2001

16. 国家体委. 排球教学训练大纲. 1990

17.《体育科学学科发展现状与未来》编写组. 体育科学学科发展现状与未来. 北京:北京体育大学出版社,2000:365~185

18. 陈小蓉. 体育科学研究原理与方法. 北京:北京体育大学出版社,2001

19. 周登嵩. 体育科研概论. 北京:北京体育大学出版社,1995

20. 李翰如编著. 学术论文格式国家标准与写作方法. 北京:电子工业出版社,1992

21. 中华人民共和国著作权法. 北京:新闻出版社,1991

22. 李福林,朱若茜.论文写作导论.北京:海洋出版社,1993

23. 谭炳煜.怎样撰写科学论文.沈阳:辽宁科学技术出版社,1982,55~56

24. 翁永庆.科技论文写作中的一些问题.见:中国科普创作研究所编.科技写作十六讲.天津:南开大学出版社,1988

25. 李魁彩.科技写作实用手册.北京:知识出版社,1990,101~102

26. 李兴昌编著.科技论文的规范表达——写作与编辑.北京:清华大学出版社,1995

27. 钱文霖,科技编辑方法论研究导扬.武汉:华中理工大学出版社,1992.12~14

28. 全国体育院校(系)研究生论文题目索引编写组.全国体育院校(系)研究生论文题目索引.北京:北京体育大学出版社,2001

29. Girden, E. R. (1996). Ebaluating Research Articles, London: Sage Publications Ltd

30. Thomas, J. R. & Nelson, J. K. (2001). Research Methods in Physical Activity(4th Ed). Champaign, IL: Human Kinetics

31. Hyllegard, R., Mood, D. P. & Morrow, J. R. (1996). Interpreting Research in Sport and Exercise Sceince. Salem, MA: WCB/McGraw - Hill

附录Ⅰ 排球专业硕士研究生主要参考书目录

著作(教材)名称	编著者	出版年代	出版社
项群训练理论	田麦久主编	1998	人民体育出版社
体育创新学	陈小蓉著	1994	同济大学出版社
最新排球训练理论与实践	葛春林等	2003	北京体育大学出版社
中国排球运动史	编写组	1990	人民体育出版社
体育科学研究方法	黄汉升等主编	1999	高等教育出版社
排球纵谈	张　然著	2001	江苏人民出版社
球类运动—排球	黄汉升主编	2001	高等教育出版社
排球	黄汉升主编	2001	高等教育出版社
排球运动	虞重干主编	1999	人民体育出版社
排球	编写组编	1999	人民体育出版社
世界排坛百年风云	黄济湘编著	1998	上海教育出版社
排球运动科学探蹊	黄辅周主编	1996	北京体育大学出版社

续表

著作(教材)名称	编著者	出版年代	出版社
现代排球理论与实践	李安格,黄辅周主编	1985	人民体育出版社
现代排球运动教程	杨国良,黄汉升主编	1997	青岛海洋大学出版社
现代排球健身教材	陈少坚主编	2002	厦门大学出版社

附录 II　排球硕士论文部分题目

序号	题目	作者	指导教师	单位	年
1	关于神经类型作为排球心理选材一项指标的研究	陈　康	马启伟	北京体育学院	1981
2	对我国甲级队女子排球运动员灵敏素质评定方法的探讨	张宝琨	吴中量	北京体育学院	1981
3	在我国女子排球运动员弹跳力训练中运用模式训练的初步尝试	张丽如	黄辅周	北京体育学院	1981
4	排球运动员冈下肌萎缩发病机制的探讨	周英男	冼汉昭	北京体育学院	1981
5	对我国女排甲级对队比赛中防守各种来球与比赛胜负之间关系问题的探讨	公治民	吕乾正	北京体育学院	1981
6	对当年影响我国甲级女排运动员战术意识的因素的探讨	金学斌	李安格	北京体育学院	1981
7	对我国女排二传队员若干心理素质的评定及选材指标的探讨	夏之华	吴育之 李安格	北京体育学院	1984
8	关于排球正面传球技术程序教学的研究	钟秉枢	吴中量	北京体育学院	1984
9	论我院体育系排球专修课“三基”培养是否适应普通大学业余排球队教练工作需要	涂燕翔	吕乾正	北京体育学院	1986
10	我国成年女排二传手性格现状及部分二传手性格特征与其二传行为关系的初探	卞　微	黄辅周	北京体育学院	1987

续表

序号	题目	作者	指导教师	单位	年
11	世界最佳强攻手路易斯与其他优秀强攻手扣球技术主要环节对比分析	范平平	李安格	北京体育学院	1987
12	全国青年男排高大队员灵敏性模式训练的研究	杨文彬	黄辅周	北京体育学院	1987
13	排球中调控学生专项身体素质促进基本技术教学最优化的研究	陈　钢	吕乾正	北京体育学院	1988
14	中国竞技排球运动训练系统决策研究	李宗浩	吴中量	北京体育学院	1988
15	体育院系排球垫球技术教学过程中运用“组集诱导法”的研究	谢红光	吕乾正	北京体育学院	1988
16	关于我国优秀女排队凝聚力的初步研究	张　立	卢元镇	北京体育学院	1991
17	“最佳二传竞技水平”的概念模型开发及测评方法研究	高　峰	黄辅周	北京体育学院	1993
18	男排“后排近体快”新技术实验及其运动学分析	何仲恺	黄辅周	北京体育学院	1993
19	三种杠铃负重蹲起训练对发展若干排球专项指标的综合性研究	彭建军	黄辅周	北京体育学院	1993
20	排球等项目一、二级运动员负重蹲起速度力量特征的研究	张俊宁	吴中量	北京体育学院	1994
21	高校排球专修课比赛教学运用图示引导教法的研究	仇　军	马启伟 黄辅周	北京体育大学	1995
22	我国排球教学方法的科研应用及发展趋势的研究	韩　冬	吴育之	北京体育大学	1995
23	我国实行竞技排球运动职业俱乐部制改革的可行性分析与对策研究	韩小雨	马启伟	北京体育大学	1996

续表

序号	题目	作者	指导教师	单位	年
24	近15年女排世界冠军主攻得分特点及与中国女排比较之研究	钦丹内	黄辅周	北京体育大学	1996
25	世界男排优秀队进攻战术现状及发展趋势的研究	吴乔吉	黄辅周	北京体育大学	1996
26	脚击球技术在排球防守中应用的设计研究	杨　龙	钟秉枢	北京体育大学	1996
27	神经类型及运动竞赛特质焦虑与香港大专男子排球队成绩关系的初步研究	蔡金棠	黄辅周	北京体育大学	1997
28	程序教学在普通高校排球正面扣球技术教学中的实验研究	孙元明	吴中量	北京体育大学	1997
29	软式排球在我国开展的可行性及其技术特点研究	杨　峰	钟秉枢	北京体育大学	1997
30	对香港中学生男子排球运动员神经类型的分布与身体素质及位置相关关系的研究	张蕴伦	黄辅周	北京体育大学	1997
31	高校排球正面扣球技术教学中限制性教学法的实验研究	韩传江	吴中量	北京体育大学	1998
32	我国主客场赛制全国排球联赛的现状及改革设想的研究	刘文浩	梁　文	北京体育大学	1999
33	高校排球正面扣球技术教学中限制性教学法的实验研究	韩传江	吴中量	北京体育大学	1999
34	沙滩排球训练对我国优秀女排运动员弹跳力影响机制的研究	徐国红	葛春林	北京体育大学	1999
35	对优秀男排运动员沙地扣球起跳阶段的运动生物力学研究	李世明	刘学贞	北京体育大学	2000
36	对上海男子排球队队员年龄训练年限规律的研究	孙正卫	孙丙熊	上海体育学院	1984

续表

序号	题目	作者	指导教师	单位	年
37	优秀男排教练员智能结构的研究	吴澄清	孙丙熊 施达生	上海体育学院	1985
38	部分优秀男子排球运动员重心腾空高度发展模式及评定标准	周　浩	孙丙熊 施达生	上海体育学院	1987
39	我国优秀男子排球运动员扣球技术的运动学研究	张松宁	孙丙熊	上海体育学院	1987
40	我国部分优秀女子排球运动员单脚起跳扣球技术的运动学分析	丁海勇	孙丙熊 施达生	上海体育学院	1988
41	我国女排二传队员分球判断能力测定方法的初步研究	佘敏克	袁文学	上海体育学院	1988
42	我国排球裁判员视觉反应时差异感受性的初步研究	甘其伟	张百振	上海体育学院	1989
43	我国优秀女排主攻手强攻突破能力与部分心理因素的相关研究	武云化	施达生	上海体育学院	1989
44	关于我国及世界女排优秀队比赛中得失分规律的研究	杨再淮	施达生	上海体育学院	1991
45	对我国优秀女排运动员成才过程中年龄特征研究	彭　杰	施达生	上海体育学院	1992
46	对我国青年女排球运动员比赛焦虑的研究	沈　波	施达生	上海体育学院	1993
47	我国甲级女排主力队员与替补队员角色心理比较研究	李苍海	施达生	上海体育学院	1994
48	对排球运动中滞空技术的生物力学探讨	王　斌	虞重干	上海体育学院	1997
49	上海男排运动员训练比赛及两项身体素质项目测试中血流动力学指标变化特点研究	任书堂	曾　倩	上海体育学院	1998

续表

序号	题目	作者	指导教师	单位	年
50	排球运动员防守起动反应能力之研究	胡亦海	莫泽蕃	武汉体育学院	1981
51	青年女排运动员上下肢体定位操作反应时的初步研究	张　武	邱宜均	武汉体育学院	1988
52	对我国部分青年女排运动员赛前情绪状态进行按摩调节的初步研究	程　振	刘绍君	武汉体育学院	1990
53	我国甲级女排跳发球攻击力测评方法的初步研究	郑建明	袁文学	武汉体育学院	1996
54	讯息回馈方法对大专男子排球队排球组合攻击技能之影响	刘振光	张颂岐	武汉体育学院	1999
55	运动心理评定我国甲级女子排球运动员在比赛中负荷强度的探讨	黄　海	龚雅丽	西安体育学院	1984
56	对正面扣球起跳点与起跳时机数据控制教学的初探	杨劲松	龚雅丽	西安体育学院	1985
57	对正面上手发球中的抛球及挥臂击球动作数据控制教学与训练的研究	顾伟农	龚雅丽	西安体育学院	1989
58	软式排球的主要特征及其对技术教学影响的实验研究	杜晓伟	杨劲松	西安体育学院	1999
59	关于体育系排球正面扣球技术掌握式教学法的研究	张晓安	李传璞	沈阳体育学院	1988
60	男队员后排防守时不同准备姿势对起动效果的影响	苗大培	戚国光	东北师范大学	1986
61	东北地区男少年排球运动员心理能力特点的研究	陈　松	戚国光	东北师范大学	1987
62	对目前体育高考排球专项测试指标与评分方法的研究	杨　震	张百振	湖南师范大学	1998

续表

序号	题目	作者	指导教师	单位	年
63	排球发球感知觉特征及对教学影响的研究	陈　浪	张百振	湖南师范大学	1998
64	排球垫球限制性教学法设计研究	黄双喜	张百振	湖南师范大学	1999
65	扣球的轨迹方程及其初步研究	高　山	傅季阳	上海师范大学	1986
66	心理恢复训练对排球运动员机能恢复影响的研究	何建平	吴中量	四川省运动技术学院	1990
67	我国普通高校体育教育专业排球普修课程改革探索	黄子宜	黄汉升 陈铁成	福建师范大学	2002
68	我国甲A男排自由防守队员现状及其防守能力的评价模型与发展模式的研究	褚　斌	黄汉升 陈铁成	福建师范大学	2000
69	影响我国群众性排球运动开展普及的主要因素研究	汪　焱	黄汉升 陈铁成	福建师范大学	2003

第三篇　足球运动教学训练理论与方法

第一章

足球运动科学研究进程

第一节　足球运动科学研究的历史回顾

一、足球科研的意义

科学研究是一种认识世界、探索未知的活动，它是为了探索迄今为止尚未掌握的知识和规律，是对人们的思想和行动所依据的知识和原理进行检验的活动。科学研究工作的实质内容是通过各种研究方法与手段，对客观存在的事实和材料进行加工整理，从感性认识上升到理性认识，从而找出客观事物的发展规律。

足球科学研究是探索足球运动领域的发展规律，对已有的学说和原理进行检验。现代足球运动的发展离不开科学研究，离不开符合足球运动发展规律的知识理论的指导，尤其在科学技术突飞猛进的今天，更离不开科学研究工作对足球运动发展的指导作用。科学研究工作为足球运动的发展主要提供以下服务。

（一）为足球运动的发展提供科学依据

足球运动的发展涉及许多方面的研究，既有理论方面的研究，也有对实践中发现和提出问题的研究。足球运动要沿着科学的方向发展，必须遵循事物发展的规律，进行科学研究。科学研究的任务也就在于对已有的事实进行科学总结和对未知的事物进行科学探索，从而为足球运动的发展提供科学依据。

（二）推动足球教学改革

足球教学是足球运动发展中的重要组成部分，是普及足球运动、发现足球人才、培养足球人才的主要环节。在制定各级足球教学的目标、计划、文件、方法、手段、措施以及评价等方面，都急需进行能够适应时代发展需要的改革，这种改革也只有通过科学研究才能进一步发现问题，从而解决实践中的问题，推动教育教学改革的健康发展。

（三）为提高足球竞技水平提供理论依据

科学地认识足球训练和竞赛，采用科学手段和方法改进训练，是提高足球训练水平的关键，这一点足球界已达成共识。目前，在我国各级的足球训练中还存在着重实践轻理论的倾向，还存在着理论与实践脱节的问题。运动训练涉及到选材、训练计划的制定、训练负荷的调控、训练方法、训练手段、营养、恢复等一系列问题，涉及运动训练学、运动生理学、运动保健学、运动选材学、运动生物化学等多学科的理论和知识。单凭个人的经验进行训练，缺乏先进科学理论的指导，要想赶超世界先进水平是不可能的。

（四）为提高足球管理水平提供科学依据

足球运动的发展离不开科学有效的管理，对足球运动的发展进行科学管理可以大大提高整体效益，这一点已被国内外足球的发展实践所证实。目前我国足球管理方面还存在许多问题，运用科学先进的管理理论，密切结合实践中急需解决的问题而进行有针对性的研究，是提高足球科学管理水平，促进足球改革的重要措施。

二、足球科研的特点

（一）足球运动的社会属性和生物属性

足球科学研究是围绕着人进行的，然而人又具有社会和生物两种属性，这就注定了人在从事足球活动实践的过程中的复杂性。这种复杂性不仅表现在人本身的机体生物性的活动状态，而且还表现在人与社会的相互联系和相互影响上。因此，对足球的科学研究既要涉及其宏观层面，又要深入到其微观的层面；既要重视生物科学的运用，又不能忽视社会因素对其的影响。这种生物科学与社会科学的紧密结合和相互渗透，是足球科学研究的重要特点。

（二）足球活动的不确定性

足球运动的研究对象本身就决定了足球科研的不确定性，这种不确定性表现为随机性和模糊性。随机性在足球比赛、足球教学、足球训练中俯首可见，运动员的很多动作和行为都是随机的。而模糊性也比比皆是，如运动员在比赛和训练中的意识、动机、兴趣、倾向是模糊的，甚至一些具体动作在评价时也是模糊的。因此，在足球科学研究中必须在研究设计、研究方法、研究手段、研究评价等方面考虑到这一特点。

（三）研究对象的群体性与个体特殊性

足球运动是一项集体性运动项目，参与的人数多，一场正规的足球比赛双方运动员达 22 人，在群众性的足球活动中参与的人数更多。在这种广泛参与的情况下，研究工作就必须考虑群体性和个体特殊性。例如，对足球运动员竞技能力的认识，既要考虑到运动员个体竞技能力的结构和特点，又要考虑到群体竞技能力的构成和特点。

第二节　当前足球运动科学研究的主要走向

现代科学技术和体育科学的迅速发展,给足球运动科学研究带来了广阔的前景。现代科学研究发展的总趋势是各个学科部门之间和学科之间相互交叉、相互渗透,既高度分化又高度综合。一方面科学分工越来越细,大量新学科不断涌现;另一方面,各学科之间又相互依赖形成系统。足球运动科学研究的发展同样也必然借助于现代科学技术的新成果、新理论、新概念,必将加深其研究的深度和广度,这将给足球运动科学研究带来重大影响。近来数学方法、系统方法、电子技术方法的广泛应用,也必然会加速足球运动科学研究的发展进程。

一、向高度综合性发展

由于足球运动的发展受政治、经济、文化、教育、科技等诸多社会因素的影响和制约,足球运动的参与者,又受到生物的、社会的、心理的、文化的等多种因素的影响,为了全面、准确、深刻地揭示足球运动中的各种问题,研究者必须多种途径、多个视角对足球运动的各种现象进行研究,才能比较全面准确地认识其本质特征,进而探求其规律。这势必需要运用多种学科的理论知识和方法,单一学科的研究,只能揭示事物某一局部的现象,若要对某一事物的全貌有一个较深入的理解,只有依赖于多学科的参与。例如,对足球产业化的研究,就要利用经济学、管理学、社会学、财政学、税务学、市场营销学等相关学科的理论和实践,方可得出有价值的成果。对当前足球发展中非常敏感的法制建设问题,没有足够的法律理论的指导,即使具有很好的选题,也很难作出有实际意义的成果。

二、向纵深分化发展

目前对足球运动的研究有向纵深方向发展的趋势。随着研究的不断深入,对足球运动的研究既有宏观方面的研究,也有微观方面的研究。例如,对足球技术分类的研究,从进攻技术、防守技术的研究到组合技术的研究;从足球技术教学方法到某一项足球技术的运动生物力学分析的研究;从战术方法的运用到战术意识的训练研究;从战术意识的一般认识到战术思维活动的培养的研究等,是随着人们认识程度的不断提高,对问题的研究也就不断向着纵深方向发展。

三、相关学科知识的渗透

注重学科之间的交叉和渗透也是现代足球运动研究的一种趋势。例如,运用运动生理学、运动生物化学、运动医学等学科的理论,研究足球运动员的生理特征、机能变化状况及其测试技术和方法;运用生物力学、人体测量学、运动学等学科的知识,研究足球技术的结构形态和运动学特征;运用运动心理学的理论,研究足球运动员个性特征、心理焦虑的产生和变化规律、高级神经活动的特点、各种感知觉表现等。

四、运用现代科学理论

现代科技飞速发展,如何有效地利用其他学科的新理论、新方法、新技术、新设备,是能否出创新性成果和占领某项研究制高点的重要环节。研究成果的生命和价值在于创新。创新性成果的出现,除研究者要具有强烈的创新意识、良好独创性思维和创新技能外,善于及早捕捉和运用其他学科的理论是关键。大凡善于移植其他学科理论技术为我所用的人,均有可能在本学科领域先行一步,并可能获得具有创新意义的成果。在目前科学技术飞速发展的今天,靠单一学科的知识进行研究是决不可行的。这种学科之间的相互渗透,除了原有体育学科之间的相互渗透之外,还要特别注意其他学科的发展,如纳米材料的进展是否可以为运动材料的改革提供崭新技术,电子技术是否可以为足球教学训练乃至足球比赛提供崭新的技术手段等。

五、广泛运用现代技术方法和手段

现代技术在足球运动领域中应用呈现越来越广泛的趋势,从电子计算机到各种遥测设备、光电信息技术、视听技术、测试仪器和测试设备等。这些技术的运用将促进足球研究技术手段的现代化,使其向着自动化、电脑化、遥控化、模拟化的方向发展,同时也促进了研究方法由定性描述向定量研究的方向发展。当今世界科学技术日新月异,新技术、新设备、新方法层出不穷。因此,随时跟上科学技术日新月异的步法,随时引进新技术、新设备、新方法,不仅是足球科研的需要,也将是今后足球科研保持不败的必不可少的因素。

六、模拟技术在足球科研领域的广泛应用

利用模拟技术最佳的训练模式,而且可以检测运动员的训练和比赛负荷、自动统计比赛结果、储存信息资料、运用人工智能等。目前已经有人开始进行这方面的应用研究,但还处于比较落后的状态。随着计算机技术的发展,人们还可以结合足球运动的许多问题进一步开发计算机的应用范围和领域,随着计算机应用的普及,它必将成为从事足球科研工作的有力助手和工具,这方面的研究将具有非常广阔的前景。

七、联合攻关规模日益扩大

现代足球科学研究工作需要多学科的理论知识,需要运用多种多样的仪器设备,涉及许多方面的技术,因此在科研课题力量的组织上,必须改变过去单一的或小团体的作战方式,组织相关学科的人员组成联合攻关课题组进行联合攻关,这种多学科的联合攻关将在未来科学研究中发挥越来越重要的作用。

第三节 足球运动科研现状动态分析

一、足球科学研究现状

1. 我国足球科学研究现状

我国足球运动科学研究的水平,对中国足球运动总体水平的提高具有深刻影响。1992 年制定的《中国足球运动改革总体方案》中指出:提高足球运动水平必须走科学训练道路。中国足球界要普遍增强科技意识,努力提高科技水平,在选材、训练方法、手段,比赛的实践,都要有量化指标,尤其要有生理和生化指标,体育科研人员与教练员紧密结合,提高教学训练和比赛的实际效果,减少和尽量避免训练过程中低水平重复的无效劳动。要采取各种有效措施,调动科技人员的积极性,颁发足球技术革新奖,制定足球科研发展规划。但是在日益发展的足球形势面前,科研工作仍表现为研究方法陈旧、研究手段落后,不能适应当前足球运动发展的需要。[①] 1993 年中国足协在《关于改进足球科研工作的意见》中就指出,我国足球运动水平落后的原因是多方面的,其中足球科研工作开展不力、水平不高,也是原因之一。2001 年中国足球实现了冲进世界杯决赛的多年愿望,是这些年来足球各方面共同努力的结果,但认真审视一下我国足球运动的发展,仍与世界先进国家有很大差距,其中科学研究工作的落后是重要原因。

50 多年来我国体育科技有了很大的发展。但相比之下,足球科研发展较缓慢。全国现有 28 所体育科研所,但从事足球训练学研究的科研人员的人数极少,而且后继乏人。1985 年全国足球训练工作会议上规定优秀甲级队应配备科研教练,但此项工作至今仍未能得到落实。虽然各级足球科研工作有所起色,但与先进国家相比仍相距甚远。

从 1985 年以来召开的 4 届全国足球科学论文报告会,虽对促进足球科研工

① 黄竹杭.对当前国内足球科研方法运用的研究.北京体育大学学报,2001(1)

作起到一定作用,但从总的看来论文水平不高,与训练、教学、管理、竞赛结合不紧密,对当前急需解决的问题较少有人去进行专门研究。特别是在第一线工作的教练员参加会议者寥寥无几。在1994年福州全国足球论文报告会之后,就再也没有组织专门的足球论文报告会。

全国体育院校从事足球专业的教师为数不少,但由于院校的主要任务是教学,加之科研经费的限制以及体制方面的原因,院校的教师难以同优秀运动队一起从事运动训练的研究工作,大多是自选课题,而且课题也多是反应教学方面的内容。近几年这种状况虽然好转仍存在很多问题。

为了提高我国足球运动的水平,足球界在认识分析世界先进足球水平,寻找中国足球落后的原因,介绍国外先进足球经验等方面作了大量的工作。编辑出版了数量较多的国内外足球资料,比较系统的介绍了世界足球发展的现状和趋势,总结了五十年来我国足球的经验和教训。从1980年起由中国足协主编了《足球世界》,这是我国创刊最早、发行量最大的单项运动杂志,对普及足球知识,宣传足球运动起到了很好的作用。

在足球理论探讨方面,如对于历届世界杯赛的点评;对现代足球运动的特点和发展趋势以及比赛评论等理论问题的论述;在多年系统研究射门问题的基础上,所做出的"射门将永远是世界性的难题"的论断;以及对足球技战术的特点和发展趋势的研究等,与世界足球理论水平比较接近,对某些问题的论断有新意。

总之,我国足球科研落后有多方面的原因,首要原因是对于"科学技术是第一生产力"缺乏深刻的认识和理解。振兴中国足球必须要依靠科学,而发展科学技术就要靠科技人才。要在足球界倡导尊重知识、尊重人才的风气。实施"科技兴足"。在我国足球界,必须牢固的树立"科学技术是第一生产力"的现代观念。"科技兴足"不能仅仅停留在口头上,要踏踏实实的付诸行动。健全组织领导,落实科研专项经费,有目的地组织研究课题。大力加强领导决策的科学化水平。

2. 国外足球科学研究现况

目前我国足球科研状况与世界足球科学研究的发展比较起来,处于一种什么位置,据西安体育学院李协荣研究,2000年5月24日~27日在马来西亚首都基隆坡召开了第2届亚洲足球大会,大会的主题报告分别是《新千年科学的发展与运动医学的管理》、《新的伤病与足球损伤预防的科学途径》、《足球运动员的身体素质与心理素质的发展策略》、《在亚洲足坛中兴奋剂和违禁药物的滥用与新千年的挑战》。国际足联医学委员会主席Michel D Hooghe先生讲演了《足球的选材》,国际足联F－Marc讲演了《足球运动员的能力与社会心理特征》,国际足联女足委员会主席Per Rain Orndal讲演《女子足球》,加拿大运动心理学专家 Peter Usher 先生讲演了《走向"黄金意识"的优秀才能之路》，英国利物浦约翰摩尔大学的 Mark Wiuiaims 先生讲演了《比赛分析》和《足球运动的预测与决断》，Thomas，Reilly 讲演了《对足球的生理适应》。参加大会的 107 篇论文中，涉及运动医学、运动生理学（包括兴奋剂、保健康复、营养选材等）方面内容数量比较大，约占 65.5% 左右，综合分析约占 18%，训练管理约占 6.15%，其他约占 10%。从本届大会获选论文可以看出，运动医学、生理、生化、康复、营养等学科的研究占主导地位，这是当今世界足球科研发展趋势。国际足联还专门设有运动医学委员会，这说明现代足球运动的发展与运动医学科学的发展相互促进，密不可分。运动医学对科学地指导训练比赛，掌握运动负荷，提高训练水平，防治运动性伤病等都具有十分重要的意义。有效的康复、科学保持竞技状态和提高身体机能的保健学科的研究也越来越受到重视。根据王崇喜、张长海等对一些刊物中发表的我国足球研究论文的结果显示，足球技术研究占总体研究的 28.73% 和 51%，而保健学仅占 12.15%。由此可见，中国足球的科学研究以技战术研究占主导地位，而保健学科的综合研究比较滞后。足球技战术研究得多，而多学科综合研究少，这与国际足球科研发展趋势不相符，同时，也反映出多学科的综合研究是我国足球科研的薄弱环节。日本足球的迅速崛起，虽与成功地推行足球职业化息息相关，但其雄厚的科研力量，以及对足球科研的重视程度是不容忽视的重要方面。日本在基础应用研究和多学科综合研究中，以及科学预测和决策的研究方面较为先进，并有效地指导着足球水平的迅速提高。例如日本足协在推出职业联赛前 5 年就成立了"日本职业联赛研讨委员会"，聘请了专家、教授，政府官员也参加其中，历经 5 年筹备和科学论证，于 1993 年成功地推出了"J - League"，由于预测和决策的科学性，日本职业联赛一经推出起点就较高，并得以健康发展，被世界舆论称之为亚洲最成功的职业联赛。反思中国足球自职业化以来出现的诸多问题与矛盾，不能不说与没有形成严谨的科学态度、不重视科研有关。中国足球运动的发展缺乏科学性，这应该引起有关方面的深思。在中国足球深化改革的今天，应亟待转变观念，重视足球的科学研究，以科学的态度来指导和推动中国足球运动的发展。中国体育科研的基础是非常雄厚的，自 50 年代以来，已逐步建立起的各级专业性体育科研机构，还有各级体育院校以及社会其他领域的研究力量，已经形成一个规模很大的体育科学研究体系。中国在世界上有许多占优势的体育项目正是充分利用了体育科研力量来指导科学训练的结果。这是亚洲许多国家所不具备的。在致力于足球改革和发展足球职业化的进程中，应充分利用这一优势，或者说充分利用这一资源，建立权威性的足球科学委员会，形成全国足球科学研究网络系统，增加足球科研的投资，加大对足球科学研究和管理的力度，扩大对外交流，才能迅速提高中国足球水平。（摘自：李协荣. 西安体育学院学报，2000（3）P96）

二、足球科研成果数量的动态分析

王崇喜等通过对1985年至1995年我国足球运动科研成果的调查统计，对我国足球运动科研状况进行了分析。以在全国公开发行的有代表性的15种中文体育期刊上发表的反映足球运动科研成果论文作为研究对象。据统计，从1985—1995年我国足球运动科研成果的发表数量呈下降趋势。从成果数量定基比动态来看，1985—1986年的成果数量形成11年来的数量高峰，这有益于1985年首届全国足球科学论文会的举办，极大地激励了广大足球科研工作者的研究积极性，造成这一年度发表论文较多的现象。随后由于1987年国际足坛无重大比赛，该年度出现了成果数量的急剧下滑现象，造成11年中的第一个发展低谷。1988年在佛山召开了第二届全国足球科学论文报告会，同年中国男子足球队首次实现了“冲出亚洲”的夙愿，进入了汉城奥运会足球决赛，也促进了足球科研发展，在刊物上有大量成果发表，形成了11年成果发表数量的第二次高峰图3－1。

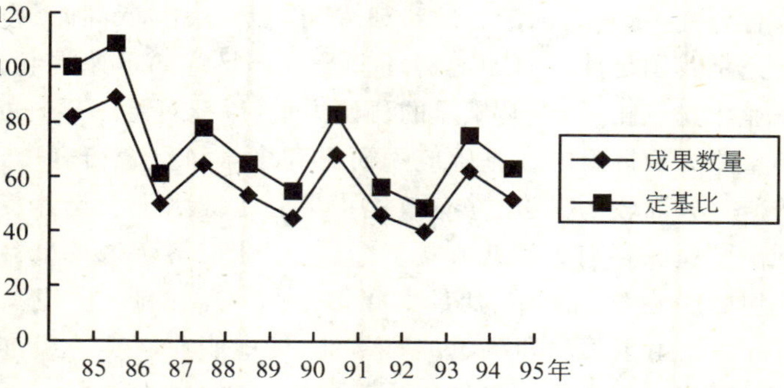

图3－1　11年来足球研究成果数量动态图

进入20世纪90年代后，伴随着我国由计划经济向社会主义市场经济体制的转轨，体育改革以足球改革为突破口，“红山口会议”和“大连会议”的召开，极大地推动了足球运动发展，同时对于足球科研工作也产生了不小的影响。从定基比动态曲线来看，8年来尽管也出现两次上升期，但回升幅度不大，总体上呈现下降趋势。通过对13种期刊1996—2000年发表论文的数量分析（图3－2），这5年成果发表的数量略有增长，但呈现比较平稳的趋势，变化不大。为什么中国足球运动的发展，没有带动中国足球科研的进步。

回顾11年来足球运动的科研，可以发现，凡是有重大比赛以及举办全国性论文报告会前后，论文数量有大幅度上升的趋势。这反映足球科研工作者日益重视对重大比赛的研究，力图从比赛中发现指导训练和比赛的规律，推动科技发展的积极的措施。

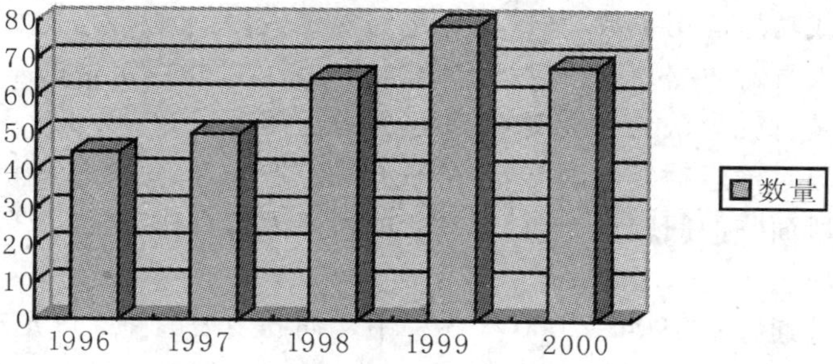

图 3-2　1996—2000 年足球研究成果数量图

1989 年中国足球协会首次在全国进行有关足球科研课题的招标工作,促进科研工作发展有一定的促进作用。可惜,在此之后,再无类似的活动,而且足球论文报告会也未能形成制度。因此,围绕我国足球运动发展中的重大问题进行有目的、有组织的研究,甚至对一些重大问题展开大讨论,定期召开足球论文报告会等,才是繁荣足球科学研究、推动科学研究水平提高的保证。

1. 足球科学研究方法分析

体育科研是有目的、有计划地对某一具体现象进行探索的系统工程。在提出问题、建立假说以后,就要运用科学的理论、经验、事实和数据,对提出的假说进行验证。根据科学研究工作的过程,将研究方法分为收集资料的方法和整理分析资料的方法。收集资料的方法一般有文献法、调查法、观察法和实验法。根据王崇喜的研究表 3-1,1985—1995 年 11 年来我国足球运动科学研究工作运用观察法收集资料的学术论文占有很大比例,达 43.61%,利用文献法收集资料的论文占 31.08%。11 年来,运用调查法和实验法获取足球科学研究资料的成果相对较少,特别是运用实验法的足球科研论文仅占 8.68%。

表 3-1　1985—1995 年足球科研论文收集资料的方法统计

收集资料	文献法	调查法	观察法	实验法	合计
数量	129	69	181	36	415
(%)	31.08	16.63	43.16	8.68	100

从整理分析资料的方法来看,11 年来我国足球运动科学研究运用综合分析的方法占其研究成果总量 55.55%,运用经验总结(纯综合分析)的方法占 32.87%。我们还看到,运用数学方法来处理、分析资料的论文仅占 33.87%,其中运用数理统计方法的仅占总数 33.23%,大部分论文所运用的数学方法还停留在百分比、平均数的水平,仅有 12.05% 的成果运用统计学原理和方法来处理和分析资料,模糊数学方法的则寥寥无几,仅占总数的 0.64%。马克思说:"一

种科学只有成功地运用了数学时，才算达到真正完善的地步。”①。因此，迫切需要提高科研人员对数据和资料进行定量分析的能力，并在定量的基础上进行定性的分析。黄竹杭等认为，“足球科研方法中运用手段单一，研究领域过窄，没有满足现阶段足球运动发展的需要；科研方法急待开发，急需利用新的科研手段去解决当前所面临的问题；应与相邻专业的科研人员合作，共同开拓新的研究手段和研究领域”。②

马樟生等通过对1994—2000年5种中文期刊发表的402篇足球科研论文，其科研方法主要有文献资料法，占60.4%；调查法，占24.6%；观察法，占7%；而测量、实验、比较等研究方法运用较少。调查法运用的增多，说明对影响足球运动发展的社会学因素的研究已经引起我国足球科研工作者的重视。测量、实验等方法不被普遍采用的原因，一是测量手段和指标的滞后，研究成果尚不能满足现阶段足球运动发展的需要；二是足球运动的客观环境较难进行重复性实验，方法难以设计；三是足球科研工作者对测量、实验等方法手段了解和掌握不够，同时与其他学科结合不够紧密，因而在科研实践中难以操作，所以造成研究者不敢轻易涉足此种方法的现象。③

2. 足球科学研究选题分析

据王崇喜等人的研究，从1985—1995年发表的论文所涉及的领域来看，可以大致划分为技术战术、管理体制、发展趋势、训练理论、教学理论、心理、体能、生理生化、规则裁判、运动选才、场地器材、翻译文章、其他领域等13个方面。其中技术战术研究方面的论文数量最多，达187篇，占成果总量的28.73%，反映出我国足球运动科研队伍对技术战术的研究高度重视。但由于在总体上缺乏方向性的理论指导，科研工作大多是一种自发的、分散的研究，成果虽然数量很大，但缺乏足够的研究深度和力度，其实用价值也受到很大影响。而且这种研究大多是对比赛的技战术运用、观察，也有少数论文运用运动生物力学的方法对技术动作进行了分析，但这部分论文绝大多数是研究生的毕业论文。随着足球改革的不断深入，研究领域不断得到拓宽，对国内外足球运动管理体制和发展趋势领域的研究也迅速增加，它们分别占总成果数量的11.68%和9.68%（表3-2），这说明中国足球运动在借鉴国外先进的足球运动理论和管理方法，转变自身的管理体制和运行机制方面的研究，有了明显的进展。特别值得提出的是，随着足球日益走向世界，我们在学习和借鉴国外先进足球运动理论和方法方面取得了

---

① 恩格斯. 自然辩证法. 北京：人民出版社，1971

② 黄竹杭，刘浩，郭炳彦，胡小善. 对当前国内足球科研方法运用的研究. 北京体育大学学报. 2001(1):5

③ 马樟生. 对我国1994—2000年中文体育类部分期刊足球科研论文的统计分析. 中国体育科技，2002(1)

明显的进步，近年来翻译的论文和著作的数量逐年增多，为丰富我们的理论建设发挥了很大的作用，也取得了明显的效果。

表 3－2　1985—1995 发表论文研究领域统计

	技术战术	管理体制	译文	趋势发展史	训练理论	教学理论	心理	体能	生理生化	规则裁判	选材	其他	场地器材	合计
数量（篇）	187	78	671	63	52	50	41	40	27	20	14	8	4	651
（%）	28.73	11.98	0.29	9.68	7.99	7.68	6.30	6.14	4.15	3.07	2.15	1.23	0.61	100

在教学、训练理论与方法方面的研究分别为 50 篇和 52 篇，二者的发展比较平衡，这些方面的研究采用了多学科的研究方法，如教育学、训练学、系统科学等方面的理论，具有多学科交叉渗透的特点，研究水平呈上升的趋势。

在心理学和体能方面的论文分别占总论文数量的 6.30% 和 6.14%，这些方面的论文数量尽管不多，但是我们看到，随着心理学研究的不断发展，足球科研人员也在密切注视如何运用心理学的研究手段，解决足球运动中的心理学问题，而且人们越来越认识到，越是在高水平的足球比赛过程中，心理因素越来越发挥着重要作用。因此，研究足球训练和比赛中的心理变化和心理调控提高训练质量和提高比赛成绩都有不可估量的作用。

随着科学技术发展，应用先进仪器和生理生化指标，对足球比赛和训练中运动员生理机能变化进行了研究，力图解决那些多年来未能解决的问题，对提高到足球运动整体科学化程度起到积极的作用。但是值得注意的是这方面的研究成果还太少，仅占总量的 4.15%。而对足球训练中的焦点问题，如体能训练中负荷的动态控制、实行新的比赛制度后训练小周期竞技状态的调控、运动训练中运动负荷强度和负荷量的科学控制等问题尚未见到更多高质量的研究成果。在这些方面的研究我们既要看到进步，更应看到与国际先进水平的差距。为了改变这种状况，一方面足球科研工作人员要提高自己运用运动生物科学方面理论知识的能力和水平，另一方面要注意与运动生物科学研究人员的密切结合，加快这方面的研究进展，取得更好的成果。

在研究规则裁判法方面的论文有 20 篇，占论文总量的 3.07%，一般是结合对世界高水平比赛的裁判人员的执法情况的观察统计进行分析，从而探讨世界高水平裁判员在跑位、选位、判罚、控制比赛、关键球的判罚等方面，为我国足球裁判水平的提高提供有价值的依据。

在运动选材方面的论文为 14 篇，占论文总量的 2.15%，这方面的论文数量比较少，应该引起我们的重视。中国足球要尽快赶超世界先进水平，必须从青少年抓起，必须关注青少年运动员的选材问题，提高青少年的成材率。一名高水平足球运动员的成长，要经过运动选材、基础训练、竞技提高训练等阶段，足球运动员的体能、技能、心理、智力等竞技能力的发展和提高呈现何种规律，如何根据其规律制定符合中国青少年特点的训练大纲，抓好青少年的训练，这些都是在进行青少年训练工作研究时应重视的重要课题。

对场地器材的研究论文仅有 4 篇，其中 3 篇都是在 20 世纪 90 年代发表的，这反映在此方面的研究还处于刚刚起步阶段，研究还比较薄弱，具有很大的发展潜力。

随着现代科学技术的迅猛发展，现代科技的技术不断运用到体育比赛和训练之中，高水平的比赛不仅是运动员训练水平和比赛能力的竞争，同时也是应用现代科学技术水平的竞争，用科学技术手段的更新促进科学研究、促进运动训练是今后足球科学研究方面的一个重要发展趋势。

上海体育学院张长海也对发表在 1983—1987 年《中国体育科技》共 97 篇国内足球论文进行了研究，其中应用研究 89 篇，占总数 92%，基础研究 8 篇，仅占 8%，由此可见我国足球科研的结构是应用研究占主导地位。在 97 篇论文中，大量的集中在技术战术研究方面。其特点是参加研究的人员主要结合大型比赛，采用观察统计的方法，一般不受仪器设备条件的限制，比较容易获得所需要的数据。目前，对于这方面的研究已经形成一套比较稳定和实用的方法。目前我国甲级足球赛推行的技术统计调研员制度，对积累完整的比赛资料发挥了很好的作用。但是多学科的综合研究仍是我国的一个薄弱环节。随着足球运动的发展，多学科的综合研究是足球科研发展的方向，应当引起重视，否则长此以往难以提高我国的足球科研工作的水平。在 97 篇论文中，研究青少年方面的论文仅占 17 篇，数量较少。青少年是我国足球的未来，他们担负着我国足球走向世界的重任，打好基础是我国足球腾飞的重要环节。因此必须重视青少年足球运动的研究，促进青少年足球训练的科学化，这是足球运动要加快发展速度不能忽视的重要课题。女子足球方面的论文仅占 4 篇，这是一个薄弱环节，应当引起我们的重视。女子足球的训练和比赛的特点和规律的研究还处于起步阶段，而我国女子足球在世界占据相当的地位。因此，对女子足球的研究具有很好的发展前景。在研究方法运用上，按其采用的主要方法进行统计。其中运用观察统计法的论文 52 篇，占总数的 54%，经验总结法 19 篇，占论文总数的 20%，实验法 1 篇，占 1%，测量法 7 篇，占 7%，文献法 14 篇，占 14%，调查访问法 4 篇，占 4%。大量论文采用的是观察统计法，这是由于这种方法便于观察，但也有其局限性，因为单凭观察所得的经验，是决不能充分证明其必然性的。对此必须引起我们的注意。经验总结法基本上被教练员所采用，他们根据自己多年的经验，加以总结，供读者阅读，具有一定的参考价值。但往往研究分析的深度不够。实验法用得最少,它是一种获得研究素材的方法,可有效地发现科学真理,并有效地检查真理。因此,要提高足球科学研究水平,就必须进一步推广试验法。从论文作者构成的情况来看,90 篇论文中,教练员作者 25 人,科研人员和教师 72 人。教练员多采用经验总结,他们写的论文缺乏数据分析,说服力不强。在整理和分析资料时,定性分析的多,定量分析的少。需要进一步提高教练员的科研理论水平和科研工作能力,加强教练员的资料、数据的积累和利用意识。教练员有大量丰富的素材,但缺乏必要的积累,也缺乏专职科研人员的协助,更缺乏必要的方法。从定量分析和定性分析运用的情况来看,97 篇论文中,定量分析 51 篇,定性分析 46 篇,定量分析的论文数量略比定性分析的论文多,但是在进行定量分析中,真正能运用比较深的统计原理分析和处理资料的仅有 12 篇,多数论文还仅仅停留在百分率计算方法上。定量分析更能揭示事物的本质,具有充分的说服力,受到广大科研人员的重视。据统计,真正能应用统计学原理处理数据的,还是少数研究生,因此迫切需要进一步提高从事足球科研工作的人的文化素养,推广和运用体育统计学原理,以利于提高足球科研工作的水平。这与王崇喜的研究结论是一致的,方法的欠缺和单一,手段的缺乏和落后,综合运用多学科的理论进行研究能力的不足,已成为制约足球科研水平提高的关键。

马樟生的研究发现,有 27.3% 的论文是研究技术训练、战术训练、身体素质训练;17.9% 的论文是各级足球比赛技术统计论文,说明对世界杯和国内各级比赛的研究,是科研人员跟踪现代足球发展趋势和研究国内各级球队打法的主要形式;足球教学论文占 7.6%,主要研究高等学校足球普修课和专选课的教学,而对中小学足球教学研究较少;研究足球运动管理方面的论文占 7.7%,其中研究职业足球管理的论文占该类论文大 5.2%,说明随着职业足球改革的深入,对职业足球俱乐部、运动队、运动员的管理已经引起各方面人士的重视;社会学的研究占 6.7%,主要研究足球文化和球迷现象,表明科研工作者已经开始注重对影响足球运动发展的社会学因素的研究;运动生理学的论文占 5.7%,着重研究训练、比赛前后的生理变化;运动心理学的论文占 5.2%,主要研究运动员、教练员和裁判员的心理状况;经济学方面的论文占 5.1%,研究足球产业的经营和开发,有利于职业足球运动的健康发展;足球史学的研究占 4%,主要研究古代、现代足球运动的起源及演变;足球竞赛规则方面的论文占 2.5%,主要研究竞赛规则变化和在比赛中如何合理运用规则。运动医学、场地器材、运动员选材、教练员、裁判员、比较体育等方面论文较少,仅占 9.4%,而运动生物力学和足球法律法规的论文则更少,说明足球科学研究中存在研究领域的不均衡性,由于对有些问题研究较少,因此在工作中就缺乏科学的理论指导,使得这些方面的发展滞后于足球运动的发展,阻碍了职业足球改革的进一步深化。

第二章

足球运动技战术教学

第一节 足球技术分析

现代足球运动,经历了100多年的演变,在足球技术形式上没有突出的变化,然而,在足球比赛中,各种技术动作的运用上却发生了巨大的变化。这是因为,足球比赛中,足球技术占据着特殊的位置,它是完成战术配合,决定战术效果的前提和保证。可以当之无愧地说,足球技术是现代足球运动最重要,最关键的因素。随着现代足球运动比赛攻守速度的不断加快,拼抢对抗的日益激烈,因而在比赛中足球技术也向着快速、激烈、简捷、实效的方向发展。

一、现代足球技术特征

(一) 技术动作速率越来越快

由于现代足球比赛向着快速、激烈的方向发展,比赛中要求队员完成各种动作的空间越来越小,时间越来越短。动作速率是决定因素,尤其是在快速运动中完成动作的能力,在激烈对抗空间中积极果断完成动作的能力,以成为胜负的关键。反之,缺乏拼搏,缺乏速度,再漂亮的技术也难有作为。

(二) 动作目的性越来越强

现代足球比赛表明,队员技术水平与比赛技巧提高过程,就是减少盲目性,提高目的性过程。足球比赛的目的不仅是阻止对方将球攻入本方球门,而要竭尽全力将球攻入对方球门。足球运动的所有技术都应依据这一目的运作,只有更多地控制球,才有较多的机会攻球入对方球门,这是足球技术应用的根本目的。

(三) 意志与技术发挥越来越密切

随着足球比赛的日趋激烈,意志品质对足球技术的发挥起着举足轻重的作用，现代足球运动对运动员提出更全面、更突出、更明确的要求。足球运动是勇敢者的运动，它要求运动员具有勇敢顽强的拼搏精神，稳定控制情绪的能力。因此，没有优秀的意志品质，再好的技术也无法充分发挥；相反，没有娴熟的技术良好的意志品质也无从体现，只有两者完美结合才能相得益彰。

（四）意识与技术配合越来越默契

足球运动中队员对足球比赛规律的认识，并依据场上变化，从而采用合理、有效的思维方式，即为通常所说的比赛意识，它体现队员比赛中的每时每刻。从队员简单地跑动到一系列的传切射门动作，都要求队员要有正确的动作意识。显然，技术与意识的默契配合，是一项高难度艰巨的工程。意识是属于人们的思维范畴，意识的提高来源于多方面的发展，如队员的文化素质，理论水平，逻辑思维诸因素等。

二、足球基本技术动作

足球基本技术主要有踢球、接球、运球、顶球、抢截球、掷界外球等，除此还有守门员专门掌握的守门员技术，由于足球运动是一项场地大、人员多、比赛时间长、对抗剧烈的运动，上述基本技术在实际比赛中可以变化出数百种的衍生技术或者组合技术，这就要求运动员在牢固掌握好各种基本技术的基础上，努力学习好更多、更全面地衍生技术或者组合技术。

（一）踢球

简单地说，踢球就是队员用身体（除两臂之外）的任何部位撞击球，从而使球移动的动作过程。用运动生物力学的观点讲，是人体运动器官动作时产生的能量传递到球体，从而使球体移动运行，即所谓的能量传递过程，其中人体有大腿、小腿、踝组成的下肢是最适于完成踢球动作。大腿、小腿、足三个环节构成以髋、膝、踝为转动轴的三个机体，它们如同三个环环相扣的连环，称之为运动生物链。当运动员踢球时，踢球腿以髋关节为轴，带动大腿、小腿、足三链环进行部分圆周式的离心摆动，从而产生转动能量，当摆动腿接近球体时，这一转动能量逐渐由大腿传递至小腿，然后再传递至足，最后通过足把积累的能量传递到球体，使球体在外力的影响下产生移动。足球比赛中，踢球的方法很多，脚法也多种多样，但在任何一种击球动作基本都是由助跑、支撑脚站位、踢球腿的摆动、脚触球和踢球后的随前动作五个环节所组成。

1．助跑

助跑是指踢球前的几步跑动。其作用在于调整队员与球的距离，位置、方向、便于支撑脚处与所需要的正确位置。以便增大踢球力。助跑的最后一步应适当大些，以利于踢球腿的充分摆动，增大摆腿速度，为阻止身体的过分前冲和提高踢球准确性创造条件。助跑有直线助跑和斜线助跑，助跑方向与击球方向相一致的为直线助跑，如脚背正面踢球。助跑方向与击球方向相交叉的为斜线助跑，如脚背内侧踢球。

2. 撑脚站位

支撑脚站位是指踢球时支撑身体着地时动作状态。支撑脚的位置要以踢球腿的摆动能达到最大摆动幅度，发挥最大的摆动速度，有利于踢球脚最准确地触及球的合适部位为原则。支撑脚踏地位置一般有两种：一种是踏在球的侧方、距离球大约10～15厘米，如用脚内侧，脚背正面、脚背外侧、脚尖等部位踢球；另一种是踏在球的侧后方，距离球大约25～30厘米，如用脚背内侧踢球。如果踢运行中的来球，支撑脚站位要有所变化，这时要考虑到把踢球腿的向后摆动时间与预计的击球点。例如，踢向前滚动的来球，支撑脚站位要稍靠前些，相反，踢迎面来球，支撑脚站位应要靠后一点。做踢球动作时，支撑脚起支撑整个体重及踢球腿摆动而带来的重力，同时起着固定支点的作用。其动作结构应积极踏地制动身体前冲，膝关节稍屈，维持身体平衡，使摆动腿能充分自如地摆动击球。

3. 踢球腿的摆动

踢球腿的摆动这一动作环节是踢球力量的主要源泉。踢球腿摆速快，摆幅大，击球力就大，球的飞行速度就快，运行距离就远。从运动生物力学观点来讲，踢球腿的摆动是下肢运动生物链所作的开放式鞭打动作，大腿、小腿、足三个环节在前摆中所产生的转动能量决定了击球力的大小，显然，除了提高腿的摆速，摆幅外，增大腿的肌肉质量也是提高球速的重要原因。踢球腿摆动过程首先是大腿带小腿和足的后摆，小腿与大腿充分折叠，以便使小腿与足呈现尽量大的摆动幅度，提高摆速，踢球腿的后摆是在支撑脚助跑最后一步跨步时顺势进行，当支撑脚落地时，踢球腿大腿带动小腿积极前摆，尽量创造较大的摆动能量击球。

4. 脚触球

脚触球是指踢球时踢球脚接触球的瞬间动作。主要是指踢球脚的触球部位及球的部位。这一动作环节是踢球腿的摆动，能量最后通过踢球脚传递于球，这对于球的飞行速度、转动速度有着密切关系。另外，脚触球的部位不同，对于球的运行方向，运行轨迹也有着重要作用。通常，用脚击球的后中部，其击球力通过球心，击球的球为平直运行球，如果击球力不通过球心，球会产生旋转，并产生弧线运行。因此，脚触球时，用脚的合理部位击球的适当部位是这一动作环节的关键。另外，脚接触球时，踝关节应固定紧张，这就尽量减少了踢球腿摆动的能量损失，同时踢球脚不易受伤。

5. 踢球后的随前动作

踢球后的随前动作这动作环节是指击球后随着踢球腿的继续前摆和送髋，使身体重心顺势向前移动，起到了控制击球方向和加大击球力的作用，同时又能缓和踢球腿急速前摆所造成的前冲惯性维持身体平衡，另外踢球后的随前动作还利于与下一动作衔接。

踢球的5个动作环节是相互关联相互影响的，尤其支撑脚站位踢球腿的摆动，脚触球是踢球动作中关键的动作环节。

（二）接球

现代足球运动对于接球的要求，有着两方面的意义：一是停球，二是将停下的球加以控制。接球是为下一个动作服务，接球动作的好坏会影响下一个动作的完成质量。足球比赛中，要求接球动作应快速、简练、准确、多变。而缓慢地接球，固定在原地的停球，已远远不能适应现代足球比赛的要求。因此，接球应根据来球的不同状态和比赛中的需要而采用不同的接球方法。

从运动学的观点来讲，利用外力的动作使运动中的球体减速或停止运动，换言之，利用身体的合理部位，有意识、有目的地对运动中的球体施加作用力，使球被减速到利于完成下个动作范围或停止运行。

比赛中，队员除两臂外，身体任何部位都允许做接球动作。常用的有脚内侧，脚背正面，脚背外侧，脚底，大腿，腹部，胸部，头部等部位接球。任何部位的接球动作，大致有下列4个动作环节组成。

1. 观察与移动

为了更好地完成接球动作，预先应注意观察来球的情况，从球的运行轨迹、球的旋转形式、飞行速度中，迅速判断落点，及时移动到位，使自已处于接球动作的最佳位置。这一动作环节要点是判断准确，移动迅速。

2. 选择接球部位和接球方法

来球的状况不同，位置不同要采用不同的接球方法。接球方法不同，其作用也不一样。如对地滚球、低平球、半高球、高球、旋转球等，就要采用身体不同的部位来接球。

3. 改变来球力量或方向

（1）接球过程中往往利用后撤动作来削弱球的撞力接球时，接球部位先迎向来球，当接球部位接触球的一刹那，顺势后撤，以缓冲来球。这一动作环节是接球部位动作与来球运行方向相一致，使球体似乎被接球部位吸附住一样，顺势降低了球的弹力。科学研究表明，接球过程实质是球与接球部位的弹性碰撞过程，踝关节紧张，肌肉保持僵硬的脚去碰撞标准气压的球体，反弹力可达到70%～75%用肌肉放松的脚去接飞行的来球，并顺势吸附球体后撤，可使球的反弹力降为10%以下。所以这动作的关键在于，接球部位肌肉放松，并把握吸附球顺势后撤。

（2）接球过程中采用推压或切削的动作，当球飞来时，接球部位根据来球力量大小，施以与来球方向不同的力，即利用推压球或切削球，这样则改变了球的反弹方向，同时由于出现反射角的原因，反弹力有所降低。这种接球方法利于使球向下一动作的所需方向反弹,便于快速衔接下一个动作。

4. 随球移动

当接球后应迅速随球移动,紧密地衔接下一个动作,尽量使接球动作与处理球动作连成一气,最理想的是当队员接球时,即瞬考虑到下一动作的处理。例如,当接球后应尽量使球落在远离对手的一侧,避开对手的扑抢。

接球4个动作环节中,最重要的是改变来球力量或方向这一环节。

(三) 运球

中外许多足球专家讲,运球是评定一个优秀足球运动员技术水平的标志之一。娴熟的运球技术不仅能打乱对手的布防局面,调节比赛进攻节奏,独自突破层层防守,创造射门机会。这是足球运动员不可缺少的基本技术,是运动员个人控球能力和个人进攻能力的集中体现。运球技术通常由运球方法的选择和准备,跑动中间断触球,为下一个动作的连接做好准备三个环节组成。

1. 运球方法的选择与准备

队员运球前首先要细心观察场上情况,并根据场情况迅速做出判断,选择合理的运球方法,运球路线。

2. 跑动中间断触球

当准备实施运球时,依据场上情况用脚的合理部位做间断触球,要考虑触球的力量大小,触球的方向角度,使球始终控制在自己脚下,触球的方式可有推、拨、拉、扣、颠、挑等。在运球中还应根据场上的需要,随时加以变化。例如,当对手抢截时,应用身体护住球,用远离对手的一侧运球。

运球的两个相关因素即为跑动与触球。因此运球中跑动始终应做到球在脚附近,脚在球左右,跑动要自然,重心要低,步幅要适当,频率要迅速,球速与跑速要相吻合。

当比赛处于激烈对抗,而对于对手的贴近堵抢,队员利用运球过人是最有效的进攻手段,这时队员应运用快慢结合,真真假假地运球动作,调动对手防守失衡,迅速超越过去。

3. 为了下一个动作的连接做准备

当运球动作即将结束时,队员应迅速进行下一动作,一般是做传球或射门,特殊情况下也可做二次运球,这些都是在运球的动作结束下,通过敏锐地观察迅速做出判断。

运球三个动作中以跑动中间断触球为核心环节。常用的运球部位有脚内侧、脚背正面、脚背内侧、脚背外侧等。

(四) 头顶球

头顶球是对脚踢球的重要补充。头部处于人体的最高部位,显然一些空中球或者较高位置的来球用头处理是最理想的,现在足球比赛对时间与空间的争夺异常激烈，头顶球不仅能依据制高点，又能争取时间。尤其在门前人员密集，这时的顶射、顶抢是最为有效的技术手段。

头顶球不仅可以用于传球、射门、抢截球，还可以利用鱼跃顶球扩大控制范围。

头顶球主要由移动选位、身体的摆动、头触球、触球后的身体平衡4个环节组成。

1. 移动选位

头顶球与踢滚动球是不同的。头顶球主要是处理空中运行中的球，当头顶球前，应迅速对空中来球的速度、运行轨迹、旋转情况做出判断，并依此选好预定击球点，并及时占据顶球位置或起跳位置，注视来球，两腿稍屈膝，重心下移，做好顶球前的预备姿势。

2. 身体的摆动

从运动生物力学原理来讲，头顶球与脚踢球都具有较大的相似之处，头顶球是通过蹬地、身体、头的摆动击球产生的动能通过头部撞击球体，将能量传递于球，使球反弹飞出的。所以这一动作环节是产生顶球力量的主要源泉。另外，球体所受力的大小完全决定于人体摆动力的大小，与触球部位的准确性和来球力量的大小有关。为了准确地将球顶到预定目标，身体摆动时应考虑到来球的方向、飞行轨迹、旋转情况。

3. 头触球

头触球是身体摆动产生的能量通过头部最后传递给球的动作环节。这时颈部应保持僵硬紧张，与上体固定为一体。使撞击的球产生尽量大的反弹力。头触球时，正确的球触头部位和正确的头触球部位是将球顶到准确目标的关键。

4. 触球后的身体平衡

队员顶球后应利用双臂的合理摆动、脚步的适当移动来维持身体平衡，头部尽力前送，可增大击球力和准确性。跳起顶球落地时，屈膝屈踝除保证身体平衡外，也能减少落地损伤。

头顶球的4个动作环节中，身体的摆动与头触球是关键动作环节。头顶球一般多用前额正面和前额侧面顶球。

（五）抢截球

抢截球是指运动员在规则允许的范围之内，利用身体的合理部位将对手的控制权抢夺过来或破坏掉。可以看出，抢截球是一种争夺对方控球权的技术，是队员在防守状况下应用的技术。任何一个球队如果在比赛中没有球的控制权，要想战胜对手是不可能的。足球场上的控球权是不断变化的，失而复得，得而复失。只有掌握了控球权，才能变被动为主动，从而争取比赛的胜利。因此，成功的防守不仅可以瓦解对方的进攻，也是本方进攻的开始；防守是进攻的前奏，应当正确地认识到，防守技术与进攻技术同等重要。抢截球是防守技术的总称，它包括抢截球、断球、封堵、铲球等 4 个方面。抢截球技术一般都由抢位、抓住时机果断实施动作、抢截动作后与下一动作的衔接三个动作环节。

1. 选位

实施抢截动作前,应把对方控球情况,接应队员的情况以及对方动作意图分析判断清楚,并及时地移动到实施抢截球的最有利位置上。这一动作环节仅仅是一个暂短的瞬间,但是正确的抢位是成功完成抢截动作的有利条件。否则抢截是盲目的。有时为了更有把握地抢劫,在条件允许情况下,可以适当拖长选位的时间和过程,甚至诱使控球队员作出错误决定,以便抢截球的成功。

2. 抓住时机果断实施动作

实施动作时,过早过迟都会影响抢截效果,甚至造成失败。抢截动作的时机可分为两种:一种是对个人控球企图越过防守时,当控球者作出触球动作后,触球脚即将落地或重心已移至即将落地的触球脚时,此时果断上去实施抢截,此时控球者已无法改变运球路线,容易抢截成功。另一种是当对方将球传出,在被其同伴接到前,抢先果断出击截断。这一动作中,正确的时机判断,果断地实施动作是非常重要的。

3. 动作后下一动作的衔接

应该迅速地恢复到下一个动作所需要的状况和位置。抢截球需要在不同的情况下,使用不同的抢截动作,实施动作时会使身体出现各种状态,因而应使身体迅速地恢复到所需要的状态和位置,以便于下一个动作的紧密衔接。

抢截技术中的抓住时机果断实施动作是最关键的动作环节。

(六) 掷界外球

掷界外球是足球运动员(除守门员外)惟一的一项用手持球完成的动作,其动作环节较为固定,主要有原地掷外球和助跑掷外球两种。极少数队员有采用滚翻掷界外球,但比赛中很少见到。掷界外球的动作大致分为掷球前,掷球,掷球后三个动作环节。

1. 掷球前

原地掷界外球时,应面对场内,两脚左右(或前后)开立,膝关节适当弯曲,上体后仰活成背弓,两手自然张开,拇指相对,持球的侧后部,屈膝将球置于头后。助跑掷界外球是在原地掷球前进行 3 ~ 5 步的助跑动作,其他动作与原地掷界外球相同。

2. 掷球

这一动作原地与助跑掷界外球基本一致,掷球时,两脚用力蹬地(或后脚用力蹬地),两膝伸直收腹并伴随两手持球由后向前摆动,当球摆过头顶时,用力甩腕将球掷入场内,掷球时脚可沿地面滑动,但不得离开地面。

3. 掷球后

当球掷出后，由于惯性上体可前摆以致栽倒，这是应注意用两臂撑地屈肘缓冲，并迅速起立投入比赛。

显然，掷界外球是一个以身体下端固定的爆发式单摆运动，需有稳固的支撑。另外掷球队员要根据身高与臂合理地掌握出手角度。充分地利用助跑来提高上体摆动速度会掷的高远。

（七）假动作

假动作是运动员为了摆脱对手阻挠，突破对方防守，或者抢截对手的球，争取空间和时间的优势而采取的虚假而又逼真的动作。假动作做的逼真及时可以有效地迷惑对手，调动对手，从而在取得时间、位置的优势、为进攻创造条件。假动作的种类较为繁多，比赛中几乎渗透在所有的技术动作中。一般假动作由虚假动作和真实动作两个环节。

1. 虚假动作

队员应根据场上情况，对手特点，及时灵活的实施虚假动作，动作要逼真，虚假动作的暴露程度及动作速度要适当，其目的是使对手产生错觉，做出错误动作。

2. 真实动作

当实施虚假动作时，使对手上当产生错误反应，并做出错误动作时，如对手发生了不适当的重心移动，动作犹豫不定时，这时应迅速果断实施真实动作，动作应突然、简练。

假动作的完成具有较大的灵活性，当对手未产生错觉时，可以采用连续的虚假动作，通过真真假假、虚虚实实的连续动作，诱使对手失误。

（八）守门员技术

守门员的主要任务是守住本方球门，他是全队的最后一道防线，现代足球比赛要求守门员不仅能守住球门，而且还要协助防守罚球区，组织和指挥全队的防守与进攻。守门员镇定而可靠的行动，能够提高全队的士气和战斗力，及时而准确的发动进攻，可以大大增强进攻的威胁性和有效性。相反，守门员哪怕微小的失误，也可能使全队的成绩改写，所以守门员是全队之中举足轻重的人物。

守门员与场上锋卫队员具有不同位置特点，如他较多的处于本方球门附近，较多的处于静态之中。根据规则允许，它可以在本方罚球区内用手持球。

基于守门员与锋卫队员的许多不同特点，守门员在技术上应掌握好移步、接球、扑球、拖球、拳击手、手掷球以及锋卫队员的一些技术动作。

1. 准备姿势

两脚左右开立，与肩同宽，两脚用脚掌着地，脚跟稍提起。两腿屈膝并稍内扣。上体稍倾，两臂自然屈时于体前，手指自然分开，注视来球。

2. 移步

守门员常用的有侧移步和交叉移步。

（1）侧移步：多用于扑接两侧来球。如向左侧移动时，先用右脚用力蹬地，并及时向左滑步，右脚快速跟上。向右侧移动时，动作方向相反。

（2）交叉移步：主要用于扑接两侧高球。向左侧移动时，身体先向左侧倾斜，右脚用力蹬地，并及时向左前方跨出一步成交叉步，然后左脚向左快速移动，这样，左右脚交替快速移动，并蹬地跃出。向右侧交叉移动时同像左侧移动。

3. 接球

接球可分为接地面球、平空球、高空球。

（1）地面球：分为直腿式接球和跪撑式接球。

① 直腿式。面对来球，弯腰时两腿伸直，两腿分开，但宽度不超过球的直径，两手掌心向上，前迎触球后将球抱于怀中。

② 跪撑式。接左侧球时，左腿屈，右腿跪于左脚附近，距离不得超过球的直径，其余动作与直腿式接球相同。接右侧来球时，动作方向与左侧接球相反。

（2）平空球：用于接膝关节以上，胸以下的空中球。接球时面对来球，两手掌心向上，两手小指相靠，前迎接球。上体前屈，当手触球时稍后撤以缓冲来球力量，将球牢固抱于胸前。

（3）高空球：面对来球，两臂上伸，两手拇指相对呈八字形，其余四指微屈，手掌对向球。当在最高点手触球瞬间，手指手腕适当用力，缓冲来球并将球接住，顺势转腕屈肘，下引将球牢固抱于胸前。

4. 扑接球

扑接球可分为扑侧面球和扑平空球。

（1）扑侧面球：异侧脚用力蹬地，双手快速向侧方伸出，一手置于球后，另一侧手置于球的侧后上方。同时身体像同侧脚方向倒地，落地时以小腿、大腿、臀、肘外侧依次着地，落地迅速团身。

（2）扑平空球：利用快速向侧方移动和蹬地向侧上方跃起腾空，注意身体在空中展体，两手掌面对来球，用手指用力抓住球，接球后以球、肘、肩、上体、臀、腿外侧依次着地，并迅速团身。

5. 托球

主要用于扑接球把握不大的情况，采用跳起向后托球或向后托球出场外。托球时，手指张开用手掌前部触球，使球呈弧形越过球门横梁。托球成功的关键在于及时移动起跳到位。

6. 拳击手

守门员应准确判断来球运行路线，及时移动到位，握紧拳，在接近球的瞬间迅速出拳击球。拳击球有单拳击球和双拳击球，单拳。击球动作灵活，摆臂力量大，击球力也大。双拳击球触球面积大，准确性高。

7. 手掷球

手掷球可分为单手肩上掷球和侧身勾手掷球。

(1) 单手肩上掷球:单手持球,手臂上扬后引,充分利用后腿蹬地,利用转体挥臂和甩腕力量将球掷出。

(2) 侧身勾手掷球:单手持球,持球手臂从体侧经头顶后将球掷出,这种掷球作用力距离长,能较好地借助腰腹力量,所以出球速度快,距离远。

(3) 单手掷低平球,这一动作与单手肩上掷球动作的主要区别在于手臂位置的不同,另外,掷球时身体重心应降低。

守门员用脚完成的动作基本同锋卫队员一样,只是在发球时常手抛踢凌空球和手抛踢反弹球,这时应准确的判断球的运动状态,确定好击球点和触球部位,使球按预定目标飞出。

第二节　足球战术分析

一、现代足球战术特点

现代足球发展的今天,特别是职业足球的兴起与发展,使得足球战术发生了质的飞跃,展现了现代足球运动整体的时代脉络和前进的步伐。足球运动发展的一百多年来,几次重大的变革都是通过战术变化而得以实现的。

综合来看,现代足球战术仍然是沿着快速、全面的方向发展。然而,其含义更加深刻与广阔。

(一) 进攻与防守的多层化

现代足球运动多利用球场的纵深,展开多层次的进攻与防守。这是近几年足球战术发展的一个突出特征。从进攻的布局上看,前锋队员似乎偏少,但在比赛中,前卫的插上,边卫的助攻等都给进攻队员在前场提供了广阔的空间,构成了多层次进攻。当比赛由攻转守时,在前场的进攻队员立即展开回抢、夹击,而在中后场,接近球的队员积极封抢,距球较近的队员则进行盯人,补位和保护,给对方进攻制造障碍,延误进攻速度。

(二) 进攻防守中的交互渗透

即使在进攻中也不放弃防守,这也是现代足球战术中的一个特点。"不顾失球的进攻"的年代已经一去不复返了。过去世界强队巴西曾经坚信"要进攻会失去更多的球"这一观点,然而却让他们付出了整整 20 年的代价。实践证明,只有攻防技术、攻防战术,攻防意识全面的球队,才可能成为比赛的胜利者。

现在比赛中经常可以看到,插上进攻队员留下的空位,总会有其他同伴去补位,这体现了进攻中的防守;当对方进攻时,如对方发角球或者前场任意球,而本方的前锋队员仍然在跑动选位,以待反击和快攻的到来,这也体现了防守中的进攻。上述战术行动体现了现代足球比赛中攻中有防、防中有攻的战术特点,即进攻是建立在稳固防守的基础上,防守中也蕴藏着极强的进攻动向。

(三)快速的攻防转换

攻防的成效在于时间和速度的快捷,这也是现代足球战术发展中又一特点。据统计,世界优秀队在比赛中,攻入对方半场(离对方端线30米的范围)大约有60~70次,这就意味着平均每分钟就有2~3次攻入前场的攻防活动。这就是说进攻中力争投入更多的队员,以增加进攻的威胁性;防守时,力求以多防少,以增强防守的稳固性,已成为现代足球打法的必然趋势。这种战术打法的关键在于争速度、抢时间。这就意味着,要求运动员发挥最大限度的运动能力。从某种意义上,现代足球战术实质就是对场上有限人员(11人)的运动能力的合理利用程度的比较。这正体现了现代足球战术的先进性。

(四)中场永远是比赛双方争夺的焦点

3-5-2,4-4-2,5-3-2是近年来现代足球比赛中应用较为流行的阵形,可以看出,各队都是重兵镇守中场。我国自1994年开展职业足球以来,有的队还采用4-5-1,3-6-1阵形,说明对中场更是慎之又慎。足球比赛的规律再一次证明,中场是关键,是灵魂。只有把握中场的控制权,才能攻防调配自如,才能组织有效的进攻战术。甚至很多时候,可将对方的进攻阻止、破坏在远离本方球门的中场地带。

(五)队形与阵型的合理组合

比赛阵型是在比赛中对场上队员的布局和分工,是根据本队情况和对手具体情况而安排的,队形则是比赛阵型在比赛中更具体、更严谨、更机动的灵活运用。它包含着对比赛阵型要求的严格遵守,也包含着由于比赛的发展,出现特殊情况后,需要周密组织,随机变化的人员组合处理。例如,在比赛中,由于临场战术发展的变化和需要,边后卫助攻至前场已担任起前锋的职责,由攻转守时,其边后卫的位置就必须由一邻近位置的前卫或中后卫等队友及时补位。世界一些优秀的队员都非常重视比赛中的队形保持与变化,攻守中三条线衔接紧密、间距合理、一般三条线控制在40米左右。进攻中有利于支援,防守中有利于保护和补位。

(六)球星与集体的完美结合

世界每一强队都拥有一个或者几个耀眼的球星,之所以称为球星,是他们在比赛中表现突出,拥有特长或者绝技。在比赛中能起别人无法替代的作用,他们每每在关键时刻能扭转乾坤,带领球队创造奇迹。例如,巴西球王贝利、罗纳尔多,阿根廷的马拉多纳,法国的齐达内,意大利的巴乔等,他们带领球队屡建奇功,获得过辉煌的业绩。但也要看到,足球运动是集体运动项目,只有发挥整体力量才能显示出战斗力。球星只有将自己融入集体,超凡的才能有施展的天地。

现在世界强队都是在提高整体水平的基础上，制造一些能充分发挥球星作用的战术打法。实践证明，二者只有完美的结合，才能夺取世界杯冠军。

（七）“全面”是战术发展的时代要求

全攻全守的打法兴起以来，其运用水平越来越高，前锋、后卫在职责的机械分工上逐步消失，技术上差异也越来越少。后卫插上进攻，前锋、前卫积极退守已屡见不鲜。以 5－3－2 阵型为例，两个边后卫在防守时担任防护边路的任务，由守转攻时则到中场协助前卫控制中场。所以，一个优秀的运动员充分展示了既能打进攻战术，又能打防守战术的能力；进攻战术中既能打边路进攻，也可打中路进攻；既可打强攻，也可打渗透进攻。反之，防守战术也应多样，如此才能面对不同的对手，采取不同打法取得胜利。

二、足球战术种类

（一）个人战术

个人战术包括队员控制球时对技术有目的、合理运用，以及无球时在场上具有战略意义的行动。个人战术的集合必将体现整体战术的水平。

1．跑位与接应

（1）跑空当：无球队员突然起动，摆脱身边的防守者，向无人的空位跑动实施接应。如图 3－3 所示，队员 A 跑向空位接应 B 的传球，场上同时存在几个空当，A 可依据当时情况及防守队员移动情况选择接应空当。

在跑动接应中，一旦发现同伴已跑向同一空位，应即刻变向，选择另一空位接应（图 3－4），队员 A 跑动接应中，发现同伴 C 也跑向同一空位，立即变向再选位接应。

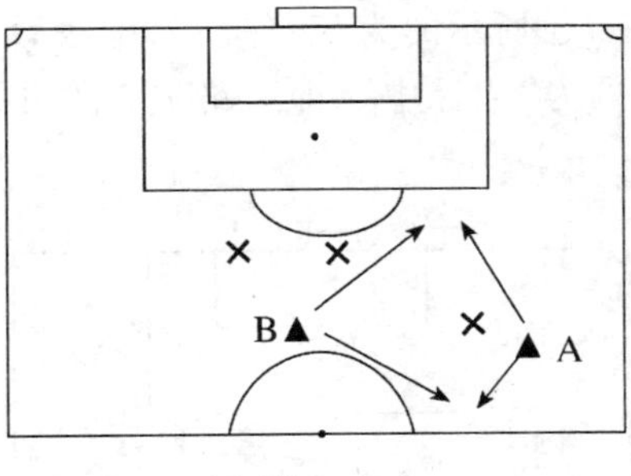

图 3－3

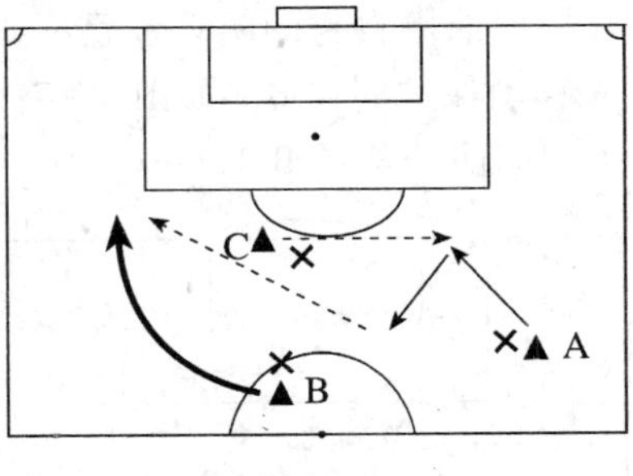

图 3－4

（2）跑第二空当（间接空当）：当对方紧逼当中，直接空位接应可能效果较差，此时应跑向第二空当（图 3－5①），当队员 C 回接时，将防守队员扯出。A 立即起动，摆脱对手，跑向 C 扯出的空当（图 3－5②）表明，当 C 横向移动时，A 跑向由 C 扯出的边路空当。

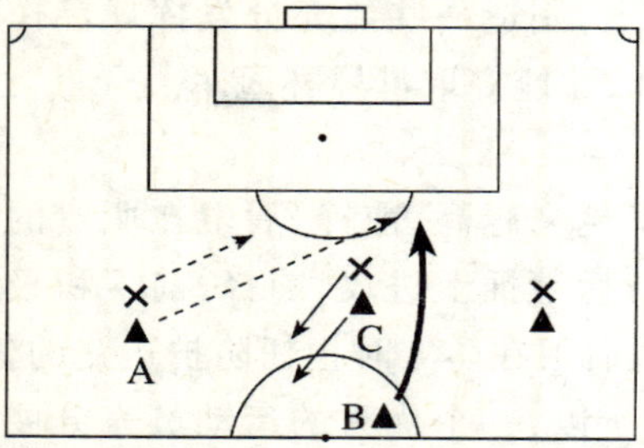

图 3－5①

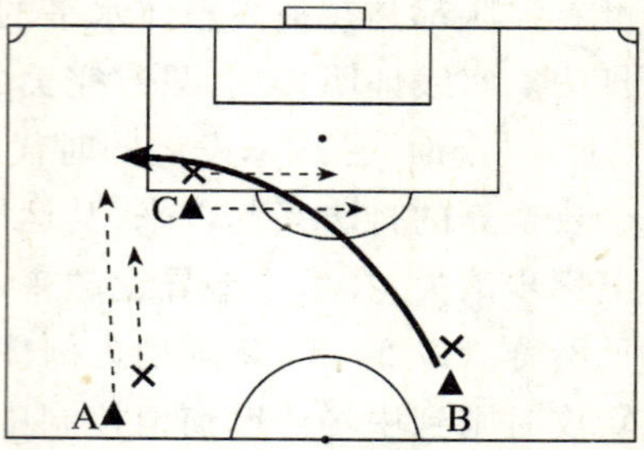

图 3－5②

（3）交叉换位跑动：跑动接应中，往往是一动全动，这时队员可根据同伴跑动做交叉换位跑动，打乱对方防守阵势，达到接应目的。当 A 与 B 横向交叉（图 3－6①），为 A 与 B 纵向交叉（图 3－6②）。

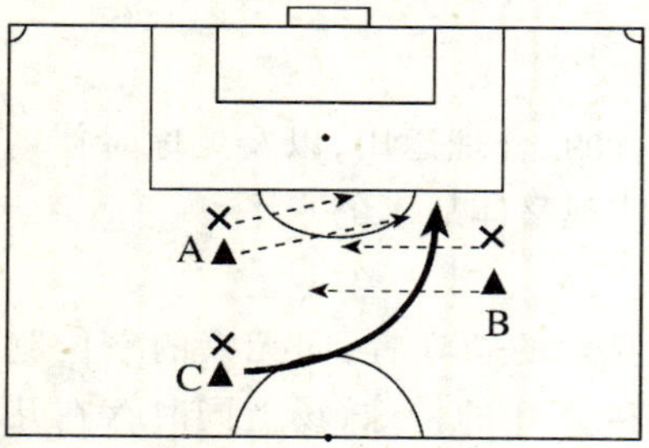

图 3－6①

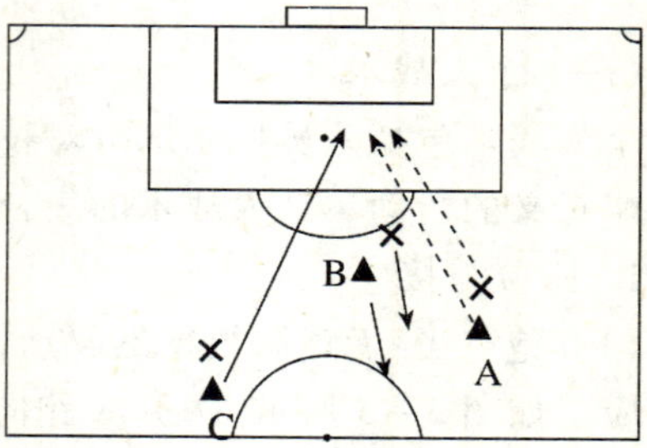

图 3－6②

2．防守移动

（1）保护：当防守队员 B 防守有球或有接球动向的进攻队员时，B 身边的防守同伴 A 应适当向 B 靠拢（靠拢距离应适当，不要靠拢太近，避免进攻队员一过全过），同时兼顾自身的防守位置。如图 3－7①所示的为“后保前”，即居后防守队员 A 移动保护同伴 B。如图 3－7②所示的为“边保中”，即边路防守队员 A 移动保护中间防守队员 B。

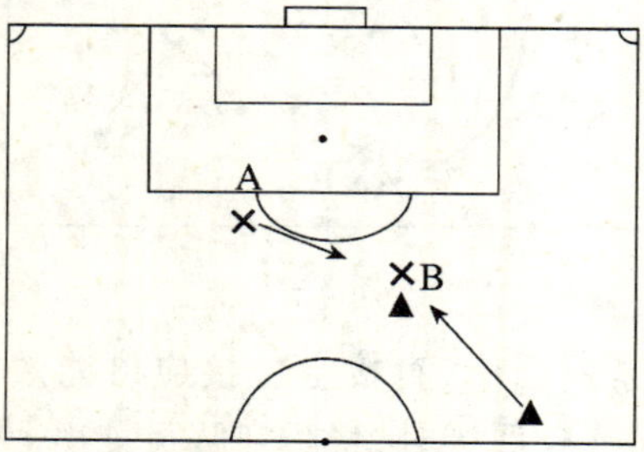

图 3－7①

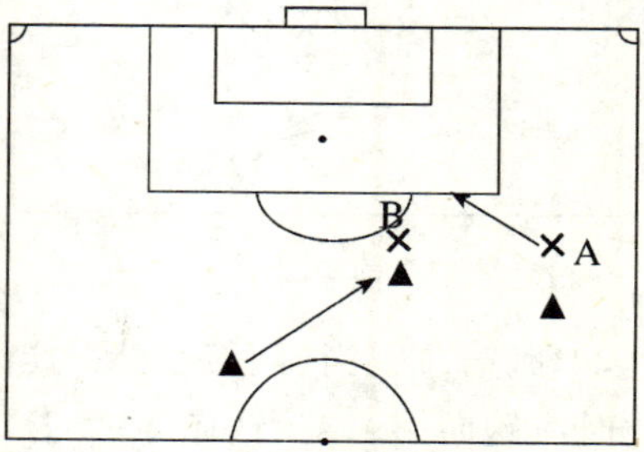

图 3－7②

(2) 补位：当本方防守队员 B 掉位，被突破或漏人时，邻近防守队员 A 应移动补位（图 3－8①②）。

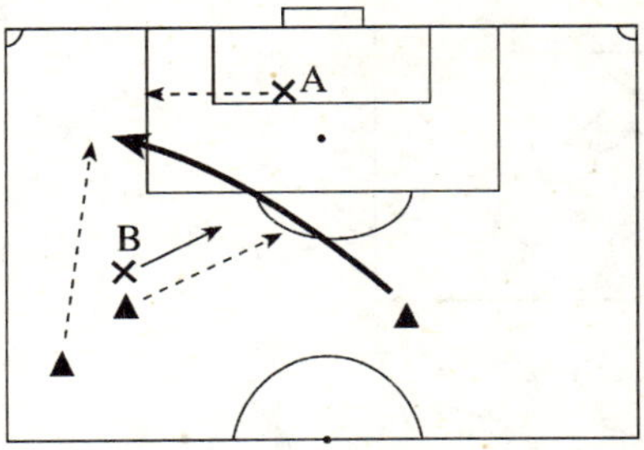

图 3－8①

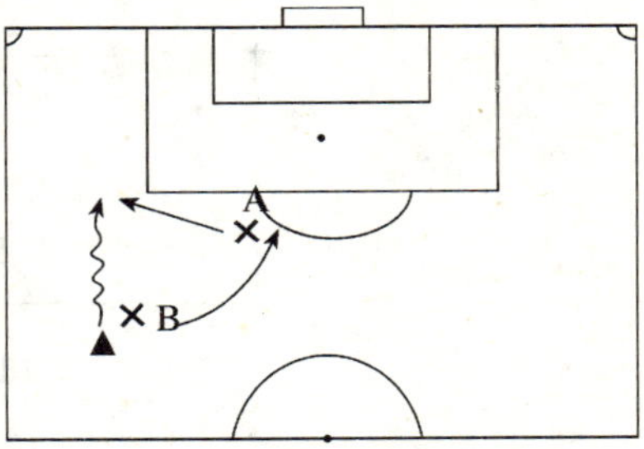

图 3－8②

(3) 交叉换位防守或不交叉换位防守：当进攻队员进行交叉换位跑位时，防守队员 A 与 B 可进行交叉换位，盯住原进攻队员（图 3－9）。防守队员 A 与 B 也可交换防守对象，进行不交叉换位移动（图 3－10）。

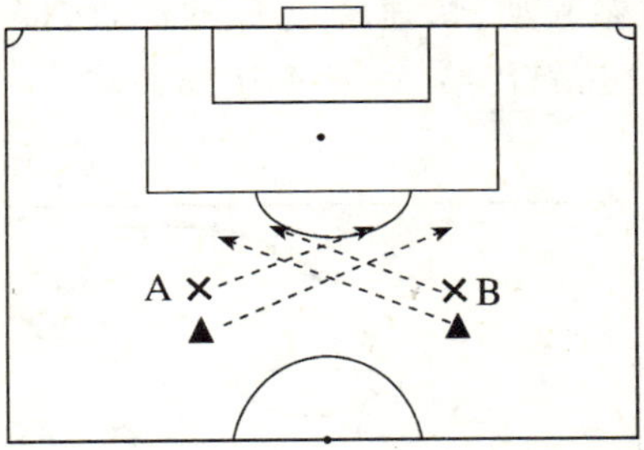

图 3－9

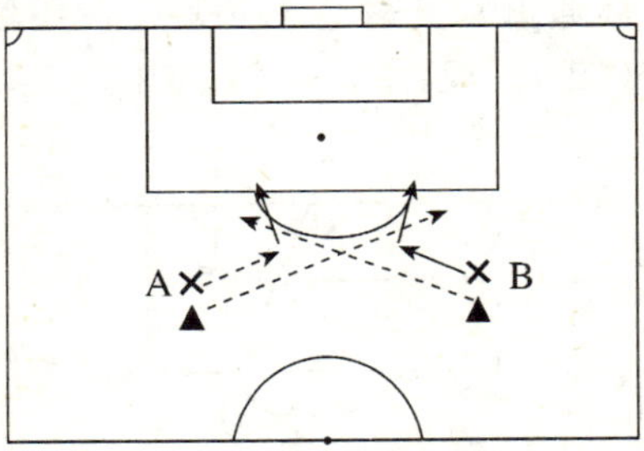

图 3－10

(4) 站位：当队员在本方罚球区附近且身边有进攻队员时，站位一定遵照"保中放边"。如图 3－11①所示，表明防守队员用身体挡在进攻队员与本方球门之间，不让进攻队员起脚射门。如图 3－11②所示的是"保内放外"，其目的是不让进攻者轻易向内线移动，以免构成对球门的威胁。如图 3－11③所示，表明防守队员要贴近进攻者，不让其转身，逼其回传或后移。

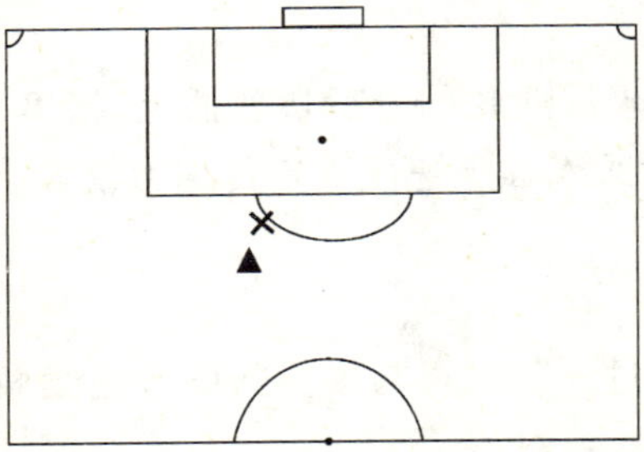

图 3－11①

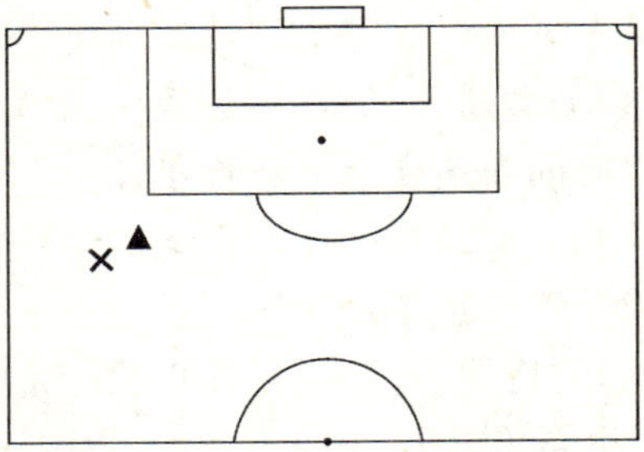

图 3－11②

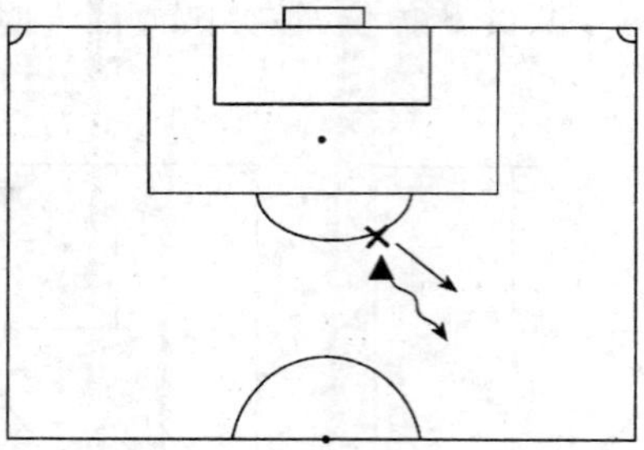

图 3－11③

（二）局部战术

1．二人进攻配合

（1）斜传或直传二过一：进攻队员 A 持球逼近防守队员 C，进攻同伴 B 选择好接应地点（地点应是两名进攻队员和防守队员之间有一定角度的位置，使之有传球通道），并接 A 的传球。A 传球后突然起动，快速绕过 C 的位置，接 B 的传球（图 3－12、图 3－13），B 接 A 球后应直接斜传给 A，使 A 达到突破。

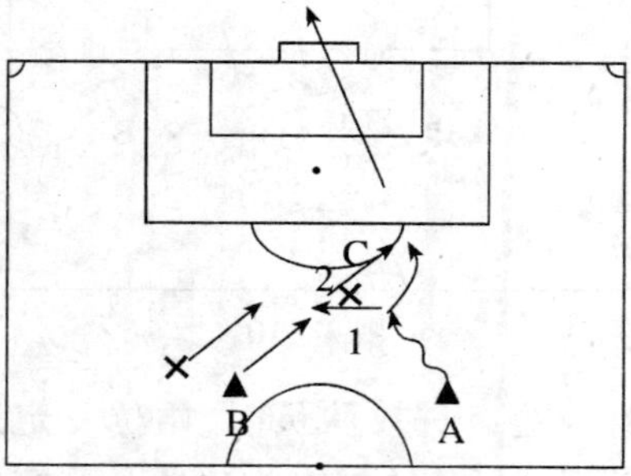

图 3－12

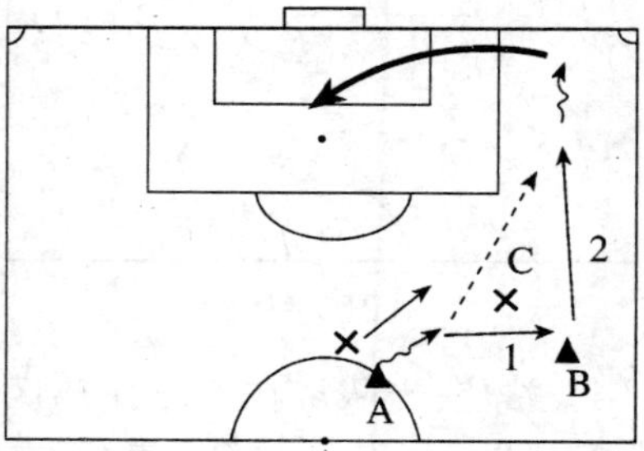

图 3－13

（2）回传反切二过一：进攻队员 A 往回运球，以吸引防守队员跟上，将球回传给接应队员 B，突然转身起动，快速反插防守队员 C 身后，接 B 的传球（图 3－14）。

（3）套插上二过一：进攻队员 A 从持球队员 B 的身后快速插上，接 B 的传球，以时间和速度差突破防守者 C。B 可根据 A 插上速度决定传球力量大小（图 3－15）。

2．三人进攻配合

（1）连续二过一：A 与 B 配合完成“二过一”后，再与接应队员 C 连续做“二过一”配合（图 3－16）。

（2）测重一边二过一：当攻守人数相当时，进攻者可集中优势兵力，偏重一侧进行“二过一”突破,突破一点即突破整个防线。(图 3－17)。

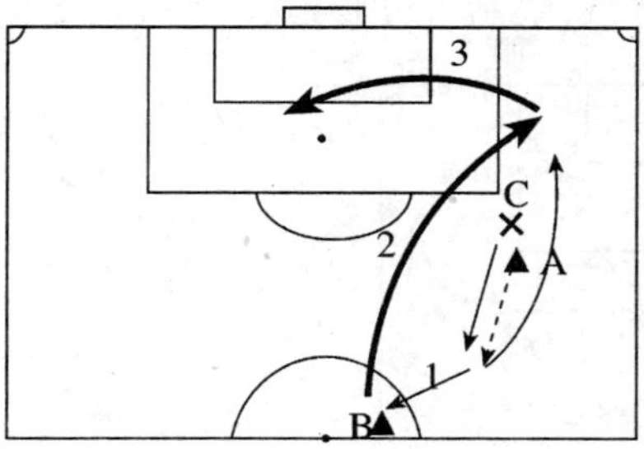

图 3－14

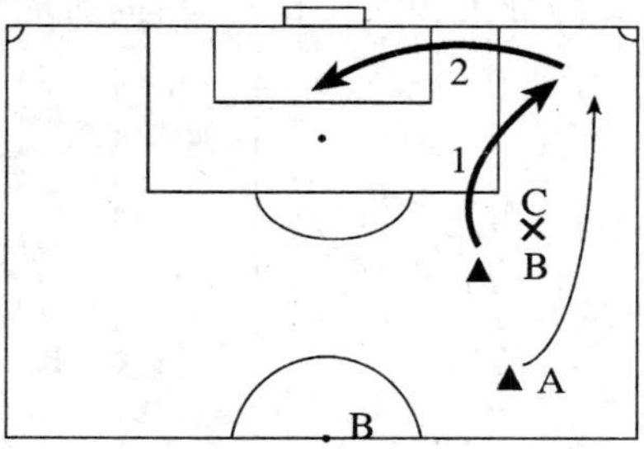

图 3－15

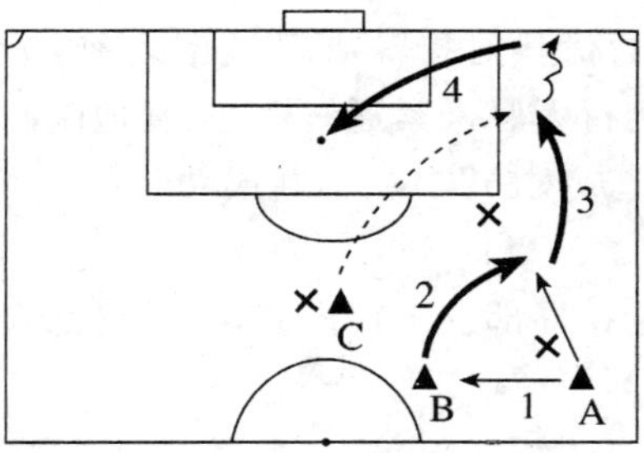

图 3－16

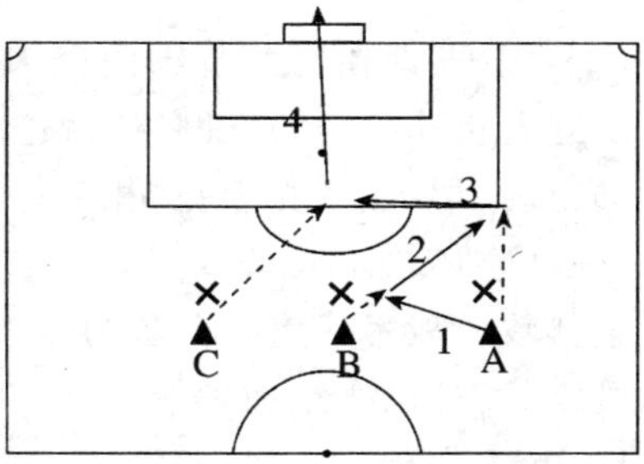

图 3－17

(3) 间接二过一:当两名进攻队员进行“二过一”配合时,第三名进攻队员隐蔽参与。如图 3－18①②所示,A 与 B 做“二过一”时,守队注意力集中在 A、B 身上,此时 C 隐蔽插上接 B 的传球。

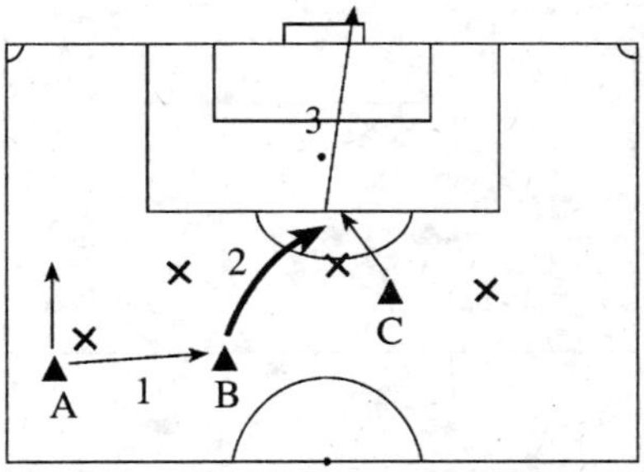

图 3－18①

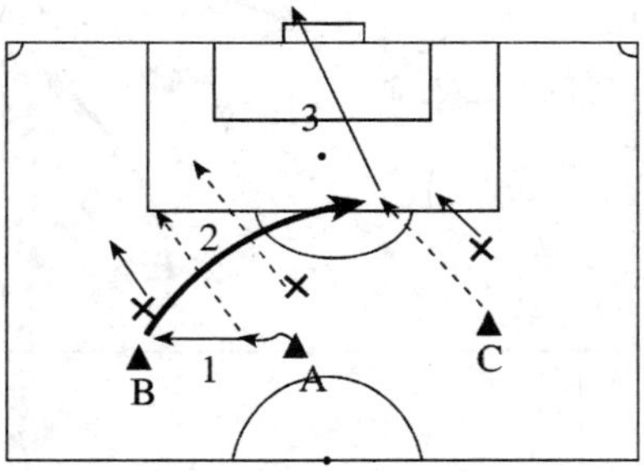

图 3－18②

3. 局部防守

(1) 折线防守站位:这是在后场防守线上有利于相互补位并缩短补位距离的站位方式。如图 3－19 所示,当对方从左路进攻时,守队 B 靠后并与 A 形成斜线,以保护 A。如 A 被突破,B 即时补位。同样道理,队员 C 靠后并与 B 形成斜线，以保护B。而远侧的D则适当靠近C，并与C平行战位，形成“折线”，这样可在防守上相互协作补位，同时能制造越位，限制对方渗透。

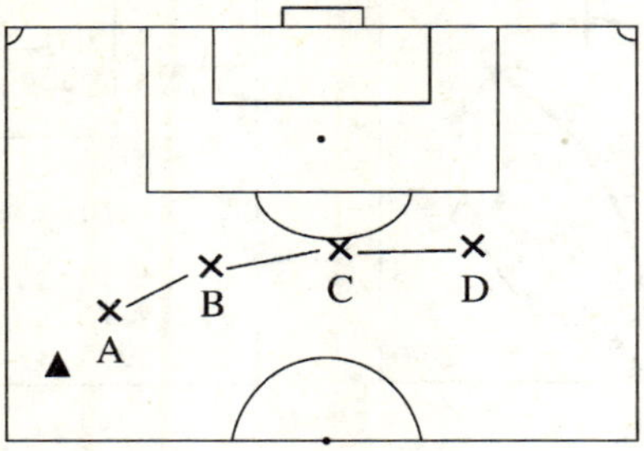

图3-19

(2) 围抢：即在局部范围内以人数上的优势对持球者呈包围之势，进行逼抢。防守者迅速构成防守网络，对进攻者实行人盯人紧逼，最大限度地限制持球者活动空间，形成“一抢全抢，相互保护”，造成对方失误，抢断成功。

(三) 整体攻防战术

整体攻防战术代表着全队的意志，无论在局部发生任何变化，最终都应遵照全队既定的方法、线路和对策。

1. 边路进攻

(1) 边线强攻：当进攻由后场推进到中场后，将球传至对方边后卫身后，由边锋快速下底，突破防线传中，中间队员即时包抄攻门(图3-20)。也可由边锋接球后，运用过人突破技术强行超越，下底传中(图3-21)。

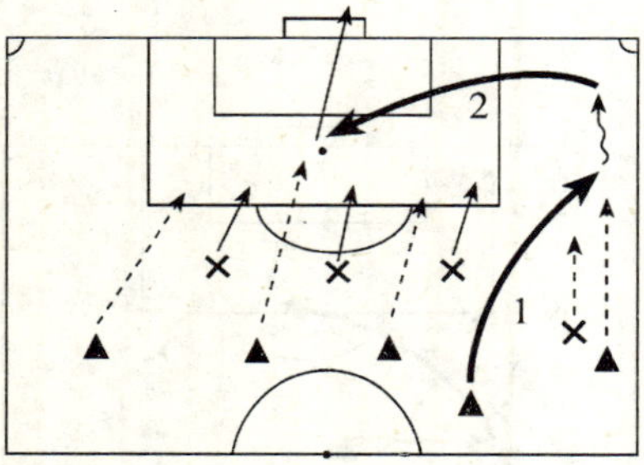

图3-20

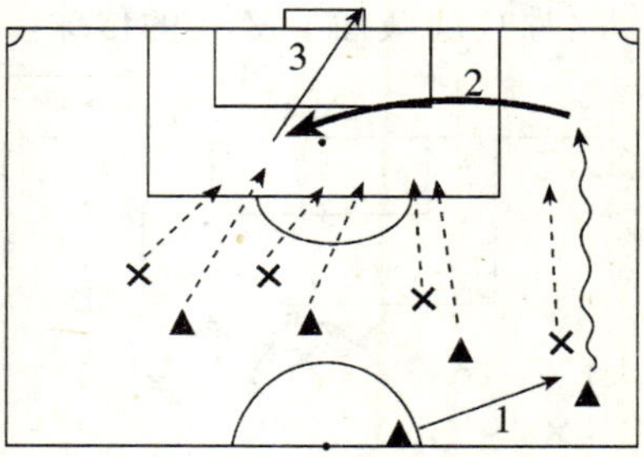

图3-21

(2) 边卫助攻：边路进攻队员有意识地向中间移动，牵制对方也向中间移动，闪出边路通道，让边锋后卫即时插上助攻。边卫助攻的关键是队员配合默契，看准时机，迅速发动(图3-22、图3-23)。

(3) 前卫套边：当攻至前场时，边路进攻队员有意识向中间移动，牵制守方也将中间移动，闪出边路空位，由前卫队员隐蔽迂回至边路，接球助功(图3-24、图3-25)。

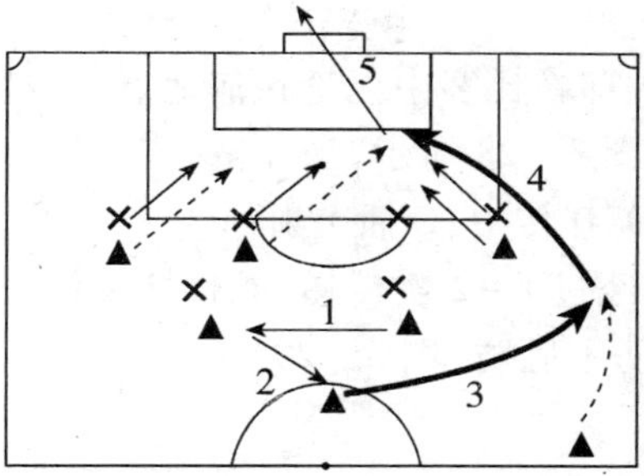

图 3－22

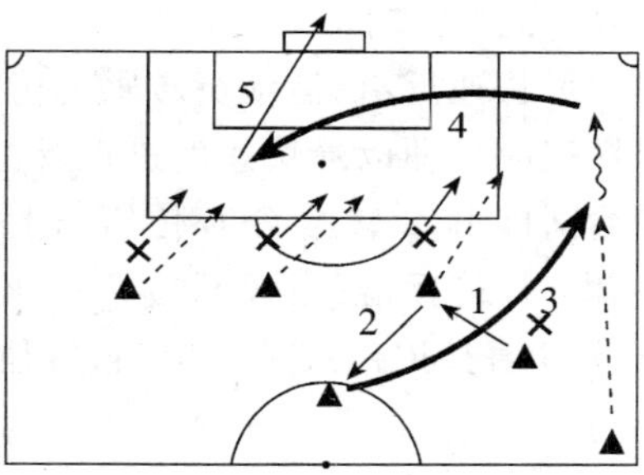

图 3－23

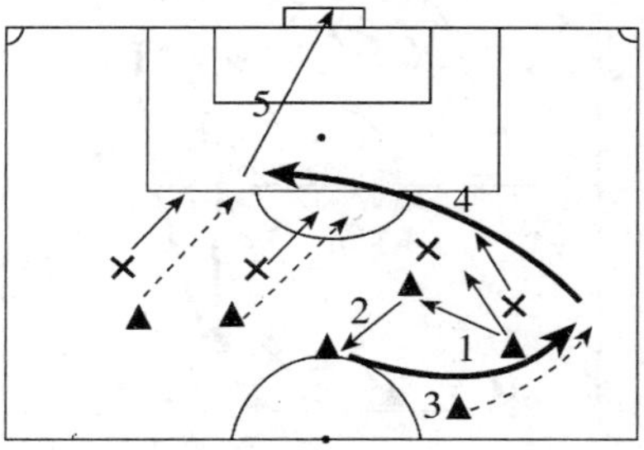

图 3－24

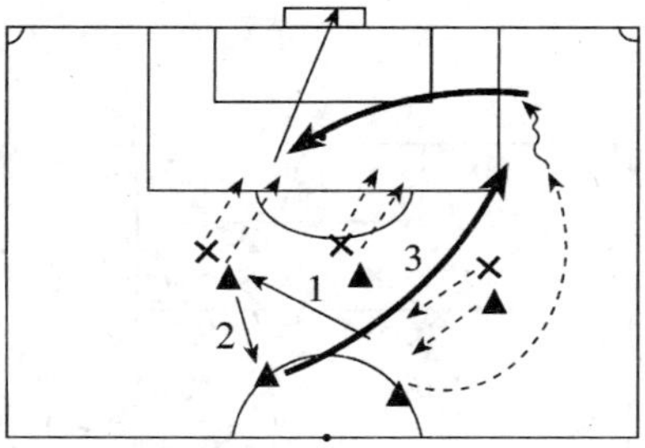

图 3－25

2．中间进攻

（1）渗透进攻：攻方队员利用传球，运球过人及“二过一”，间接“二过一”等战术向对方防线层层渗透，最后达到射门目的。中间进攻应于边路进攻相结合，拉开对方防线，制造空当，利于进攻者传接配合（图 3－26）。

（2）中场插上进攻：中场进攻中，前锋不急于向前挺进，可注意向回策应，留出身后的纵深距离，使后排队员突然插上进攻（图 3－27）。这里应注意的是队员之间的默契，在相互之间的跑动，传球的时机、距离、时间都应恰到好处。

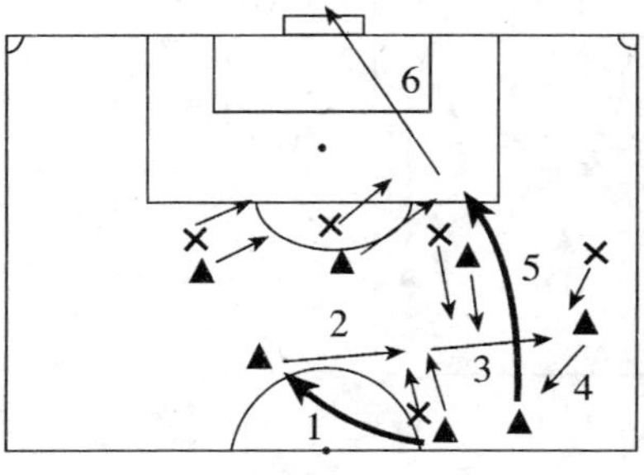

图 3－26

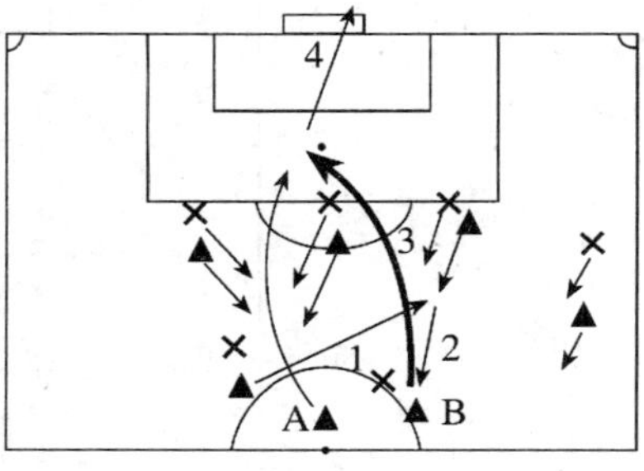

图 3－27

3. 反击进攻

(1) 快速反击:运动员应永远树立一种即在比赛中无论在何地点,一旦取得控球权就应立即以最快速度进行反击。如图 3 - 28 所示,当球被人获得后,应立即传给同伴 B,B 转给 C,C 传给插上队员 D,D 传中,E 插上射门。

(2) 长传反击:当 A 从后场获球后,可经过 1 ~ 2 次传递,或直接长传给前线队员 B,B 直接射门或传中射门,这使对手防不胜防(图 3 - 29)。

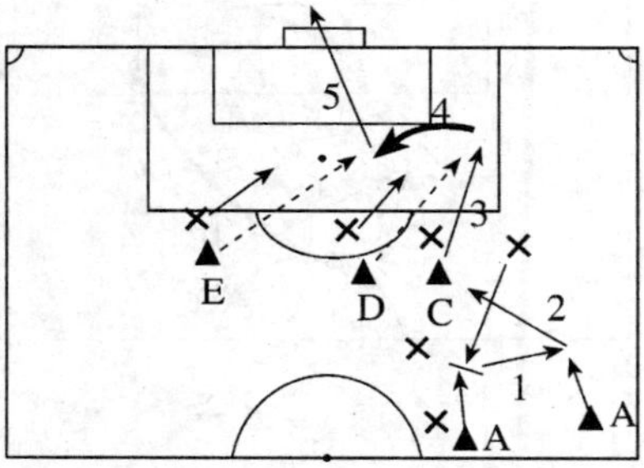

图 3 - 28

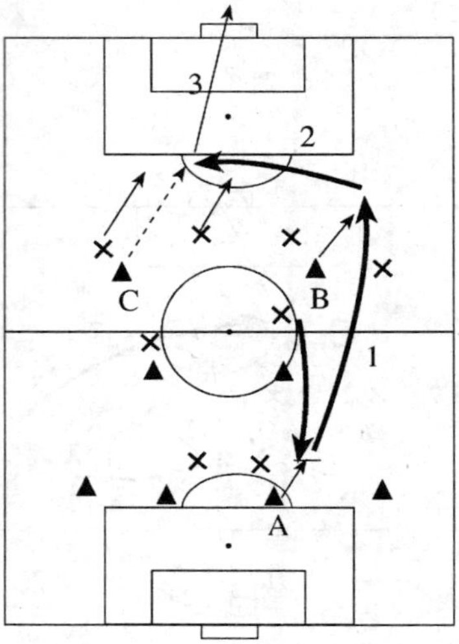

图 3 - 29

4. 协作防守

(1) 区域协作防守:队员既要负责分工的位置防守,同时要做到相互照顾、保护、补位。如图 3 - 30 所示,A 既要负责自己守位,盯住对方 D,同时要兼顾自己一侧 B,一旦 B 被突破,A 应立即补位,B 应换位跑向 A 的位置。

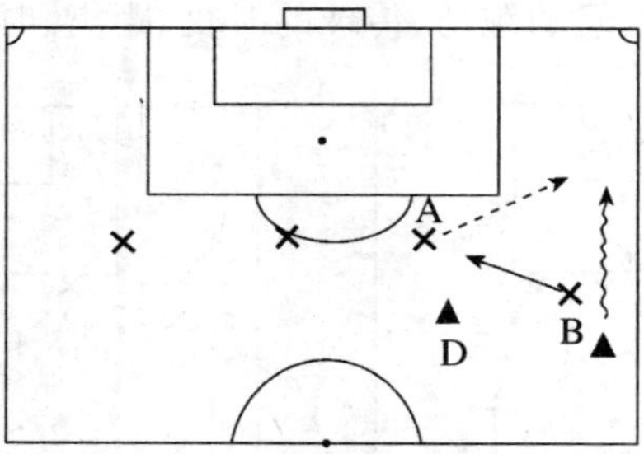

图 3 - 30

(2) 半场盯人防守:当攻者进入守方罚球区半场内,守方应采用人盯人防守，一对一对地紧逼。人盯人可不分区域，防守队员随攻者的移动跟踪紧抢，造成攻方活动受限，出现失误。同时注意，至少在最后防线上，有一拖后自由人，形成以多防少，他随时可支援、保护其他盯人后卫（图 3－31）。

（3）混合协作防守：这是盯人防守与区域防守相结合的防守，它综合了两者优点，也弥补了各自的不足。一般是对有球队员要重点盯抢；对距球远的进攻者采用区域防守；对特别威胁的进攻者应专人跟盯紧逼；对于门前和要害区域的进攻者应紧逼防守。当前，世界许多队都采用这种防守战术（图 3－32）。

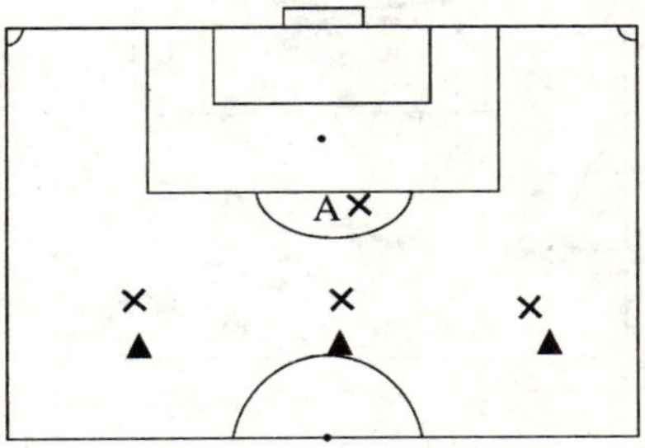

图 3－31

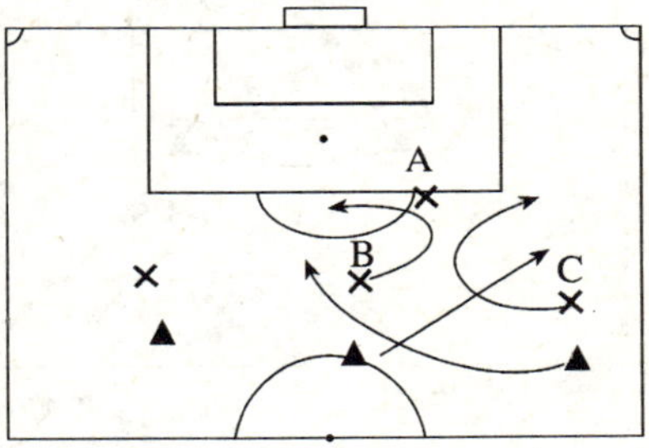

图 3－32

5. 造越位和反越位战术

（1）造越位战术：当对方进攻时，在向前传球的一刹那，守方人员有指挥地统一前压，造成攻方越位（图 3－33）。这里特别注意前压的时机，要由专人统一指挥。

（2）反造越位战术：这是防反对方造越位战术而制定的。当同伴传球的瞬间，处于第一线的同伴要注意对方队员的前压而机警的后移，不使自己处于防守队员身后。与此同时，中场或后场队员 A 隐蔽的快速插上，插上跑动应与传球时间配合默契，最好时机是在 A 还未超过防守队员位置之前，B 刚好将球传出。掌握得好就可能形成单刀球，使防守难以补救（图 3－34）。

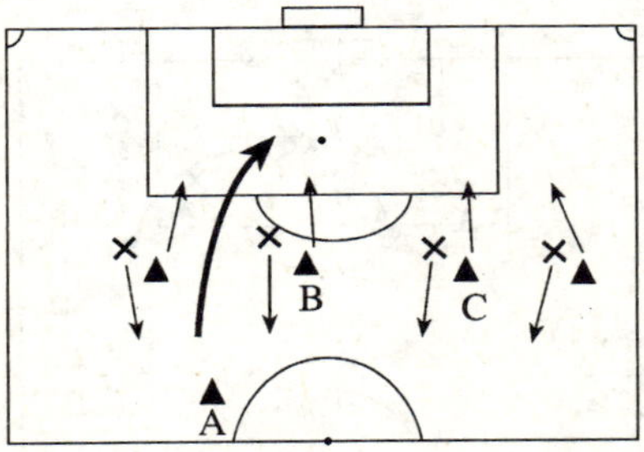

图 3－33

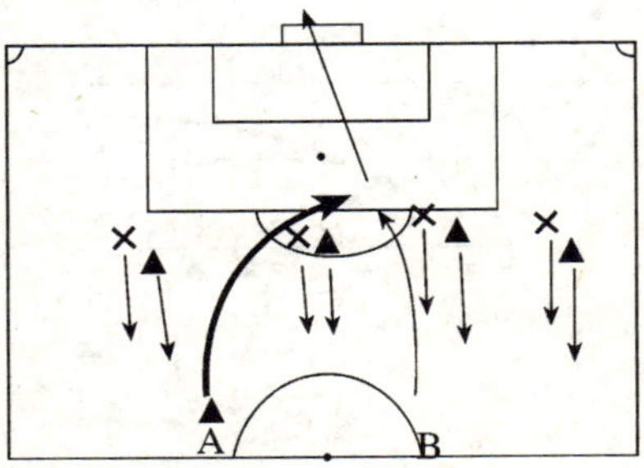

图 3－34

(四) 定位球战术

1. 角球战术

(1) 直接传中:一般是由传球技术较好的队员主罚角球,直接将球传向球门区附近,为与同伴便于联系,事先可约用某种手势代表将球传向球门区某一位置。由顶球技术好的队员在门前冲顶,其他队员包抄,补射或“捡漏”。传中球地点应选择守门员出击较困难,又不是离球门太远的位置(图 3-35①②)。

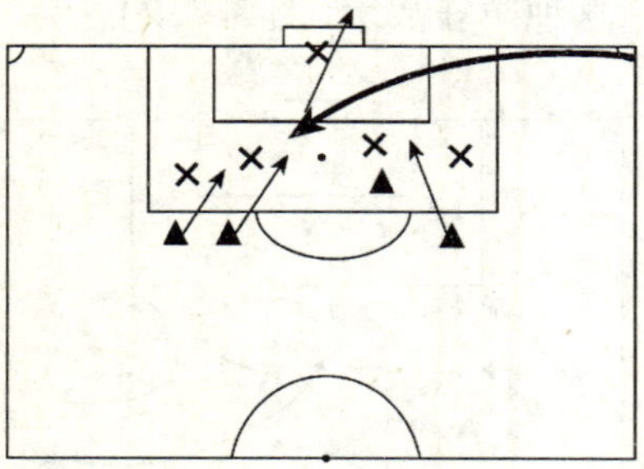

图 3-35①

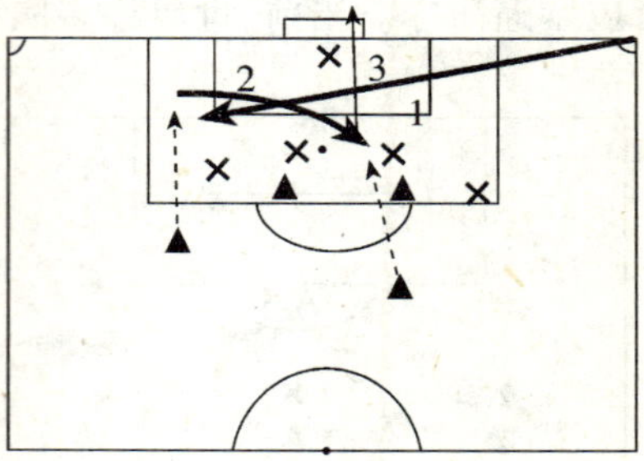

图 3-35②

(2) 短传配合:当 A 主罚脚球时,B 快速靠近 A,A 短传给 B。这一方面缩短了传中距离,另一方面,通过小范围传切配合,打乱防守阵形,再即时传中射门(图 3-36①②③)。

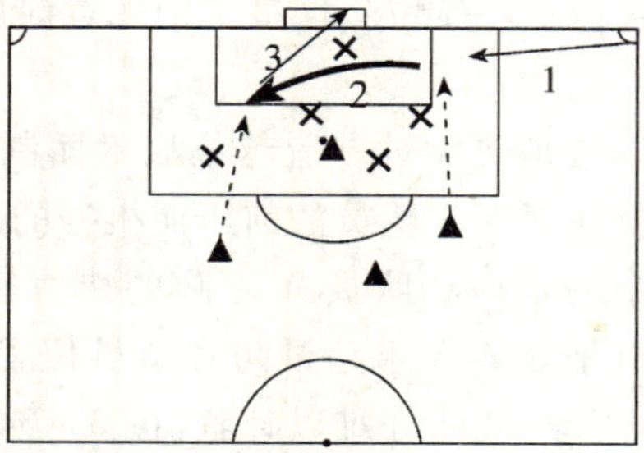

图 3-36①

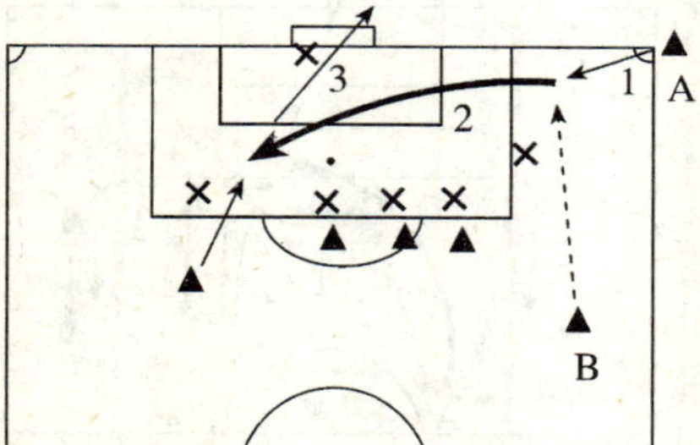

图 3-36②

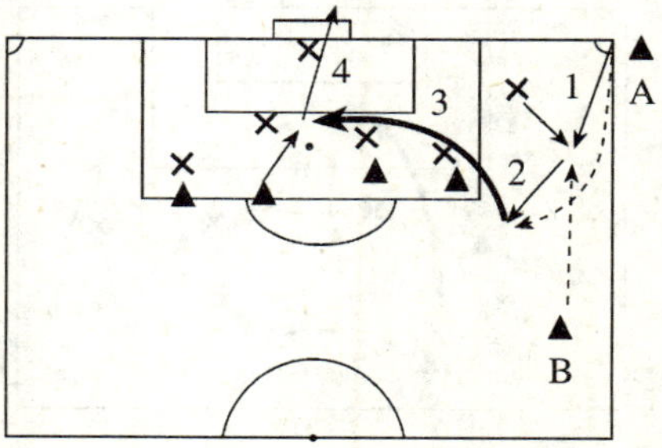

图 3-36③

（3）角球防守战术：应以多防少，除少数人留在外线准备反击，大多数人尤其头球好的队员应占据门前重要位置，并重点预防进攻队头球好的队员，要采用人盯人防守，将攻方对方顶在外线。但也要注意不要妨碍守门员活动。可在离角球 9.15 米站一队员防止对方做短传配合或传低平球。应有一队员站在门柱近端，协助守门员防守。

2．前场任意球战术

（1）直接射门：当距离球门较近罚直接任意球时，可以采用这种方法，利用规则允许，不经裁判鸣哨，在对方未组织好防守、注意力涣散，或者对方“人墙”出现漏洞，可采用直接射门的战术（图 3－37）。

（2）配合射门：其目的是迷惑对方，声东击西，通过 2～3 次的简捷传球配合，打乱对方防线，破坏对方“人墙”，找到空隙，创造射门机会。如进攻队员 B 向球助跑，佯装射门，然后从球上跑过，同时 A 上前传球，避开“人墙”，C 从后面隐蔽插上射门。如图 3－38 所示，B 站在守方“人墙”中，起到破坏干扰作用，俗称“挤墙”。当 A 射门时，B 跳起或下蹲使球飞过，使守方难防。

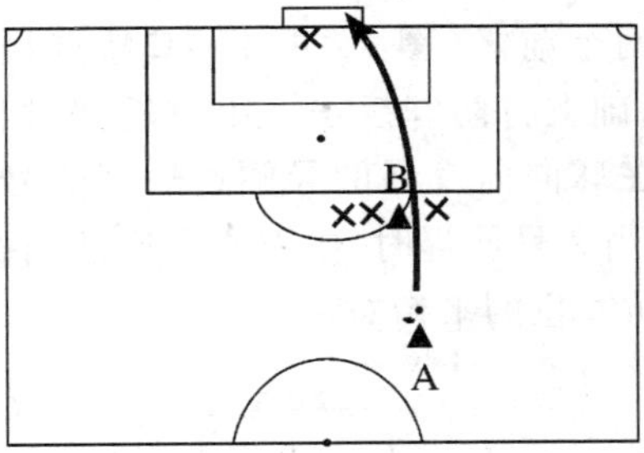

图 3－37

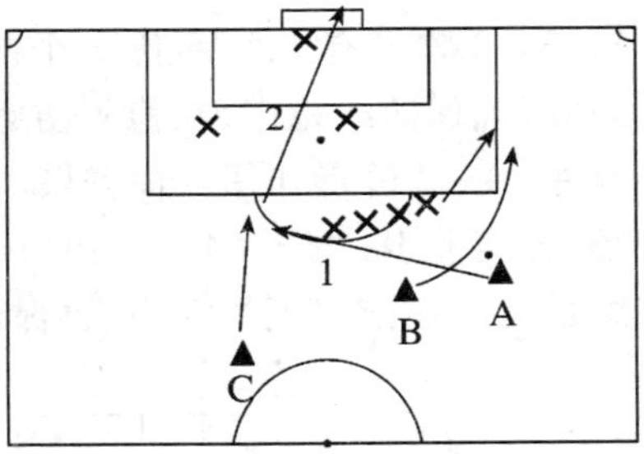

图 3－38

（3）两侧斜传强攻：当罚球点处于罚球区两侧时，可使用斜传冲击，利用向中路传空中球，由身材高大，头球好的队员冲顶，其他队员包抄冲击，造成门前混乱，寻找得分机会（图 3－39）。

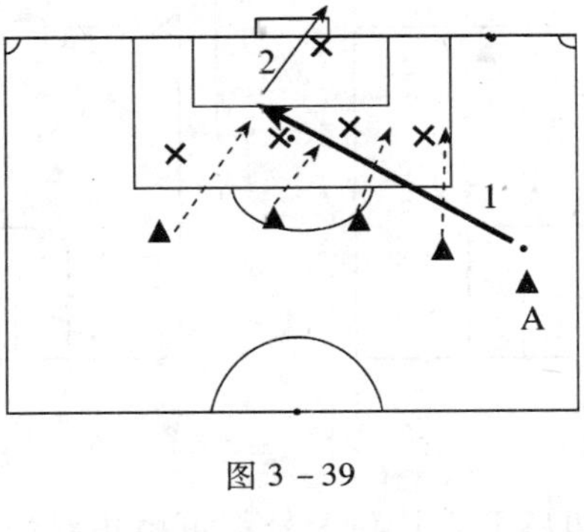

图 3－39

（4）任意球防守：当对方在本方罚球区罚任意球时，守方多数人员应快速回防，组织“人墙”要快，按射门角度，远近决定“人墙”人数，一般由 2～6 人组成。“人墙”封射门近角，守门员封射门远角。

三、现较为流行的比赛阵型分析

现今，在整体快速全攻全守战术思想指导下，世界各国采用较多的有 4－4－2，5－3－2，3－5－2 和 1－3－3－3 阵形。

（一）4－4－2

4－4－2 阵形为 4 个后卫，4 个前卫，两个前锋。其特点是针对足球“攻难易守”的特点，在中、后场布防人数较多，展现了防守线的稳固。中场攻防兼顾。前锋虽只有两人，但中后场可以随时插上，不仅前锋具有较大的机动性，也大大增强了进攻的隐蔽性和突然性。中场的 4 名前卫一般呈菱形站位（图 3－40），9 号为进攻前卫，即为“前腰”；6 号为防守前卫，即为“后腰”。两名前锋 10 号和 11 号机动站位，可视场上情况站中间，或一边一中。

（二）5－3－2

5－3－2 阵形有 5 个后卫，3 个前卫，两个前锋（图 3－41）。其特点是重兵加强防守，确保防线稳固，在稳固防守的基础上打防守反击。由攻转守时，可同样是有 4－4－2 阵形作用。由守转攻时，在球向前发展的异侧边后卫 2 号插上至中场，充当前卫（图 3－42）。但应注意，当 2 号前提时，中卫 4 号应适当拉边。既兼顾由 2 号上前留下的空当，也保证了防守位的平衡布局。

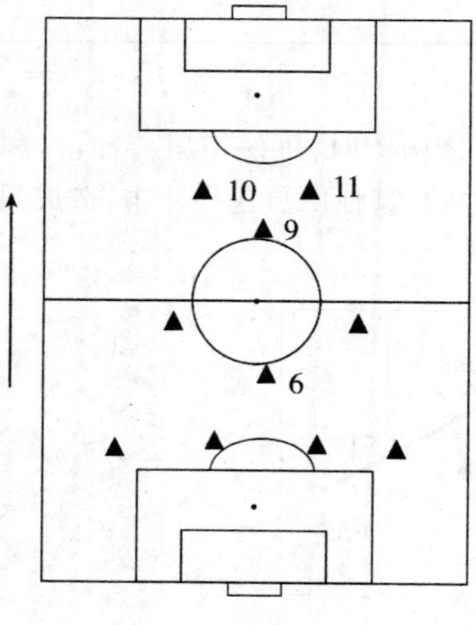

图 3－40

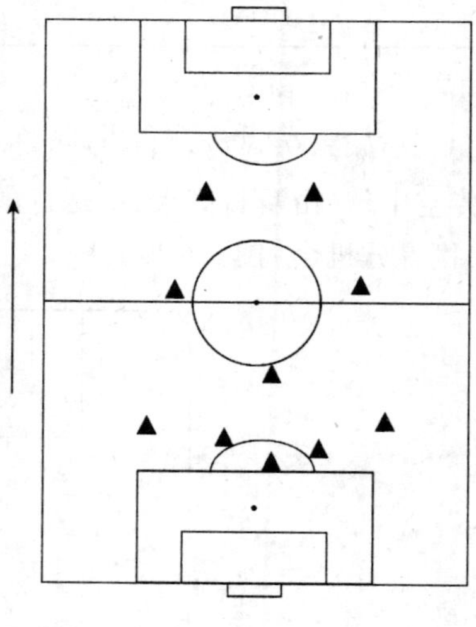

图 3－41

当需增加进攻时，边后卫 2 号和 3 号都可由边路插至中场，形成 3－5－2，加强中场控制，增加威胁（图 3－43）。

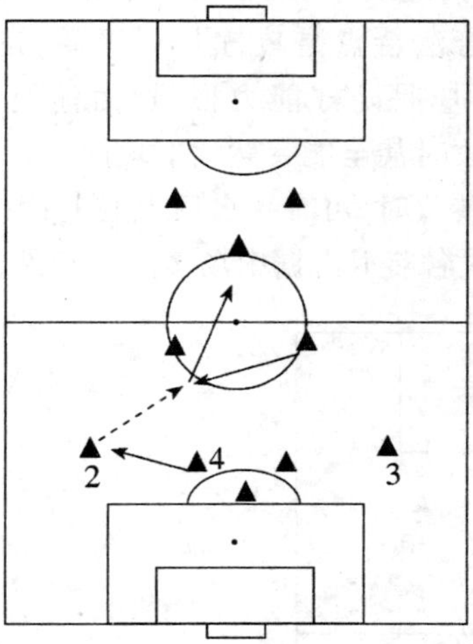

图 3－42

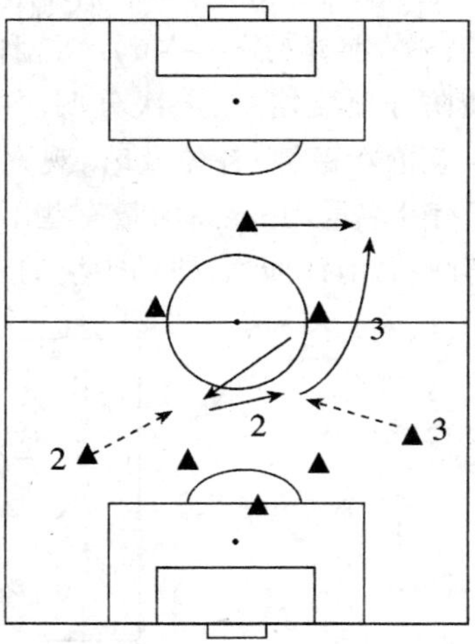

图 3－43

（三）3－5－2

3－5－2 阵形有 3 个后卫，5 个前卫，两个前锋（图 3－44）。这种阵型的特点是中场实力雄厚，有利增强助攻。3 名后卫主要是针对对方采用两名前锋时，而且本方后卫个人防守能力较强而设定的。一般防守情况下，由后卫 4 号和 5 号防守对方两名前锋，6 号拖后保护。必要时，前卫可回撤支援。当由攻转守时，至少有一名前卫 9 号视比赛发展情况，回撤到边路或中路，协助防守（图 3－45）。如果有两名前卫回撤防守，即形成了 5－3－2 阵形。

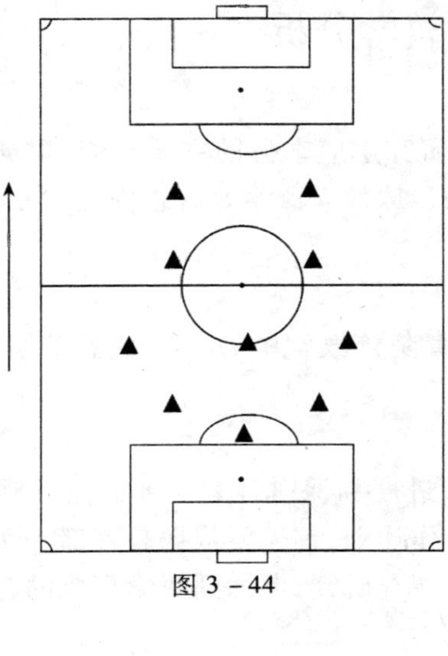

图 3－44

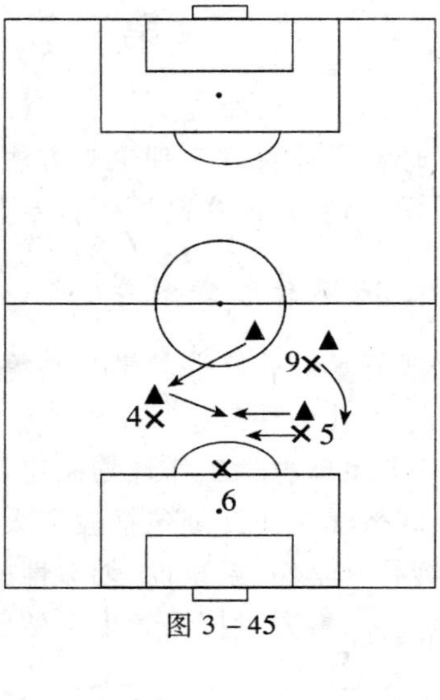

图 3－45

(四) 1－3－3－3

1－3－3－3 阵形有 4 名后卫，其中一名为拖后中卫，俗称“自由人”，还有 3 名前卫，3 名前锋（图 6－46）。这种阵形的打法特点是攻守相对平衡，设“自由人”，使防守厚度增加，层次分明。“自由人”应是防守能力很强，由他扼守最后防线。应抢断稳健，补位及时，观察敏锐，进攻时甚至能突然插上攻门。在阵形中场只配有 3 名前卫，显得力量有些不足，由守转攻时，可有一名后卫插上；由攻转守时，可有一名前锋回撤，协助中场的攻与守。3 名前卫占据中场多呈三角站位。

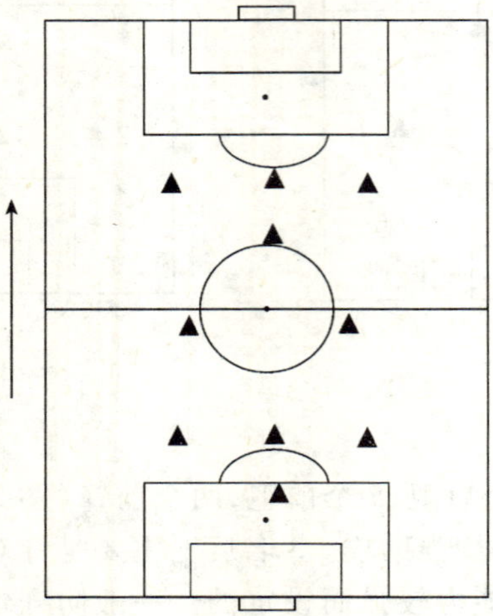

图 3－46

第三节 足球教学分析

足球教学体育教学理论与方法（足球）研究生应掌握的主要技能，根据教育部的教学计划，目前在高校体育专业安排的足球教学课主要有普修课和专修课。

一、足球普修课教学

完成好足球普修课教学是高等学校体育院校教学中的一项主要任务，一般应掌握下列几个环节：

(一) 足球教学工作计划制定

足球教学工作计划包括教学大纲、教学进度和课时计划。要制定一项切实可行，具有科学性、系统性、创造性的教学工作计划，首先要依据教育部下达的相关教学文件，事先对授课学生自然状况进行调查研究，考虑到教学环境的客观条件，制定切实可行的教学工作计划。

1. 教学大纲

要根据学校总的教育计划规定的任务与要求制订教学大纲，它是完成该门课程的纲领文件，主要包括教学任务、要求、教学时数的分配，理论部分与实践部分内容，完成教学大纲的措施，考核内容与标准等项。

(1) 任务与要求：要从思想作风，业务能力，实际工作水平等方面提出要求。这里特别要强调的，足球在我国具有广泛的群众基础和社会基础，是全国人民非常喜爱的球类项目之一。根据素质教育的要求，在教学中培养学生的创新能力与实践应用能力，对提高我国足球教学训练水平是非常重要的。

(2) 教学时数的分配：目前我国高等学校对足球普修课的教学时数各有差异，但根据体育专业教学基本要求的精神，教学时数要合理的分成理论教学时数，实践教学时数，考查和考试学时数，机动教学时数(2～4 小时)。

(3) 理论与实践部分内容：足球普修课中的理论部分内容主要有足球运动概述、足球技术、战术、身体训练、规则讲解等。理论课的教学可采取讲授与自学相结合的方式。

实践部分教学占据了较大的比重，一般包括下列内容：

① 身体训练。包括一般身体训练和专项身体训练，包含了每堂课准备部分的活动内容。

② 技术战术。足球技战术种类繁多，要按照要求对重点教材，一段教材和介绍性教材分别标出，以便在教学中突出重点，轻重有序。

③ 教学比赛与裁判实习。这是提高学生足球运动应用能力和创新能力的一个重要部分。

(4)、考核：一般采用考试或考查的方法，其形式可采用期中理论考试，技评与达标，平时考查(作业，课堂提问等)。技评与达标的具体方式、标准列在大纲之内。

(5) 执行大纲的措施：依据主客观条件，对教学提出一些切实可行的措施。

2. 教学进度

将教学大纲规定的教学内容和课时数落实到每次课，最好落实到每学期的具体课次，形成科学的，系统的教学进度，一般用进度表的形式提出，使人一目了然。进度表应把理论课的题目，技术战术、身体训练内容、教学实习、考试、考查以及机动项目分别填在各次课内。

3. 课时计划(即教案)

教案是教学工作计划中最基本的教学文件，是上好一堂课的基础，一般有准备部分、基本部分、结束部分组成，俗称教案三要素。

(1) 没写教案之前，应广泛征求同行和学生的意见。

(2) 教案的重要部分应在撰写前实际演练,以便增强教学的实际感受,准确把握课堂时间。

(3) 教案的三要素既要内容明确,各有核心,又要前后衔接,做到各部分核心任务心中有数。

(4) 撰写教案除以教学进度为依据外,还要参考过去的教案记录,以便取长补短,革旧更新。

(5) 每次课后,要认真记录教学效果,利于不断总结提高。

(二) 足球普修课教法

1. 循序渐进性教法

(1) 教学动作由易到难:足球技战术教学内容很多,对初学者首先要从学习易掌握的动作开始。

(2) 练习手段由简到繁:练习中从静止的动作到慢跑的动作,再到快跑的动作,从单人动作,二人动作,到三人动作,多人动作。从原地的,到短距离的,再到远距离的。

(3) 练习人数逐步增多:从单人、二人的动作到多人的动作。

(4) 运动负荷逐步增大:练习动作中无球模仿动作到有球使用动作。

2. 重复性教法

一些练习动作只有通过正确的重复练习,才能形成从动作繁化掌握状态,呈现条件反射动作定型状态,练习的重复性主要指练习内容和练习次数的重复。特别是在一个技术动作中某个动作环节掌握不够准确的情况下,要反复对这一工作环节进行重复练习。

3. 综合性教法

教学练习中,应把技术与战术、身体训练、心理机能有机地联系起来,综合地纳入训练中去。例如,实践课上,可以从准备活动起把身体训练与简单的有球练习糅合在一起。技术教学中也应把已学过的与刚学过的综合起来练习。

4. 实战性教法

这是指教学内容与手段必须与足球比赛的客观规律以及适应比赛中的要求为依据进行安排和设计。

(1) 对抗性教学练习:对抗是足球运动的生命。在教学中技术练习如不加以对抗性处理,则毫无实际应用价值,学生也感受不到实战运用体会。练习中,对抗程度可依据具体情况逐步加大。例如,运球过人突破练习,开始可以从无人防守到消极防守,半消极防守,逐步过渡到积极防守,以至于采取以多防守的超强对抗。

(2) 接近比赛状况下的教学练习:教学要取得实战效果,应当在掌握一定基本技术、战术情况下,逐步进入比赛状态下教学练习。例如,争顶头球、射门、抢球等技术练习,二过一,三过二战术练习,都可在局部造成比赛状况的环境下进行教学练习,使学生得到实战状况下的亲身体验。

5. 发现教学法

发现教学法是将发现教学法的精神贯彻于教学之中,教师先设计一种比赛或游戏的场景,在学生练习一段时间之后,教师提出问题,让学生自己发现问题,并展开讨论,而后得出结论。这种方法对培养学生发现问题和解决问题的能力有很好的效果。但此种方法应在学生有一定基础时采用。

(三)课外辅导

足球运动以脚部动作为主完成控制球的技战术,对于已进入青年阶段的大学生来讲,脚部肌肉、关节、韧带都不如少儿富有柔韧性,在我们国家城乡教育尚处于明显差别的情况,尤其是在边远山区,许多中小学根本未见过足球,其足球运动基础为零。进入高等学校后,仅靠普修课课上的时间,学好足球的基本技战术知识,显然有一定困难,这就需要利用课外一些业余时间,安排一些相关措施来提高和弥补课内未尽知识。

1. 一帮一活动

对基础差的学生采用与基础好的学生进行一帮一活动,可以自由结成对子,或由老师视具体情况安排结成对子,最好是同一宿舍的,或同一班级学习组的,或住同一社区的。要求他们制定课外互教互学计划,活动时间要有保障,活动内容有针对性,重点是帮助基础差的同学提高课堂未学好的内容。教师要认真定期检查。

2. 业余比赛活动

充分利用课外活动,节假日休闲时间尽量多地安排组织学生举行班级比赛,或校外比赛活动,应适当安排初学者或基础差的学生上场比赛,培养他们对足球运动的兴趣,同时也提高了他们学习知识的应用能力。每场比赛教师应尽量到场做临场指导,这样要比在课堂的讲解更实际,更具体。

3. 专题讲座研讨评论活动

通过上述活动可以丰富学生的足球知识,有利于运动技能的快速提高,为了弥补普修课学时的不足,利用专题讲座,研讨评论对足球理论知识的提高是较为有效的方法。讲座可以聘请名人、专家、教授介绍当前国内外足球运动的发展前景、最新动态,扩大学生的知识面。研讨评论让学生自己讲述所学知识技能体会,可以起到相互学习,相互提高的作用,同时也是教师掌握学生学习动态的好机会。通过专题讲座、研讨评论对于把足球运动职业化、足球市场经济化也是一个极好的机会。江泽民主席倡导:教育应提高学生的应用能力与创造能力。通过上述教学手段,使学生把足球运动从“校园围墙”中解脱出来,为学生未来走向足球社会、足球市场打下了基础。

二、足球专修课教学

足球课是在完成普修课的基础上，对足球运动做进一步深层了解，从而达到全面系统地掌握足球专门知识和技能的学习过程。

（一）足球专修课教学目的与任务

（1）通过专修课的教学训练，使学生全面了解和掌握足球运动专项知识、理论与运动技能，提高学生对足球运动的普遍规律特点的感性和理性认识。加强对学生职业道德和敬业精神的教育。

（2）使学生能自觉地运用所掌握的专项知识理论来分析解决足球运动发展中及教学训练实践中出现的问题和现象，并着重培养学生的个性特点、创新应用能力以及解决问题的综合能力。

（3）使学生能胜任一般足球比赛的组织编排工作和裁判能力，并具有较高水平的足球运动技能。

（4）使学生基本掌握足球运动科研方法，为进一步系统地、全面地完成科研工作打下坚实的基础。

（二）足球专修课教法

1. 足球理论知识教学方法

（1）教学方法：方法可以多种多样，采用课堂讲解与讨论相结合，专题作业与讨论相结合，以及电化教学（图片、照片、幻灯、录像、电影，VCD）等直观教学方法。教师的课堂讲授为主要手段，注意引导学生关注中外足球发展状况，并引导学生结合国内外文化经济发展状况进行论述，使学生得到系统的理解。

（2）教学过程：教师对足球理论知识应熟练掌握，融会贯通，思路清晰，前后衔接，按照知识内容次重点指导学生，首先要求学生先进行课前预习。讲课之中，通过提问了解学生理解接受能力，以此反馈信息，改进教学。课后要带有针对性地安排作业，教师要认真批改作业，并及时向学生指明作业完成情况。

（3）教学内容的选择：除了教材规定的内容之外，还应密切结合国内外足球发展的动向和热点问题进行讲解和讨论，注意教学内容选择的时代性。

2. 足球技术、战术和身体训练教法

（1）足球技术教法：据有的足球专家的不完全统计，各种不同形式的足球技术动作多达 1 000 多种，要按照教学大纲规定的重点内容、一般内容、介绍内容合理分配学时，课堂上主要以讲解与示范、练习为主要手段，遵循由易到难，由简到繁、由定位到移动，由单一到综合的教学手段。以踢、接、运、顶、抢为主，逐步揉进假动作与掷外界球技术。练习中应以有球练习为主。

学习基本技术时，首先通过讲述和直观方法（示范、电影、录像、比赛等）使学生对技术动作有一完整、明确的了解，如对某技术动作的特点，比赛中的运用，整套的技术动作方法等。然后,再进一步学习该技术动作的要领,以及做动作时的注意事项。开始学习时,一般采用领会和掌握动作要领为目的练习。然后逐步采用一些比较复杂的综合的技术以及结合各位置特点的练习,注意结合比赛练习,不断提高技术运用能力。

(2)足球战术教法

① 战术教学的实践活动,要以讲解示范为主。开始学习战术时,应首先讲解这一战术在比赛中的用途,队员间的配合。随着练习的深入,逐步讲解战术的细节及各种变化,并在训练中不断纠正错误。

② 观看比赛与讨论也是战术教学中常用的教学方法,尤其是对优秀队的现场观摩、录像,可以学到更精彩的战术配合。观看前,应提出一些课题,以使学生有针对地观摩思考。观后讨论要围绕事先提出的课题进行,以便加深理解。观摩低水平运动队的比赛,应着重分析它们战术运用不当和战术配合失误的原因,从反面理解运用战术的要点。

③ 战术教学的目的就是要求在比赛中能做到完善地进行配合。在教学中,开始学习某一战术时,先在不设防守队员的条件下进行,有些难度大的配合甚至可以先用“足球沙盘”摆放,以搞清配合路线,然后再在慢跑中练习。防守队员可以先用“立柱”代替。随着练习的深入,就要逐步加大练习难度,如练习进攻战术时,防守队员可由跟随松动防守,逐渐加强防守强度,从消极防守到积极防守。甚至可以增加防守人数。

战术教学除了上述方法外,还应注重利用比赛提高战术配合能力,尤其是对一些水平较高队的比赛 ,对学生的战术运用更是非常重要。

(3) 身体训练教法:在专修教学中着重掌握好速度、耐力、力量、灵敏、柔韧等专项素质的教学手段。

① 对于速度教学实践中,更多采用“信号”刺激的方法,即突然发出信号(视觉、听觉等信号)提高运动员对信号的应答能力,以及结合球的快速实战技术动作的能力练习。

② 耐力教学练习中,主要应采用间歇练习法,以提高身体能源物质(ATP 和 CP)分解能力和再合成能力。

③ 力量实践教学中,应采用与足球比赛中运动员的肌肉用力特点相符合的练习方法,以使队员在足球运动中参与动作的肌肉纤维逐步加大,并使肌肉组织的代谢过程加强。

④ 灵敏素质是运动员自身多种素质的综合体现,因此灵敏素质教学练习应建立在各项素质全面同步发展的基础上。所谓“熟能生巧”,当一些动作熟练程度提高了,才能由低级运动到高级动作的飞跃。因此,在教学中应多采用视觉信号发展神经系统快速应答能力的练习。

⑤ 柔韧教学练习中，应多采用符合足球运动特点所需要的，身体各关节、转动肌肉和韧带伸展的练习方法。足球运动员活动部位主要是腰、腹、髋、膝、踝等。练习中还要注意提高肌肉用力时相互对抗肌之间的“松与紧”的协调性。

（三）毕业论文指导

专修学生毕业论文的完成标志着学生专业科研水平，是足球专项教学中一项重要内容。为了使学生较熟练地掌握科研方法，教学过程中，应有目的指导学生毕业论文撰写工作。

（1）通过参观比赛、电视、录像，让学生掌握基本的比赛统计、测试方法。

（2）指导学生掌握常用的资料收集方法，如文献资料法、调查访问法、观察法和实验法等。

（3）聘请有经验、科研水平较高的教师负责指导学生的毕业论文工作。要求学生在确定好选题后，设计合理的研究方法、手段，并提出研究假说，然后写出切合实际的开题报告。

（4）进入实施阶段后，从搜集资料，到数据整理分析，撰写论文，对学生应给予及时的、系统的指导，尽量为学生创造良好的科研环境。

（四）培养组建、训练、管理足球队的能力

培养学生该项能力也是专修教学中重要任务之一，应抓好下列几个环节：

（1）根据比赛任务及客观实际条件，进行科学系统的选材。

（2）制定科学实用的训练计划。

（3）进行循环渐进的、有针对性的科学训练，安排合理的运动负荷，选择有效的、创新的训练方法是对球队运动水平提高的关键。

（4）关心爱护学生，协调多种关系，掌握先进的管理方法。

（五）培养竞赛编排、比赛组织能力

教师通过讲解，图表演示，使学生学会足球竞赛计划的制订，竞赛秩序册的编排，竞赛成绩的计算等竞赛有关基本技能，并通过实习让学生得到实践提高。

（六）培养学生裁判工作能力

通过教师言传身教，培养学生具有高尚的裁判职业道德，做到严肃、认真、准确、公正执法。

通过讲授、电教、观摩、实习等手段，让学生领会规则的基本精神，掌握一定的裁判技能，做到恰当地选择位置，准确地认识动作，场上能控制比赛。

三、足球选修课教学

本课主要是适用于非体育专业的学生，根据《全国普通高等学校体育课程教学指导纲要》的精神，足球选修课以足球练习为主要手段，通过合理的教育和科学的体育锻炼过程，达到增强体质、增进健康和提高体育素养的主要目标。以发展学生全面素质为目的,以培养学生利用足球进行锻炼的能力为核心,使学生对足球运动有基本了解,并能使一部分有一定技术基础的学生,通过学习进一步提高足球技能。

(1) 在教学中加强对学生的素质教育,以适应现代化社会需要。

(2) 结合足球运动的特点,培养学生敢于吃苦,敢于拼搏,具有自主自强品质和团结合作的集体主义精神。

(3) 使学生初步了解足球运动的基本知识,初步掌握足球运动的基本技术、战术及比赛裁判方法等,培养学生对足球运动的兴趣。

(4) 在某种专门选修课中,应使学生在初步掌握足球基本知识技能的基础上,还要学习掌握与某种专业相关的足球知识技能。

(5) 教学内容:选修课的教学内容应精炼,重点突出。

① 理论知识内容。足球运动简况;足球裁判规则简析。

② 实践练习内容。足球基本技术讲解与练习;足球基本战术讲解与练习。

(6) 教学时数、形式:选修课教学时数没有具体规定,在目前高等学校体育课程采取由学生自主选择教学内容、自主选择教师、自主选择学习时间的情况下,教学的时数、形式都会发生很大变化,教师应本着尊重学生的主体地位的精神,在教学形式上进行大胆的改革。

一般采用的形式:以实践课为主要手段,理论课采用讲授、阅读、录像、图片等形式。实践课采用讲解与示范、练习、比赛、自学戏等形式。能力培养采用课堂提问、布置作业、座谈、评论等形式。

整个教学活动以现代教学理论为指导,全面贯彻素质教育思想,使能力培养在教学的各个环节得以体现。

第三章

足球硕士学位论文案例分析

第一节　足球硕士学位论文选题分析

研究生教育担负着培养高层次专门人才和发展现代科学技术的重要任务，对社会生产力的发展和社会的现代化建设起着非常重要的作用，特别在现代科学技术迅速发展和新技术革命的挑战中，研究生教育发挥着越来越重要的作用。在研究生教育过程中，学位论文是研究生培养的重要环节，是培养和考察研究生创新能力、研究能力的重要措施。

我们收集到1982—2000年足球专业硕士研究生毕业论文共计106篇，对这些论文的研究领域进行了研究，在主要研究对象中，以青少年和高等学校足球为研究对象的论文占总数的43%，以职业足球队员为研究对象的论文占19.8%，这两方面的研究构成了研究生的研究对象主体，其他方面的研究比较分散(表3-3)。这种情况与足球发展的现实是一致的，也与研究生所接触的研究对象和所处的环境有关，学生们比较容易接触青少年和高等学校的足球环境，也就容易从这些方面进行选题。同时随着电视技术的发展，对职业队员比赛中的状况成为人们关注的对象，而且也比较容易收集资料，因而多在这些方面进行选题也就成为必然。以国内职业队员、职业教练、职业俱乐部、国内职业联赛为研究对象的论文占总数的32%，这是国内职业足球发展的阶段性决定的，这与1994年开始的国内职业联赛有关，随着职业联赛的不断发展完善，随着媒体和广大群众对足球的关注程度的不断提高，对以足球职业化为基本研究对象的研究还会成为足球研究中的一项重点课题。另外从研究领域的分布来看，研究生们关注的领域比较广泛，说明大家的视角已经涉及很多方面，研究生们表现出思路更加敏捷、兴趣更加宽泛，同时也表现出更加关注足球发展方方面面的动态，这一点是值得肯定的。只有密切关注足球发展的动态，才能及时选择有实践意义的课题。

我们将论文研究领域按时间分布进行分析,可以看出具有一定的时限特点。关注的对象会与这一时段的足球发展态势以及社会发展、科技发展、科研方法手段的发展等因素息息相关。1982—1993 年间以青少年和高等学校足球为研究对象的论文分别为 19 篇和 15 篇,1994—2000 年间则分别为 7 篇和 5 篇,较之前一时段有所减少。而研究职业队员比赛状况的论文也由前一时段的 15 篇降为 6 篇。但对其他方面的研究却存在增多的趋势,如对职业俱乐部、职业教练、裁判员等问题的研究明显增多。这与足球职业化问题是这些年来足球改革中的热点问题有关。但是随着中国足球进入世界杯决赛,对世界大赛的研究又会有所增多。随着中国足协对青少年足球发展投入力度的加大,对青少年足球发展规律的研究仍然会是研究生进行选题的主要对象之一。

表 3-3　主要研究领域统计表

对象	世界大赛	女子足球	青少年	职业俱乐部	国内联赛	高校足球	职业队员	职业教练	足球裁判	其他
1982—1993	0	7	19	0	4	15	15	1	1	5
1994—2000	2	4	7	1	4	5	6	3	3	4
合计	2	11	26	1	8	20	21	4	4	9
(%)	1.8	10.4	24.5	0.94	7.54	18.9	19.8	3.8	3.8	8.5

我们按研究内容的分布进行分析(表 3-4),将研究内容分为教学、训练、社会学、心理学、管理学、保健学、体能、运动选材、生理生化、技术战术、比赛分析等方面,其中研究足球教学的比重最大,达到 23.6%,其次是足球心理学方面的研究,达到 17%,比赛状况的分析占总数的 14%,足球训练学和社会学方面的研究分别占总数的 10.6%,其他方面的研究则相对较少。但是从时间的分布上看,1994 年以后,社会学方面的研究有明显的增长趋势,这与近几年来体育社会学的发展是相吻合的。由此可以看出,教学、训练、比赛、体能、社会学、心理学等方面的研究构成了这一阶段研究生研究内容的主要方面。教学训练是研究生最熟悉最接近的内容,而比赛也是研究生最容易接触和最容易获得材料的领域,心理学、社会学方面的研究方法也为研究生们所熟悉,因而选题就比较多,但是在足球教学训练理论和实践中非常重要的人体科学方面的研究却相对较少,一方面与人体科学方面的研究对这些方面的知识、技术以及仪器设备要求较高有关,另一方面也反映出在该方面研究还比较落后,这与目前导师队伍的知识结构和能力结构有关,对提高足球教学训练的科学化程度会有一定影响。这种状况已经

不能适应日益发展的足球教学训练形势,应该引起我们的足够重视,加强与运动人体科学的学科渗透,以便能出一批对足球教学训练理论和实践有指导意义的成果。

表3-4 主要研究内容统计表

对象	足球训练	社会学	心理学	管理学	保健学	体能	足球教学	选材	生理生化	技术战术	比赛分析
1982—1993	8	2	12	1	3	7	19	3	5	1	5
1994—2000	2	8	6	0	1	2	6	1	4	0	10
合计	10	10	18	1	4	9	25	4	9	1	15
(%)	10.6	10.6	17	0.94	3.8	8.5	23.6	3.8	8.5	0.94	14

第二节 足球硕士学位论文研究方法分析

人们在实践活动中,为了解决某一个问题,就要采取一些特定的行为方式,一旦这种方式适合于现实情况,就会以经验的形式被记录下来,当人们再用它来解决其他问题时,便构成了方法。后来,人们把符合客观发展规律、能达到预期效果的方法称为科学方法。科学史表明,科学与方法同生同长,任何科研成果的获得,都是运用正确的研究方法的结果。从某种意义上说,没有研究方法就没有科学。

科学在不断的发展进步,科学研究方法也在不断的发展进步。研究方法的进步,又促进了科学的发展。我们在任何时候都不能把科学研究方法绝对化、凝固化,而要随着科学的发展不断增添新的内容。

对各种各样的科学研究方法,可以从不同的角度、按照不同的标准进行分类。如按照普遍性程度和适用范围,可分为一般和特殊研究方法;按照重要性和影响范围,可分为战略性和战术性研究方法;按照认识程度可分为感性方法和理性方法(或经验方法和理论方法);按照研究分析时是否含有数量的关系,可分为定性研究方法和定量研究方法等。这些分类方法,都从不同方面反映了科学研究的特点。但是任何一项科学研究工作,从开始到结束,是一个连续进行的动态过程,我们必须了解整个研究过程中采用的方法。根据科学研究的一般过程,可以把科学研究方法分为:准备方法;收集资料和事实的方法;整理分析资料和事实的方法;技术开发方法;科研成果的表现方法;科研成果的评价方法等。在此,根据研究生研究过程中的情况,主要分析收集资料事实和整理分析资料事实的方法。

（一）收集资料事实的方法

达尔文说："科学就是整理事实，以便从中得出普遍规律和结论。"[①]在我们的研究工作中，无论是进行基础理论研究，还是进行应用研究，都必须以大量的客观事实和材料为依据。正如巴甫洛夫所说："鸟的翅膀无论多么完善，如果不依靠空气支持，就决不能使鸟体上升。事实就是科学家的空气。没有事实，你们就永远不能飞腾起来；没有事实，你们的'理论'就是枉费心机。"[②]

在科学研究中，重要的任务就是首先要收集事实与材料，决不能跳过这一阶段而直接进入整理和分析材料阶段，也不能逃避收集资料和事实的艰苦，仅仅利用别人搜集到的一点材料就妄发议论，更不能不进行艰苦的收集事实与材料的工作，把别人的材料随意加工、肆意篡改、为我所用。研究工作者若不能做到占有充分的材料，他的研究工作起码说是不扎实的。

在所收到的106篇论文中，收集资料和数据的方法主要是观察法和调查法，分别占35%和25.5%，其次是测量法和文献法，分别占18%和13%，实验法较少，仅占4.6%。

运用观察法主要是临场观察或通过录像进行观察，这是足球科研中一种传统的收集资料的方法，在对足球教学、训练以及比赛进行研究时，可以通过事先设计好的方法和手段获得一些教育学和训练学的表面数据，然后可以通过对数据和资料的分析来推断事物的性质，从而获得必要的结论。在早期的研究中，临场观察主要运用视觉的直接观察，因此对事先的各方面准备和观察统计人员的统计熟练性和准确性要求较高，在临场观察时往往还会因为一些客观因素的干扰和个别因素的事先估计不足，而丢失某些数据或影响所得数据的准确。近几年来通过录像进行观察的方法有逐渐增多的趋势，因为通过录像可以仔细反复进行观察，因而所获数据比较准确，即使事先有些疏漏，一旦发现，也可以及时加以补充。但是录像也存在一些不足，因为由于录像机的机位和角度的不同，也会影响对观察对象行为的准确判断。所以运用观察法可以得到对研究对象的客观信息，但却难以了解对象的内在本质的因素和特征，因而在此基础上得出的论断缺乏足够的证据（表3－5）。

表3－5　研究方法统计表

观察法	调查法	测量法	文献法	实验法	其他
37	27	19	14	5	4

① 转引自吴岱明．科学研究方法学．长沙：湖南人民出版社，1987．273

② 转引自吴岱明．科学研究方法学．长沙：湖南人民出版社，1987．161

调查法是另一种常用的方法，随着足球运动的不断发展，人们对影响足球运动发展因素的认识也发生了相应的变化，人们认识到除了足球技战术因素和生物学因素之外，社会学因素的影响是一个重要的方面。所以对影响足球发展的社会学因素的研究也日渐增多，这就促使社会调查的方法逐渐得以运用。现代足球运动是一个复杂而庞大的系统，是一个不断变化发展的有机体。要正确认识现代足球运动，并有效地管理现代足球，一刻也离不开真实、准确、完整、及时的社会信息，社会调查作为一种搜集和处理社会信息的方法，在现代足球的发展过程中具有越来越重要的作用。通过社会调查可以获得一些有价值的数据，社会调查的对象是社会自身，它不仅要研究足球运动中以人和人群共同体（运动员、教练员、观众、裁判员、管理人员等）为重点的各种社会因素，而且要研究以生产方式为基础的各个方面的社会结构，及其社会各个方面的总体联系、总体协调、总体控制的有关社会学问题。社会调查的方法既包括考察、了解足球发展中社会实际情况的各种感性认识方法，也包括对搜集到的感性材料进行统计分析和思维加工的各种理性认识方法。运用调查法进行社会学方面的研究已得到研究生的普遍重视，准确把握调查法的基本程序，熟悉社会调查的常用方法，制定科学合理的调查方案，进行艰苦细致的具体调查，对调查获得的资料进行认真整理，运用相应的数学方法和逻辑思维方法进行分析，则是能否达到探索事物的本质和规律必不可少的环节。

其他运用测量法和文献法的论文也比较多，分别占总数的18%和13%，收集文献、利用文献、分析文献是研究生进行科学研究必不可少的基本功，也是各类研究的一个组成部分。研究生在确定好选题之后，就要进行文献的检索，然后对检索到的文献进行加工整理分析，“一项高质量的文献分析应能够得出几项具体结论并指出今后的研究方向，甚至有可能为提出新理论、新见解展开思路。文献分析不是简单的相关文献的总结，而是研究工作的一种逻辑形式，利用这种逻辑形式，作者可以导出结论、评价假设并提出理论”①。但目前在运用文献法时，常遇到的问题是：未能提供文献检索的范围、方式，在计算机检索时使用了哪些检索指标；进行文献综述时，怎样采用某些研究成果的，如何决定研究成果的取舍的；作者是怎样得出某项结论的，是否是以支持或反对该项结论为依据的等。

（二）以实验法为收集资料数据的论文仅占总数的3.8%，实验法有别于观察法、调查法等研究方法，他不仅是一种获得资料的方法，而且它通过人为地设置一定的情景和有意识地控制和人为操作某些变量，从而发现和揭示有关变量之间关系的方法。由于实验法是人为地设置和控制有关条件，他可以使研究者

① 张力为，任未多. 体育运动心理学研究进展. 北京：高等教育出版社，2000. 264

观察到在自然条件下难以观察到的现象，可以把某些因素分离出来进行研究，由于是可控的，便于测量，便于观察，易于进行比较，而且是可以重复进行验证的。所以运用实验法对探求足球运动中的本质现象和规律具有重要的意义。然而在研究生的选题中此种方法运用较少，造成此种现象既有实验法周期较长的原因，也有实验条件要求较高，尤其是教育实验干扰因素较多，实验不易控制，担心试验失败等原因。整理分析资料事实的方法。

在科学研究中，收集事实与材料固然重要，但都不能停留在文献资料与经验事实的广泛收集或直观描述上，而必须对所收集到的事实与材料进行整理与分析，使认识从经验层次深入到理论层次，从感性认识上升到理论认识，这才能进而揭示研究对象的本质与规律。

整理与分析事实和材料的方法，与收集事实和材料的方法是不同的。前者是在人们的感性活动中实现的，通常称为感性方法；后者是研究人员在自己的头脑中通过理论思维活动进行的，所以通常称为理论方法。运用理论思维方法可以使对现象和资料的直观描述过渡到理论性的概括。

面对大量的现象和事实，有的人能够据此发现事物的本质和重要的规律，有的人却茫然无知、不知所措。有的人可以从少量的材料中做出重大发现，有的人虽然掌握了许多材料和事实，却不善于对它们进行整理与分析，使之上升为理论，事实与材料在他们手中只是一堆死东西。因此，只有认真实践、积极收集事实与材料，又善于运用理论思维方法进行整理和分析，才能在科学研究中不断取得可喜的成果。

第三节　足球硕士学位论文案例分析

科学研究结果一般都要用论文或书面报告的形式表达出来。因此，论文写得如何，直接反映了科研水平的高低，假如研究的成果很有价值，但不能通过文字通顺、条理清晰的反映出来，势必影响科研成果的质量。

我国自 20 世纪 70 年代末恢复招收硕士研究生以来，其中足球教学理论与方法硕士研究生写出许多有参考意义的，有借鉴价值的学位论文。现摘录一篇有关足球教学为主题的研究生论文予以分析。

一、论文题目

“某某学院体育教育专业足球必修课教师教学效果评估的量化的研究。”论文题目以下简称《研究》。

[论文题目]分析

论文题目要概括地体现论文的主题和中心内容。在选题设计时，虽然已经初步选定了题目，但在研究过程中，常常发现开始拟定的题目不够完善，这就有必要根据定稿论文的中心思想和结果，从各个角度去充分考虑题目的三个要素：即题目的研究对象和范围，论文研究的主要内容和方法，论文的效果反映。

论文题目应当反映出研究成果的广度和深度。注意简明扼要，应反映论文的主要内容和基本观点。要防止的冗长，做到准确，恰当、精炼。

评析：《研究》论文基本做到了上述几点要求。

根据目前我国有关规定，硕士研究生毕业论文题目还应译出英文，附在论文题目之后。

二、论文摘要

足球必修课教师教学效果的评估是该科教师教学质量的直接反映。通过评估有助于教学管理部门掌握教师的教学状况，有利于该科目的教学管理科学化。本研究以 98 级足球必修课师生为调查研究对象。其中学生 213 名，足球教师 5 名，利用专家评定与实验数理统计等方法，筛选出有效反应足球必修课教师教学效果的评定量标，对教师教学效果予以科学的评估。

[论文摘要]分析

为了向读者介绍论文要点，便于读者简明的了解论文梗概，研究生毕业论文必须含有《论文摘要》部分，摘要的内容可以说是论文全文的缩影，应重点突出，简洁明了，但文字不要太多，通常在 300 字左右。

当申请学位或参加学位报告会，大会要求单独上报的《论文摘要》文字可适当增加，一般在 1 000 ~ 1 200 字。《论文摘要》应包括题目、选题依据、研究方法、研究结果、讨论与分析、结论、参考文献等。

研究生毕业《论文摘要》按规定也要用英文译出，列在正文之后。

评析：《研究》论文基本符合设计要求。

三、论文关键词

足球必修课、教师、教学效果、评估

[论文关键词]分析

论文关键词主要是指能体现论文主题思想的核心词汇，大多都是从论文题目中确定。关键词一般是列出 3 ~ 5 个。

评析：《研究》论文列出的 4 个关键词都出现在论文题目，符合毕业论文要求。

四、论文前言（部分删减）

足球必修课是我院体育教育专业重要的必修课程之一，其教学效果直接反映我院的教学质量和办学水平。然而，在足球教学实践中教学效果等问题，一直是广大教师非常关心的而又意见分歧较大的问题，也是教学管理工作迫切需要解决的问题。人们虽然承认，教师的教学效果是有差别的，但要区别这种差异，对优秀者给予激励，对后来者给予鞭策，还缺乏科学的方法，建立对我院足球必修课教师教课教学效果科学的评估方法，可以逐步解决这一弊端。

查阅大量的国内外文献发现，有关教学评估的理论较多，在实战中的运用较少，有关足球教学的评估也无外乎是对学生足球技术、战术的考核。对教师的评估常常是由教学管理部门组织的教学检查，诸如互相听课、观摩教学、公开课等，这种评教方式使体育教学改革和教学质量的提高颇见成效，对提高教学质量起了积极的作用。但这种传统的评教方式不足以反映教师的教学效果，其主要原因是，课前，被评估教师已对本次课反复演练，不能正确反映常规的教学秩序和教学态度，评估者是受"晕轮效应"和"类群效应"以及人际知觉偏见如"首因效应"，"趋中性偏见"等的影响，做出不客观的评估，易忽视体育教育学的系统性和完整性。

本人在吸收前人研究成果和评估理论的基础上，结合教育学、心理学、管理学、统计学的相关知识和足球必修课的教学特点，运用模糊数学模型和体育科研的其他数量化方法，对我院体育教育专业足球必修课教师的教学效果进行评估量化。

教育评估理论认为，任何教育评估对象都是一个由系列因素组成的整体、这些因素，即为评估因素。本研究把终结性评估作为综合评估的切入点，把学生的学业成绩纳入考核之中，同时，把影响教师效果的有关因素让了解该教师空间最大的学生评估，从而，终结性评估和形式性评估有机结合，收集的信息量大，从多角度反映了教师教学效果。在评定学生学业成绩时，采用动态评定法、用进步分评定学生成绩，避免了绝对分评估的不足，能更充分的体现教师教学效果。本文希望通过对足球必修课教师教学效果的评估，使其对任课教师教学效果有一个科学的，综合的概括了解。

［论文前言］分析

论文前言部分主要是充分论述论文的选题依据，及研究该课题的理论与应用价值，同时还要对该课题目前国内外的研究现况以及前人的研究成果做出介绍。

论文前言部分一般包含下列三个方面的内容：

（1）简要说明课题研究的理论意义和现实意义，指出课题的研究价值。

(2) 评价国内外对该课题的研究现状，指出已经解决的问题及程度，以及尚未解决的问题，说明与本课题研究的关系和影响。

(3) 指出该课题的研究目的、任务、内容以及要达到的预期结果。

评析：《研究》论文前言部分基本上按照上述三个方面的要求做了论述。教师是教学过程中的重要环节，足球必修课几乎是我国体育院系都要开设的一门课，如何采用科学的行之有效的评价手段，是一项很有应用价值的研究课题。

从《研究》论文的前言及文献综述中，可以看出作者翻阅了大量的文献资料，并对目前高等学校教师教学效果有深层次的分析。显然，作者希望运用教学终结性评价反映教师的教学效果，避免了组织专家现场评课的繁琐，且操作简便易行。

评估是有组织地提供调节教育活动所需要的信息过程。因此，评估可视为有组织地提供反馈信息的过程。作者希望通过研究，制定出一套能够客观准确评估足球必修课教师教学效果的评估尺度。

五、论文研究对象与方法(部分删减)

(一) 研究对象

某某体育学院体育教育专业足球必修课教师 5 人，其中副教授 3 人，讲师 2 人。

(二) 研究方法

1. 献资料法(略)

2. 访谈法

(1) 在实施论文的整个过程中，走访专家 40 余人。

(2) 1999 年 8 月，在某某省召开的教育评估学术会议期间，走访了教育评估知名专家 26 人。

3. 问卷调查法

在理论分析的基础上，拟定问卷，征求专家意见，对问卷进行修改，补充，最后形成调查问卷，共发放 246 份。回收 219 份，回收率 89%。有效问卷 203 份，有效率 92.7%

4. 数理统计法

本研究采用 Foxpro 数据软件建立数据库，将测试数据输入计算机。

5. 教育测量法

以某某体育学院 98 级足球必修课师生为测试评估对象，其中学生 213 名，平均年龄 20.74 岁。教师 5 人。

(1) 开课前予测量(略)；

(2) 期中第一次测试：分为理论与实践测试。测试组织(略)；

(3) 期中第二次测试：内容同第一次；

(4) 期末结业考试组织(略)。

6. 模糊教学法

设对某事物 x 进行评估，其指标集为 U，$U=\{U_1U_2\cdots U_n\}$，评语集为 V，$V=\{V_1V_2\cdots V_n\}$，指标权系数模糊子集为 A，$A=\{a_1a_2\cdots a_n\}$，其中 $a_i\in(0,1)$，且 U 的第 i 个指标对应评语集中的评估 $V_1V_2\cdots V_m$ 的隶属度分别为 $r_{i1},r_{i2},\cdots,r_{im}$，于是 U 的这一指标 U_i 对于 V 中的每一种评估隶属组成了 V 上的模糊子集，记为 $R_i=\{r_{i1},r_{i2}\cdots,r_{im}\}$。对每一个指标 $U_i(i=1,2,\cdots n)$ 求出对应的 R_i 放在一起，则构成一个 U_{xy} 上的模糊矩阵 R。对矩阵 A 和 R 作模糊矩阵乘法得：$B=A\cdot R(b_1b_2b_3\cdots b_m)$，其中 $b_i=V(a\hat{}r_{ij})=(a_1\hat{}r_{1j})V(a_2\hat{}r_{2j})V\cdots V(a_n\hat{}r_{nj})$ 对 B 进行"归一化"处理，得 $B*=(b_1*,b_2*,\cdots,b_m*)$。$B*$ 即为综合评估结果。

7. 个案分析法(略)

(1) 开课前，对学生学业成绩的评估

(2) 学生对足球必修课教师教学效果的评估

(3) 足球必修课教师教学效果的综合评估

[论文研究对象与方法]分析

研究对象是指论文研究的具体人或事物。例如，足球运动员、足球比赛、足球队。在论文中要具体证明他的选取和抽样以及来源、数量和构成等因素。如《研究》论文的研究对象是必修课教师5人，并对5人的年龄、职称做了统计。

研究方法主要说明研究工作的经过，所采用的方法，以及试验、观察的结果。这部分主要说明所使用的材料和研究的基本过程，提供论文的依据，便于他人用同样的方法可以重复验证同类性质的问题。如果受试者和施加因素的情况比较复杂、对器械的型号也需说明。尤其是采用观察法、调查法、测量法和实验法研究时，要将研究的指标，收集资料的具体过程和方法、资料处理的方法作详细的阐述。便于为审核和评价论文提供方法依据，又便于为他人在研究同类问题时提供一个选择的方法步骤。

观察法、调查法、测量法和实验法是足球运动科研工作中经常运用的研究方法。

评析：在《研究》论文中，上述四种研究方法都得以运用。在问卷调查法中，首先对问卷制定了"准问卷"，广泛征求专家意见，三上三下，最后确定了"正式问卷"。这里应注意的是，在征求专家意见时，一定要事先对所征求调查的专家有较深入的了解，请一些与本课题有所专长的专家帮助确定问卷。

在《研究》论文中所采用的测量法，先后花费近两年时间，对98级5位任课教师做了测量评估。这里应注意的是，测量前应与任课教师取得联系、协调、沟通，取得任课教师的帮助、支持、配合，制定切实的测试计划，准备齐全所使用的有关记录表格及测量用具。

在期中的第一、二次测量中,为了防止和减少评估的失真,作者采用师生评估双盲法,即测评前不告诉教师和学生评估的真正意图,只讲明测试中的要求,以免学生有意降低起始成绩或测试不认真。

《研究》论文中运用的个案分析法,是在某某体育学院体育教育系 98 级 9 个班级中,随机选取了的(1)班作为分析对象,并经过专家认证,该班在 98 级中具有的普遍意义的代表性。国内外对教师教学评估的途径一般有:评估者对学生学习成绩的评估,学生对教师教学的评估,学生对自我学习结果的评估,上述三种评估途径均在本文个案分析法采用。

《研究》论文中所采用的数据统计法,模糊数学法从严格意义上讲是作为研究工作中数据的统计整理手段。

六、论文结果与讨论(部分删节)

(一)综合评估的主要指导思想

1. 定量评估与定性评估相结合原则

论文借助模糊数学的原理把定量评估与定性评估有机结合,从多角度反映足球必修课教师教学效果。

2. 评估空间与评估者的了解空间相匹配:当了解教学空间最大的学生作为评估足球必修课教师教学效果的主体是十分主要的。

3. 标的推断方式与评估者能力相适应:量标推断要求评估者具有认识该定性量标的能力,论文在量标制定中选用了中推断方式,较客观地反映推断的评估准确性。

(二)综合评估途径权数的建立

利用专家调查问卷和模糊数学矩阵,求得教学效果评估途径一、二、三的权数。

$$\text{矩阵}(1)=\begin{bmatrix}1 & 22 & 24\\ 2 & 1 & 6\\ 0 & 20 & 1\end{bmatrix} \qquad \text{矩阵}(2)=\begin{bmatrix}0.57\\ 0.18\\ 0.25\end{bmatrix}$$

评估途径一、二、三的权数分别为 0.57、0.18、0.25。

(三)评估者对学生学业成绩考核指标与权数的确立

根据必修课教学大纲与学生学业成绩项目 $M_1 \sim M_6$,确立考核项目与权数配置。

(四)学生对足球必修课教学效果评估指标与权数的确立

在深入研究足球必修课教学大纲的基础上,把足球必修课教学目标分解为 9 项指标,初选了影响足球必修课教师教学效果 12 项指标,确立了学生对足球必修课教师教学效果的评估与权数。

（五）信度，效度检验（略）

（六）客观性检验（略）

（七）评估的可能性（略）

[论文结果与分析]分析

研究结果与分析是全篇研究的主体，要将研究所得的数据，调查资料通过统计图表并结合文字分别表达出来。既要将研究结果显示在读者面前，另外又要分析和讨论这些结果所产生的理论基础和实际意义，为揭示本质和规律提出论文的结果而提供客观依据。

评析：《研究》论文在结果与分析中，能够边阐述结果，边分析讨论，能够分层次，分问题逐步深入和展开。充分利用图表等形式将资料的处理结果表达出来，借助图表对结果进行解释，并运用逻辑的方法进行推理、判断和充分论证。

论文在分析过程中能够突出重点，围绕论文的主题内容进行讨论，对于具有创新意义的观点能够着重阐述，对于一般性的，常识性的，则一笔带过，避免了面面俱到，无重点，无特色。

在讨论与分析过程中，能够根据课题的研究目的与任务，有重点地论证预期结果的正确性，为其寻求论据，证明论点，验证结果，完成研究任务打下坚实的理论基础。

《研究》论文在结果与分析部分还引用了各科学领域中已肯定的观点，资料，来阐述研究结果的正确性，能够科学地评价前人的科学研究成果。

在文字利用上能够力求简练，恰当，逻辑推理强，显示了作者具有一定的语言表达功底。

七、结论与建议

（一）结论：信度、效度检验表明，对足球必修课教师教学效果评估采用评估者对学生学业的评估，和学生对足球必修课教师教学效果评估途径是科学合理的。

（二）本文制定的对足球必修课教师教学评估尺度，能够客观准确地反映该科目教师的教学效果。

（三）建议体院足球教研室使用本研究评估方案考评教师教学成绩。

[结论与建议]分析

结论是研究成果的体现，是通过研究结果的理论分析和逻辑推理得出的理性认识。

建议部分是依据研究的成果提出如何推广研究成果的意见，是结论中不能说明，但又必须进行阐述的内容。

评析:《研究》作者依据所获得的观察 、调查 、实验的结果,通过理论分析及其概括,提出具有规律性的结论。结论内容简明扼要、观点明确、一个观点一条结论、措辞比较严谨。

(四) 参考文献(略)

(五) 致谢(略)

第四章

足球教学研究现状与展望

足球教学作为体育教育活动的一个组成部分，是以传授足球知识、技能，增进人们的身心健康为目的而进行的有组织的活动过程，是发展足球运动的基本途径。足球运动深受人们喜爱，在其发展延续的百余年的历史长河中，人们通过不断的探索，逐步完善了足球的技、战术体系，形成了较为完整的教学理论体系。

随着教育改革的逐步深化，为进一步培养适应社会多元化发展需要的新型人才，足球专业教师以现代教学理论为指导对过去单一教学模式进行改革，有效地提高了教学效果。提出了多种多样的教学模式和方法，对促进足球教学改革发挥了重要作用。

第一节　足球教学研究现状

足球教学研究历来是足球科学研究的一项重要内容，而且由于在进行足球研究工作的人员中各级体育院系的教师较多，所以在足球教学研究方面的研究成果也比较多。从研究领域来看，主要分布在教学文件的制定、教学手段、教学方法、教学评价以及足球基本理论等方面。从研究对象来看，主要分布在高等学校体育专业足球教学和高等学校公共体育足球教学方面，而广大中小学的足球教学成果相对高校来讲数量要少得多。造成这种想象的原因一方面是由于中小学体育教师对科学研究的要求比较低，缺乏进行科学研究的必要训练，另一方面是由于人们对中小学足球教学的关注不够，从事这方面研究的人员较少。

从研究方法来看，在教学研究中主要采用文献法、调查法和观察法。例如，“体育学院体育系足球技术考试内容的分析与检验”、“对体育教育专业足球专项毕业生专项知识、技术及能力的调查分析”、“足球二级裁判员理论题库的建立与实践考核的研究”、“体育系足球必修课主要技术之间关系及相应教材编排问题的探讨”等，而教学研究中非常重要的教育实验方法却运用较少，一方面是由于教育实验需要投入较大的人力和物力，实验的周期长，对客观条件和研究者本人的知识能力结构要求高，另一方面研究中不可控的因素多，研究难度大，出成果难，随时有失败的可能。因此，人们虽然知道教育实验的重要，但出于各种原因，有时是客观的因素，有时是主观的因素，有了比较好的选题，但望而却步，将选题束之高阁。这不能不说是足球教育研究中的一点遗憾。

一、足球理论研究

足球基本理论是足球教学研究中的重要问题，随着近几年足球的改革开放，我们在引进国外先进的足球理论方面作了很多工作，翻译出版了许多著作，对我国足球教学与训练的理论建设与发展起到了很好的作用。现介绍几种译著：

《新足球学》(德国卡尔·海因兹·黑德尔哥特著，蔡俊五译.人民体育出版社，1988)，该书作者曾任国足球队教练，负责过其国足球协会的教练员培训和考试工作，曾多次受国际足联的委托，主持国际足联教练员讲座，在国际足坛有一定声誉。他对足球运动的基础理论、发展趋势，以及技术战术和训练方法等都有独特的见解。在该书中他根据自己的实践经验，提出了很多新的见解。在该书的导言中指出，所谓“新”，主要是指在某些方面作了一些新改动，使之适应现代足球的发展趋势以及作为足球竞技主要因素的现代足球运动员的需要。比赛和运动员决定着教学方法的要求和基本方向。由于现代足球对运动员的要求更加广泛和严格，给足球学说不断提出新课题，不断施加新压力。足球运动在发展，竞技要求在提高，这就促使人们随时注意任何一种变化，并检验这一变化是否先进，以便正确地安排训练和指导运动员。该书对足球竞技基础、运动员与比赛、竞技的意识与意志、身体素质、竞技状态、足球训练、技术、战术、高尚的风格、少年训练的特点、一般战术原则、接近比赛的战术方法、战术训练、专项位置训练、身体素质训练等进行了深入、具体的介绍，并发表了对现代足球训练的一些想法，提出了“所谓技术是指在任何(或多或少紧迫的)比赛情况下对球的控制”、“训练任务可以相同，但完成任务的行动方法必须强调个人特点。必须善于发现个人特点，善于发展个人特点”的观点。

《足球战略与战术》(匈牙利阿·恰纳季著，杨秀武，阎三义翻译.人民体育出版社，1987)，该书作者是国际奥委会委员，也是世界足坛的知名人士。青年时代，他是高水准的足球运动员，以后从事教练工作，对足球战略与战术造诣颇深，作为足球运动的理论家享有很高的声誉。本书认真回顾了足球运动发展各个阶段足球战术的演变，探讨分析了足球战略和战术的特点。主要内容为：足球战略的定义和一般原理、基本要素；比赛阵型的一般原理、改变比赛阵型的因素、良好阵型的特点、1970 年和 1974 年世界锦标赛的经验、从“古老的”足球到现代的比赛阵型、足球比赛阵型的未来；足球战术的定义和一般原理、战术发展史、战术的分类、战术的选择、原则性战术、战术和技术性、战术和身体训练水平、战术和外界条件、战术和比赛规则、战术和反战术;应用战术、防守战术、防守战术的发展、个人防守、集体防守、进攻战术、集体进攻;战术训练方法等。该书提示了足球战略与战术的关键要点,为读者开辟了独立思考、改革创新的园地,所阐述的战术精华不仅对教练员、运动员有所启发,而且同样适用于初学者学习。

《攻击型足球训练》(荷兰维尔·库伯著,赵振平翻译.人民体育出版社,1988),该书系国际足联推荐教科书,在世界许多国家翻译出版。作者曾作为职业选手活跃在足球场上,而后历任荷兰职业足球俱乐部的总教练,是20世纪70年代欧洲职业足球队著名教练的代表人物。该书是他潜心研究了世界足球史上从20世纪40年代英格兰的边锋马修斯到80年代的马拉多纳许多著名球星的技术基础上,独创了一套教学训练方法。他的出发点是:必须让少年儿童体会到足球的乐趣,激发他们的训练热情,挖掘他们的潜力。库伯先生的教学方式是:从脚下控制球和摆脱对手开始,从先教给队员各种各样的假动作入手。这套教学方法曾在欧洲引起很大轰动,被称为是教学方法上的具有革命性的教学改革。年维泗在审阅后记中指出:“这本书是作者积多年丰富的阅历,从当前职业队员中缺乏个性人才的实际情况出发,联系少儿训练存在的问题,提出的对少儿训练的不凡见解。他抓住了少儿心理特点,在书中强调了训练的趣味性;又抓住了少儿生理特点,突出技术训练,并通过技术训练带动综合素质的提高。这些观点虽然没有什么创新,但立意明确,富有说服力,因此我认为颇有借鉴和仿效的价值”。

《德国青少年足球教程》(比利时约瑟夫·施奈耶斯著,赵敏翻译,华夏出版社,1999)。布鲁塞尔海泽尔足球学校号称欧洲足球明星的生产线,作者是这个学校的教练,他将多年来运作分析的系统知识与作为教练员的丰富经验有机地结合在一起,编写了这本实用教材。这本教材不是理论家在书桌前潜心钻研的结果,而是一位有着多年青少年足球运动员训练经验的现役教练的实践总结。作者充分考虑了那些尚未完全具备足球运动员素质的青少年,针对从8~18岁之间的4个年龄段的不同特点,分别设计了10个训练单元,每个训练单元都配有插图和解说,并提供了大量的练习示例,被许多国家和地区的足球教练员作为青少年的训练教材使用。

《足球获胜公式》(英国 Charles Hughes 著,杨一民,周毅,李飞宇,杨茜,王军翻译.人民体育出版社,1999),作者曾是英格兰足总训练部主任和英格兰业余队、奥林匹克队教练,曾出版过《战术与配合》专著,在国际足坛享有很高声誉。这本书是英格兰足总正式推荐给我国足协教练员培训的专门教材。作者结合20多年的比赛分析数据,认真思考了现代足球在过去几十年内进展几乎停滞的原因,并从大量比赛数据的精细分析中寻求答案。他提出直接打法才是取胜比赛的方法，即获胜公式。作者在书中讲述如何增加进球数，从而提高取胜比赛的几率。以大量的数据阐释直接打法的重要性，并介绍了如何掌握直接打法的各个战术的基础训练理论，包括传球与接应、向前跑、运球、传中、顶射、射门、创造空间、进攻三区夺球、防守要素、定位球进攻和防守打法、守门、获胜公式、直接打法等14个章节。

《足球战术与技巧》(英国 Charles Hughes 著，杨一民、李飞宇、杨茜翻译. 人民体育出版社，1996)，该书是英格兰足总和 BBC 公司联合推出的一套足球教练员训练教程，并配有14盘录像带。20多位世界知名教练员参与了制作工作。该书通过精辟的论述并250幅练习图示，全面系统地阐述了有关足球战术与技巧训练方面的理论，其中包括比赛阵型、学习与训练原则、创造空间、传球与策应、进攻、射门、守门、防守以及定位球打法等9个方面的内容。在讲述训练组织时，除了系统地介绍了与比赛紧密相关的技术战术主要因素，如何正确地组织这类技术战术练习以及在原有基础上进一步发展练习外，对每一个练习过程中教练员的观察要点也给了明确的提示。此书在欧洲和世界许多国家广泛流行。具有很好的系统性、科学性和实用性。

中国足协还组织翻译了亚洲足联组织编写的教练员 A、B、C 三级培训教程，这已经是目前各级教练员的培训教材。还对当前国际足球发展的态势进行了介绍，如杨一民的《国际足球发展现状简介》一文(北京体育大学学报，1997(4)：11～17)从足球训练必须与现代足球比赛需求相一致和指导训练实践出发，对当前国际足球发展的总体特征、进攻防守战术的运用特征、身体与心理素质的基本特点进行了全面简要的分析，对我们了解和借鉴国际足球先进经验具有很好的益处。

我国的足球理论工作者和足球教练员在理论建设方面也进行了卓有成效的工作，出版了许多著作和多种版本的教材。1961年由国家体委领导组织编写了体育学院《球类运动》本科讲义中册的足球讲义，填补了我国足球教材的空白。该教材参考苏联足球教材的编写体系，在内容上也结合了我国的具体情况。1979年对体育学院教材进行了修订，在教材体系等方面有较大突破。1985年又进一步修订，而后又多次根据需要修订了教材，1991年还编写了足球专修教材。高等学校教材《球类运动——足球》1988年由高等教育出版社出版，该教材由国家教委组织编写，该教材突出师范性特点，在教材教法方面充实了很多内容，并介绍了很多足球新观点。1997年进行了一次修订，2001年又进行一次修订，并增加了许多新的研究成果，可供本科普修和专修教学使用。现介绍几种20世纪80年代以来的著作。

由张彩珍任主编的《中国足球运动史》(武汉出版社，1993)。这是中国单项运动史丛书中的一部，详尽阐述了中国古代足球的起源与发展、中国近代足球运动发展概况、在解放后中国足球发展概况等内容，书中收录了许多宝贵的历史资料和珍贵的照片，是了解中国足球发展史的非常有价值的参考书。

麻雪田的《足球比赛指南》由北京体育大学教务处 1984 年编辑出版（非正式出版）。在 20 世纪 80 年代初期，当时国际足坛盛行 4－3－3 阵型，该书以 4－3－3阵型为基础来论述进攻与防守的主要打法。对守门员的攻守打法、后卫的攻守打法、前卫的攻守打法、前锋的攻守打法、全队的攻守打法、比赛阵型、边路进攻与防守边路进攻、中路进攻与防守中路进攻、转移进攻与防守转移进攻、快速反击与防守快速反击、密集防守与进攻密集防守、前场定位球进攻与防守定位球进攻、泥泞地比赛时的进攻与防守、大风天的进攻与防守、心理因素在比赛中的作用、战术原则、教练员的临场指挥等问题进行了比较深入详尽的论述，在当时的教学训练中起到了很好的指导作用。

刘国江，尹怀容，孟宪武，李富胜，刘慧荣，王敏琴等《“1316”——足球成功有路》（新华出版社，1994）。该书的作者为创办八一少年足球实验队前前后后近 10 年含辛茹苦、辛勤耕耘，作者中既有执教多年的教练员，又有从事科研工作多年的足球科研工作者，他们努力将理论与训练实践紧密结合，为我国优秀成年队和优秀青少年队进行科学训练提供有益的经验和教训。这本书就是作者们多年科学训练实验的总结，是我国足球事业的宝贵财富，也是我国第一本关于少年足球运动员培训规律的科学总结。主要内容有：选材、多年训练规划的制定与实施、训练的要求与特点、事半功倍巧练技术、战术配合的基础——意识、训练工作中的教与学、比赛的准备、组织、实施与总结、守门员的选材与训练、身体素质的训练、运动训练负荷的安排、少年足球运动员的速度耐力与耐力素质的现场生理测定、对青少年运动员某些生理指标及身体发展情况的多年观察、青少年足球运动员身体成长与最大有氧能力的纵向研究等，以及训练中的有关资料的汇编。是一本颇有价值的教学训练参考书。

宋守训，尹怀容，杨一民著的《风靡世界的职业足球》（人民体育出版社，1993）。是为了配合当时我国职业足球的起步与发展，作者在广泛收集各方面资料的基础上，从职业足球的兴起与发展、职业足球对提高竞技水平、推动足球运动发展所发挥的巨大作用，以及职业足球俱乐部的组织形式与经营管理，职业球员、职业球队与国家队的关系，职业足球的后备人才，亚洲与我国职业足球发展的现状和趋势等问题，进行了全面、详尽、具体的阐述和分析。是我国第一本详尽介绍职业足球发展的专著。

二、足球发展史的研究

足球运动起源于中国，这已经成为公论。对我国古代足球活动的起源和发展演变的研究，是足球理论建设中的组成部分，对繁荣和丰富足球理论有着重要的作用。

梁柱平在《我国古代足球的起源与演变》一文中认为，中国古代足球起源的说法有黄帝说和战国说。黄帝说是由于黄帝被看成是华夏民族的始祖，正是出于这种心理，古代学者把一切事物归附于黄帝。既然黄帝创造了其他事物，足球当然也不例外了。这是一种崇拜心理的体现，同时也是中华民族的一种传统文化的反映。战国说是根据刘向《别录》和《史记·苏秦列传》中的记载，推论战国时期民间就有了足球活动，后历经各个不同的历史时期，随着社会的发展而发展，社会功能也越来越明显，不但服务于大众，而且还服务于军事，尤其到了汉代，出现了足球专著，证明汉代的足球已经进入了理论总结阶段，标志着汉代足球技术日趋成熟。到了唐代，在汉代的基础上，足球进行了革新，发明了挂着球网的球门和皮革缝制的气球。宋代的足球得到了广泛的开展，随着商业、手工业的发展出现了类似今天足球俱乐部的球会组织。同时还增加了踢法，严格规范了足球技术，但是单球门的比赛，使足球大大后退了一步。并对中国古代足球衰落的原因进行了分析（梁柱平.我国古代足球的起源与演变.广州体育学院学报，1999(1)：123～126）。

翁士勋在《论我国古代足球的球门与决胜规则》一文中认为，我国古代足球活动方式有两种，一种是以个人表演娱乐为主的足球活动，一种是以集体对抗竞赛为主的足球活动方式。汉朝刘向《别录》、《史记·霍去病传》、《许昌宫赋》、《汉书·艺文志》中都有记载。我国古代竞赛型足球活动，从先秦到魏晋，都没有球门。足球竞赛决胜负的规则，仿效兵家在战场上攻守之道，以连人带球冲入对方场地底界为胜，似战场上攻占敌营。从南北朝到唐朝，足球活动有两个突破，即改“鞠”为“球”，以及由此而出现的单球门，即在球场中央设立球门。唐朝仲无颇的《气球赋》首次提及单球门的设置和在对方场地射球入门取胜的决胜规则。两宋时期，竞赛型足球活动吸收了娱乐型足球的技巧花样，直接在已方场地作花样射门来决定胜负（翁士勋.论我国古代足球的球门与决胜规则.体育科学，1998(4)：35～37）。

对我国古代足球竞赛活动的球门设置有不同的看法。翁士勋在《我国古代足球竞赛活动从未有过双球门——谈〈文选.景福殿赋〉中〈二六〉李善注》一文中认为，说汉朝时我国古代足球竞赛活动已有双球门，始于唐豪先生。唐豪根据《文选.景福殿赋》中李善的注文“二六盖鞠室之数，而室有一人也”一句，而推定鞠室即球门，一个球场东西两边各有6个球门，还以此绘出“汉代宫苑内校阅的足球竞赛示意图”和“汉代训练军队的足球竞赛示意图”。其实这些都缺乏文献依据，有的说法也值得商榷（翁士勋.我国古代足球竞赛活动从未有过双球门——谈〈文选.景福殿赋〉中〈二六〉李善注.体育文史.1996(1)60～61）。李季芳在《中国古代足球活动球门设置考略——兼论汉魏时期已有“蹴鞠室内球场”说之误》一文中认为，中国古代足球活动源远流长，游戏方法多式多样，总共可分为不设球门与设置球门两大类。不设球门的游戏方法分为1～10人多种，并有专门名目。设置球门的游戏方法，就球门数目而言，时下流传单球门（位于球场中间）、双球门（球场两端各一）、12球门（球场两端各六）三说。单球门游戏法有古籍图文为证，已成定论。双球门和12个球门的说法，则是体育史学者依据文献资料判断或推论出来的，由于所据资料中并未直接表明球门的数目，所以两种说法尚有研讨的余地。对翁士勋《我国古代足球竞赛活动从未有过双球门——谈〈文选.景福殿赋〉中〈二六〉李善注》一文，除了否定12个球门的说法外，竟未涉及两个球门的问题。既然标题谓“从未有过双球门”，内容却不讨论两个球门之有无，下此结论，未免不全。李季芳认为，单球门的活动流行于宋明时期；唐豪根据唐朝仲无颇的《气球赋》的内容，认为有几句是描写“两队各有一门”（双球门）的足球活动，完全正确。双球门之说言之成理，不失为一家之说。12个球门之说似难成立；景福殿西有12座室内蹴鞠场之说，与史实不符（李季芳. 中国古代足球活动球门设置考略——兼论汉魏时期已有“蹴鞠室内球场”说之误. 体育文史. 1996（2）：58～60）。

另外，卢竞荣的《宋朝的蹴鞠、击鞠与丸球》（西安体育学院学报. 2000（4）：11～12）、梁荣发，曹东《论汉代蹴鞠的历史地位》（体育文史. 1996（1）：29～30）等文章也对古代足球活动论述了自己的观点。

三、体育专业足球课程体系改革的研究

面对新世纪社会发展的趋势和未来市场对人才规格提出的要求，迫切需要研究和形成适应社会体育多元化目标的课程体系。对体育专业足球课程体系改革，已经成为足球教学改革中的重要内容。

周毅，刘夫力的《体育教育专业足球课程体系的优化实践》的研究，从1988年开始，运用现代课程论的理论观点，着手对体育学院体育教育专业足球课的教学过程进行整体优化设计的研究，经过十几年的不断探索，在分别对普修、专修足球课程进行的系统研究的基础上，初步实现了课程中不同层次的教学优化，提高了课程的教学质量与水平，确保了教学目标的实现。研究中首先确定了普修、专修两个不同层次足球课程的教学任务，而后对足球课程理论教材进行了精选，对足球课程技术、战术教材内容进行优化，确定了技术战术教材编排的基本原则，技术战术教材编排的重点，并对足球课程中学生能力培养内容、考核的内容、方法进行了优化，确定了普修、专修课考核的内容和评分比重。并精选足球运动最主要的东西作为足球课程的内容，将足球课程在各层次教学中进行阶梯式排列和实施，从而有效地适应和促进学生发展的阶梯式上升。所引进的课程难度的概念不仅利于解决足球课程体系整体优化的问题，也有利于解决其他课程体系

优化的问题。(周毅,刘夫力.体育教育专业足球课程体系的优化实践——兼论课程难度阶梯与体院术科阶梯型课程.广州体育学院学报,1999(4):84~89)。

程公,陆仲元《沈阳体院足球学科选修课程体系建立与实践研究》认为,为适应新世纪社会发展的趋势和对新型体育人才的需求,必须更新观念,冲破传统体育教学观念的束缚,打破单一的体育教学模式,拓宽专业口径,实现课程的基础性和综合性与普修课和专修课的统一,培养出具有全面综合能力的高层次、高素质的体育人才。对已经毕业的部分体育学院的学生的进行问卷调查,对所得到的数据采用样本平均数差异显著性T检验。调查中,82%的人的建议主要有:加强足球理论知识的广泛性,加强足球运动技能与其他项目运动技能的衔接与沟通,开设选修课,提高学生的综合素质。大众体育的兴起,全民健身计划的实施,使高等体育学校培养模式必须冲破传统意义上的体育专业教育、运动技能练习的观念,转向拓宽体育专业方向,由"对口"转向"适应",即由过去狭窄的对口专业转向适应不断变化的社会需求,注重体育"复合型"人才的培养。研究结论认为,构建足球学科选修课课程体系,符合社会体育多元化发展的需要,符合时代的需要,为提高教学质量,培养"复合型"人才提供了必要的理论依据。足球学科选修课程体系的建立,在更新体育教育观念和改革原有课程结构上有明显的突破,并取得了显著成效。选修课的开设,对学生运动技能的形成产生正迁移影响(程公,陆仲元.沈阳体院足球学科选修课程体系建立与实践研究.沈阳体育学院学报,1999(3):47~49)。

刘夫力,罗伯平《足球普修课技术教材构成及其相应教学方法改革的研究》认为,目前足球普修课教学的技术教材构成及教学方法,没能和国际上先进的教学思想达成统一,该文通过考察文献和录像资料,以调查研究和教学实验为基本方法,论证在足球普修课中,以先进的思想方法为指导,进行技术教材以及教学方法改革的可行性和意义。研究按照新的思想方法的要求,以一种全新的教材构成和教学方法进行了两轮教学实验。教材构成改革方案主要是:把运控球和假动作作为主要教材列在6大类技术的前两位。控制球和抢截类技术包括控运球、假动作和抢截球及颠球,此类技术侧重表现个人的独立技术能力,是最基本的技术,为第一层次技术;传射和停缓类技术包括踢球、接球和顶球,更侧重表现集体的协同配合能力和个人抢点抢射能力,为第二层次技术,第一层次技术典型指标依次是脚背内侧扣球、运球左(右)晃右(左)拨、脚背正面颠球和脚背外侧扣球,这是第一层次技术的重点和难点;第二层次技术的典型指标依次是:脚背内侧踢定位球、脚内侧踢滚动球、头顶球和脚内侧停地滚球。在教材编排上保证控制球和假动作教材的重点和优先,整体上由第一层次过渡到第二层次技术。防守技术教材和进攻技术教材的学习同步进行。保证重点并带动一般。在教学方法上,从单一技术练习尽早过渡到成套技术练习,每项技术及每一环节的教学均贯彻对抗性,防守的参与和防守的技术练习同步,教学开始阶段即安排实战对抗游戏或比赛。经过两轮实验,此方案对于提高教学质量和学生个人技术运用能力具有显著的效果(刘夫力,罗伯平.足球普修课技术教材构成及其相应教学方法改革的研究.广州体育学院学报,1998(2):113～118)。

王景波的《体育教育专业本科足球必修课教学内容的研究》一文通过对毕业生和用人单位的调查,了解足球基本知识、基本技术、基本能力的重要程度和毕业生所具备的情况,结合调查结果对教学内容和教学时数进行研究和分析,并提出改进设想。认为技术部分学时数过少,不利于基本技术的掌握;战术教学时数比例过大,足球身体训练在技战术课中和课的准备部分以及课的结束前进行,可节约大量的教学时数;中学教法课在现行的大纲中没有安排,但这部分内容对学生足球教学能力的培养具有重要的意义,拟增加教法课;游戏课在现行大纲中也没有安排,根据中学的需要,拟增加2学时游戏课,这部分内容主要由学生自己来完成,即每人准备一个游戏;裁判能力是一项重要的实践能力,但教学中安排少,拟增加4学时(王景波.体育教育专业本科足球必修课教学内容的研究.沈阳体育学院学报,1999(2):52～53)。

四、普通高校公共体育课足球教学改革的研究

刘鸥《高校足球选项课对学生体育锻炼能力的影响》一文,在深入剖析高校大学生体育锻炼能力内涵的基础上,以湖南城建高等专科学校3个班级部分大学生共33人为研究对象,进行为期一年的试验研究,并与平行班级其他选项的男生做有关体育锻炼能力的比较研究。实验班一年中只进行足球选项教学,对照班则进行多项目的体育学习。实验结果表明,足球专选课能够将大学生的个人兴趣与高校体育教学有机地联系在一起,客观上顾及到大学生学习心理的引导,并在一定程度上实现了技术学习认知过程和情感过程的统一,学习在充满快乐的背景下进行,因而有效地提高了学生自主学习的能力。实验中,足球专修大学生能够比较容易地将自己的学习兴趣定位于足球,日常参与体育锻炼的手段较多集中在足球上,其参与活动的频度远高于体育兴趣不固定者。对大学生的体育自评能力起到有限的作用(刘鸥.高校足球选项课对学生体育锻炼能力的影响.南京体育学院学报,2000(4):20～22)。

宫长春,杨次榆《关于高校足球代表队训练的几点思考》一文认为,高校足球运动是中国足球发展的一个重要组成部分,在高校内足球运动有着广泛的群众基础,大学生对足球运动的理解不只限于看球与评球,更多的是体现在参与意识上。因此,认识高校足球代表队自身的特点,提高学生队员对足球运动本质的认识,不断提高其运动水平,是非常重要的。认为足球代表队的队员首先应是合格的大学生,其次才是运动员。代表队由于学制的关系,成员具有不稳定的特

点,训练学时不足。因此,对代表队队员来讲,相当部分队员对足球的认识仅限于一种表面现象,应提高队员对足球运动本质的认识,提高队员比赛中的跑位意识以及抢球意识,并重视队员的体能训练(宫长春,杨次榆.关于高校足球代表队训练的几点思考.成都体育学院学报,1997(3):37～40)。

孙雷鸣,刘彤伟《颠球技能学习中迁移效率的实验研究》一文认为,足球是普通高校体育课教学的必修内容,掌握好足球知识与技能,必须熟悉球性,颠球训练是足球入门的基础训练之一,通过对运动技能迁移的实验分析,证实原地单脚颠球练习与原地双脚交替颠球练习在训练效果上存在差异。高等学校足球教学,应在有限的教学时数内,认真考虑教法手段,以提高教学效率和质量。作者以武汉工业大学男生共32人为实验对象,采取随机分组方法,将他们分为人数相等的两部分,进行两种内容不同的实验,每种试验又分成人数相等的两组进行。实验结果证明,运动技能形成过程与相关运动技能是有迁移作用的,两种技能之间共同因素越多,迁移率就越大,对技能形成有促进作用。在高校足球课有限的学时内,采用原地双脚交替颠球的练习手段能更好、更快地提高行进颠球的成绩。并且能使学生更好地熟悉球性,提高球感,为学习其他技术奠定良好的基础。从教育目标着眼,期望一种学习能够对另一种学习起到促进的影响(正迁移),学习的正迁移量越大,说明学生通过学习所产生的学习情境或解决问题的能力越强,教学的效果越好。并建议教学进度的制定要注意技能之间的迁移作用,教学中尽量采用迁移量大的教学手段,以促进学习质量的提高(孙雷鸣,刘彤伟.颠球技能学习中迁移效率的实验研究.武汉体育学院学报,2000(2):90～93)。

奚天明《高校足球专项教学中弱势脚先行理论的实验研究》一文认为,在动作技能的学习过程中存在着身体一侧所获得的技能向身体另一侧迁移的现象(Bilateral Transfer)。通过对高校男生足球专项教学的分组实验研究,探讨双侧性迁移理论在足球基本技术教学中的应用效果。以南京审计学院6个男生班156人为实验对象,实验排除了左侧优势和足球技术较好的学生16人,然后随机分成实验组和对照组。实验前进行左右脚完成两项指标(左右脚颠球和左右脚内侧传球)的测试。实验中实验组以弱势脚先进行学习和练习,弱势脚与强势脚练习时间之比为A组8:2,B组7:3,C组6:4;对照组练习时间之比为A组为2:8,B组为3:7,C组为4:6,共进行20学时的教学实验。选定颠球、脚内侧传球、绕杆运球三个测试项目。对原始数据进行正态检验,对实验组和对照组前后的颠球、脚内侧传球、绕杆运球技术水平的差别采用配对比较平均数差异的显著性检验(T检验)。实验证明,在足球颠球和脚内侧传球的学习过程中,存在双侧性迁移现象,并且这种迁移是我们所期望的正迁移。在两项实验技术的学习过程中,弱势脚向强势脚迁移的效果大于强势脚向弱势脚迁移的效果。弱势脚先行参与练习的效果优于强势脚先行参与练习的效果。强、弱势脚练习时间比例应为弱势脚练习时间占总练习时间的60%～80%。在学习技能的初始阶段，弱势肢体先行学习及增加弱势肢体联系实践的比重应引起高度重视（奚天明.高校足球专项教学中弱势脚先行理论的实验研究.南京体育学院学报，2000(4)：26～29）。

高林洲《不同训练负荷对高校足球运动员血乳酸和血尿素氮影响的研究》一文，以大学生足球运动员12人为测试对象，探讨了不同训练负荷的应激引起心率、血乳酸、血尿素氮变化的特点和规律及评定足球训练课强度，掌握运动量和恢复时间的可能性。研究结果表明，不同训练负荷对足球运动员血乳酸与血尿素氮有不同程度的影响。血乳酸、血尿素氮不仅能够客观地评定足球训练和比赛的强度，同时对掌握运动量和恢复情况也有积极作用，从而为教练员加强医务监督、和安排训练负荷提供科学依据（高林洲.不同训练负荷对高校足球运动员血乳酸和血尿素氮影响的研究.体育与科学，1999(1)：41～43）。

五、足球意识的训练与培养

意识是人心理的核心部分，运动员在比赛中的行为、战术动作都离不开意识的指引。运动员在比赛中能根据场上攻防态势，迅速合理地把握战机，最大限度地发挥个人和全队竞技能力的优势，克敌制胜，这些都离不开良好意识的指引。什么是意识，运动员的意思活动有那些表现，意识活动的心理特征是什么，怎样培养运动员的意识，那些运动训练的手段有利于培养运动员的意识，在意识培养中有那些问题等，这些都是人们关注的问题，在研究这些问题时，势必涉及对意识的认识和意识的概念。从查到的文献中可以看出，涉及到的概念有意识、战术意识 、战术思维等，同时人们对这些概念的定义也不尽相同。意识、战术意识、思维可以说是意识的不同层面。

意识是人脑的机能，它是抽象的概念，尽管目前脑科学在不断的发展，但却很难具体描述人脑意识活动的状况，然而运动员在比赛中的一举一动都与意识内容、意识状态有关，都是意识活动的表现，所以，运动员在足球场上各种行为是运动员比赛意识的外在表现，对足球运动员的意识也主要通过其在临场比赛中的行为加以概括和评价，即所谓“黑箱”评判方法，也就是通过外在的行为特征判断和估价人脑内在的活动。哪些行动表现能反映运动员的意识状况，这些行为在意识活动中处于何种位置，通过什么方法来评估运动员的行为状态，则成为评价运动员意识状况的难题。

意识是人脑的机能，意识对运动员的比赛活动具有能动作用，运动员的意识状况要通过比赛中的具体行为体现出来，具有很强的操作性，运动员在比赛中任何一个战术行动的完成，都是智力和体力活动相结合的过程，不仅需要一般人具有的逻辑思维能力,而且更需要体育运动所特有的运动思维能力,如动作操作能力、操作思维能力、战术思维能力以及高度发展的意识水平。因此,意识的培养也要通过运动员在训练和比赛中的千百次的反复演练和操作才能得以实现。张力为(1993)推论,对抗性项目由于人与人、人与器械之间关系的不确定性大大增加,因而运动员的信息加工量也大大增加,中枢神经系统迅速、灵活,大量做出决策的机会也大大增加,长期训练会迫使运动员对这种任务要求产生适应性,提高在运动场景中迅速、灵活、大量处理并做出决策的能力。

足球意识在比赛中的重要性毋庸置疑,对足球意识的研究也日益引起人们的关注。对足球意识的理论研究以及如何在训练中培养运动员的足球意识的研究也在逐渐展开。《足球报》在1988年还曾对足球意识问题开辟专栏展开过讨论,产生了较大影响,对足球意识的研究起到了较好的作用,曾引起人们对足球意识的研究兴趣。从收集到的资料来看,对足球意识的研究目前主要集中在以下几个方面:

（一）理论研究

这些研究多采用文献法或者是经验总结。这些文章根据心理学的理论知识,结合足球运动的特点和经验,对足球意识的特点、表现以及训练中注意的问题和训练手段进行了分析。

例如,何家统的《足球运动员攻防站位与跑位意识的培养手段》(上海体育学院学报,1992(4):35~37)一文,从4个方面论述了足球运动员攻防站位与跑位意识的培养手段,指出,要想出其不意地突破对手的防线,同时确保自己的球门不被攻破,不仅需要运动员具备良好的体能,攻防时站位与跑位的意识如何,将直接影响其攻防技战术实施的效果。张廷安的《足球运动员战术意识活动的基本特征分析》(西安体育学院学报,2000(3))从不同的侧面对足球运动员的战术意识活动的基本特征进行了深入分析,揭示了战术意识活动具有自觉目的性、对抗性、择优性等7个方面的基本特征,旨在为广大教练员和运动员在训练中更有效地促进战术意识水平的提高提供有益的理论指导。张然的《论战术意识》(体育科学,1982(2))一文,则从球类运动的共同性上对战术意识进行了比较全面的分析,对战术意识的表现特点以及培养战术意识应注意的问题都提出了很有见地的观点。王崇喜的《培养足球战术思维能力应注意的问题》(中国体育科技,1985(6))一文,则认为敏锐、全面、确切的观察能力是战术思维的基础,对比赛规律的认识是战术思维的保证,思想修养、意志品质对战术思维有极大影响,训练中要注意培养战术思维的灵活性、敏捷性,注意战术思维的反馈过程。刘锦瑜《浅谈足球技术训练中培养队员的个人意识》(西安体育学院学报,1999(4))一文,针对足球技术训练及其特点,结合场区、时空争夺和战术配合,在技术训练中如何培养队员的个人意识进行重点讨论和分析,提出把技术的训练和意识的培养有机地结合起来，将个人意识的培养放在最基础位置的建议。胡济群的《浅析足球意识的培养》(南京体育学院学报,1998(4):66～69)对足球意识的含义、培养，理论方面应明晰的内容和要求、培养的主要途径，以及与意识培养的其他相关因素进行了分析。

(二) 应用研究

应用研究主要是借助实验、调查等方法收集有关的资料和数据，从而对足球意识活动进行研究并对意识培养提供有益的依据。

张廷安的《足球运动员战术思维决策活动研究》一文，经过对从事足球运动的各类人员在时间中积累起来的使用"战术思维语言"的个体经验进行分析研究，在此基础上编制了调查问卷，就战术思维决策过程中的"战术思维语言"的选择使用对专业教练员、专业教师、成年职业足球运动员、青年足球运动员、少年足球运动员进行了调查。认为控球队员随情况和位置的变化其战术思维决策活动的过程也在变化，即所在"场区"及其"对抗状态"不同，战术思维决策活动的主导因素是不同的。同一因素在此情况下成为主要因素，在彼情况下又成为次要因素。专家组的战术思维决策活动过程在后场具有明显的"场区"特点和"对抗状态"特点，在中场和前场则表现出明显的"场区"特点而没有明显的"对抗状态"特点，训练水平高的职业运动员和训练水平较高的青年运动员与专家组的战术思维决策活动变化有较高的相似趋势。相比之下少年运动员与专家的战术思维决策活动过程有明显的差异(张廷安. 足球运动员战术思维决策活动研究. 体育科学,1999(6):26～29)。

周毅的《足球战术教学中培养学生创造性思维的实验研究》一文，遵循创造性思维的特点，结合足球战术思维的表现特征，有机地在体育学院足球教学训练过程中将两者融为一体，采用培养创造性思维的"发现法"、"急骤联想法"、"矛盾法"、"定势打破法"、"反思法"、"类比法"等方法手段进行教学实验，认为在足球专选课教学中，可以将创造性思维训练与战术意识培养结合起来，通过有阶段、有步骤地采用综合、系统的教学训练方法是可行的。在足球战术教学中，遵循思维科学规律，设计编排的一套培养战术意识、训练创造性思维的方法，对学生思维的敏捷性、判断力和战术意识、应变能力，以及创造性思维品质都有和好的效果。在提高和培养学生的足球意识和战术思维的同时，也使得学生的创造性思维有所训练和提高(周毅. 足球战术教学中培养学生创造性思维的实验研究. 广州体育学院学报,1999,(1):71～75)。

王崇喜的《足球意识与训练内容因素的相关研究》一文，在建立足球意识外在表现因素集和建立训练内容因素集的基础上，运用调查问卷对足球意识的外在表现(7 个因素)与训练内容因素(14 个因素)的对应关系请专家进行判定，并运用模糊数学的方法对问卷结果进行了模糊相关、模糊聚类分析，建立了模糊相关矩阵,并运用最大最小方法对相关矩阵进行标定,得出 14 项训练内容因素的相似矩阵,然后用最大树的方法进行聚类分析,认为比赛、战术知识学习、观察能力训练、对抗训练、技术训练等因素与发展足球意识相关程度较高,应作为发展足球意识的主要手段。所列的 14 项训练内容因素对发展运动员比赛中行动的隐蔽性和预见性相关程度最低,而比赛、观察能力训练和战术知识学习与两者相关程度较高,应注意采用这些手段进行有针对性的训练。观察能力的训练对发展足球意识相关水平很高,应在训练中注意选用相应的手段培养运动员的观察能力(王崇喜.足球意识与训练内容因素的相关研究.北京体育学院学报,1989,(2):70~76)。

张廷安,麻雪田《战术意识活动在足球比赛中的表现特点》一文,从不同侧面对足球运动员在比赛中的战术意识的表现特点进行了分析,主要有以下特点:战术意识表现的时象特点、区域特点、状态特点、依存特点、复杂困难特点,认为与其他隔网对抗项目运动员相比,足球运动员的战术意识思维决策活动在攻防不同对象、比赛场区、对抗状态及表现时的难易程度方面存在着明显的不同点,这些理论分析结果为更准确地把握足球战术意识的训练提供了重要的理论依据(张廷安,麻雪田.战术意识活动在足球比赛中的表现特点.中国体育科技,1998(10):27~30)。

六、女子足球训练问题

孙文新在《中国优秀女子足球运动员体质与选材的研究》中对中国优秀女子足球运动员进行了形态、机能、素质方面进行研究,探讨其形态现状与特点、机能现状与特点,制定了相应的选材标准。认为我国优秀女子足球运动员体质好于一般人;国家队运动员形态指标基本上与优秀运动员处于一个水平,但反映运动能力的形态指标及各机能指标均优于优秀运动队运动员,说明国家队运动员在运动能力上明显由于优秀运动队运动员;并通过对不同位置运动员身体素质的研究,认为中国优秀女子足球运动员身体素质有其位置特点,在身体素质选材和训练上应区别对待;全国冠军队运动员在身体素质上大多指标优于其他运动队运动员,反映出其水平高、身体素质好的特点;在国内制定了中国女子足球运动员选材标准,供中国女子足球运动员选材及训练时参考(孙文新,王方,张建强,潘日春,曾桂生,郑源,黄石.中国体育科技.1999(11):2~8)。

刘丹在《中国女子足球队速度、速度耐力训练及训练负荷强度的研究》中,认为中国女子足球运动员的速度和爆发力与世界水平有差距,近年来速度耐力也呈下降趋势。运用测验评估等手段,对 1994 年参加广岛亚运会两次集训的中国女子足球对 22 名运动员的全面身体训练、速度和耐力训练结果进行比较分析。使用 TKK 肌力测试系统对运动员进行髋关节 90°和膝关节 90°的屈伸肌群力量进行实验。使用PE—3000心率遥测仪对训练和比赛的心率进行测定以15秒间歇自动记录心率的均值并自动储存，训练时计算机将所有的数值统计处理并绘出心率曲线图。对实施全面身体素质训练计划、速度和速度耐力训练计划的结果进行讨论，对训练、比赛负荷强度进行监控和评估认为，通过昆明阶段训练实施身体素质训练计划，以及秦皇岛、北京阶段实施速度训练计划，中国女足的机能素质，特别是速度、爆发力和速度耐力均有了较明显的提高。与女子手球和曲棍球优秀运动员腿部力量相比，女足运动员具有一定优势。中国女子足球队的跑动能力和适应大强度负荷的能力有了提高，训练控制达到了预期的效果。通过对主力队员个体纵向比较，保证了机能水平的提高（刘丹，何加才，马元安，李必，黄巧书. 体育科学，1996（1）：37～42）。

刘丹在《无氧阈心率及无氧阈速度在女子足球体能训练中的应用》中采用实验室手段，对运动员的有氧和无氧能力进行研究和评定，利用高原条件提高有氧能力的训练，进行无氧阈跑速和无氧阈心率控制速度耐力训练的尝试。认为无氧阈速度在4.0 m/s以下，表明有氧能力较差；利用高原提高有氧能力的特殊效果，通过实施身体训练计划，运动员的一般耐力水平可以得到较快提高，在承受同样的负荷下，大多数运动员的乳酸值均有不同程度的下降，部分运动员的无氧阈速度曲线出现左移；使用无氧阈心率监测足球训练强度是一种比较科学、且较简便准确的评定方法，在世界杯准备期训练中，运用无氧阈速度和无氧阈心率确定运动负荷、跑动速度、间歇时间及其评定效果，保证了身体训练计划的实施，对于中国队取得世界杯第4名起到了积极的作用，同时也为中国女子足球队准备亚洲杯和奥运会的训练积累了实践经验（刘丹，高艳华，邵恒忠. 中国体育科技，1998（7）：45～50）。

王君在《中国女子足球运动发展存在问题与对策》一文中，通过走访、座谈会、问卷等形式对我国女子足球发展的重点地区、单位现状和存在问题等进行全面、系统的调查，提出中国女子足球运动发展规划初步设想。对中国女子足球运动的体制、队伍状况、教练员状况、训练竞赛状况、经费情况的现状进行了分析，认为中国女子足球运动缺乏强有力的组织管理体系，后备力量的培养重视程度不够，半职业和职业女子足球俱乐部体制和运行机制不完善，教练员的业务素质和敬业精神不高，训练体制和竞赛体系不够完善。提出了中国女子足球运动发展10年发展规划指导思想和近期、中长期发展目标。认为应该加强和完善各级女子足球领导机构，指定和完善各种法制和法规；确立以国家队为龙头，稳定和巩固9个女足重点发展地区和单位的女足队伍，有计划、有目的地带动其他地区广泛开展女足运动的方针；女子足球运动重点地区和单位，要切实执行中国足球协会的有关规定，限期成立专业的青年女子足球队伍，并派队伍参加中国足球协会组织的集训和比赛，从而促进青少年女子足球后备力量的培养，完善青少年女子足球队伍的梯队建设,以达到减少青少年女子足球运动员大量流失的现象;要进一步完善女子足球竞赛制度尤其要挖完善青少年竞赛制度和竞赛体系,以保证高质量的比赛,并在大力推动青少年女子足球普及的基础上,逐步将女子足球运动推向市场,从而促进女子足球运动的发展;要加强女子足球教练员尤其是青少年女子足球教练员队伍的建设,采取多种形式有计划、有目的的对全国女子足球教练员进行专门的培训和考核;加强国家队的梯队建设,完成国家队—国家希望队—国家青年队的梯队建设,并以此为龙头,带动重点发展地区和单位以及其他地方队的发展,从而促进地方青少年女子足球运动的开展;定期组织不同年龄段国家队的集训,充分发挥我国女子足球长期集训、集中训练的优势并为她们提供出国参加高水平比赛的机会,以此锻炼队伍,积累与世界高水平队伍比赛的经验;要吸取男子足球职业化改革的经验和教训,完善女子足球半职业和职业俱乐部体制和内部运行机制,完善与社会主义市场经济相适应的法制管理、经济管理、政治思想管理制度;要进一步加强女子足球运动员的思想政治工作;要大力推动青少年的女子足球运动的普及和推广,促使高水平的后备人才不断涌现;要大力加强对女子足球运动的科研工作;继续坚持进行体能测试工作;中国足球协会要设法开拓女子足球市场,多方面筹集资金(王君,周毅,刘浩,马冰,郭辉,李冬生,付玉培,郑鹭宾,王方. 广州体育学院学报,2000(4):87 ~91)。

邓芳在《对世界女子足球运动的调研与思考》一文中,通过对世界女子足球运动的发展的历史和现状的研究,分析了世界女子足球运动近 10 年来的发展状况,认为世界女子足球运动发展是不平衡的,世界女子足球运动与男子足球运动发展存在很大的差距;风靡全球的现代足球,当今不只是男子的运动,也是女子的运动。由于各洲各国各地的政治、经济、历史、文化、宗教、信仰等的差异,妇女地位的不同,世界女子足球运动的发展也是不平衡的;从 1991—2000 年 10 年间,世界女子足球运动得到飞速发展,前国际足联主席阿维兰热、中国和美国对女子足球运动做出了重大贡献,使足球变得完整起来;国际足联及各成员应加强对女子足球运动的宣传力度,使人们关注女子足球运动,要求各会员协会重视、支持、促进本国和地区的女子足球运动的发展;国际足联在经济上对亚洲、非洲等女子足球落后、经济贫困的国家和地区给予支持,促进女子足球运动在世界上更广泛的开展;国际足联要使女子足球赛制靠近男子足球赛制,举行世界各年龄段的女子足球青少年赛和室内女子足球赛(邓芳. 中国体育科技,2002(1):23 ~26)。

曲晓光在《中、美女子足球队攻防技战术打法的比较研究》一文中,通过对友好运动会中、美女子足球比赛中进攻防守战术打法的统计、对比和研究,分析了美国女子足球的优势和特点及中国女子足球存在的差距。认为中国队完成的有效进攻配合少,反映集体进攻能力的传切配合比重低,传切配合发生在中路地区甚少，绝大多数在边路地区，且全部为左侧边路地区，美国队的有效进攻配合以传切配合为主，且可以在中国对防线上任何区域构成威胁，中、美两队在集体进攻能力上存在明显差异；美国队前锋队员是传切配合的主力军，是前场突破防线配合的组织者和尖刀人物，中国队前锋队员此方面水平欠佳，中国队前卫队员是传切配合的主力军，左边路插上传中有一定威胁，但包抄抢点较随意，中场组织欠佳，美国队前卫队员主要精力放在中场及前场的跟进组织上，包括抢点和跟进到位明确，显得很有章法；美国队中前场抢截及前锋、前卫后场回抢水平和效果与中国队形成明显反差，美国队集体防守意识强，尤其在同伴协同逼抢下的断球、抢球、前场截获球上较中国队优势明显，两队集体防守能力上存在着明显差异；美国队前锋队员比中国队前锋队员反抢意识强，行动积极，效果良好，发挥了第一道屏障的作用，且努力参与中后场放手，中国队前锋队员回抢较差，多为单兵活动，美国队前卫队员防守以中场为主，适时顶上前场和回防后场中路，强调集体防守，抢截对象涉及中国队各位置队员，防守有序，中国队前卫队员中场抢截成效一般，多为盯守固定人员；在阵型打法上两队各有不同，但从前锋、前卫队员攻守打法上存在的差异，可反映出集体攻防意识和水平的差别（曲晓光，刘丹，班运生. 中国体育科技，1999（4）：17～22）。

王方在《我国优秀女子足球运动员比赛负荷特征的研究》一文中，采用文献资料法和观察统计等方法对1996年全国女子足球锦标赛决赛和全国奥林匹克青年足球锦标赛决赛进行了调查和统计，着重对女子足球运动员比赛时间负荷特征和体能活动特征进行分析和研究。我国女子足球纯比赛时间与男子纯比赛时间基本相同，无显著差异，纯比赛时间约占比赛时间的60%左右，建议大负荷训练课练习密度不得低于60%；我国女子足球比赛持续比赛时间平均在20s以内占57.2%，30s以内占69.5%。因此，在持续比赛时间短，强度大的足球比赛中磷酸元供能系统在足球运动供能系统中起着重要的作用；根据女子足球持续比赛时间平均在29.3s，中断比赛时间（死球时间）在20s以内即可恢复比赛的平均占70%左右的特点，合理安排大负荷训练课每组练习时间和训练间歇时间；我国女子足球运动员比赛中，快跑冲刺距离和次数均偏低，因此在体能训练中应加强冲刺距离和冲刺次数的训练（王方，高荣明，袁伟民. 西安体育学院学报，1999（3）：42～45）。

郑原在《中国优秀女子足球运动员16项个性因素的初步研究》一文中运用心理学和统计学方法对中国优秀女子足球运动员16项个性进行诊断，比较不同年龄组、不同训练年限组及不同位置间16项个性因素的差异性。认为，中国优秀女子足球运动员16项个性因素中持强性、兴奋性、敢为性具有典型高分性特征，有恒性则具有低分特性，中国优秀女子足球运动员具有争强好胜、冒险敢为、少为顾忌、轻松兴奋、随遇而安的特点，同时，亦反映其有缺乏责任心及有时易冲动的个性；与男子足球和其他运动项目女运动员及普通女大学生相比，中国优秀女子足球运动员的16项个性因素普遍有显著性或高度显著性差异，具有典型的项目特性，其中持强性、世故性、忧虑性、实验性、自律性、紧张性等男、女足球运动员表现出一致性；不同位置的女子足球运动员在敏感性和兴奋性上有显著性差异，守门员比后卫、前卫更理智，更具有独立处理问题的能力，兴奋性为前锋最高、前卫次之、后卫最低；不同训练年限组间持强性表现出明显差异，主要体现在初级组与高级组间（郑原. 中国体育科技，2000（3）：6～9）。

七、其他研究

足球教学研究涉及的领域很多，在此再介绍几篇有关教学改革方面的文章。

刘浩、杨一民、张恩子、朱柏华在《我国高级足球教练员岗位培训教学目标及培训内容的初步研究》中对我国甲级足球队教练员的专业知识与能力状况进行调查，并运用计算机进行多因素分析处理，建立了我国高级足球教练员岗位培训教学目标层次体系，该体系以足球教练员特定的职业要求来确定，突出了教练员在训练、比赛、管理及科研等方面的主要作用和具体工作，反映了足球运动对教练员的素质要求，并且以全面发展为准则。作者强调足球教练员专业能力的培养，提出了5项能力构成因子，包括控制训练过程与控制比赛全程的能力以及服务与保障这一进程的教育管理、科研和社会活动。对我国甲级足球队教练员对5项能力构成因子需求程度排序和专家诊断的调查结果分析显示，控制训练过程和管理教育能力是重点。根据教练员对5项能力构成因子需求的R—型因子分析结果，作者勾画了我国甲足球队教练员专业能力各个指标需求的层次体系。研究者进一步系统研究了岗位培训的内容确定和组织，提出了内容组织设计的基本要求，划分了岗位培训内容的课程教学层次，明确了相应内容的重点与层次。作者指出，我国甲级足球队教练员专业知识需求是以足球专项理论、一般训练学、运动心理学和运动生理学理论为核心的兼顾其他学科理论的结构体系。在专项理论中足球理论与实践为重点，在基础理论中有关足球运动中的生理学和心理学知识是重点（刘浩，杨一民，张恩子，朱柏华. 我国高级足球教练员岗位培训教学目标及培训内容的初步研究. 北京体育大学学报，1999（1）：62～65）。

程公，陈振伦，候丕宇《目标管理在足球教学中的应用研究》一文，主要是引进目标管理模式，在足球教学中采用分组轮换式教学方法，增强了学生的自我管理意识，改变了过去整齐划一的足球课教学模式，说明目标管理在足球教学中具有应用价值。研究在沈阳体育学院运动系足球专修班进行，分实验组和对照组。实验组采用目标管理的模式，建立学生原始档案；根据学生水平由教师和学生协商设定目标；在教学中采用分组轮换式教学形式。结果表明，实验组三项测试指标高于对照组，并呈显著性差异（程公，陈振伦，候丕宇. 目标管理在足球教学中的应用研究.沈阳体育学院学报,2000(3):47～48)。

赵厚华,陆仲元《利用模糊数学对足球停球教学训练的评定》的研究,利用模糊数学的理论,把影响停球技术的诸多因素看成一个集合体,这些因素包括选位、支撑脚站位、前迎、后撤、上提、下拉、触球、随球移动、协调性等9个因素。利用模糊数学方法计算出各因素相关程度,并对停球技术进行定量化分析(赵厚华,陆仲元.利用模糊数学对足球停球教学训练的评定.中国体育科技,1999(4):30～32)。

顾念慈《高师体育足球专项课考核中学生心理状态的研究》认为,体育专业学生在足球专项技术达标考核中,因心理障碍导致失误频繁的现象十分普遍。对此形成的原因及对影响考核效果的因素进行了分析,确认体育教育对学生心理发展具有特殊的作用,并据此提出改善学生心理状态的有效途径和方法。并通过对实验组和对照组的研究,发现实验组在教学中,注重学生心理素质的培养,在技术达标中,从身体动员、技术发挥到自信心的培养,均力求使学生身体整体水平进入最佳状态,因而能理想地实现自己的预期目标。说明应将心理教育贯穿于每个教育环节中(顾念慈.高师体育足球专项课考核中学生心理状态的研究.沈阳体育学院学报,1999(4):56～58)。

第二节　足球教学研究展望

一、足球教学理论的革新

近年来,推进素质教育作为全面贯彻党的教育方针、深化教育改革的根本任务提到了广大教育工作者乃至全社会面前。第三次全国教育工作会议和全国基础教育会议的召开,以及《中共中央国务院关于深化教育改革全面推进素质教育的决定》、《关于基础教育改革与发展的决定》以及《基础教育课程改革纲要(试行)》《全国普通高校体育课程教学指导纲要》的颁布,标志着新世纪中国教育事业进入了新的发展阶段,广大教育工作者明确了进行教育教学改革的精神和方向。实现社会主义现代化,科技是关键,教育是基础。“实施素质教育,不仅是跨世纪教育战线的重点工作,更重要的是党和政府的重要职责,是提高国民素质的必由之路,也是关系社会主义建设事业兴旺发达和中华民族伟大复兴全局的大事。实施素质教育,不仅是基础教育阶段的任务,而要使素质教育贯穿于幼儿教育、中小学教育、职业教育、成人教育、高等教育等各个阶段,努力使德智体美等方面教育成为不可分割的整体,促进全体学生的全面成长。实施素质教育不仅在考试评价、课程教材等教学领域改革方面有大的突破,而且需要在改革教育体制、调整教育结构、优化教师队伍等方面进行配套。实施素质教育,不仅是学校教育的任务,而且是家庭教育、社会教育的共同任务,是我国教育事业的一场深刻变革,也是一项关系全局和涉及社会各方面的系统工程。”①在《中共中央国务院关于深化教育改革全面推进素质教育的决定》中指出,“学校教育要贯彻健康第一的指导思想”,“素质教育的重点是培养学生的创新精神和实践能力”。根据这些精神,足球教育教学也应在更新理念和理论的基础上进行大胆的改革。

1. 课程功能的转变

《基础教育课程改革纲要(试行)》指出:“ 改变过去注重知识传授的倾向,强调形成积极主动的学习态度,使获得基础知识与基础技能的过程同时成为学会学习和形成正确价值观的过程。”强调了课程的功能要从单纯注重传授知识转变为体现引导学生学会学习,学会生存,学会做人。这就要求足球教学要根据教育的任务和时代特点,对教学内容体系进行改革,并强调学生的学习过程与方法,尤其要注意在教学过程中潜移默化地培养学生正确的价值观、人生观、世界观,引导学生在学习知识技能的过程中,形成正确的价值选择,具有社会责任感,有助于学生思想道德的形成。

2. 教育目标的转换

由原先的单纯追求“三基”向“全面培养学生能力”、注重“素质教育”转化。强调以完成教学任务为目的的师生共同活动,既包括教师传递信息和控制职能的教授法,也包括学生听讲、观察、练习等学习法。重视学生的探究性活动,以及通过“发现”获得知识技能的途径。在基础教育阶段的教学中,教学目标的多元化,既有总的目标,又有运动参与、运动技能、身体健康、心理健康、社会适应的领域目标。有助于学生在参与足球活动的过程中,培养足球技能,增强身心素质,逐步养成学生以足球活动为手段积极参与身体锻炼的意识和行为。

在高等学校体育课程教学目标中,既规定了基本目标,又规定了发展性目标,基本目标是根据大多数学生的基本要求而确定的,发展目标是针对少数学有所长和有余力的学生确定的,也可作为大多数学生的努力目标。并且也规定了运动参与、运动技能、身体健康、心理健康、社会适应的领域目标,这种教学目标的改变,肯定带动教学过程诸多内容的改革。

3. 教学内容的优化

科学、合理的制定足球课程内容体系,是实现培养目标的重要途径。足球教学必须改变教育理念,进行深刻的改革,体现课程内容的现代化,改变课程内容“难、繁、偏、旧”和过于注重书本知识的现状,加强课程内容与学生生活以及现

① 国家教育发展研究中心.2000年中国教育绿皮书.北京:教育科学出版社,2000:31

代社会和科技发展联系，关注学生兴趣和经验，精选终身学习必备的基础知识和技能，加强对学生的创新能力的培养。

随着社会、经济、科技的飞速发展，足球教学内容应该不断的更新，才能反映现代化教学的理念。多年以来，足球各类课程的教学内容一直没有什么改变，已不能满足新时期培养目标和教学目标发展的要求，没有反映高等院校课程改革的新思路。对足球各类课程教学内容进行研究，提出构建新世纪足球课程的内容体系的新思路，对教学目标及培养目标的实现都具有非常重要的意义。

4．“教法与学法”的研究

教学研究过去多是放在以教师为中心的“教法”研究上，现在开始注意到以学生为中心的“学法”研究，摸索“教”与“学”两个方面的教学规律。正确处理“模仿”与“创造”之间的关系。强调要借助学生的模仿和创造，使其获得新的知识技能，使学生理解和感受知识技能产生和发展的过程。要从学生的地位考虑教学内容方法的选择，教是为了不教，是让学生会学，而不仅仅是学会。

5．针对培养足球专项特长能力的教学和以促进身心健康为目的的教学

前者是通过系统的足球教育教学过程，使学生进一步提高足球运动技能，为今后从事足球运动工作打下基础，教学对象是学生中有足球天赋和培养前途的人；而后者教学对象是全体学生，是通过接触足球运动，了解足球运动的形式和过程，在积极参与的过程中，掌握一定的足球技能，教学目的是以足球运动为手段，达到促进身心健康、养成终身锻炼的良好习惯。这种面对全体学生的教学思想的转变，必然促进教学模式、方法的变革。

6．通过不同形式的足球教学比赛，不断改进教学方法和手段

足球比赛的竞技性和趣味性是广大青少年喜爱足球的重要原因，在足球教学过程中充分利用多种多样的比赛形式，使学生掌握和了解不同技战术运用的范围，主动发现自身存在的问题，激发学习兴趣，改进技战术方面的不足。通过有目的的多种多样的比赛形式来指导教学的方法，将成为足球教学的又一种积极倡导的形式。

二、足球教学模式的创新

“所谓教学模式，就是指导向特定的学习结果的一步步的程序。教学模式指向一定的教学目标，遵循一定的教学程序是学生积极地学习。”[①]“教学目标不是单一的，而是多侧面、多层次、多水平的。教师只有掌握一系列教学模式，将其

① 高文主编．现代教学的模式化研究．济南：山东教育出版社，1998：423～424

成功地运用于教学实践，才能达成各种教学目标，满足学生的不同需求。”[①]体育教学目标的多元化必将促进教学模式研究的进一步深入，体育教育工作者在教学研究成果和实践经验的总结中提出许多教学模式，随着教育改革的不断深入，教学模式的研究仍将会是一个教学研究的重要领域。下面列举几个常见的教学模式：

1. 指导发现教学模式

该模式是在教师指导下，学生身临教师为之创造的学习情景，通过主动的观察、分析、体会、归纳等学习活动，发现问题，逐步形成足球知识技能表象。在足球知识的定向作用下通过有效的练习形成足球运动技能，培养良好的学习习惯，使足球知识技能和能力得到发展的一种教学模式。这种模式的特点是在足球教学活动中使学生处于相对主动的地位，学生能在观察与体会中发现学习新的足球知识，掌握新的足球技能。

2. 掌握学习教学模式

该模式是以“人人都学习”这一信念为基础。以基本能力和能力倾向有差异的学生组成的学习集体为前提，以“传统的集体教学方式为核心”，通过有效的个别足球教学活动，使绝大部分学生，达到既定的足球教学目标，实现教学的大面积丰收的开发性教学理论。其特点是精选教学目标并使之结构化，能及时进行有效的教学评价，设置适合集体教学和个别需要的教学目标和评价体系。

3. 学导式程序教学模式

该模式是指学生的自学要在教师为之设定的程序中进行。教师实施“导”的主要手段是为学生编制适合他们学习的教材——练习程序。足球教材的程序化使原本复杂的学习内容分解为相互联系的独立单元，使学生的自学理解变得容易起来。练习的程序化是老师根据学生学习教材的特点和规律，为学生编制的作业、练习顺序，在学习中理解足球教材内容，向教学目标逼近。特点是学生学习的主动性和积极性较高，他把发挥学生的主体作用与具体的教学组织有机结合起来。学习是在反馈与强化控制作用下进行的，具有效率高、适应性强等特点。

4. 合作学习教学模式

该模式是指人们注意到班级和集体、师生和人际关系等隐性因素对教学效率的影响。班级内的学习风气，同学之间的凝聚力，良好的师生关系构成了体育技能学习的微观社会环境。合作学习教学模式正是优化这个环境的有效途径。足球属于集体竞赛活动，要求学生之间建立起良好的合作关系，培养良好的社会适应能力，使整体的优势得到充分发挥。

---

① 高文主编．现代教学的模式化研究．济南：山东教育出版社，1998：423～424

三、现代教育技术在足球教学中的运用

近年来,现代教育技术在足球教学工作中的应用呈现越来越广泛的趋势,但主要还是开展视听技术,研究与应用的主体还基本停留在视听媒体在课堂教学中的运用上,主要作用是强化教学,还未能从教学活动和教学结构的整体上进行系统规划和设计。在程序教学基础上发展起来的计算机辅助教学(CAI)其出发点是要建立一种以学生与计算机的交互为主要特征的教学模式,但足球教学CAI课件的研究与制作与其他学科比较起来还停留在初级的地步,多数课件还仅仅是电子讲稿或VCD。目前体育领域的CAI可以说是以行为主义的学习理论和相应的教学理论为基础的,重视的是外显行为的研究,把学习过程归结为"刺激—反应"过程,不重视探讨学生学习的内在规律,把学生的学习作为"黑箱"来处理。现代CAI力图突破这种障碍,重视学生内在学习机制的研究,吸收认知学习理论的最新成果,尤其是吸收建构主义学习理论和信息加工理论的发展,为CAI的研究与制作赋予新的思想。CAI研制既与计算机的开发研究技能有关,又与对足球教学的理解和教学观念、教学理论有重要关系,所以,要开发和研制出具有现代意识的足球CAI课件,首先是教学理念的转变,以及根据现代教育思想对足球教学的整体构思和设计,从而实现足球教学手段的现代化。所以,足球CAI课件的制作将是今后一个阶段教学研究的重要领域。

四、运动心理学在足球教学训练中的应用研究

运动心理学是一门应用学科,随着足球教育训练理论与实践的发展,人们越来越认识到心理因素的重要,迫切需要研究和解决足球教学训练中所面临和遇到的心理学问题。运动心理学研究的重要领域如运动员人格的研究、唤醒、焦虑与运动成绩的关系的研究、心理技能训练的研究、运动动机的研究等等都会成为今后足球教育训练研究领域中的重要课题。"中国运动心理学的发展偏重于以高水平运动员为中心的竞技运动,产生了明显的社会效益。但对学校体育教育中心理问题的关注虽有所加强,但仍然显得薄弱,使得该领域的研究成为整个运动心理学发展的薄弱环节。""应当看到,体育教育是整个教育系统中的重要组成部分,关系到人的全面发展,其中有关心理学问题的研究,具有重要的战略意义,值得运动心理学研究者的更多投入。"①"从认知心理学的角度研究和解决体育运动中的教学和心理问题是有指导性意义的"(季浏 1987),这将会成为运动心理学研究的新的突破点。体育教育的研究主要围绕如何有效地掌握运动技能和通过学生参与体育活动培养良好的人格品质来进行研究。

---

① 张力为.体育运动心理学研究新进展.北京:高等教育出版社,2000:4

随着体育课程改革的发展,体育课是一门以促进学生身心健康为主要目的,以身体活动为主要手段的课程,过去的研究主要是研究如何通过体育课中的身体活动,有效地发展学生的身体能力、运动技能,而对如何改善学生的心理品质以及社会适应能力的研究很少,这已经不能适应当前教学改革提出的教学目标中的一个重要方面,今后必须加强此方面的研究。因此,将心理学的理论与知识运用到足球教学之中,并及时总结其成果,将是今后足球教育研究中的新的课题。

主要参考文献

1. 国家教育发展研究中心.2000年中国教育绿皮书.北京:教育科学出版社,2000

2. 张力为等.体育运动心理学研究进展.北京:高等教育出版社,2000

3. 水延凯.社会调查教程.北京:中国人民大学出版社,1998

4. 叶澜.教育研究方法初探.上海:上海教育出版社,2001

5. 李宗浩.体育科学研究探蹊.北京:人民体育出版社,1989

6. 新世纪体育科学学科展望.北京:北京体育大学出版社,2001

7. 王崇喜.体育科学研究基础.开封:河南大学出版社,1992

8. 黄汉升.体育科学研究方法.北京:高等教育出版社,1999

9. 中国足球协会科学技术委员会编.中国足球事业年鉴(1992—1998).北京:新华出版社,2000

10. 周登嵩.体育科研概论.北京:北京体育大学出版社,1995

11. 全国体育院校(系)研究生论文题目索引.北京:北京体育大学出版社,2001

12. 梁进.中国加入WTO后体育产业面临的机遇与挑战.天津体育学院学报,2000(2)

13. 邱晓德.中国足球产业的泡沫经济现象与经营机制的软着陆.天津体育学院学报,2000(1)

14. 肖平.关于国外足球彩票经营管理模式的研究.中国体育科技,2000(12)

15. 马志和.我国职业足球俱乐部的现状与发展对策.上海体育学院学报,1996(3)

16. 何志林,李豫东等.95全国足球甲A联赛上海赛区观众人数剧增的原因探析.上海体育学院学报,1996(2)

17. 黄竹杭,刘浩,郭炳彦,胡晓善.对当前国内足球科研方法运用的研究,北京体育大学学报,2001(1)

18. 马樟生.对我国1994—2000年中文体育类部分期刊足球科研论文的统计分析.中国体育科技,2002(1)

19. 谭建湘.我国足球职业俱乐部法律规范问题分析,体育科学,1999(2)

20. 洪毅. 足球改革的成就及其在我国体育产业进程中的意义,广州体育学院学报,2000(3)

21. 王崇喜. 中国足球运动科研状况分析. 学校体育科学,1997(2)

22. 王方. 我国女子足球运动现状与设想. 西安体育学院学报,1999(1)

23. 张向阳等. 对中国职业足球实行股份制体制的探讨. 北京体育大学学报,1998(2)

24. 曹建民等. 1997 年全国甲 A 足球队春训生化指标的观察. 北京体育大学学报,1999(1)

25. 吴岱明. 科学研究方法学. 长沙:湖南人民出版社,1987

26. 岳金霖. 形式逻辑. 北京:人民出版社,1985

27. 全国体育院校成人教育协作组编. 体育科学研究方法. 北京:人民体育出版社,1999

28. 杨一民. 中国体育教练员岗位培训教材(足球). 北京:人民体育出版社,1997

29. 中央教育科学研究所《创新教育研究与实验》课题组编. 创新教育. 北京:教育科学出版社,1999

30. 梁良良. 创新思维训练. 北京:中央编译出版社,2000

31. 楚明锟. 现代管理与创新思维. 开封:河南大学出版社,1999

32. 何军,石泉长. 科技写作知识. 沈阳:辽宁科学技术出版社,1985

33. 楚明锟. 逻辑学教程. 开封:河南大学出版社,2000

34. 李志才. 哲学逻辑方法. 南京:南京大学出版社,2000

35. 王崇喜等. 球类运动—足球. 北京:高等教育出版社,2001

36. 邓达之著. 足球训练. 北京:人民体育出版社,1999

37. 全国体育学院教材委员会《足球》教材小组. 现代足球. 北京:人民体育出版社,2000

38. 年维泗,麻雪田,杨一民编著. 足球. 北京:北京体育学院出版社,1990

39. 何志林,陈宝公译. 现代足球——技术配合与训练. 天津;天津人民出版社,1986

40. 陆仲元著. 足球. 北京:人民体育出版社,1996

41. 麻雪田,王崇喜主编. 现代足球运动高级教程. 北京:高等教育出版社,2002

第四篇　田径运动教学训练理论与方法

第一章

田径运动科学研究进程

第一节　田径运动科学研究历史回顾

一、田径运动的定义与功能

（一）田径运动的定义

田径运动是人类从走、跑、跳跃和投掷自然运动基础上发展起来的，用于健身和竞技的身体运动和竞技项目；也就是说田径运动包括田径健身运动和田径竞技运动。

田径运动是以发展人类的基本运动能力，提高身体的健康水平为目的，人类以自身的走、跑、跳跃和投掷这些劳动生产的基本技能和身体活动发展起来的健身手段、方法或运动方式。

田径运动又是以“更快、更高、更远”为目标，以当代科学技术和专业基础理论为基础，不断挑战人类运动能力的极限，是人类体育运动文化的重要组成部分，是人的走、跑、跳跃和投掷等基础运动能力的升华和典型表现。

田径运动定义容易被人混淆的原因：

田径在国际上和在人们的头脑中出现最多和影响最深的是一种竞技运动项目。世界竞技运动的权威机构，国际田径竞技组织机构——国际业余田径联合会将田径竞技的范围解释为：“田赛和径赛、公路赛跑、竞走和越野赛跑。”由此可见，国际上的“田径”，实际上指的是“田径竞技”。

很多国家的“田径”都是指从人们走、跑、跳、投等生活技能中发展起来的一种竞技运动项目。因此，我国有的田径教材将田径运动解释为：“田径运动的内容包括男女竞走、跑、跳跃、投掷等 40 多个单项以及由跑、跳、投部分项目组成的全能运动。以时间计算成绩的竞走和跑的项目叫‘径赛’，以高度和远度计量成绩的跳跃和投掷项目叫‘田赛’。‘径赛’和‘田赛’总称为田径运动”。

我国田径运动这个词是从英文“track and field sport”翻译和演变而来的。英国人把在运动场跑道上进行的赛跑和在运动场中间进行的跳跃、投掷比赛称之为“track and field sport”。Track 的中文意思为“小路”（径），Field 的中文意思为“田地”。19 世纪末，欧美体育传入中国时，我们将“track and field sport”翻译为“田径赛”，以后演变为“田径运动”。

虽然我国的“田径运动”是由外国的“田径竞技”翻译和演变而来的，但是，目前我国的“田径运动”与外国的“田径竞技”在含义上已有所不同。按照中国人对田径运动约定俗成的概念，不仅竞技的走、跑、跳跃和投掷是田径运动，而非竞技用于健身的走、跑、跳跃和投掷也是田径运动。因此，田径运动具有两种属性，即竞技属性和健身属性。两种属性的田径运动，有很多相同之处。例如，都是人体走、跑、跳跃和投掷的运动形式；对人的身心发展都有一定的影响等。但是，它们却有着本质的区别（表 4－1）。只有认识和区别两种不同属性的田径运动，并按照各自的原理、原则和方法去运行，才能促使田径运动健康发展，并发挥田径运动的功能和作用。

表 4－1　两种属性田径运动的区别

健身属性	竞技属性
①面向广大群众，以锻炼身体、增进健康、增强体质为目的	①面向运动员，以提高运动成绩，参加比赛获取优胜为目的
②掌握基本技术，追求锻炼身体的最佳效果	②追求最佳化的技术和优异的运动成绩
③有专门的健身原理、原则和方法	③有专门的训练原理、原则和方法
④根据年龄、性别、健康状况，确定不同内容、形式和方法	④有专门的比赛项目、形式和方法
⑤要服从增进健康、增强体质和教育的要求	⑤有严格的竞赛规则要求
⑥对运动场地、器材的规格没有严格的要求	⑥要保证安全和讲究卫生

（二）田径运动的功能

1. 健身功能

田径运动是一项易于在群众中开展且健身价值较高的运动项目。经常系统地参加田径运动锻炼，能提高人体走、跑、跳跃和投掷等基本活动技能的水平；能促进人体正常生长发育和各器官、系统机能的发展；能全面发展速度、力量、耐力、灵敏、柔韧等身体素质。由于田径运动多在户外进行，使人体更多地受到日光、空气等自然条件的锻炼，能提高人体对外界环境变化的适应能力。由此可见，田径运动是一项健身功能很强的运动项目，是人们增进健康、增强体质、推迟衰老、延年益寿的重要手段。因此，田径运动不仅是我国《国家体育锻炼标准》中的主要内容，也是我国各级各类学校体育课教材的主要内容。

2. 竞技功能

竞技体育是社会文化不可缺少的组成部分，每年在国内和国际举行的田径运动竞赛很多。在大型综合性运动会上，田径项目奖牌数最多，影响最大，故有“得田径者得天下”之说。田径竞技运动的功能在于推动田径运动的普及，加强国内和国际间交往，提高国家威望，振奋民族精神；对观众来说，则起到消遣、娱乐和教育的作用等。另外，著名田径运动员所产生的明星效应，对提高田径运动的商业价值，激活田径竞赛表演市场，促进田径竞技运动按产业化方式运作，起着积极的推动作用。

3. 基础功能

田径运动的基础功能表现在3个方面。首先，当进入发达社会以后，生产力高度发展，人类已从原始社会时依靠走、跑、跳跃和投掷获取生活资料和延续生命中解脱出来，但是人类永远不会摆脱依靠走、跑、跳跃和投掷等基本活动技能去提高人类的生活、生存和生命的质量；其次，很多运动项目都离不开走、跑、跳跃和投掷等动作，田径运动成为很多运动项目的基础；第三，由于田径运动能有效和全面地发展人的各种身体素质，而身体素质全面发展的水平越高，对于各项运动的技术发展和运动成绩的提高也越能起积极和决定性作用。因此，很多竞技项目都把田径运动作为体能训练的重要手段，使田径运动成为提高各种竞技项目运动水平的基础。

4. 教育功能

由于参加田径运动练习要承受一定的生理负荷和心理负荷，还要遵循一定的练习方法、要求和规则，接力跑项目还需集体协同作战，因此，能培养良好的思想、心理品质。另外，在从事田径运动教学、锻炼、训练和竞赛过程中还能产生很多进行思想品德教育和培养心理品质的因素。因此，田径运动就成为进行精神文明教育的一种有力手段。通过田径运动教学、锻炼、训练和竞赛，能对学生和运动员进行爱国主义、集体主义等方面教育，并能培养竞争意识和勇敢顽强、吃苦耐劳的优良品质。

二、田径科学研究的特点

(一) 田径运动的特点

(1) 走、跑、跳跃和投掷是人类生活中的最重要、最基本的技能,是田径运动项目中最基本的形体活动。这些自然动作和技能对学习掌握田径健身和竞技运动各项技术是有十分密切的关系,是田径健身和竞技运动各项技术的基础。

(2) 田径运动本身表现出它具有个体性和广泛的群众性。田径健身活动是以个人为单位进行的。作为竞技项目田径运动是以个人为单位参加比赛的运动项目,团体成绩和名次是由个人成绩和名次相加决定的。田径运动是体育运动中最大的一个项目,它包括很多单项,是任何大型运动会中比赛项目最多、参赛运动员最多的项目。练习也较容易,经常参加田径运动的人很多。

(3) 田径健身运动很少受条件限制,男女老少都可在田野、公路、公园、河滩、沙坑,较宽敞的地带从事田径健身运动。基层比赛可因地制宜的举行,在"任何坚固、匀质、可以承受跑鞋鞋钉的地面均可用于田径运动"。使用简易的器材和设备也可举行基层田径运动会。

田径运动作为竞技项目,举行较高层次的田径竞技比赛,田径场地、器材等设施设备都必须符合国际田联颁布的田径竞赛规则的要求。现代奥运会等世界性田径赛、洲际田径赛、我国全运会的田径赛等场地、器材等设施设备都反映出当代较高的科技水平。

(4) 田径运动中各竞技项目,对人体形态、身体素质发展水平和心理机能等要求有一定区别,运动员要从个人实际情况和特点出发,掌握具有个人特点的先进、合理的运动技术。

(二) 田径科学研究的特点

由于田径运动的特点和项群理论决定了田径运动科学研究的特点:

1. 田径运动科学研究面向大众和健身性

田径运动的走、跑、跳跃和投掷是人类生活中的最重要、最基本的技能;是田径运动项目中最基本的形体活动;是田径健身运动的基础;是很少受条件限制,男女老少皆宜的体育活动。因此,改善、提高大众身体健康水平的田径健身的科学研究特点就成为当今人类社会最引人瞩目的课题。

2. 体育人文知识、理论对田径运动科学研究的支持性

在信息化和知识经济的时代,任何一门学科的发展都离不开多学科的支撑,体育本身就是一门纳多学科知识、理论和技术为一体的综合学科。特别在田径教学和训练理论与方法方面的研究就更加突出了体育人文知识、理论对田径运动科学研究的支持性。

3. 田径科学研究中田径运动技术的最佳化

自20世纪80年代以来,随着科学技术的飞速发展,推动了田径运动与其科学研究的快速发展,田径运动作为竞技运动中开展最广泛、影响最大的竞技项目,它充分体现奥运会“更快、更高、更远”的精神;是以当代科学技术和专业基础理论为基础,不断挑战人类运动能力极限的项目,因此,它要求运动员掌握符合个人特点的、最合理的、最佳化的技术,并且要求在比赛中表现出来,被公众承认。

4. 田径科学研究的数字化智能化

21世纪是人类依靠知识创新和可持续发展的世纪,世界进入了知识经济时代。知识经济和新技术革命给竞技体育带来机遇和挑战,新的竞技体育教育思想观念将带动竞技体育事业巨大的改革和突破。欲使运动员在世界性、洲际性和国家级的田径比赛上,在强手如林竞争日趋激烈竞技中获得胜利,要求我们的田径科学研究不能停留在20世纪末的水平上,竞技体育的现实要求田径科学研究的数字化智能化。

第二节 田径运动科学研究走向与动态分析

一、田径运动科学研究的走向

(一)健身运动的回归与挖掘田径运动的健身功能

众所周知,劳动创造了世界,创造了人类。远在上古时代,人们为了生存和获得生活资料在与大自然及猎物的搏斗中,经常在崇山峻岭、沼泽平原上奔跑,跨越溪流,翻越障碍,投掷石块、木棒和各种捕猎工具追捕猎物。这些日常生活劳作的走、跑、跳跃和投掷等运动技能成了人类的劳动技能和原始战争的手段。人类为了繁衍和社会的发展,把这些劳动技能和原始战争的手段一代一代地传授下去,从而出现了以掌握这些技能的教育和发展身体技能的锻炼为目的的专门的走、跑、跳跃和投掷的基本练习;后来发展到在收获庆典或祭扫活动中展现这些技能的表演和比赛。这就是田径运动的雏形。

伴随着人类社会的进步田径运动也逐步发展起来。公元前776年古代奥运会出现了田径项目的比赛,标志着田径运动从原始的自然运动形式发展成为竞技运动项目和人类的体育文化。随着人类社会文明的进步和科学技术的发展,田径运动取得了极大的发展。当今田径运动水平代表了人类的走、跑跳跃和投掷等能力的最高水平,是人类体育运动文化的最高表现。人类又通过它充分体现了一贯国家和团体的政治、经济、道德、文化等综合实力。

但是随着社会的发展与科学技术的进步,田径竞技运动水平不断地提高,人类运动能力极限不断地被打破。我们诧异地发现竞技运动受社会政治、经济、道德、文化等影响，和某些个人欲望的膨胀，使竞技田径比赛偏离了体育文化和人类文明的方向。违背了人类追求生存、健康、身体与精神完美结合的初衷。人们渴望并实施回归实现田径健身运动人类的运动本来面貌和拓宽它的功能。所以，在高度文明发展的今天，挖掘田径运动的健身功能已成为当今田径运动科学研究的重要方向。例如：盲人的步态，成人健身跑的心率，健身运动处分等研究是田径运动的重要课题。

（二）开发田径运动的教育功能

由于田径运动具有强大的教育功能，也是人们喜闻乐见的运动项目之一。田径运动项目一直是学校体育教育的主要内容，从小学、中学到大学体育课程的重要组成部分。但是由于受奥运会等竞技比赛和苏联体育教材的影响，使以往的小学、中学和大学体育教学大纲和课程内容中以田径技术学习和提高运动水平为目标的田径教学，存在内容陈旧单调、方法手段枯燥、评价标准单一等弊端。出现了不管年龄、认知、心理、知识等水平的不同，千人一书，万人一样的现象。难以实现对学生形态、体能、心理、认知等方面的综合改善与提高，很难实现课程目标。

20 世纪 90 年代以来，我国的教育改革与发展进入了一个崭新的历史时期，它以“教育思想和观念改革是先导、体制改革是关键、教学改革是核心”的思路为指导，逐步向深层次发展。1994 年国家教委制定并实施“高等教育面向 21 世纪教学内容和课程体系改革计划”。这项改革的总目标是，转变教育思想，更新教育观念，改革人才培养模式，实现教学内容、课程体系、教学方法和手段的现代化，形成和建立具有中国特色社会主义教育的教学内容和课程体系，落实《中国教育改革和发展纲要》提出的“质量上一个台阶”的目标，培养适应对世纪需要的社会主义的建设者和接班人。1999 年第三次全国教育工作会议提出的，学校体育树立健康第一的指导思想，学校体育属于大众体育、群众体育的范畴，打好健康的基础，时刻牢记，培养数以万计的劳动者。

通过近年来田径课程改革的理论研究与教学实践，人们越来越深刻地认识到围绕技术学习的课程体系，不能很好地为实现教学目标和课程目标服务。因此，开发田径运动在培养健全人格的教育功能，拓展田径课程内容，构建田径健身课程新体系，成为当今田径运动科学研究的又一个重要方向。例如，我国“九五”以后出版的小学《体育》、中学的《体育与健康课本》和普通大学的《大学体育与健康》教材中的田径内容，都突出了对学生的身心健康教育，注重对学生吃苦耐劳、努力拼搏、团结奋斗和创新精神的培养，以及养成终身体育锻炼的教育。

（三）充分挖掘田径运动的极限潜能（体能、技术最佳化、数字化）

人所共知“田径运动是基础”、“田径是体育运动之母”，它肯定了田径运动对增强人类体质，对竞技运动都具有非常重要的作用。它告诫人们要重视和采用田径练习发展速度、力量、耐力等身体素质，达到增强体质和提高专项成绩的目的。运动实践表明，田径运动项目广泛、众多，共有 50 多个单项，是奥运会金牌最多的项目，人称得田径者得天下。在世界上田径强国，必是体育强国。我国体育运动发展史也表明经济和体育实力雄厚的省、区、市，必定是田径项目成绩突出的省、区、市。

自 20 世纪 80 年代以来，随着科学技术的飞速发展，推动了田径运动与其科学研究的快速发展，田径运动作为影响最大，最能体现奥运会“更快、更高、更远”的精神的竞技项目，它在当代各先进科学技术理论支持下，不断挑战人类运动能力的极限。因此，它要求运动员掌握符合个人特点的、最合理的、最佳化的技术，并且要求在比赛中表现出来，被公众承认。因此，田径运动技术的最佳化特点一直是人们关注的焦点。随着人类进入知识经济时代的 21 世纪，新的竞技体育教育思想观念将带动竞技体育事业巨大的改革和突破。人们欲想在世界性、洲际性和国家级的田径比赛上，在强手如林竞争日趋激烈竞技中赢得胜利，就要科学训练，所以，田径技术的最佳化，数字化智能化就成为田径科学研究中的重中之重的课题方向。

二、田径运动技术理论研究进展

田径运动是体能类运动项目。人们运用田径运动技术通过充分合理地利用自己的运动能力创造田径运动各项目的运动成绩。可见运动技术在体能类运动项目中的作用。

田径运动技术的基础理论是阐述田径运动走、跑、跳跃和投掷各项目的基本规律，也就是运动员完成动作时动作的方向、幅度、距离、节奏、速度以及力的相互作用等基本的运动学和动力学特征。田径运动技术必须符合人体运动解剖学和运动生物力学的客观规律。所以，国内外对田径技术基础理论的研究都是围绕这两方面展开的。随着科学技术的发展和人们对客观世界认识的逐步深入，技术基础理论逐步得到发展和完善。

(一) 国外对田径运动技术基础理论研究的动态

1. 周期性运动项目(走和跑的项目)

(1) 美国

田径强国美国在 20 世纪 40 年代前凭借着天生的优胜称雄于世界，随着科学技术的发展，非常重视体育科学研究。他们着重从以下几方面论述跑的技术基础理论：

① 决定跑速的两个因素：跑速 = 步长 × 步频。

② 步长由三个分距离组成。

后蹬距离：离地瞬间身体重心超过支撑点的水平距离。

腾空距离：身体重心在腾空中通过的水平距离。

着地距离：着地瞬间支撑点距身体重心的水平距离。

③ 跑步腿部动作的周期划分。

支撑阶段：从脚着地到身体重心前移过脚。

后蹬阶段：支撑阶段结束时开始，脚离地时结束。

摆动阶段：脚离开地面开始，向前摆动，准备下一次着地。

④ 影响步长与步频的诸因素。

（2）德意志民主共和国

德意志民主共和国在1980年出版的《田径运动》中把跑的技术分为：

① 动作周期的划分与周期的最重要阶段。

② 跑步动作后蹬力的作用，参与后蹬工作的主要肌群。

③ 跑步的直线性与肌肉的协调工作；跑步动作的经济性。

④ 跑步的步长、步频与跑速的关系。

⑤ 不同的比赛距离要求有不同的运动强度等。

（3）苏联

在20世纪40年代苏联就开始了对田径运动理论进行系统、深入、细致的研究。

① 1989年出版的苏联体育学院《田径教科书》中跑的周期划分为：支撑时期，着地瞬间，缓冲阶段，垂直支持瞬间（身体总重心轨迹最低点瞬间），后蹬阶段，离地瞬间，腾空时期；腾空时期包括身体总重心上升阶段、身体总重心轨迹最高点瞬间和身体总重心下落阶段。

② 影响走、跑的力：内力和外力。内力是肌肉工作所产生的力；外力包括重力、空气阻力和支撑反作用力。

③ 跑步支撑时期的某些动力学特征。

④ 跑步中身体各环节及身体重心的运动学特征。

⑤ 各种距离跑的运动学特征等。

2. 跳跃项目

（1）美国

① 跳高：20世纪70年代初期，美国学者詹姆斯·海在“运动生物力学”一书中提出了著名的决定跳高成绩的3H公式，即 $H = H_1 + H_2 - H_3$；H是跳高成绩；H_1 起跳腾起瞬间身体重心高度；H_2 身体重心腾起的最高高度；H_3 身体重心达到的最高高度与横杆高度之差。

② 撑杆跳高：决定撑杆跳高成绩的4H公式，$H = H_1 + H_2 + H_3 - H_4$；H是撑杆跳高成绩；$H_1$ 起跳离地瞬间的身体重心高度；H_2 身体重心随撑杆升起的高

度；H_3 推杆后身体重心在腾空中升起的高度；H_4 身体重心达到的最大高度与横杆高度之差。

③ 跳远：跳远成绩为3S公式，S是跳远成绩；S_1 起跳距离是起跳腾起瞬间起跳板前沿与身体重心之间的水平距离。S_2 腾空距离是腾空阶段身体重心所通过的水平距离。S_3 落地距离是足跟接触沙面瞬间身体重心与足迹最近点之间的水平距离。

影响 S_1 的因素是踏板准确性、运动员的身材、腾起时的身体姿势。影响 S_2 的因素是腾起时身体重心的高度、腾起初速度、腾起角及空气阻力。影响 S_3 的因素是落地时的身体姿势及落地动作。

④ 三级跳远：三级跳远成绩是三个起跳距离 S_1、三个腾空距离 S_2 和三个落地距离 S_3 的总和。

(2) 德意志民主共和国

① 从生物力学的角度对跳跃中的起跳、腾空、落地动作进行了研究。

② 他们认为通过运动员离地时脚尖和身体重心的连线来计算起跳角的方法是不准确的。认为运动员在起跳过程中所产生的加速矢量在量和方向上是不断地变化，因而起跳角也在不断地改变。所以必须从起跳开始和起跳结束两个位置对起跳过程进行研究和表达。

③ 各种跳跃项目垂直速度和水平速度的比例关系：跳高为1∶0.6～0.5；跳远为1∶3.0～2.5；三级跳远为1∶4.0～3.0。

(3)苏联对竞技跳跃项目的技术基础理论

① 完整跳跃项目练习分为助跑、起跳、腾空、落地4个组成部分。

② 跳跃项目起跳中的摆动动作。

③ 用斜抛物体公式表示身体重心的腾起初速度V、腾起角α、人体重心腾越高度H和远度S的关系。

3. 投掷项目

(1) 美国

① 推铅球和掷链球的成绩等于出于瞬间铅球超出抵趾板内沿的水平距离 S_1 与铅球出手后飞行通过的水平距离 S_2 之和。影响 S_2 的因素有：出手速度、出手角度、出手高度和器械飞行中遇到的空气阻力。其中出手速度是最重要的，空气阻力对推铅球的影响很小，可忽略不计。

② 影响掷铁饼、掷标枪成绩的主要因素是：出手速度、出手高度、出手角度、器械飞行中的空气动力学因素以及海拔的高度。

(2) 德意志民主共和国

① 将完整的投掷技术分为四个基本阶段：准备阶段（预摆、助跑）、超越器械和预备用力阶段（滑步、旋转、引枪与交叉步）、主要阶段（推、掷）、结束阶段（维

持身体平衡)。

② 影响其飞行距离的因素有:出手初速度 V_0;出手角度 α;出手高度 H;空气阻力 k;重力加速度 g,重力加速度是个常数;空气阻力对各投掷项目器械飞行的影响差异较大。对投掷运动成绩影响大的因素主要是出手初速度、出手角度和出手高度。

(3) 苏联

① 完整投掷技术各个技术组成部分的划分:即器械的握法、助跑前的准备和助跑、最后用力前的准备、最后用力、器械的出手与飞行。

② 尽管各投掷项目的器械形状、落地区域和竞赛规则不同,但均受力学原理的制约。

③ 最后用力时力的递增速度与肌肉用力顺序。

(二) 我国对田径运动技术基础理论研究的动态

1. 周期性运动项目(走和跑的项目)

我国在20世纪60年代初出版的第一部体育系本科讲义《田径运动》中,技术基础理论是精选和吸取了苏联1952年版体育学院田径教材中的内容。此后经过40年的修订、补充和完善,走、跑的技术基础理论的主要内容包括:

(1) 竞走、跑的基本特征、动作周期及其划分。

(2) 途中跑一个周期中各阶段的特点、任务。

(3) 影响走、跑的力有内力和外力。内力是指人体各部分之间相互作用的力;外力是指支持反作用力、重力、摩擦力、空气阻力、惯性力。

(4) 决定走和跑的项目成绩的因素有步长与步频,以及影响步长与步频的因素。

2. 跳跃

(1) 跳跃运动项目的技术特点和起跳用力机制。

(2) 决定跳跃运动项目成绩的两大要素:腾起初速度 V 和腾起角 α。腾起高度和腾空远度的力学公式。

(3) 跳跃运动项目助跑的形态、特点与作用。

(4) 跳跃运动项目起跳的形态、特点与作用。起跳动作阶段划分,既起跳脚着地、缓冲、蹬伸三个阶段。

(5) 跳跃运动项目的空中动作的形态、特点与要求和着地动作。对运动员的空中动作又从身体重心的运动轨迹、身体在空中的补偿动作(反正反射)和身体在空中的转动三个方面进行了详细的研究。

(6) 从动能的获得、动能向撑竿弹性势能的转换、钟摆定律的角度对撑杆跳高进行了研究和论述。

(7) 对三级跳远则着重研究了三跳的比例、节奏、三跳的衔接和三跳落点的直线性以及腾空中的身体平衡等问题。

（8）对跳跃运动项目的运动学和动力学研究。

3．投掷

（1）决定投掷远度的因素：器械的出手初速度 V_0、出手角度 α、重力加速度 g。斜抛物体飞行距离 S 的计算公式为 $S = V_0^2\sin2\alpha/g$。出手高度 H 和地斜角 β 对飞行距离较短的铅球影响较大。

（2）流体力学对铁饼、标枪飞行的影响：

① 用表格说明了不同出手初速度、出手角度和倾斜角与投掷远度的关系。

② 投掷标枪时为取得良好的飞行效果，倾斜角应与标枪重心飞行轨迹的切线相一致，即冲击角为零。用陀螺理论说明掷标枪出手时，使标枪绕纵轴转动，可使标枪在空中飞行稳定。

③ 运用流体力学影响铁饼、标枪飞行的因素：器械形状、冲击角（在界限以内，冲击角越大，浮力越大）、器械的截面积（面积越大，浮力越大）、器械飞行速度、空气密度（密度越大，浮力也越大）。

④ 对投掷运动项目的运动学和动力学研究。

三、田径运动教学研究进展

田径运动的教学理论与方法是田径运动教学实践的理论依据，是在教育学和心理学的基础上发展起来的，是体育教育学的重要组成部分。

据史料记载，19 世纪初，随着体育分科教学，便出现了体育教学法。在初期田径教学只是体育教学中的一项内容。19 世纪末期，随着最早的一些田径项目的竞赛活动和运动训练出现与发展，大约经过了 70 余年的发展，至 20 世纪 20 年代才形成田径运动教学理论与方法自己的体系。

（一）国外田径运动教学研究进展

近代教学论基础是捷克教育学家夸美纽斯的《大教学论》，他的关于建立学年制和分班、分科授课教学制的主张，以及所提出的直观教学、循序渐进等诸多教学原则，为后来体育分科教学奠定了基础。随着体育分科教学的出现，体育教学法应运而生。最早提出体育教学法的是瑞典体育教师 w. 斯卡斯特罗姆，他于 1914 年出版了《体育教学法》一书。从 20 世纪初至 50 年代，美国教育学家杜威的实用主义教学思想和桑代克的教育心理学说，20 世纪 50 年代苏联凯洛夫的《教育学》和达尼洛夫的《教学论》对体育教学和田径教学理论的形成、发展影响很大。尤其是进入六七十年代以后，世界范围内的教学论研究与探索进入空前活跃时期。例如，苏联教育家赞可夫的“发展教学理论”、巴班斯基的“教学过程最优化理论”，美国教育和心理学家斯金纳大力提倡的“程序教学”、布鲁纳倡导的“结构课程论”，德国教育学家瓦·根舍因和克拉夫基的“范例教学”，保加利亚教育学家洛扎诺夫创立的“暗示教学的理论”等,这些教学论思想不仅极大丰富了普通教育学的宝库,而且也为田径运动教学理论的改革和发展提供了理论依据和指导。近些年来,以当代最新教学论思想为指导,进行了大量的田径教学理论与方法的研究。例如,以“发现教学论”和“程序教学”为理论依据所进行的“运用计算方法培养学生分析问题能力的探讨——短跑教法研究”,“跨栏跑两种程序教学的实验研究”、“跳跃和投掷等非周期性田径项目的教学教法探讨”、“电子模拟信息在跨栏技术教学中的应用”、“背越式跳高起跳过杆动作的‘同步反馈’方法的研究”、“系统论观点在跳跃技术中的应用”等。这些研究不仅把当代教学论中的思想和观点成功地运用于田径运动教学实践,而且也为田径运动教学理论的发展注入了新的活力,把田径运动教学理论的研究提高到了一个新的层次和高度。

（二）我国田径运动教学研究进展

新中国成立以后,20 世纪 50 年代初,在学习和引进苏联田径教学理论的基础上,我国的田径运动教学理论与方法开始逐步建立和发展。这一时期,我国各体育学院、系的田径教学,在学习和吸收苏联、美国、英国等国的田径教学理论和经验的基础上,结合我国田径教学实际,对田径运动教学理论和方法进行了一些有益的探讨和研究。1961 年我国编写的第一部田径教材,其中的“田径运动的教学与训练”是这一时期我国田径运动教学理论研究成果和吸收国外成果的集中体现。到 20 世纪 60 年代中期,我国田径运动教学研究曾出现过一段高潮。这一时期,围绕着田径技术教学中的手段和方法为主的教法改革和各体育学院、系间进行的经验交流,为我国后来的田径教学理论积累了经验,奠定了基础。由于 20 世纪 60 年代中至 70 年代初我国出现的重大事件,田径教学理论的研究几乎停滞,直到 70 年代后期我国田径运动教学理论研究才得以恢复。1978 年出版的体育学院田径教材中,田径运动教学与训练的理论内容在原有的基础上得到了一些补充。1983 年全国体育学院田径教材中,将“田径运动的教学与训练”分为两章,教学原理专立一章,对教学与训练理论作了科学的区分。这一变革,不仅符合田径运动教学和训练理论各自的内在规律,而且也为田径运动教学理论与方法的进一步完善和发展提供了可能。这一时期,以中老年教师和攻读田径运动教学理论与方法的硕士研究生为主体,对田径运动的教学规律、教学原则的运用、新的教学理论与方法的引进和试验研究、国内外田径教学理论与方法的比较,学生个性学习特征的探索、教学效果的测量与评估等广大领域,进行了大量的、富有深度的研究。这些教学理论与方法的研究成果,不仅极大地丰富了我国田径运动的理论宝库,而且也为建立具有中国特点的田径教学理论体系奠定了基础。

20 世纪 90 年代以来,我国的教育改革与发展进入了一个崭新的历史时期,教育改革从转变教育思想,更新教育观念,改革人才培养模式,实现教学内容、课程体系、教学方法和手段的现代化展开。通过近年来田径课程改革的理论研究与教学实践,人们在开发其培养健全人格的教育功能的同时,拓展田径课程内容,构建田径健身课程新体系展开科学研究。1994 年高等教育出版社出版的高等学校体育教育专业教材《田径》版本中,将"田径运动的教学与训练"分成了"体育教学"和"体育锻炼"。2001 年《田径》教材又将"体育教学"和"体育锻炼"变为"中学田径运动教学"、"田径健身运动的理论与方法"和"中学课余田径训练"。2002 年出版的供体育教育专业选修和运动训练专业《田径运动》突出了业余性。

20 世纪 90 年代以来科学技术高速发展,给田径运动教学理论的发展和教育技术手段的现代化带来了革命性的变化。例如,田径教学中常使用的幻灯、投影仪、录像、电影、电视教材、程序教学机器、电脑模拟教学机和 CAI 电子教学课件等,这些现代化教学手段的出现和逐步应用,增加了向学生输入的信息量,使学生在视、听、触、本体感觉等器官全方位进行立体性刺激,既加深了学生对技术动作的理解和感受,也为田径教学的现代化提供了保证。另一方面,根据田径运动各项目教学的特点,围绕着新的教学手段、方法和教学辅助器材的研究,也大大充实了田径运动教学理论的内容。例如,跨栏跑教学中栏间跑节奏的电子音响模拟研究、跳远助跑准确性的音响控制研究、短跑起跑犯规动作声响监控及反馈的研究等,这些研究从田径运动教学的实际需要出发,从教学手段的研制到对这些教学手段的方法应用,都为田径运动教学理论与方法的宝库增添了新的内容,促进了田径运动教学的发展。

四、田径运动训练研究进展

(一) 国外田径运动训练研究进展

田径运动训练理论的发展基本分为几个阶段。

1. 自然发展阶段(1896 年的第 1 届奥运会至 19 世纪末)

人们对田径训练过程的认识是初浅的。人们发现训练能产生积极的效果,只要多练就能提高成绩。田径运动训练理论的研究是认其自然发展。所以,运动训练还属于一种"自然发展"阶段。

2. 新技术阶段(20 世纪 30 年代到 50 年代)

第一次世界大战后,田径运动训练向项目专一转化,促进了田径运动水平的提高。在训练方法上,教练员们却依然停留于过去改进器材、完善技术和战术、延长训练时间大训练强度的范围。

20 世纪 20 年代后期,教练员开始采用一些与自己运动项目表面看来只存在间接联系的训练内容。如短跑运动员参加长跑活动来增强运动员的耐力和力量。这对运动水平的提高起到了间接作用。这种训练方法称为“辅助训练法”。30年代,这种训练方法演进为按奥林匹克竞技周期安排耐力、力量、速度和灵敏性等身体素质训练的所谓“螺旋训练模式”。

随着现代奥林匹克运动的发展和科学技术的进步,人们为了在奥林匹克运动会上和各种田径大赛中夺取桂冠,逐渐重视对运动训练实践经验和教训的总结,注意并且加强了对训练过程客观规律的研究和探索。但直到19世纪30年代,人们的注意力才开始集中到对田径运动项目的技术研究和改进上,力求通过技术的创新来提高运动成绩,确实也取得了一定的效果。

人们鉴于不同的运动员从事同一项目训练而取得了不同的结果,使人们又进一步认识到选拔运动天才和运用新技术对提高成绩的重要性。例如,跳高:跨越式→滚式→剪式→俯卧式,推铅球:原地推铅球→侧向滑步推铅球→背向滑步推铅球等,每一项新技术的出现与推广都大大促进了运动成绩的提高。

3. 大运动负荷训练阶段(20世纪50年代后期至70年代)

20世纪50年代以后,随着田径运动训练实践的发展,特别是运动生理学、运动医学等学科的发展,人们对运动员有机体在运动训练和比赛中表现出的各种奥秘揭示得越来越深刻,因而对其反映出来的客观规律的认识也越来越深入。在田径训练中,主要通过加大运动负荷来提高成绩,并取得了很大的效益。同时,人们也提出了许多运动训练的原则。

20世纪60年代后期,在“螺旋训练法”的基础上创造了“综合训练法”。这一训练法流行后,田径运动成绩大幅度提高。

这一时期,教练员们已清楚地认识到最好的训练形式是竞赛。因此,合理的竞赛制度已经成为当代训练中的一个重要组成部分。

在现代竞技运动中,为提高运动成绩,各国教练员和体育科研人员在运动员选材、训练、比赛和恢复等方面进行探索,并取得了可喜的成果。其中苏联奥卓林的“现代运动训练体系”、纳巴特尼柯娃的“运动训练远景规划”及马特维也夫的“运动训练分期问题”等,至今都对运动训练有着重要影响。

进入20世纪70年代以后,运动成绩飞速增长,现代科学技术的研究成果不断被移植和运用到运动训练中来,使人们认识到,要达到世界水平的运动成绩,必须广泛应用各学科的知识,提高训练的科学水平。苏联、德意志民主共和国和英国等一些运动训练学专著和教材相继问世。它们都将运动训练原则作为重点内容加以论述,并形成了各自的运动训练原则体系。苏联采用模式训练法对短跑运动员鲍尔佐夫进行控制训练,取得了良好的效果。在1972年慕尼黑奥运会上,鲍尔佐夫一举获得了男子100米和200米两枚金牌。

4. 科学化训练阶段(20世纪80年代至今)

20世纪70年代,西欧一些学者对马特维也夫的周期理论提出了质疑。德意志联邦共和国的马丁认为：马特维也夫的古典周期模式，对今日那些竞技水平仍停留在当年马特维也夫进行研究时的竞技水平的运动员仍然是适用的，但高水平运动员必须通过高强度的负荷才能提高竞技水平，由此而来的是训练课时较短而却要安排必要的恢复过程。1977 年，斯塔里什卡和契纳提出了“优秀运动员理想的分期模式”，这种模式基本上仍属于双周期的安排，但却明显地具有多周期安排的一些特点。按他们的设计，优秀运动员应在全年训练的各个阶段，都将负荷的量与强度保持在 80% 以上，并始终保持良好的竞技状态，在多次比赛中都能表现出优异的成绩。这个时期许多优秀运动员的训练实践证明，马特维也夫的周期训练理论并没有过时。为了获得新的生物适应，要求运动员必须经历一个足够时间的准备过程。所以大多数世界优秀运动员的训练仍然作单、双周期的全年训练安排。特别是比赛较多的耐力性项目和全能项目以安排一个大周期为宜，对短跑和跳跃等速度力量性项目一年分为两个大周期是适宜的。20 世纪 80 年代以来，随着田径运动水平的迅速提高，国际竞赛活动的市场化，田径竞赛日趋频繁，世界田径大奖赛每年多达 10 站，甚至还多；另外还有大型的室内比赛。竞争日益激烈，因此田径运动员全年训练周期成为多周期安排。

20 世纪 90 年代以来，整个世界科学技术的飞跃发展，人们更加明确地认识到只有广泛地运用现代科学技术的研究成果指导田径运动训练，才可能获得理想的训练效果和在激烈的运动竞赛中取得比赛的优胜。于是，人们纷纷向新的理论，新的思想、新的科学技术、新的场地器材、新的方法和手段去探求田径运动竞赛水平更快提高的途径。系统论、控制论和信息论在体育科学中的应用形成了模式训练法、程序训练法等，给田径运动训练开辟了新的途径。

21 世纪信息时代，计算机、网络给世界又一次革命，将使田径训练向数字化智能化发展。

（二）我国田径运动训练研究进展

我国田径运动训练研究的发展分为 4 个阶段。

1. 初创阶段(1953—1957 年)

这一阶段主要是引进、学习和推广国外田径运动技术、训练经验和训练方法。在学习过程中，通过对我国优秀运动员的训练逐步积累了一些全年系统训练的经验，如郑凤荣打破女子世界跳高纪录的经验。

2. 发展形成阶段(1958—1966 年上半年)

在这一阶段田径运动训练工作有了大规模的开展，训练质量有了很大提高，积累了比较丰富的实践经验，理论研究向纵深发展。20 世纪 60 年代中期提出了“三从一大”和“两严”的训练要求，虽不够严谨，但仍对田径运动的发展起到了促进作用。

我国一些体育科技工作者也开始进行一些训练理论的研究，如 1964 年步润生的关于“周期性运动项目训练负荷与运动成绩的关系”。同年,《新体育》杂志和《体育报》也进行了关于“运动训练周期性问题”的学术讨论。

3. 停滞阶段(1966 年下半年—1976 年)

因“文化大革命”,使田径训练处于瘫痪状态,田径运动训练和其理论研究也随之停顿。

4. 系统化阶段(1977 年至今)

由于各基础学科的深入发展,并吸收了国外大量信息,田径运动训练实践稳步前进,向着系统化、科学化方向发展,同时也大大促进了田径训练理论的研究工作。

1977 年,斯塔里什卡和契纳提出了“优秀运动员理想的分期模式”,这种模式基本上仍属于双周期的安排。我国田径界在 80 年代初期试验的类似多周期训练的小段训练法也没有取得理想效果。

田径运动训练的实践逐渐积累了经验,进而上升为理论。我国 1989 年和 1991 年相继出版的体育学院《田径》专修和普修教材中确认了区别对待原则、合理安排运动量原则、一般训练与专项训练相结合原则、不间断性与周期性原则。2001 年人民体育出版社出版的《运动训练学》中,改变和增加了竞技需要原则、动机激励原则、有效控制原则、适宜负荷原则、适时恢复原则。

田径运动训练的实践是以各个运动项目为单位组织训练的,随着各个项目训练和竞赛的实践,人们逐渐积累了相应的经验,并在实践中进行大量的科学探蹊,进而将其上升为理论。田径运动训练理论是运动训练理论体系中最早的,最重要的组成部分。很大项目的训练都移植和借鉴了田径运动训练理论和方法,有自然科学和社会科学一些知识在田径训练领域中广泛应用,使人们逐渐认识了各个项目运动训练的普遍规律,并已建立其有普遍指导意义的运动训练理论。所以,田径运动训练理论对运动训练理论的发展起了巨大的推动作用。

现代田径运动训练理论正向系统化、科学化发展,在进一步完善训练理论体系和方法手段,并不断革新各项目运动技术,以适应田径训练实践不断向人类极限进行挑战的需要。

五、田径方向研究生的研究进展

(一) 体育教育训练学中田径研究生教育

我国体育学科研究生教育开始于 1954 年,只有北京体育学院(现北京体育大学)和上海体育学院 1954—1956 连续三年招收了研究生班;当时是苏联专家担任指导教师,先后有体育理论、生理学、解剖学、田径、体操、篮球、排球、足球、游泳和卫生等专业招收研究生 300 多人,参加学习的研究生来自北京体育学院、上海体育学院、北京师范大学体育系、河北师范大学体育系、东北师范大学体育系、天津体育学院、武汉体育学院等普通高等院校的年青教师。其中田径方向的研究生仅有 24 人。我国自己培养研究生是从 1959 年开始的，当时只有北京体育学院招生，招生的专业方向有体育理论、生理学、解剖学、田径、体操、篮球、排球、足球、游泳、武术和举重专业。除 1962 年没招生外，从 1959—1965 年 6 届共招生 309 名。其中田径专业方向的研究生 48 名。到 1965 年文化大革命开始被中断。1978 年我国恢复了研究生教育，同年招收研究生的体育院校有北京体育学院、上海体育学院和武汉体育学院，1979 年增加了河北师范大学体育系、沈阳体育学院、天津体育学院等院校。1981 年 1 月 1 日《中华人民共和国学位条例》正式实施，当时全国体育院校中只有北京体育学院。截止到 2002 年，全国普通高等学校体育院校拥有体育人文社会学硕士授权点 26 个，运动人体科学硕士授权点 26 个，体育教育训练学硕士授权点 43 个，民族传统体育硕士授权点 16 个。在体育教育训练学硕士授权点 43 个包含有 43 个田径研究方向；在校硕士研究生 500 多名。大大超过 1959—1965 年 6 届几个专业招生人数的总合。

从 1986 年第三批开始有北京体育学院（现北京体育大学）和上海体育学院两个博士单位，有运动人体科学、体育教育训练学和体育人文社会学三个博士学位授权点，招收博士生，到 2000 年第七批博士单位增加到北京体育大学、上海体育学院、华东师范大学体育学院、华南师范大学体育学院、苏州大学体育学院和福建师范大学体育学院 6 个。体育人文社会学博士学位授权点 3 个，运动人体科学博士学位授权点 3 个，体育教育训练学博士学位授权点 4 个，民族传统体育学博士学位授权点 2 个。体育学一级学科 1 个即北京体育大学。

（二）田径方向研究生研究内容的发展

（1）1978 和 1979 年招收的第一届和第二届田径研究方向的硕士研究生毕业论文涉及如下两方面的研究：

① 技术分析：如"对影响女子 100 米栏过栏和栏间跑相结合的主要技术指标的研究"，"对 110 米高栏技术合理性标准的探讨"，"对不同跑速中几个主要生物力学因素的分析"，"关于背越式跳高起跳步时身体内倾问题的初步探讨"，"对推铅球最后用力技术的探讨"，"从百米赛跑整体出发浅谈百米起跑后的加速跑"，和"掷标枪最后用力时髋和躯干动作某些运动学因素分析"等。

② 训练理论研究：如"我国三级跳远运动员身体训练水平的检查与评定"，"对短跑运动员几个腿部力量练习的动作分析"，"解放后我国短跑运动员身体训练的阶段划分及特点"，"对七十年代初我国优秀少年田径运动员的调查及对'早衰'原因的探讨"，"女子铅球滑步节奏与成绩的关系"，"关于我国一、二级男子跳远运动员起跳力量的初步探讨"，"对我国中等水平男跳远运动员助跑最后三步步长的研究"，"对影响 110 米高栏运动成绩的主要因素的研究"，"对我国 61 名女子 100 米跨栏运动员下肢屈伸肌群力量的测定"，"短跑运动员在途

中及其专门力量练习中下肢肌电活动的研究”,“我国铅球运动员身体素质模式及因素分析”。

(2) 发展到21世纪初叶2003年“体育教育训练学”硕士授权点中田径研究方向的研究内容涉及如下几个大方面:

① 田径课程教学内容体系与结构研究:如“我国高师教育专业本科田径课程改革初探”。

②田径教学理论研究:如“对高师体育院系背越式跳高系列教学模式的实验研究”,“以‘教学促发展’理论指导高师体育专业背越式跳高技术教学的指导”。

③田径教学方法研究:如“体育教育专业普修田径课跨栏跑技术关完整法为主的教学方法研究”,“110米栏起跨技术分析与教学研究”,“双向式步点控制法在体育系男子跨栏技术教学中的实验研究”,“体育系跨栏跑教学中运用掌握学习策略的初步研究”,“对两腿配合时机与教学重点的直道跨栏跑教法探讨”,“同步反馈法对纠正背越式跳高起跳向后倒立体的教学实验研究”,“背越式跳高技术完整教法研究”,“跳远空中姿势同步教学对掌握助跑起跳技术的作用的实验研究”,“掷标枪技术教学教法的研究”,“掷标枪最后用力环节技术教学手段的研究”,“掌握学习理论在标枪技术教学中的应用研究”,“导学式小步子教学在体育院系标枪教学中的实验研究”,“结构主义认知学习论在铁饼教学中的应用研究”,“心智练习对铁饼原地投掷学习的影响”和“团结动力学在田径技术课教学中的应用”。

④ 田径技术最佳化研究:“中国男子竞走优秀运动员的技术尚存问题及其产生原因”,“我国优秀女子竞走运动员在新竞赛规则下的单步技术共性特征与技术个性特征的研究”。

“背越式跳高摆腿动作形式的研究”,“背越式跳高过杆技术与其教学的研究”,“我国优秀男子背越式跳高运动员起跳过程中摆动腿技术动作的运动学研究”。

“撑杆跳高的动力学研究”。

“我国优秀男子跳远运动员起跳过程中摆动腿作用的研究”,“关于我国优秀女子跳远运动员起跳过程中摆动腿动作对起跳效果作用的运动学研究”,“我国男子走步式跳远运动员落地技术及其影响因素的分析”。

“我国优秀女子三级跳远运动员二、三跳起跳技术的运动学特征”。

“我国部分男子铅球运动员背向滑步推铅球技术中非投掷臂和肩髋横轴的若干运动特征初探”,“对我国优秀铅球运动员最后用力阶段左侧工作的运动力学与运力学的研究”,“对我国四名优秀女子铅球运动员的几个铅球技术环节的浅析”,“推铅球出手角度与出手初速度的分析”,“青少年男子铅球运动员背向滑步推铅球技术的运动生物力学评定”,“我国部分优秀女子铅球运动员最后用力髋与躯干动作的某些运动学因素分析”,“对我国优秀铅球运动员推铅球技术的三维运动学分析”,“状态反射对我国女子优秀铅球运动员技术影响的三维运动学分析”。

“对我国两名优秀铁饼运动员技术的三维运动分析”。

“女子标枪运动员最后用力主要技术指标对投标效果影响的初步探讨”,“论男子标枪运动员‘第二支撑制动现象’的运动学特征与意义”。

“对链球投掷旋转技术的动力学分析”,“我国优秀男子链球运动员投掷技术的运动学特征分析”。

⑤ 田径教学考核评价体系与标准研究:如“对高师体育系田径结业考试男生跳投类项目技评方法的探讨”,“在体育系田径教学中运用素质指标和达标成绩对普修班男学生进行技术评定的研究”,“高校体育教育专业田径教学效果评价体系的研究”。

⑥ 田径训练理论研究:

“世界优秀田径运动员的运动年龄变化特征研究”,“兼谈部分项目运动年龄与运动成绩关系特征”,“两组不同手段组合练习对部分田径跳跃运动员专项力量训练效果的研究”,“田径早期专项化训练研究:对沈阳市五区体校男少年田径运动员的调查与分析”,“对跳深动作结构的实验研究”。

“竞走的机械能及机械效率的研究”。“对 1999 年国内田径锦标赛女子长跑速度分配特征及成因的研究”,“《运用微电脑进行数控训练的研究》:对青少年中长跑运动员的心率运动负荷进行个体纵向建模、预防并控制的探讨”。

“从我国优秀女子跳高运动员训练全过程探讨影响其‘运动寿命’的主要因素”,“我国青少年男子背越式跳高一、二级运动员身体素质训练模型及评定标准”,“高水平跳高运动员模式训练之研究”,“我国优秀男子背越式跳高运动员跳高成绩和专项素质的模式研究”。

“频响能量谱法实时监测跳远起跳动作的应力研究”,“对山西高校体育系跳远男生有关身体素质模型的探讨”。

“我国华东地区少年男子甲组铅球运动员专项力量训练水平的测量与评价”。

“我国优秀男子标枪运动员最后用力动作技术的测量与评价”,“从女子标枪成绩的多元回归分析中看样本含量与 F 的取值对结论的影响”,“影响标枪飞行远度的系统因素及投掷技术的综合分析”。

“女子七项全能成绩结构的系统分析及其模型”,“我国优秀田径全能运动员子项训练结构初探”,“对男子十项全能 8000 分成绩模式及单项成绩水平评价模式的建立与应用的研究”。

⑦ 田径训练方法研究：如“通过课余锻炼提高男大学生耐力素质的有效方法研究”，“对我国优秀男子400米跑运动员身体训练水平与专项成绩关系的检查与评定方法的研究”，“中国高水平女子投掷选手全程性多年训练的方法学体系”。

⑧ 田径训练的生理学依据研究：如“优秀中长跑运动员高原训练的生理适应及模拟高原训练时骨骼肌 a—actin 的基因表达”，“男子中长跑运动员主管强度感觉与生理变量之间的研究”，“不同段落的短距离重复跑对无氧代谢供能能力影响的实验研究”，“不同年龄段男子中长跑运动员12分钟跑前后血流动力学指标变化的研究”，“铅球训练课训练内容组合安排的生理学依据的研究”。

⑨ 田径运动员的心理训练研究：如“对我国七城市少体校田径运动员赛前焦虑问题的研究”，“我国优秀十项全能运动员心理能力检查评定的研究”。

⑩ 田径运动传媒研究：如“河北省体育运动的媒介传播者现状分析”。

⑪ 田径运动的比赛市场研究：如“培育开发我国田径比赛市场的对策研究”。

⑫ 田径运动的决策研究：如“对第26届奥运会田径项目决赛结构的透析”，“对九十年代前半期(90—96)我国短跑项目发展状况及对策的研究”。

⑬ 田径运动裁判法研究：如“对田径竞赛裁判规则及裁判法的标准化考核研究”。

⑭ 田径运动训练和裁判仪器的研制：如“(FMS-1)型数字铅球三维测力系统的研制与应用”。

⑮ 田径运动员选材：如“中国优秀赛跑运动员的皮纹特征及选材指标的研究”。

第二章

田径运动教学理论内容与方法的研究

第一节　田径运动教学理论的研究

一、课程教学内容的变革

（一）国际体育课程改革的简况

（1）澳大利亚、加拿大、美国等国是体育与健康教育相结合的课程模式。

（2）美国、加拿大的一些州和中国香港是体育与健康教育两门课程分设的模式。

（3）俄罗斯等国采用体育与生命安全基础两门课程分设的模式。

（二）国内课程改革的情况

1．“九五”体育教育改革的启动

1994 年原国家教委制定并实施“高等教育面向 21 世纪教学内容和课程体系改革计划”。总目标是转变教育思想，更新教育观念，改革人才培养模式，实现教学内容、课程体系、教学方法和手段的现代化，形成和建立具有中国特色社会主义高等教育的教学内容和课程体系，落实《中国教育改革和发展纲要》提出的“质量上一个台阶”的目标，培养适应 21 世纪需要的社会主义的建设者和接班人。因此，在原国家教委体卫艺司直接领导下，提出了以科研形式对普通高校体育教育专业教学内容和课程体系进行研究，采取统一规划，申请立项（以综合性项目为主）研究，各校联合合作，有经费支撑，成果经过实践检验并通过鉴定的方法进行。1995 年成立了《面向 21 世纪我国普通高校体育教育专业教学内容和课程体系改革的综合研究》课题组。1996 年被列入全国教育科学“九五”

规划教委重点课题资助项目。全国24所普通高等学校体育院系为该课题的实验单位,经过三年的联合攻关研究已于2000年结题。随着我国的基础教育发生的重大变革,面对21世纪的挑战,普通高校体育教育专业也在发生重大改革。

全国普通高校体育教育专业课程体系与教学内容,对培养什么样的中等学校体育教师有着非常重要的作用。中国普通高校体育教育专业课程体系与教学内容的基本框架形成于20世纪50年代学习苏联的时期,尽管几十年来不断地改革,但原有模式的束缚和影响仍然存在。20世纪80年代以来,曾对体育教育专业课程体系与教学内容进行过局部的调整、增删,但仍远不能达到目的。我们正处在21世纪的开始,中国将建立起社会主义市场经济体制的基本框架,社会主义体育建设事业的进程将大大加快,未来社会对体育人才的需求,无论在数量、结构方面,还是在质量、规格方面都将发生巨大的变化。中国普通高校体育教育只有纳入到整个经济和社会发展的大环境中去,积极进行改革,才会有生命力。课程体系与教学内容的增删、取舍,要以研究体育教育专业的学生在21世纪应该拥有什么样的知识结构、能力和素质为出发点,才能建立起和形成具有中国特色社会主义高等体育教育专业课程体系与教学内容。因此,如何改革人才的培养模式,根据21世纪社会的需要建立起体育人才合理的知识结构和智能结构,优化课程体系和教学内容,建立有利于提高受教育者的整体素质,提高人才培养质量,这是中国普通高校体育教育专业一项十分紧迫的战略任务,是必须认真研究和探讨的重要课题,它关系到体育教育改革的深化,关系到全国数万名中学体育教师的素质和在校2亿多儿童和青少年的体质与身心健康的发展方向,关系到祖国的前途和民族的命运。

2. 普通高校体育教育专业课程体系、内容和评价体系进行科学的研究

从适应21世纪需要,培养具有国际身体体质竞争能力和创新精神的、角度,对普通高校体育教育专业课程体系、内容和评价体系进行科学的研究。

(1) 形成必修课为主,必修课与选修课相结合的学科课程体系

课程体系是教学内容的主要载体,直接决定着教育对象的知识结构、智能结构和整体素质,关系到培养目标的落实,在教学建设中占据十分重要的地位。因此,应对课程体系进行调整改革。

“九五”期间的《课程方案》由主干课程、指定选修课和系列选修课组成。

① 主干课程:新的课程体系中设置主干课程,授于学生最核心、最基本、最

精华的知识。课程体系向系列化、综合化发展是目前一个趋势。

② 指定选修课:将专业选修课分为一般指定选修课和系列指定选修课。在选修课设置类别结构下,将其分为学科和术科两大类。学生可选1~2个方向系列组课程,又可选修辅修专业方向课程。

③ 系列选修课:开设专业方向系列选修课,跨系跨专业选修课,努力提高可选度。增加课程门类;力求所开的选修课是学生应选学分数的2~3倍。新课程体系为专业方向设立了学时的课程模块,使我国体育教育专业课程体系更加合理化、科学化、现代化。

(2) 课程改革达到的目标

① 改革课程过于注重知识传授的倾向,强调形成积极主动的学习态度,并使获得知识与技能的过程成为学会学习和形成正确的世界观的过程。

② 改革课程结构过于强调学科本位、门类过多和缺乏整合的现状,重视课程的均衡性、综合性和选择性。

③ 改革课程内容繁、难、多、旧和偏重书本知识的现状,加强课程内容与学生生活以及现代社会发展的联系,关注学生的学习兴趣和经验,精选包括信息技术在内的终身学习必备的基础知识和技能。

④ 改变过去强调接受学习、死记硬背、机械训练的现象,提倡学生主动参与、乐于探究、勤于动手。培养学生搜集和处理信息的能力、获得新知识的能力、分析和解决问题的能力,以及交流于合作能力。

⑤ 淡化评价的甄别于选拔的作用,建立评价内容多元、评价方法多样,着眼于促进学生的发展、教师提高并改进教学实践的评价体系。

⑥改革课程管理过于集中的状况,建立国家、地方、学校三级课程管理政策,增强对地方、学校和学生的适应性。

(三) 现行教材改革

1. 现行课程目标和任务

(1) 课程教学目标:使学生掌握中等学校体育教师必备的田径运动的基本理论知识、基本技术和基本技能。具备从事中等学校田径运动教学工作的基本能力。

(2) 具体任务

① 使学生认识田径运动在中等学校体育中的地位和作用,进行忠诚党的教育事业的思想教育,使学生树立为当好一名中学体育教师而努力学好田径课程的思想和态度。

② 使学生认识田径运动既是一种竞技项目,又是一种健身的手段,掌握田径运动的基本理论知识、基本技术和基本技能及体质的方法。

③ 培养学生自学自练、独立思考和分析问题与解决问题的能力,使学生具

备从事中学体育课中田径运动教学、指导田径运动锻炼、组织基层田径运动竞赛及田径运动场、器材管理等多方面的能力。

2．“九五”期间教材（孙庆杰主编）内容

（1）教材结构：改变了以往以田径竞技项目为主线的结构，教材分为：理论篇、实践篇和拓展教材。

（2）在理论篇第一章田径运动的概述中着重阐述了田径运动的两个概念，健身与竞技的两个属性和田径运动的功能。

（3）将以往田径教材中的田径教学改变为“中学田径运动教学”。突出了中学田径运动的教学任务、教学内容和成绩考核，田径运动的教学阶段和教学方法，田径运动教学中增强学生体质的方法，田径运动教学中的思想品德教育和田径运动教学中伤害事故的预防。

（4）删除田径锻炼内容。增加了“田径健身运动的理论与方法”，突出阐述了田径健身运动的分类与内容，田径健身运动的生理学基础及对人体的健身作用，田径健身运动的锻炼方法，田径健身运动的指导与评价和径健身运动的锻炼注意事项。

（5）删除了以往教材中的田径运动员选材，田径运动的研究方法。

（6）把以前教材中培养学生社会工作能力的田径运动竞赛组织工作与田径运动竞赛裁判法合并，整合为田径运动竞赛。

（7）将以往田径教材中的田径训练改变为“中学课余田径训练”。突出中学课余田径训练概述，中学课余田径队的组成，中学课余田径训练的原则，中学课余田径训练的内容，中学课余田径训练的方法和中学课余田径训练的计划。此内容为拓展内容。

（8）在实践篇中，打破了竞技统治田径教材的局面，根据培养目标和田径课程的需要，实践课内容分为必修和拓展内容两部分。

（9）在必修章节中，选择的是青少年学生喜欢的，能提高身体健康水平，培养各种能力的短距离跑、接力跑、中长距离跑、中学障碍跑、跳高、跳远、三级跳远、掷实心球和掷垒球内容。

（10）把青少年学生在课余时间进行身体锻炼的必要的内容选为拓展教材。

（11）不管在必修，还是在和拓展实践课内容中，都强调了中等学校、课余和健身的功能。

3．教材特点

（1）《田径》课程是普通高等体育学校“体育教育”专业的核心课程，是“体育教育”专业学生必修课程。是培养适应21世纪需要的优秀的体育教育专门人才所必备的知识、技能和能力。本教材面对21世纪知识经济和新技术革命的机遇和挑战，从培养拥有渊博的学知，又具备创新精神、勇敢自信、不怕困难与挫折、团结协作等良好素质的适应21世纪需要的优秀人才出发，建立起和形成具有中国特色的普通高等学校体育教育专业《田径》课程体系与教学内容。通过教学把学生培养成德智体美全面发展的，掌握先进科学知识的，能胜任中等学校的体育教学工作，而且具有组织与指导田径运动训练、组织竞赛、管理工作和进行体育科学研究的初步能力的体育教育专门人才。是关系到体育教育改革的深化，是关系到全国数万名中学体育教师的素质和在校2亿多儿童和青少年的体质与身心健康的发展方向，关系到祖国的前途和民族的命运重大问题。

（2）教材打破了以前从小学到大学旧的不考虑教育对象的年龄、生理、心理和知识水平与特点，旧教材内容一直不变的问题。新教材有非常鲜明的层次，其内容、知识、理论等是面向普通高等体育学校“体育教育”专业学生和教师的。

（3）专业不同，培养目标不同，选用的教材不同。教材是为普通高等体育学校“体育教育”专业的培养目标编写的，既是把学生培养成德智体美全面发展的，掌握先进科学知识的，能胜任中等学校的体育教学工作外，而且具有组织与指导田径运动训练、组织竞赛、管理工作和进行体育科学研究的初步能力的体育教育专门人才的教科书。

（4）教材寓培养适应21世纪需要的优秀的竞技体育教育专门人才所必备的思想、道德品质于新的教材之中。强调使学生形成积极主动的学习态度，并使获得知识与技能的过程成为学会学习和形成正确的世界观的过程。

（5）教材重视课程的均衡性、综合性和选择性，构建起操作、认知、情感和行为领域并行推进的课程结构，寓多学科领域的有关知识，最新的《田径运动》知识、理论、技术及教学与训练方法于新的教材之中。

（6）教材加强课程内容与学生生活以及现代社会发展的联系，关注学生的学习兴趣和经验，精选包括信息技术在内的终身学习必备的基础知识和技能提倡学生主动参与、乐于探究、勤于动手。培养学生搜集和处理信息的能力、获得新知识的能力、分析和解决问题的能力，以及交流与合作能力。寓创新精神和实践能力于新的教材之中。

（7）教材将建立评价内容多元、评价方法多样，着眼于促进学生的发展、教师提高并改进教学实践的评价体系。

二、选修课程和专业课程教学内容的变革

（一）课程改革的情况

1994年原国家教委制定并实施“高等教育面向21世纪教学内容和课程体系改革计划”。为此，在国家教委体卫艺司直接领导下，全国20多所体育院校

经过几年的联合攻关研究,"面向21世纪我国普通高校体育教育专业教学内容和课程体系改革的综合研究"课题已于2000年结题。至2001年7月与之相配套的主干课程、一般必修课程和主要选修课程的教材均已出版。这些教材有鲜明的层次和时代感,紧扣体育教育专业的培养目标,突出了体育的健身功能。随着教育形势的飞速发展和"十五"计划的实施,"运动训练专业"在普通高等学校体育院系中迅速增加,从原来的10几所学院扩大到现在的35所,其中普通综合大学体育学院有21所。在校学生从1000多人飞速的增加到10000多名。不仅如此,仍然保持增长势头。多年来,一直没有适应体育教育专业选修和运动训练专业的核心课程《田径运动》教材,很多院校选用"体育教育专业"的必修《田径》教材;几所原国家体委管辖的体育学院大体上选择培训高级教练员的教材。这些教材的培养目标与内容不能适应普通高等学校运动训练专业的培养目标、课程体系与内容的要求。在该专业学习的学生和从事教学工作的教师都急需该专业的《田径运动》教材。另外,我们正处在21世纪和"十五"计划的开始,中国将建立起社会主义市场经济体制的基本框架,社会主义体育事业的进程将大大加快,未来社会对体育人才的需求,无论在数量、结构方面,还是在质量、规格方面都将发生巨大的变化。中国普通高校竞技体育教育只有纳入到整个经济和社会发展的大环境中去,积极进行改革,才会有生命力。课程体系与教学内容要以研究竞技体育教育专业的学生在21世纪应该拥有什么样的知识结构、能力和素质为出发点,才能建立起和形成具有中国特色社会主义高等竞技体育教育专业课程体系与教学内容。因此,如何改革人才的培养模式,根据21世纪社会的需要建立起体育人才合理的知识结构和智能结构,优化课程体系和教学内容,建立有利于提高受教育者的整体素质,提高人才培养质量,编写出版符合培养21世纪社会要求的《田径运动》教材,这些是中国普通高校体育教育专业一项十分紧迫的战略任务。

(二)选修课程和专业课程改革

1. 课程目标和任务

(1)课程目标:通过教学不仅使学生具有普通高等学校、中等学校、体育运动学校和业余体校中从事业余训练的教师必备的田径运动的基本理论知识、基本技术和基本技能,能胜任普通高等学校、中等学校、体育运动学校和业余体校的田径运动训练与教学工作外,而且具有组织竞赛、管理工作和进行体育科学研究的初步能力的竞技体育教育专门人才。

(2)具体任务:

① 使学生具有普通高等学校、中等学校、体育运动学校和业余体校中从事业余训练的教师必备的田径运动的基本理论知识、基本技术和基本技能,提高学生的分析问题与解决问题的实践能力,培养创新精神。

② 使学生掌握田径运动训练的知识、训练方法、组织、管理等能力。

③ 了解和初步掌握田径运动新知识和发展趋势。

④ 使学生具有进行体育科学研究的初步能力。

2. 选修课程和运动训练专业教材(刘建国主编)的基本内容

(1) 为了使学生学会学习方法,在每章的开始都加了本章导学。

(2) 为了培养学生的观察问题与解决问题的能力和创新精神,每章都增加了本章内容或该项目的发展与现状。

(3) 增加了"田径运动员的选材","业余田径运动训练","大型田径运动会竞赛"和"田径运动的科学研究"等章的内容。

(4) 在业余田径运动训练中,突出了业余田径运动训练体系与结构,田径运动训练原理,田径运动的基础训练和田径教练员与业余田径运动训练的管理内容。

(5) 在田径运动竞赛的裁判工作中增加了解决裁判疑难问题的方法。

(6) 在田径运动场地中增加了塑胶田径场地基本知识介绍。

(7) 为培养学生的探究精神和实践能力,在各技术项目章节中增加了每章的技术分析和业余训练。

3. 选修《田径》和运动训练专业《田径运动》教材的内容

(1) 解决了多年来,体育教育专业本科和运动训练专业一直没有适应该专业要求的核心课程《田径运动》教材的问题。

(2) 符合《普通高等学校本科运动训练专业教学大纲》规定的培养目标。

(3) 紧密结合我国普通高等学校、中等学校、体育运动学校和业余体校中业余训练的体育教学、田径运动训练的实际,把握培养方向,使学生成为系统掌握体育教育工作规律,胜任运动训练课程的教学、田径运动训练、竞赛与管理工作,在全面发展的基础上有所专长的竞技体育教育人才。

(4) 突出了田径运动科学发展的新成果、新知识与发展趋势,并对学生进行田径科学研究的基本训练,使学生具备从事体育科学研究的初步能力。

(5) 不仅使学生学到应掌握的知识和能力,而且从每章导学使学生建立起一种良好的学习方式,培养学生创新意识、精神直至创新能力。

(6) 教材突出了业余和实用的特点。

(7) 符合普通高等学校本科运动训练专业学生的实际,适宜从事田径运动教学、训练、科研教师与学生的使用。

4.《田径运动》教材的特点

(1)《田径》课程是普通高等体育学校"体育教育"专业的核心课程,是"体育教育"专业学生必修课程。《田径运动》课程是"体育教育"专业高年级学生必选课程。培养适应21世纪需要的优秀的体育教育专门人才所必备的知识、技能和能力。

本教材面对21世纪知识经济和新技术革命的机遇和挑战，从培养拥有渊博的学知，又具备创新精神、勇敢自信、不怕困难与挫折、团结协作等良好素质的适应21世纪需要的优秀人才出发，建立起和形成具有中国特色的普通高校体育教育专业《田径运动》课程体系与教学内容。通过教学把学生培养成德智体美全面发展的，掌握先进科学知识的，能胜任体育运动学校、业余体校和中等学校的体育教学工作，而且具有组织与指导田径运动训练、组织竞赛、管理工作和进行体育科学研究的初步能力的竞技体育教育专门人才。是关系到竞技体育教育改革的深化，关系到全国数万名中学体育教师、教练员的素质和在校2亿多儿童和青少年的体质与身心健康的发展方向，关系到祖国的前途和民族的命运的大问题。

(2) 教材打破了以前从小学到大学旧的《田径》教材不考虑教育对象的年龄、生理、心理和知识水平与特点，旧教材内容一直不变的问题。新教材有非常鲜明的层次，其内容、知识、理论等是面向普通高等体育学校“竞技体育教育”专业的学生和教师的。

(3) 专业不同，培养目标不同，选用的教材不同。新教材是为普通高等体育学校“运动训练”专业的培养目标编写的，既是把学生培养成德智体美全面发展的，掌握先进科学知识的，能胜任体育运动学校、业余体校和中等学校的体育教学工作，而且具有组织与指导田径运动训练、组织竞赛、管理工作和进行体育科学研究的初步能力的竞技体育教育专门人才的教科书。

(4) 新教材寓培养适应21世纪需要的优秀的竞技体育教育专门人才所必备的思想、道德品质于新的教材之中。强调使学生形成积极主动的学习态度，并使获得知识与技能的过程成为学会学习和形成正确的世界观的过程。

(5) 新教材重视课程的均衡性、综合性和选择性，构建起操作、认知、情感和行为领域并行推进的课程结构，寓多学科领域的有关知识，融于新的教材之中。

(6) 新教材加强课程内容与学生生活以及现代社会发展的联系，关注学生的学习兴趣和经验，精选包括信息技术在内的终身学习必备的基础知识和技能提倡学生主动参与、乐于探究、勤于动手。培养学生搜集和处理信息的能力、获得新知识的能力、分析和解决问题的能力，以及交流与合作能力。寓创新精神和实践能力于新的教材之中。

(7) 新教材将建立评价内容多元、评价方法多样，着眼于促进学生的发展、教师提高并改进教学实践的评价体系。

第二节　田径运动教学方法的研究

一、田径教学研究的方法

目前较广泛选用的研究方法：

1. 一般实验法：对比实验，T 检验
2. 特尔菲法，运用 spss10 软件处理数据。
3. 配对实验与技术分析相结合的方法。
4. 运动生理学实验测试法：抽血、多关节测力仪

二、教学方法的研究

目前在田径教学广为选用和研究的教学方法：

1. 布鲁姆教学法
2. 程序教学教学法（变种“小步教学法”）
3. 自学—指导教学法
4. 问导式教学法
5. 导学式教学法
6. 完整教学法
7. 掌握学习教学法
8. 结构主义认知学习教学法
9. 程序教学与时空认知相结合的田径技术教学法等

三、研究方法

河北师范大学体育学院的刘建国从 1983 年开始至今一直进行开发学生智力、培养学生能力的田径技术教学法研究。从小样本到自然班，从一个项目到田径各项目，从高师到中师进行多轮单盲式的对比教学实验研究。又推广到本科生实习和硕士生的教学实验中。

（一）对比实验法

实验班是我们担任的 87 级 4、3 班，91 级 4 班、田径班。采用程序教学与时空认知相结合的教法。对照班是 87 级 5 班，91 级 2、3、5 班，由其他 3 名副教授、讲师授课。教学进度按教学小组的进度，教法采用他们熟悉的教法。整个教学是单盲式。实验班未进行课外辅导。

为严格控制实验条件、标准和教学，在验前对学生的身体形态和三项易测素

质进行测验。表 4－2 表明，经 t 检验实验班在身体形态和三项素质与对照班均无显著性差异。

表 4－2 验前身体形态和三项素质情况（单位：m、kg、cm）

测试班级		身高		体重		腿长		足弓高		30 米起动		助跑摸高		立定三级跳	
	n	$\overline{X}$	S	$\overline{X}$	S	$\overline{X}$	S	$\overline{X}$	S	$\overline{X}$	S	$\overline{X}$	S	$\overline{X}$	S
实验班	24	1.774	0.470	69.20	5.482	86.12	3.567	7.040	0.520	4.13	0.132	3.03	0.0816	8.02	0.234
对照 1 班	20	1.765	0.044	67.65	4.148	87.65	2.700	7.185	0.585	4.08	0.141	3.00	0.0820	7.99	0.339
对照 2 班	22	1.750	0.051	67.83	6.127	86.15	4.146	7.213	0.534	4.16	0.158	2.99	0.0890	7.85	0.366
对照 3 班	23	1.745	0.049	66.69	5.768	84.00	3.332	7.163	0.422	4.21	0.177	2.98	0.0930	7.82	0.409
实与对 1		0.619		0.992		1.505		1.237		1.143		1.145		0.323	
t 实与对 2		1.569		0.753		0.024		1.159		0.658		1.496		1.763	
实与对 3		1.968		1.442		1.991		1.655		1.648		1.845		1.920	
P		>0.05		>0.05		>0.05		>0.05		>0.05		>0.05		>0.05	

（二）实验结果的评定方法

1．技术评分

（1）录像评分：由不任本年级课的两名教授、两名副教授和一名讲师看录像评分（表 4－2）。

（2）现场评分：由不担任本年级课的三名副教授和一名讲师现场技术评分。将几人的技术评分相加，然后得出平均分为学生的技术分。最后进行班级间的 t 检验，找出显著性差异（表 4－2）。

2．理论卷和能力卷的评分

理论卷由一名副教授出题；一名不任本年级课的讲师评分。能力卷由学生看我系跳高队员的技术录像，然后在卷上答出三人的技术优缺点改进建议。评分由跳高教练评分（表 4－3）。

表 4－3 专家技评理论与能力成绩

项目	班级	专家技评成绩		人数	T	T	T	P
		$\overline{X}$	S			0.05	0.01	
铅	实验班	83.45	4.47	24				
	对照 1 班	80.17	5.91	23	2.09	2.02		<0.05
	对照 2 班	82.30	4.00	20	2.29	2.02		<0.05
球	对照 3 班	80.83	5.07	24	3.59	2.69		<0.05

续表

项目	班级	专家技评成绩 X̄	专家技评成绩 S	人数	T	T 0.05	T 0.01	P
跨	实验班	84.16	5.22	24				
	对照 1 班	82.30	4.00	20	2.39	2.02		<0.05
	对照 2 班	76.43	7.54	23	4.86		2.69	<0.01
栏	对照 3 班	80.83	5.07	24	3.59		2.69	<0.01
跳	实验班	84.76	5.35	22				
	对照 1 班	79.14	6.20	24	2.86		2.69	<0.01
	对照 2 班	75.40	9.98	20	3.05		2.71	<0.01
远	对照 3 班	74.35	8.09	20	4.56		2.71	<0.01
背	实验 1 班	81.92	10.50	25				
越	对照班	72.86	11.79	24	2.79		2.69	<0.01
式	实验 2 班	82.69	11.95	26	2.87		2.69	<0.01
跳高	中师实班	82.06	10.66	25	2.92		2.69	<0.01
理	实验班	84.89	5.77	24				
论	对照班	80.44	6.48	25	2.09		2.02	<0.05
能	实验班	81.60	0.60	24				
力	对照班	76.30	0.81	25	2.15		2.02	<0.05

（三）考前工作和课堂组织与要求

1．课堂活动小组的划分

在考前要求每名学生根据规定的条件写出 3～5 名同学的名字交给教师。条件是：

（1）思想感情上说得来的。

（2）愿意在一起学习、练习和讨论问题的。然后依分型聚类的方法和最大树法把学生划分为 5～6 个课堂活动小组。每组集中点为组长。

2．田径各项技术教学程序和时空认知教法程序的建立

根据教学经验，参考其他体育院校、省市田径队教练们的技术教学训练经验。依据运动生物力学知识和时空认知的概念、时空表象与时空感觉的建立、发展与巩固的规律。编制了田径各项技术教学程序［（图 4－1）以背越式跳高为例］

和时空认知教法程序(图4－2)。教学中采用两个程序结合起来的教法进行教学。

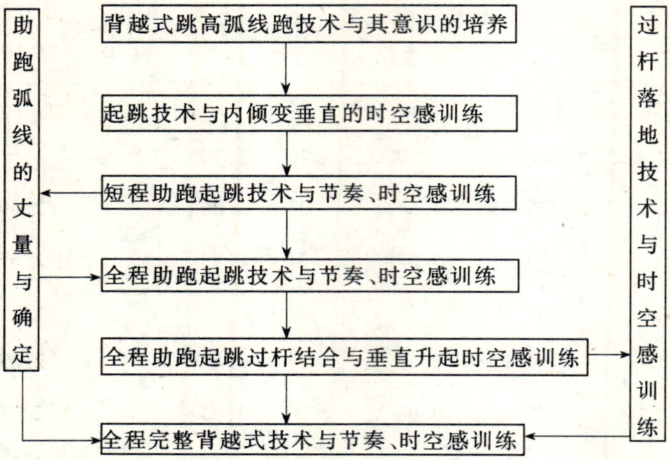

图4－1　背越式跳高技术教学程序

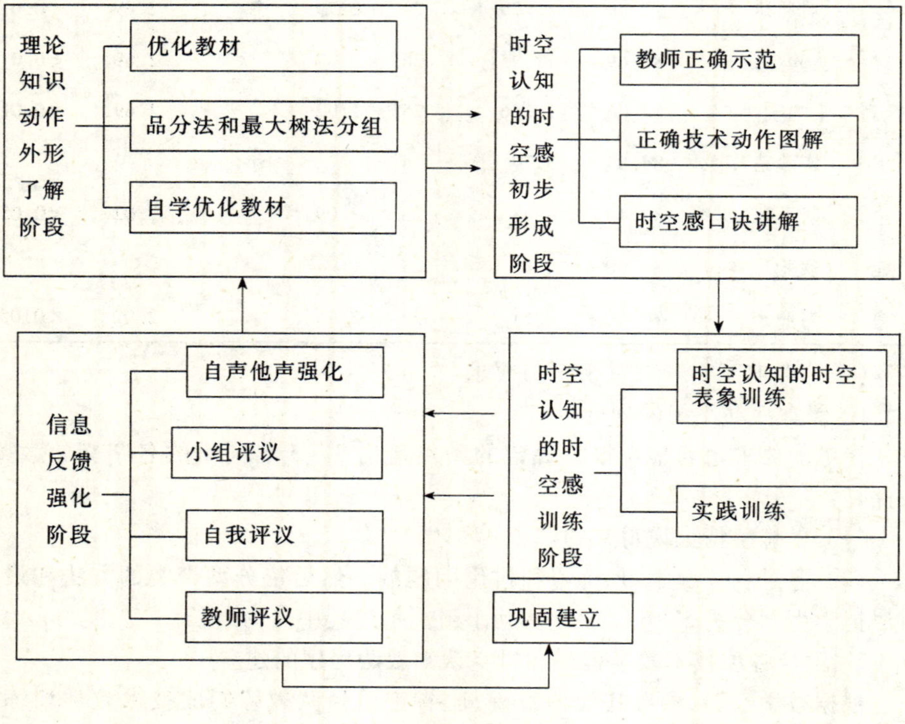

图4－2　时空认知教学程序

（四）教学组织与要求

在低年级通过教学引导、培养学生自学和观察、分析与解决问题的能力。以后逐步转到实践能力的培养。

1. 课前自学

为培养学生积极主动的学习风气，带着问题进课堂，开发学生智力，要求学生在课前按教学程序自学各项技术的教材内容和时空感口诀。另外，给学生讲解时空认知教法程序，并进行初步的演练。

2. 课堂活动

在课上，首先教会学生如何观察和分析技术。然后在整个教学过程中学生以课堂活动小组为单元进行教学活动。要求学生互相观察，找出同学的技术问题与原因，设计出解决的方法与手段。并要求本组内只要有一名同学未完成某一程序，全组都不能进入下一程序。

3. 每次课结束前填写时空认知表。

4. 课后追记课堂教学步骤、手段和自己的感受与体验。

（五）实验结果与新教学法的优点

（1）培养学生自学能力，教会学生如何学习。

（2）开发学生智力。

（3）提高学生的理论、技术水平。

（4）提高学生的实践能力，培养创新精神。

（5）培养学生的集体主义思想，与人交往的能力。

第三节　田径运动技术教学评价的研究

一、田径技术教学评价研究简介

（1）学生田径技术评分评价体系的研究

（2）学生田径成绩达标评价体系的研究

（3）学生田径成绩达标评分表评价体系的研究

二、学生跳高成绩达标评分表的研究与应用实例

为了探究一种既能培养学生实践能力，反映学生技术水平，又能客观、省时、省力的学生跳高成绩考试评分方法，河北师大体育学院的刘建国在1987—1993年对体育院系男生跳高技术成绩评分表与应用进行研究。

（一）研究方法

1．实地测试法

2．统计处理分析制定跳高技术成绩评分表

3．对比实验法

（二）跳高技术系数的确定

从跳高成绩公式 $H = H_1 + H_2 + H_3 - \Delta H$ 可知 H_1 是起跳脚着地瞬间身体重心的高度，H_2 是起跳离地瞬间身体重心的高度与起跳脚着地瞬间身体重心的高度差。H_3 是身体重心从 H_2 腾起的高度。ΔH 是过杆瞬间身体重心腾起的高度与横杆的高度差。$H_1 + H_2$ 占 H 的56%左右，决定 H_1、H_2 的因素有身材和技术，其中身材是一个决定的因素。H_3 是由起跳时的垂直速度决定的。它受运动员的弹跳力、技术等制约。因此，确定跳高技术系数就必须排除身高与弹跳力两个因素。表示弹跳力的指标是原地纵跳摸高，所以，跳高技术系数公式为：

$$Fj = (R - S)/h \text{ - - - - - - ①}$$

其中 R 是跳高运动成绩，S 是原地纵跳摸高，h 为身高。

（三）跳高技术成绩评分表的研制

1．计算每人的跳高技术系数值

通过实验前的测试获得87、91级5个男生班134人的原地纵跳（S）摸高，身高（h）。跳高课结束时测试的跳高运动成绩（R）。把这些数据带入跳高技术系数公式①，求出每人的跳高技术系数值（表4－4）。

表4－4　跳高技术系数值

学生序号	1	2	3	4	5	6	7	8	9
成绩	1.50	1.80	1.55	1.60	1.40	1.80	1.60	1.65	1.70
纵跳摸高	0.54	0.69	0.61	0.63	0.58	0.68	0.54	0.61	0.60
身　高	1.77	1.78	1.78	1.78	1.83	1.78	1.79	1.80	1.78
跳高系数	0.542	0.624	0.528	0.545	0.459	0.628	0.592	0.578	0.613

2．依据累进记分制计算分数 Y 与成绩分布间隔 D

依据累进记分制，按成绩与分数间的曲线关系，参照抛物线方程得出计算公式：

$Y = KD$ - - - - ②（Y－分数，D－成绩分布，K－系数）。

根据跳高技术系数 Fj 确定评分表满分为100分，在 $\hat{A} + 7S$ 处；60分为及格，定在 $\hat{A} - S$ 处。通过表1可知 $\hat{A}$ 的平均位置 $D = 0.428$，$\hat{A} - S = 0.400$，$\hat{A} + 7S = 0.624 = 100$ 分，$\hat{A} - S = 0.400 = 60$ 分。因为，评分表最低分不为零，所以，$Y = KD^2$ 变为 $Y = KD^2 - Z$，其中 Z 为常数。解如下方程：

$100 = K0.624^2 - Z$ - - - - ③

$60 = K0.400^2 - Z$ - - - - ④

解 $Z = K0.624^2 - 100$ - - - - ⑤

将公式⑤代入③求出 K 的值,

K = 174.387;将 K 的值代入③求出 Z,Z = -32.098;求间隔 D,

D = (0.624 - 0.400)/40 = 0.0056

根据方程③、④与间隔 D,便可求出每个人跳高技术相应的分数。并制成跳高技术成绩评分表。

第三章

田径运动训练理论的研究

第一节　训练周期的研究

训练周期是一个比较老的话题,训练周期的研究也相对比较成熟。但是,为了适应市场经济和竞赛的职业化与商业化的变化,训练周期理论也发生着很大的变化。

一、训练周期安排的科学依据

(一) 竞技比赛的周期性

全年训练周期是根据全年重大比赛和一系列比赛任务安排的。

专业运动员是依据奥运会、世界田径锦标赛、洲际运动会和全国运动会、城市运动会、全国田径锦标赛、世界系列大奖赛和全国系列大奖赛的赛事周期来安排训练周期的。

业余运动员是依据全国大学生运动会、全国大学生田径锦标赛、各省市大学生运动会等赛事来安排其训练周期。

(二) 物质运动周期性与人体的生物节律

事物的运动和发展都是一定的周期性质是有规可循的。但这种周期性不单纯是上一个运动周期的简单重复,而表现每个往复、每个循环都不会完全停留在原有的水平上。而都是在前一个周期的基础上螺旋式地上升,而人体又有其自身发展的自然生物节律。有研究表明人体的生物节律呈现是 7 日节律性。因此,运动训练必须遵循物质运动周期性与人体的生物节律性。

(三) 人体竞技能力与竞技状态的周期性

人体竞技能力提高的生物学依据仍旧是运动适应性规律。运动适应具有鲜明的周期性特征,既在一次负荷下,机体能量消耗产生疲劳,继而解除负荷,逐渐得到恢复，通过机体的超量补偿机制，使得运动员的能力得到提高。在这一基础上又给予下一次负荷，即开始了一个新的负荷周期。

运动员竞技状态的形成和运动训练周期性是密切相关的。每一次适宜的负荷都会引起机体的适应性变化；多次适宜负荷的刺激，就会引起机体多次的适应性变化。这是运动员竞技状态形成的阶段，它所对应的是运动训练的准备时期。在运动员有机体在运动训练适应变化过程中，机体能力不断地得到提高，逐渐进入良好的竞技状态。这一时期运动员的生理和心理能力提高，且相对稳定，各个系统之间保持着高度的协调，进入良好的竞技状态保持阶段。在强烈的参赛动机驱使之下，高度地动员机体潜能，在比赛中常常会创造新的成绩。此阶段对应的正是比赛时期。由于人体自身的保护性机制在保持了一段时间的高度竞技状态之后，即需要休息和恢复，以消除生理和心理的疲劳。此时便进入运动训练的恢复时期。这种往复既构成了一个训练的准备期、比赛期和恢复期的大竞赛的周期。因此，人体竞技能力与竞技状态的周期性是运动训练的关键。

（四）比赛环境的周期性特点

训练的终极目的是提高运动成绩，而运动成绩只有在比赛中表现出来才能得到承认；同时，也只有在适宜的比赛条件下，包括场地、器材、对手、裁判、气候等，才能使运动员将已获得的竞技能力充分地发挥出来。其中，对于竞技活动具有重要影响的气候条件对田径运动室外项目运动员的成绩往往起着重要的作用。在我国田径项目的重要比赛安排在秋季举行。

（五）业余田径训练的周期性特点

我国的业余田径训练的对象是学校的学生，学生在校期间，表现出明显的阶段性和周期性。因此，我们在安排训练和比赛时，必须考虑学生的学习、考试以及假期的周期性特点。

二、业余训练的年训练周期划分

（一）学校全年业余训练周期的划分

根据运动训练的周期特性，学校全年业余训练周期的划分如表 4－5。

表 4－5　业余运动训练的全年训练周期

过渡期	准备期			赛前期	竞赛期	准备期			赛前期	竞赛期	调整阶段
	冬训阶段	调整阶段	春训阶段			夏训第一阶段	调整阶段	夏训第二阶段			
11	12	1	2	3	4	5	6	7	8	9	10

（二）短期业余运动训练的周期

短期业余运动训练时间一般在1～2、3个月，其训练周期基本与全年训练周期相似，应包括准备期、赛前期和竞赛期。

三、周期性训练应注意的问题

（1）要从训练对象的实际情况出发。从年训练周期表看出业余运动训练的周期比正规的运动训练周期增加了几个调整阶段，这是从训练对象的具体情况出发安排的。训练对象是青少年学生，他们的任务是学习文化知识。特别是青少年业余选手，他们尚未选定终生职业，正是处在长身体、学知识的阶段。在训练周期的划分上，除考虑全年重大比赛任务外，还应考虑学生的学习、考试以及假期等因素。因此，可以将一个学期为一个大的训练周期，或者一个月为一个大训练周期。不管训练周期的长短都必须包括准备期、赛前期和竞赛期。少年儿童无比赛任务时，进行基础训练一般可不分周期。

（2）大训练周期中的准备期、赛前期和竞赛期的时间长短，要根据各方面的具体情况进行控制与调整。训练过程中不能因参加比赛而不适当地缩短准备期的训练。运动员没有充分的准备期训练，达不到良好的竞技状态就参加比赛，不但影响重大比赛的运动成绩，而且还会由于强化专项训练损害运动员的健康。同时也不能不适当地延长比赛期，比赛负荷很大，由于疲劳积累容易造成运动员的过度疲劳。

（3）要注意周期间的衔接。前一周期是后一周期的条件和基础，后一周期是前一周期的延续和结果。要保证运动员的训练水平逐步提高。

（4）安排好小周期的训练是完成大周期训练任务的保证。

第二节 综合训练课的研究

随着计算机科学、生命科学发展水平以及整个社会发展水平的迅猛提高，田径运动再次进入迅速发展的阶段，运动成绩的提高都体现了训练过程的科学化程度。实践和理论的结合成为当今竞技能力提高的主要动力。但就体育实践的创新来看，基本上仍处于“点的突破和面的停滞”状态。点的突破，主要是探索性的“试误”成就；面的停滞，说明占主导地位的体育理论起着束缚实践手脚的作用。综合内容训练课，是一种训练结构的新兴产物，这一产物是否具备运动成绩所表现出来的创新价值，亟待新的理论依据去支持和验证，才能实现感性认识和理性认识的统一。

一、综合训练课现状及成就

在综合训练课出现之前,广大教练员组织的训练课都是单一内容的训练课,即一次训练课只安排一种内容的训练。随着科学技术发展和训练理论的丰富,教练员开始尝试安排综合内容训练课。也就是在一堂训练课中,将技术、力量及速度等身体能力训练按照一定的练习顺序有机地结合、协同进行、以完成训练的一种方法。这种安排去除了一般身体训练和专项训练的区别,将训练课和整个训练过程建立在相对比较稳定进行的基础上,突出强调整体的效益,而不仅仅关注局部能力的发展。此种训练课方式在德、英和苏联等国家早被采用。波兰运动员萨鲁尔的教练斯达盖比茨在国际田联召开的铅球、铁饼学术讨论会上(1983 年)谈了萨鲁尔的年度训练计划,其主要核心为技术 + 力量训练的手段和小单元的划分。他认为,铅球训练应以各种训练手段的组合为主。20 世纪 80 年代中期,我国学习和借鉴了他们的丰富经验 ,从而推动了训练内容组合安排方式在国内的发展。综合训练课在我国首先应用于专业女子运动员的铅球训练。何增生教练提出"关键素质不间断,完整技术天天练"的观点。打破了力量与技术隔日练习的传统观念,并对生理学中隔日练力量效果较好的说法提出了挑战。在这种训练思想指导下,李梅素的运动成绩迅速提高。

阚福林在综合训练方面做了大量的工作,他认为一定的训练手段其作用方向是一致的,不同的训练作用方向亦不同, 不同性质训练手段的合理切割组合其作用方向会发生变化,产生新的训练效果。在投掷项目中训练内容组合安排应运用力量 + 技术 + 素质练习的手段,训练安排为小周期 ,短节奏 、渐变式。对铅球训练,借鉴斯达盖比茨的组合训练安排经验,强调整体大于各孤立部分的总和。同时他又摒弃斯达盖比茨的技术 + 力量训练组合安排方式的观点。提出" 大力 - 快力 - 技术 - 素质"训练的基本过程。这种观点与传统"技术练习不适宜安排在疲劳状态下进行"的观点相悖。阚福林认为整体组合训练内容安排负荷不作根本变化,训练负荷的变化主要是强度的变化。这种观点又与传统的大冬训、小春训的训练思想产生冲突。通过综合训练课的实践,把力量与技术有机地结合起来,把大力量训练刺激转化到专项技术中。在这种训练思想的指导下,使李梅素、隋新梅和黄志红的训练和比赛成绩(21. 76 m、21. 66 m 和 21. 56 m)发生飞跃式提高,获奥运会、世界田径锦标赛等国际大赛金、银、铜牌,使中国女子铅球运动率先步入世界前列,证实这种训练收到良好的效果。目前优秀运动员一堂训练课的安排较为广泛采用的方式如下:

一堂训练课内容安排举例:

(1) 力量训练:

① 卧推:70% ~80% × 最大重量 ×5 次 ×5 组;

② 一组轻重量的快推；

③ 深蹲:70% ~80 ×最大重量 ×5 次 ×5 组；

④ 一组轻重量的快蹲。

(2) 完整技术:要达到 93% 的最大强度；

(3) 最后是 80% 强度的身体训练。

随着人们对新兴的综合内容训练课训练内容组合安排方式的认识,后来被短跑、跳跃等大多数快速体能类运动项目的训练所采用,直至 20 世纪 90 年代中期,马俊仁又把综合内容训练课训练内容组合安排应用于长跑训练中,同样取得非常好的效果。

综合内容训练课训练内容组合安排也在业余运动训练中使用,刘建国结合业余运动员的特点,提出业余投掷运动员一堂训练课的安排(举例):

(1) 快速力量训练；

(2) 徒手技术练习；

(3) 完整技术,要达到当时 93% 的最大强度；

(4) 最后是 80% 强度的身体训练的组合训练方式。

对通过全国高考考入、仅仅参加业余训练的学生进行训练,创造了全国大学生铅球运动的优异成绩,分别以 16.03 m 和 16.53 m 在第四届、第五届全国大学生运动会和全国大学生田径锦标赛上获金牌、铜牌。哈尔滨少年体校的女子铅球运动员经过两年的组合训练,取得了 1998 全国分龄赛铁饼第一名、铅球第三名、全能第一名、省分龄赛铅球第一名、铁饼第四名、全能第二名的好成绩(9)。

二、训练内容组合安排的初探

纵观综合训练课在实践中取得的成绩,令人瞩目。但仍没有完全取代传统的单一式的训练课。归其原因,主要是由实践的先驱性和理论的滞后性之间的矛盾造成的。就训练理论而言,阚福林认为,训练内容组合安排突出的表现了较强的专项能力培养,先力量后技术练习。由于动作形式,肌肉工作方式和程度的不同,连续的训练加深了对肌肉活动的刺激,促进了肌肉力量和内在协调的发展。整个训练课都围绕着提高神经肌肉快速用力的能力而进行。他还认为,与大负荷的训练相比较,训练内容组合安排造成的疲劳往往比训练内容单一安排造成同等程度的疲劳更易消除,尤其是神经系统的恢复。何增生认为,训练内容组合安排更符合“三从一大”中从实际出发的原则。他认为专业运动员从入选赛、及格赛,到冲击预决赛,必须经过与之相适应的训练结构的安排过程,才能具备较强的应战能力,但这不符合业余运动员参赛的特点 。段庆莉认为训练内容组合训练效果的体现是受力量、速度练习的运动痕迹对技术练习产生后作用的结果。刘建国认为,训练内容使运动员感到训练很有兴趣,整堂训练课均能保持较高的兴奋性；提高运动员的身体全面训练水平；提高神经与肌肉的联系能力；把力量有机地转化到技术和专项能力训练中；比赛时需要一定的紧张度，组合训练内容安排能满足这一需要。但对有关训练内容组合安排引起的人体内部生理生化反应的共性特征尚缺乏理论研究。

国外 Gett man 等对跑类运动做过训练内容组合安排的研究，证明了组合训练的价值。他们对大鼠进行力量和跑相结合的训练与纯力量训练的比较，研究表明，前者对提高最大有氧能力和肌肉力量以及降低机体脂肪均优于后者。Lincoln 等认为力量训练和跳跃训练或加速跑练习相结合，既能提高爆发性运动能力，又能提高人体反应时。刘希佳在对训练内容组合安排的生理学依据的研究中也证实了此类型训练课打破了能量的平衡稳态，蛋白质消耗相对较少，机体适应能力强、恢复快。

试验结果证明：(1) 以快速力量练习加技术练习加素质练习相结合的组合课对能量的平衡稳态打破的程度大，恢复的速度快。(2) 组合方式训练课蛋白质消耗相对较少，机体适应能力强，恢复快。(3) 在负荷总量和技术训练总量相同的情况下，两种不同方式训练安排比较，组合课中运动员 HR 变化平缓，生理负担指数均值小于单一课生理负担量指数。(4) 两种方式的训练课在负荷总量和技术总量相同的条件下，组合课肌肉损伤程度严重，但恢复较快。

总之，从能量代谢、机体负荷量、机能反应和肌肉损伤角度以及运动成绩的变化分析证明：以强调快速力量和技术训练相结合为主的组合训练课，其整体效益优于单一训练课。

试验同时也指出：两种不同方式的训练课中 UC 指标变化，尚需进一步跟踪检测才能定论。人体研究是一项复杂的巨系统工程，铅球训练课组合训练安排的科学化探蹊应坚持长期系统的原则，在条件、经费许可的情况下，应结合神经系统、内分泌系统以及心理因素的影响等全方位地深入研究。

第三节 训练负荷的研究

一、力量训练

力量训练是身体训练的重要方面，是教练员重视的训练内容。大多数教练员在每次力量训练课时，都要求运动员从最低的负荷开始练习。这种没有强度的刺激，是徒劳无益的。众所周知运动训练的生物学前提是运动适应。它是由于运动训练而产生的有机体与施加负荷的不断取得平衡的过程。运动适应有特殊性，既不同性质的运动负荷可引起有机体不同的变化。有机体训练适应的形成具有异时性,故运动训练又有连续性。从运动负荷与训练适应的关系来看,有机体对某一运动负荷形成了训练适应后,其反应越来越小,最终这个负荷便不能引起竞技能力的提高。要改变这种状况,就必须不断增加负荷;负荷提高后机体又进入一个新的适应过程,使竞技能力进一步提高。机体的训练适应就这样施加负荷、适应、提高、再适应、再提高阶梯式的向上连续发生(图 4-3)。另外,由于引起机体产生训练适应的最小负荷强度既负荷阈是不同的,所以高水平运动员的负荷阀就相当于本人现有最大负荷能力的 70%。然而负荷阈又随着训练水平的提高逐渐提高,因此强度要求在最大力量的 75% ~85% 到 80% ~90%。为防止过度疲劳和损伤组间间隔时间应为 2 ~3 min,而且多种训练手段应交替进行。提高训练强度,要保持高水平的强度刺激和尽量快的动作节奏。随着训练水平的提高,训练负荷的起点重量应逐步提高,尽量减少无效的训练次数。以李梅素为例,通过 1987、1988 两年训练,李的各项力量指标都有大幅度提高。表 4-6指出李的抓举达 95 kg,高翻 135 kg,深蹲 180 kg,卧推 135 kg。大大缩短了与世界优秀选手的差距。运动成绩的提高打下雄厚的物质基础。

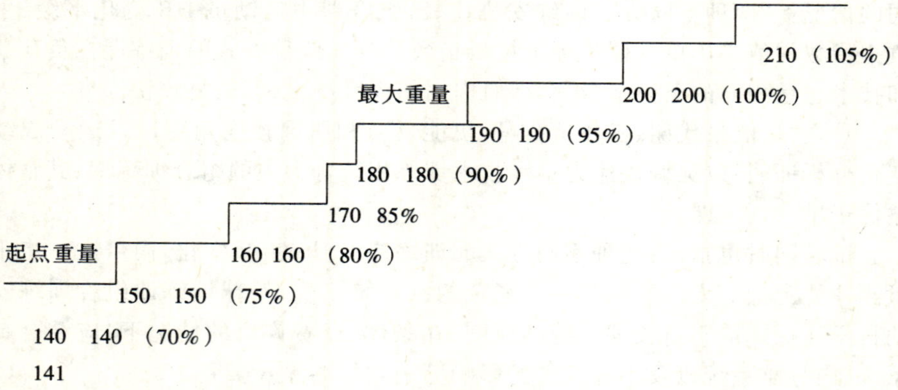

图 4-3　施加负荷应是适应、提高、再适应、再提高阶梯式的增加(kg)

表 4-6　力量素质提高情况/(kg)

姓　名	年度	抓举	高翻	深蹲	卧推
李梅素	1986	80	115	150	80
	1987	90	125	170	130
	1988	95	135	180	135
阿科里明科		115	145	220	160
奈姆克		110	140	230	160
利索夫斯卡娅		120	150	240	170

二、器械的运用

有科研表明,专业运动员合理安排超重器械训练,可以提高专项能力和完善技术动作。我国科研人员在这方面的研究具有重大突破。

在李梅素的训练中,大量采用超重球技术训练提高专项能力,取得了很好的效果。在训练中,安排李梅素以4.5 kg球为主要重量,相应配合5 kg和6 kg重球。每周2~3次课推4.5 kg球,每周1~2次课推5 kg球,每周1次课推6 kg球。在平常技术训练中很少推标准4 kg球。只是在比赛前1~2周来进行适应,其训练效果较好。李梅素的力量提高了,推4.5 kg球的成绩达到19 m,技术有很明显的改进,连续10次打破亚洲女子铅球纪录,运动成绩提高到20.95 m,成为亚洲第一位挤进世界前8名的女选手。为迎接奥运会,随着运动水平的提高,重球训练的比例也相应的增加。李梅素以推5 kg重球为主,以推5.5 kg和6 kg球为辅,课次安排与前一年相仿。只是增加了重球的重量。经过一年的训练,李梅素的运动成绩有了进一步的提高(表4-7)。

表4-7　李梅素推各种重球的成绩/m

姓　名	年度	4 kg	4.5 kg	5 kg	5.5 kg	6 kg	7.26 kg
李梅素	1986	18.61		15.80		13.10	11.98
	1987	20.95	19.00	17.80		15.75	14.00
	1988	21.76	19.50	18.50	17.43	16.73	14.50
增长		3.15		2.70		3.63	2.52
斯卢皮亚内克		22.45		19.50		17.50	16.00
差距缩短		3.84→0.69		3.70→1.00		4.40→0.77	4.02→1.50

刘建国的实践研究证实合理运用超重器械训练方法,也适用于业余运动员。根据业余运动员的特殊性,对业余投掷运动员训练周期的安排如下:开始两周推轻球(如男子两周推6 kg),两周推标准球(7.26 kg),然后推超重球(8 kg),赛前2~3周推标准球。对通过全国高考考入的学生采用此种训练,使他们的运动成绩从14.65 m提高到16.53 m,创造了全国大学生铅球运动的优异成绩。

第四节　赛前训练的研究

一、跳高运动员的赛前训练

(一)赛前调整时间与内容

根据生物的 7 日节律、重大比赛的安排和每个运动员的具体情况安排，一般需要 5 ~6 天的调整。具体时间与内容如表 4 －8。

表 4 －8　赛前调整时间与内容

	六	五	四	三	二	一	
安排内容	测试速度指标	测试跳跃指标	测试力量指标	熟悉场地全程节奏跑 ×3 ~4 次 全程技术 ×3 ~4 次	副项全程节奏跑 ×3 ~4 次 短程技术 ×3 ~4 次	基本技术课中①②③④的练习内容	比赛

注：全程技术 ×3 ~4 次的强度掌握中上强度，熟悉技术。

（二）赛前诊断与成绩预测

1. 赛前诊断

（1）赛前诊断的时间

赛前诊断的时间同表 4 －8 中的测试时间。

（2）赛前诊断的内容

起动直道 30 m 跑、起动弯道 30 m 跑、起动直道 100 m 跑、立定跳远、立定三级跳远、全程助跑触高、深蹲、半蹲、抓举、后抛铅球、前抛铅球等 11 项指标。少年运动员应加一项起跳腿十级单足跳指标。

2. 成绩预测

（1）成绩预测的作用

① 赛前教练员掌握运动员的真实的身体素质、训练水平、技术和竞技状态等情况。

② 制订明确的比赛目标和计划。

③ 为赛前、赛中做好心理准备。

④ 培养独立比赛的能力。

⑤ 通过比赛是否达到预定目标，可对运动员的技术、心理、战术和比赛能力等方面进行验证，找出差距，使以后的训练和比赛有的放矢。

（2）成绩预测的方法

① 适用于一级至国际健将的成绩预测方程

$Y1 = 1.59997 + 0.032196 \times (H_{触})^2 + 0.000143 \times H_{触} \times D_{半}$

其中 H 触是全程助跑触高。D 半是半蹲。

② 适用于一级以下的成绩预测方程

$Y2 = -1.0548 + 0.87 \times H_{触} + 0.0082 \times L_{起}$

其中 H 触是全程助跑触高。L 起是起跳腿十级单足跳。

（3）成绩预测实例

刘建国在学校业余训练中和河北田径队的训练中一直运用这两个方程进行成绩预测。

例 1:1986 年 8 月大连第二届全国大学生运动会前对石润民的情况进行了测试,经成绩预测方程计算成绩是 2.10 m。又与成绩预测模式 6 项指标比较(表 4-9)。制定出比赛目标跳高是 2.08 ~ 2.17 m,三级跳远是 15.30 ~ 15.60 m。

表 4-9　第二届全国大学生运动会前成绩预测/(S、m、kg)

姓名	年度	起动 100 m	起动 30m 直道	起动 30m 弯道	立定跳远	立定三级跳远
石润民	1986.6	11.21	3.66	3.72	3.27	9.44
全程助跑触高	深蹲	半蹲	抓举	计算成绩	预定目标	比赛成绩
3.43	135	250	70	2.10	2.08 ~ 2.17	2.17

因此,运动员在比赛中心理准备充分,不畏强手敢打敢拼,分别跳出了 2.17 m 和 15.80 m 的好成绩,获两块金牌。打破了这两项全国大学生最高记录,并打破了 2.16 m 的河北省跳高成人最高记录和 15.51 m 的河北省三级跳远成人最高记录。

例 2:在儿童少年训练中,运用成绩预测方程 2 进行预测,在 1992 年 9 月河北省第 8 届运动会前对刘雪岩进行测试。他的全程助跑触高是 3.16 m,起跳腿十级单足跳是 31.68 m。代入成绩预测方程 2 求得计算成绩为 1.95 m,预定目标是 1.90 ~ 2.00 m,比赛中腰扭伤,带伤比赛跳出了 1.94 m 的成绩。

二、青少年女子铅球运动员赛前减量安排与身体机能变化规律的研究

在训练过程中运动员机能状态是呈周期性变化的,教练员和运动员都希望把竞技状态的高峰安排在重要比赛中。因此,如何安排运动员在比赛前的训练就显得十分重要,同时这也是最难把握的难题之一。有时训练负荷过重过多,运动员成绩高峰在比赛前过早出现:有时比赛前训练强度不够,运动员在比赛中感觉有劲使不出来;有时运动员因为伤病休养一段时间后参加比赛,运动成绩却达到历史最好。因此对运动员参加重要比赛前的训练负荷安排及运动员机能变化规律的研究是非常必要的。

大多数情况下,经过严格的准备期训练之后,要在参加比赛前安排一个减少训练负荷的时期,以使运动员的机能状态得以提高。这种赛前恢复性训练称为赛前减量(tapering)。国内的训练学理论一般称这一阶段的训练为比赛期的赛前诱导周或比赛前期,这一时期训练的一般原则为:在赛前训练中应以强度为

主，训练负荷适量减少。这一原则无疑是正确的，但由于田径运动训练的个人性特点，此原则在应用到实践时尚需进一步探索。国外学者近年来在这方面进行了一些定量化的探索和研究，值得我们借鉴。赛前减量方法论已应用在游泳、田径和自行车等项目上，并取得了明显的效果。

（一）赛前减量训练效果观察

很多运动员对于在比赛前减掉25%以上的周训练负荷是很犹豫的，他们担心辛辛苦苦取得的机体适应会在减量训练中上丧失。然而研究表明训练负荷的大幅度减少，确实不会使运动成绩下降，甚至很多研究都表明，停训1周也不会引起一些相关运动能力的降低。

与完全停训（detraining）不同，适当的赛前减量训练不会对运动员的竞技能力有任何损失，而会使其明显增强。Hou mard 报告，在周训练量减少70%～80%的情况下，运动员的有氧运动能力，如 $\dot{V}o_2max$ 和最快跑速可以保持10～28天不降低。亚极限强度测试所反映的运动员机能指标，如跑的经济性和运动后血乳酸浓度，也可以在减少训练量70%～90%后的6～21天时间内呈现出保持或提高状态。Shepley 等研究发现高训练强度、小训练量的7天赛前减量训练后，跑步至疲劳的时间明显延长。Hou mard 等，研究了有良好训练的长跑运动员，在减量开始前和为期一周减少70%～85%负荷的减量期后进行跑台测试。减量后运动员在跑台上的测试成绩明显提高（跑台测试设计成1500 m 和5000 m 比赛速度）。

Gibala 检测了8名有训练的男性受试者3周标准练习后肘屈肌的随意收缩力量。实验前的减量分为两种模式，一种是进行10天完全休息期的减量方式，另一种是10天高训练强度且小训练量（减到38%）的减量方式。实验结果表明两种减量方式都可以至少在8天内提高肌肉低速收缩力量。当然减少训练负荷而保持训练强度的训练安排要比完全停止训练的安排有更好的效果。

（二）减量训练效果的影响因素及赛前减量训练常用方案

关于减量训练的时间长短，各种报道的结果不同，一般为1～4周时间不等。Hooper 等[5]的研究，在减量训练1周后没有观察到100 m 和400 m 游泳成绩有明显提高。而他们在另一次研究中，10名优秀游泳运动员在赛前2周的减量训练后，游泳成绩却有明显提高。Trappe 等[6]研究报道高水平游泳运动员经21天的赛前减量训练后，在游泳橙和游泳池中测验的肌肉功率分别增加17%和13%，游泳成绩提高4%。

减量训练时间的确定要综合考虑训练期运动员机体疲劳程度、减量训练的负荷安排、专项运动特点等因素，如疲劳程度较深可适当延长减量训练时间，减量训练中要有高强度的专项练习等。Pyke 等对5名优秀追逐赛和1名速度赛自行车运动员进行 4 ~ 10 天的减量训练研究发现，一般的运动员在减量期成绩变化明显；而训练年限较长、专项经验很多的运动员，对减量训练的反应较小，各测试指标变化不大；训练年限较短，训练期过度疲劳的运动员，7 天的减量训练仍不能去除疲劳的消极影响，所有测验都表现出了较差的成绩。作者分析研究结果后认为追逐赛运动员赛前减量应为 7 ~ 10 天，速度赛运动员赛前减量应为 10 ~ 14 天。

对于赛前减训练内容的安排，首先，要以专项练习为主要手段。Hou mard 等，观察了有良好训练的中长跑运动员进行为期 7 天的系统减量训练。一组为快跑训练，一组以慢跑为主，另一组在功率自行车上进行练习。结果快跑组在 5 km 跑的时间和跑的经济性方面均优于另两组。说明减量期的训练要以专项练习为主。其次，减量期的训练量要小、训练强度应保持同减量前相当的水平，或是强度略微增加。这种高强度的训练对于保持前期训练获得的适应可能是非常必要的，因为这样可以抵消训练量减少而产生的运动能力损失。第三，在减量期训练负荷应该是逐渐减少而不是突然减少。Banister 等旨导两组铁人三项运动员进行了 10 天的赛前减量训练。以指数形式减少训练组，即在几天时间内的训练量为逐渐减少组，在固定自行车测验中成绩优于以阶梯形式减少训练组，即日训练量突然下落井在其后保持固定的组。其结果支持了当比赛临近时，训练量应逐渐减少的观点。Shepley 等的实验也是采取逐渐减少的方式，结果减量 90% 组的耐力（保持一定跑速的持续时间）提高了 22% 。

三、赛前减量提高成绩机制的研究

Hou mard 总结有关实验数据后指出，耐力性项目运动员的最大运动能力（以最大摄氧量、最大心率、最大速度等为代表）在周训练负荷减少 70% ~ 80% 时仍能保持 10 ~ 28 天；血液测试（肌酸激酶、血红蛋白、血球压积、血容量）在减量训练后发生积极性变化或保持不变，糖原贮备和肌肉氧化能力也具有相同的规律。在 6 ~ 21 天时间内周训练负荷减少 70% ~ 90% ，训练频率减少不超过 20% ，则运动员的成绩可以保持或提高。作者认为这是由于肌肉功率的提高所至，建议耐力性运动员不要害怕用减少训练负荷的方法来提高成绩，也不用担心在高强度训练后、伤病后、筋疲力尽后的恢复会有害于运动能力。

一般认为高运动强度、小运动负荷进行赛前减负荷的运动员，可以从这种训练安排中获得较多的益处，表现在腿部的肌肉糖原贮备得以恢复或提高，血液红细胞密度增加，血容量增加，腿部肌肉的酶活性增加。

Costll 作者认为运动成绩和下肢力量在训练期 4 ~ 6 周时出现的平台现象可能表明运动员适应了训练刺激或者是出现过度疲劳，从而限制了运动能力继续提高。两周的减量训练使机体力量又明显提高，并在第 1 周时力量的提高与专项成绩的提高具有较高的相关(r=0.60),这也说明肌肉力量的变化是某些专项减量训练引起成绩提高的重要原因之一。

力量练习可以使肌肉力量增加,从而提高专项运动能力,但大量的力量训练所引起的疲劳又会对运动成绩产生不利的影响。短时间的减量训练可以使运动员从过度疲劳中恢复过来,对较好的发挥运动成绩有利。在减量训练期力量的增长可能在神经和肌肉水平上都有提高。Hakkinen 等[10]晰究发现在减量训练期运动员的积分肌电图(1EMG)表现出神经活性的增加。

四、存在的问题和研究趋势

越来越多的运动员已经开始接受在赛前训练中大幅度减少训练负荷的观点。但现有的研究多集中在耐力性项目上,如中长跑、铁人三项、自行车、游泳等,而对力量性和速度性项目的研究还比较少。因为力量性和速度性项目专项成绩的决定因素与耐力性项目的不同,故这些专项的赛前减量训练很可能表现出不同的规律。

近年来,研究者们开始重视正规察赛前减量对运动能力影响的同时,进一步研究运动员减量前训练期的机能状态水平及变化。因为机能状态不同,则减量的时间、负荷安排可能都有所不同,并且它会对赛前减量训练后的效果有重要影响。周越对青少年女子铅球运动员赛前减量安排与身体机能变化规律进行的研究证实,青少年女子铅球运动员进行3周的赛前减量训练安排明显提高了专项运动成绩。其中减量60%组比减量20%组运动成绩提高更为明显。赛前训练中减量的大小可以影响到运动员机能状态、力量特征等,同时也影响最佳专项成绩出现的时机,减量少时最佳成绩出现的晚些,减量多则最佳成绩出现的早。运动员专项成绩的最高点往往出现在机体达最大力量之前。评价运动赛前减量效果的敏感指标包括:机能指标中的血尿素、血清 CK 变化;力量特征指标中的背部伸肌的快速力量、膝关节伸肌的快速力量。

第四章

田径运动技术理论的科研

第一节　跳高技术的科研

纵观30多年来对背越式跳高技术研究内容的现状,人们主要从以下几个方面进行研究:

一、助跑与起跳阶段

20世纪70年代人们主要在助跑弧线、助跑技术方面进行研究。以后侧重于起跳和助跑与起跳结合进行研究。起跳是跳高技术的关键环节,它的任务是迅速地改变人体的运动方向,并获得尽可能大的垂直速度,同时还要产生一定的旋转动力,以保证过杆的顺利完成。

二、过杆阶段

自1968年背越式跳高技术出现以后,国内外学者对其技术理论进行大量的研究探讨,特别是伴随着计算机技术的应用,使背越式跳高技术得到了突破性进展,更多的技术规律被揭示出来。

(一) 3H观点

1. 3H观点的成就

20世纪70年代初期,美国学者詹姆斯·海在“运动生物力学”一书中提出了著名的决定跳高成绩的3H公式,即 $H = H_1 + H_2 - H_3$(图4-3)。30多年来,3H公式及其体系一直是研究跳高技术原理的权威理论,它涉及到了运动员的选材及跳高的助跑、起跳、过杆等技术原理,它指导着跳高的教学、训练、科研等领域,为跳高运动的发展做出了巨大的贡献。在利用3H公式进行过杆研究时,H_3值越小越好,越小则越能体现运动员对 H_2(最大腾起高度)的利用率。运用3H

观点在研究技术时，它确实能给人以简洁、明了地认识。

图 4－4

2．3H 观点存在的不足

如果对 3H 理论进行进一步研究会发现这一理论基本上只反映了跳高时身体重心在垂直面的一维空间运动，它并不能完整地反映跳高技术的三维空间的实际运动规律。3H 体系在涉及身体重心抛物线轨迹与横杆的相对位置时，它不管身体重心的最高点是否在横杆正上方，都必须假定身体重心最高点位于横杆正上方。但在实践中认真观察可知这种假设只是一种理想模式，出现更多的是身体重心最高位置在杆前或杆后。在此种情况下用其理论研究 H_2 和 H_3，这就大大降低两个指标的真实性。由此可见，3H 理论体系研究的范围只是我们所追求的一种理想状态，对于身体重心最高点位置不在横杆正上方时，3H 理论的前提条件就会消失，这就显出了此理论的局限性。

（二）3H + ΔH 观点

1．有效过杆高度 3H + ΔH 的公式和定义

20 世纪 80 年代初期，由苏联的科研人员提出，我国的刘建国又给以修订，具体有效过杆高度公式：$H = H_1 + H_2 + H_3 - \Delta H$（图 4－5）。

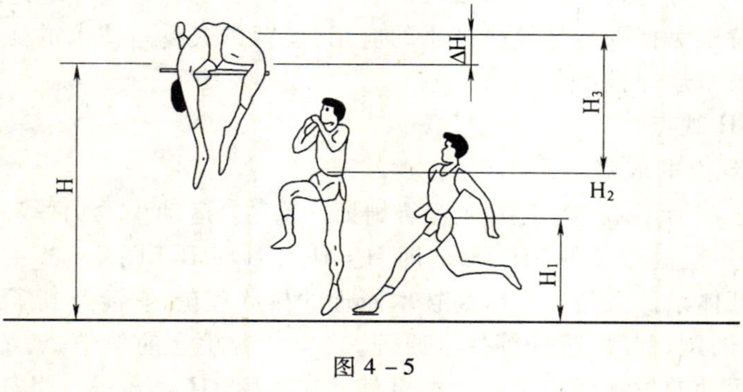

图 4－5

2．公式中的几个定义

（1）H_1 是起跳脚着地瞬间身体重心的高度。

（2）H_2 是起跳离地瞬间身体重心的高度与起跳脚着地瞬间身体重心的高度差。

（3）H_3是身体重心从 H_2 腾起的高度。

（4）ΔH 是过杆瞬间身体重心腾起的高度与横杆的高度差。

3．跳高技术的基本因素(图 4－6)

分析影响跳高技术的基本因素是 $3H+\Delta H$ 公式中的 H_1 起跳脚着地瞬间身体重心的高度和 H_2起跳离地瞬间身体重心的高度与起跳脚着地瞬间身体重心的高度差,对 H_3 身体重心从 H_2 腾起的高度。有着非常重要的影响。弥补了3H 观点的不足。实践证明运用 $3H+\Delta H$ 观点在研究跳高技术时,更简洁、明了和准确。

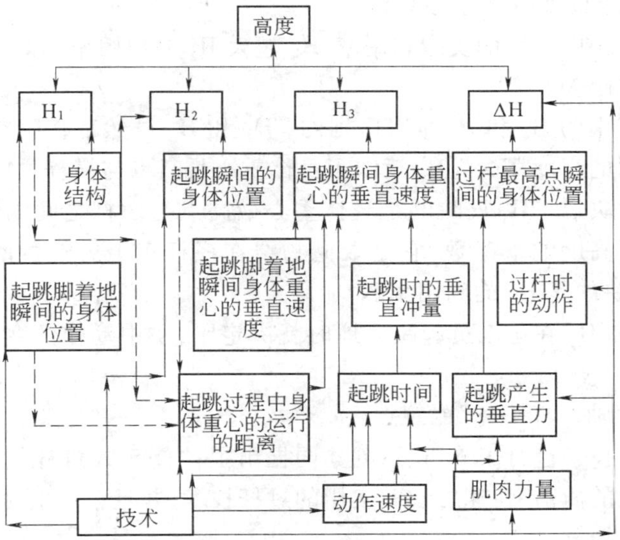

图 4－6

（三）4H 观点

1．学者的观点

我国的白二宇,王大愚,杨津森等都对有关过杆技术进行了有效地研究。由于3H 观点并不能完整地揭示身体重心最高点不在杆正上方的情况,杨津森在20 世纪 80 年代末提出了4H 观点,这一观点是在3H 观点基础上提出的。4H 观点(图4－7)较完整地反映了跳高技术在三维空间的运动情况,较全面揭示了由于身体重心最高点不在杆正上方时 H_2 的实际下降数,即 H_2 的利用率问题。

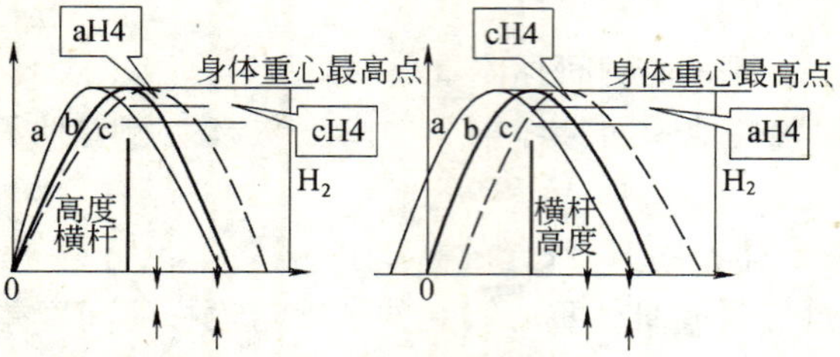

A:同一起跳点,不同过杆点 B:不同起跳点,不同过杆点

图 4-7 4H 观点示意图

2. 4H 观点提出跳高成绩由 4 部分组成

H(成绩)$=H_1+H_2-H_3-H_4$,若提高跳高成绩应为增加 H_1、H_2 值减少 H_3、H_4 值。杨津森把 H_4 定义为由于重心腾空最高点不在横杆正上方时所形成的实际过杆高度的下降值。

3. 4H 观点的贡献

(1) H_4 反映了 H_2 的实际利用率,H_4 越大 H_2 的利用率越低,实际过杆高度 H 的下降数也越多。

(2) 公式中的 H_4 和 H_3 是有区别的, H_4 和 H_3 虽然都在腾空中产生,但两者却有着不同的高度概念。H_3 反映了身体重心最高点与横杆之间的垂直距离,并由过杆技术决定。H_4 反映的是身体重心最高点与横杆之间的水平距离所造成的实际过杆高度的下降数,它是取抛物线在横杆正上方时的瞬时高度和 H_2 之间的差,反映的是 H_2 的利用率。

(3) H_4 和 H_2 在运动员起跳离地时就决定了,空中动作的变化不改变其值的大小。

(四)"两轴一杆平行"的观点

在对过杆技术进行了分析后,刘建国提出了:"倒 7 式过杆技术是一种适应快速助跑起跳的简洁、快速、经济、实用的过杆技术;并且第一次对过杆技术进行了细致的时相划分。

背越式跳高由于受研究仪器和方法上的限制,大都局限于定性或平面的分析。然而,背越式跳高技术从运动员的弧线助跑开始到肢体末端环节离开横杆身体始终处在三维空间中运动,特别在过杆阶段,身体则在三维空间中做旋转和翻转运动。所以,从三维空间、时间的角度进行研究分析,才能反映背越式技术的客观规律。然而目前极少有人对跳高全过程进行系统三维的研究,戴佩纳(1980)、范·格海鲁克、唐姆英克(1979)也主要在起跳阶段。

3H 理论只反映了跳高时身体重心在垂直面的二维空间运动,在涉及身体重心抛物线轨迹与横杆的相对位置时,它不管身体重心的最高点是否在横杆正上方,都必须假定身体重心最高点位于横杆正上方。然而在实践中出现更多的是身体重心最高位置在杆前或杆后，在此种情况下用其理论研究 H_2 和 H_3，就大大降低了两个指标的真实性。这就显出了此理论的局限性。4H 在 3H 理论的基础上，反映的是身体重心最高点与横杆之间的水平距离所造成的实际过杆高度的下降数。

通过观察我们才能发现许多运动员在过杆过程中摆侧肩和髋低于或高于跳侧肩和髋，造成在垂直面上肩轴和髋轴与横杆形成一定的夹角，因身体的左右某一侧位置过低而碰杆。

何涛在 2000 年提出了新的“两轴一杆平行”观点。“两轴一杆平行”中的“两轴”指肩轴和髋轴，一杆指横杆，即身体在过杆时，要求运动员的肩轴、髋轴均与横杆平行的依次越过横杆。

研究后认为：

(1) 3H、3H + ΔH 和 4H 观点把身体简化处理，即近似地看成质点，H_3、H_4 和 ΔH 均属对身体重心腾起最高高度的综合利用率。然而身体是有宽度和厚度的活体，把其看为质点存在一定的不足。“两轴一杆平行”克服了在实践中我们经常发现运动员在杆上会产生出两种歪斜状态，即肩轴和髋轴与横杆不平行。因身体的某些或某一环节的碰杆机会。

(2) 在起跳离地瞬间（攻杆开始时相），头部要立直（顶头），摆侧臂和摆动腿带同侧肩、髋积极向前上摆，肩轴角和髋轴角 70° ±4.0°。这样不仅较少利用地面旋转，保证垂直向上飞进，获得更高的腾空高度；又为使身体在杆上形成肩轴、髋轴与横杆的平行创造条件。

(3) 在攻杆结束和整个过杆阶段应充分利用头部的状态反射和肢体变化来更好地调整身体各环节的位置，逐步把围绕身体纵轴的旋转降低到最小乃至零，突出的是围绕额状轴的翻转；从而在横杆正上方使身体最终形成肩轴、髋轴与横杆平行技术。

(4) 我国有些优秀男子跳高选手未能更好地利用头部的状态反射来提高过杆效果。有些选手由于臂的摆动方向，头部、躯干的右转和侧屈过大，而使右肩、右髋过低，肩轴角、髋轴角大，影响了“两轴一杆平行”的技术效果和运动成绩。

三、背越式过杆技术的分类

吴新宇在 1995 年对背越式跳高过杆技术分类进行研究后认为：良好的助跑起跳技术是顺利旋转过杆的保障。在过杆的各时空中肢体的适时合理的变化能取得理想的 ΔH 值，快速过杆与减少碰杆机会。倒 7 式过杆技术是一种快速、简洁、经济、实用和 ΔH 值小的理想的过杆技术。

第二节 推 铅 球

探索女子铅球运动员训练规律寻找适合中国人特点的推铅球技术方面,我国科研人员进行了大量的探索后认为:在我国6名选手取得18.73 m±0.57 m(最差成绩)时,在团身、右脚离地、右脚着地、左脚着地瞬间,她们的头干角分别为146°、151°、149°和151°;而她们推出19.52 m±0.60 m时,她们的头干角分别是141°、142°、144°和147°;前者比后者分别大5°、9°、5°和4°。我国选手取得18.73 m±0.57 m时,在团身、右脚离地、右脚着地、左脚着地时,她们的头旋转角为15°、20°、22°和50°;她们推出19.52m±0.60 m时,她们的头旋转角分别是9°、4°、17°和43°;前者比后者分别大6°、16°、5°和7°。这些数据说明我国选手推出18.73 m±0.57 m时,她们主动向上抬头和向左转头。由于向上抬头和向左转头动作引起的状态反射。因此,我国选手推出18.73 m±0.57 m时,在团身、右脚离地、右脚着地、左脚着地瞬间,她们肩旋转角是7°、9°、9°和25°,比推出19.52 m±0.60 m时的抬高3°、3°、4°和6°,肩部打开过大。我国选手取得18.73 m±0.57 m时,在上述各时相她们的躯干后倾角是5°、13°、16°和38°,比推出19.52 m±0.60 m时的抬高5°、3°、3°和3°。因此,造成她们的躯干和铅球上抬过大。所以,减少了她们的最后用力工作距离,我国选手取得18.73 m±0.57 m时的最后用力工作距离为1.57 m±0.15 m,比推出19.52 m±0.60 m时短0.08 m。但是,她们的最后用力时间均为0.18 s。所以,她们的铅球出手初速分别为12.93 m±0.21 m/s和13.15 m±0.23m,差是0.22 m/s;推铅球成绩分别是18.73 m±0.57 m和19.52 m ±0.60 m。最劣和最好成绩差是0.79 m。

通过对比分析我国6名优秀女子铅球运动员最劣和最好成绩试掷的三维运动学参数,我们发现头部动作引起的状态反射对完整推铅球技术的各个环节都有着重要的影响,我们的教练员和运动员应对推铅球技术中头部动作引起的状态反射作用引起足够的重视。

第三节 旋转掷铁饼技术中的时空特征研究

旋转掷铁饼技术是一项复杂的田径投掷技术,其特殊的圆周运动形式,使运动员掌握技术动作具有一定的难度。从互联网、书籍和期刊中查阅资料可知,由于受研究仪器的限制,对于铁饼技术的研究多是平面分析,三维分析的文章很少,掷铁饼是在三维空间中进行的运动,只有三维分析才能真实地揭示掷铁饼三维空间的运动，所以我们采用三维方法对掷铁饼技术进行分析。清楚地了解在不同的时空中铁饼与人体重心所处的位置及移动速度，对初学者和优秀选手来说都具有重要的意义。崔冬雪对旋转掷铁饼技术中铁饼及人体重心的时空特征进行了研究认为：

（1）在完整旋转掷铁饼技术中，从预摆拉引角最小到左脚离地时空，人体由投掷圈后部的左侧靠近右脚的位置向投掷圈后部中线右侧的左脚移动，其高度变化从 0.90 m，上升到 0.95 m，在左脚离地前两大腿夹角最小时空降到最低 0.88 m。身体形成良好的扭紧状态，铁饼身体重心一直领先于铁饼，拉引角从最小 118° ± 17°经 141° ± 11°到 143° ± 15°，铁饼从指向 4:20 的位置逆时针转经 9:40到 6:20 左右的位置。其高度从 1.32 m 降到 1.04 m。

（2）随着左脚的蹬离到旋转腾空最高时空，身体重心从 0.97 m 上升到最高 0.99 m；躯干形成二次扭紧，扭转角 40 ± 29°，拉引角 139 ± 18°。铁饼跟随逆时针转从指向 3:00 到 2:30 左右的位置。其高度从 1.28 m 降到 1.46 m。

（3）从右脚着地到左脚着地是过渡阶段，人体重心从右脚前 5 cm，距离投掷圈的后沿 99 cm 处，靠近投掷圈的后侧，到左脚着地时空达投掷圈中线右侧 10 cm 处，在两脚之间；身体重心下降为 0.96 m，到左脚着地降至 0.90 m，接近最低。铁饼逆时针转至 12:40 左右，铁饼高度 1.54 m ± 0.15 m。

（4）从左脚着地即最后用力开始到铁饼达最低点，运动员的下肢和左侧减速制动，髋轴牵拉肩轴前转，身体重心高度 0.91 m 几乎不变；铁饼高度达完整掷铁饼过程的最低点 0.87 m。铁饼逆时针转至 5:20 左右，到铁饼出手时空身体重心和铁饼高度都达到最高点，分别为 0.99 m 和 1.69 m。铁饼逆时针转超到身体侧前方，至 2:00 左右位置出手。

（5）在完整旋转掷铁饼技术中，不同的时空铁饼和人体重心表现出与铁饼技术要求紧密相关的不同的时空和节奏特征；运动员不能破坏它，如果破坏了时空结构势必会影响完整旋转掷铁饼技术的节奏、铁饼的速度和最后的成绩。

采用双机（摄影机或摄像机）定点拍摄和三维测力系统同步测试，获得优秀运动员的三维运动学和动力学的定量参数（图 4－8）。

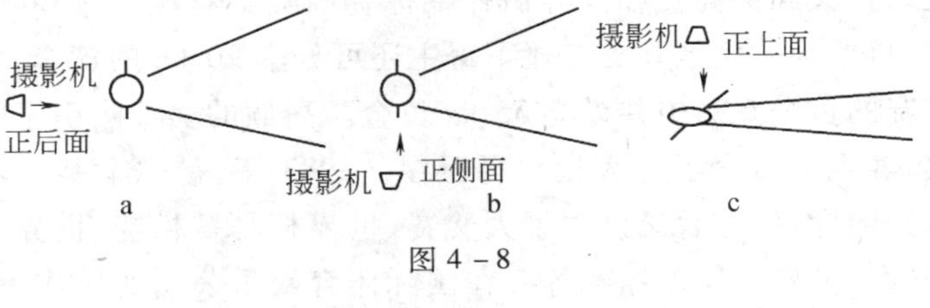

图 4－8

第五章

田径运动研究的热点

第一节　田径比赛市场

随着市场经济的发展，高水平的国际田径竞技运动商业化已成为一种趋势。萨马兰奇曾说过：体育运动的惟一出路就是在于商业化，如果没有各种商业金钱，那么全世界的高水平竞技将被彻底终止。田径是奥运会中所设奖牌最多的项目，共46块金牌，可称为“得田径者，得天下”。田径项目在国际上是第一大运动，具有参赛运动员最多，奖金最多，项目最多；比赛规模大，普及范围广，影响大等特点。且与其他集体项目相比投资少，收益大，因此田径是各体育大国的必争之地。

一、田径比赛市场蕴有巨大的经济效益

世界田径比赛已有巨大的经济市场。国际田联共有210多个会员国，比联合国还要庞大。由于国际田联出色的市场运作，一举成为仅次于国际足联的第二大国际体育财团。又由于其出色的管理和经营，使田径运动在国际体育领域中的地位逐渐扩大和提高。如世界田径锦标赛的奖金总额超过600万美元，还不包括食宿、机票等一大笔开支。冠军得主还可分享20 kg的黄金。再如，国际田联在大奖赛的黄金6站中共设立55 kg黄金。高额的奖金吸引了大批世界田径高手云集，客观上培育了一大批田径巨星。1983年，赫尔辛基成功地举办第一届世界田径锦标赛，随后又设立了大奖赛、世界杯马拉松赛、世界青年田径锦标赛、黄金联赛、世界少年锦标赛等。在国际体育娱乐公司的协作下，国际田联拉到了一些较大的赞助商，有了赞助商、市场开发和电视广告的收入，国际田联将比赛一揽子整体出售，四年一期合同，有1.5～2亿美元的收入。

二、我国田径比赛市场

目前全国各类体育经营企业2万多家，总投资额约2 000亿人民币，营业额为6000亿元人民币。当今体育用品市场上，运动鞋、运动服装等体育用品已成为青少年最喜爱的物品。日本朝日啤酒曾有望冠名北京马拉松赛，但在朝日集团与中国田协进行接触的最后阶段，另一家日本商家横空杀出并很快赢得了中国田协的青睐，它就是日本"先锋电器"；2001年上海奥林匹克花园杯国际竞走大奖赛等都取得了巨大的经济效益。中国人口众多，对体育产品具有消费欲望的潜在消费者占有相当大的比重，市场潜力不可低估。

三、国内外田径比赛市场的研究现状

黄文卉2001年发表了名为"我国田径项目的市场化脚步"一文，文中主要介绍田径协会目前的收入来源、中国运动员如何参加国际商业性比赛和比赛后收益的分配及代理中国运动员方面的特点，对于国内举办赛事方面有哪些成功经验和失败教训只是略微提及。

李相如、张惠红2001年在"世纪之交田径运动的回眸与前瞻"一文中，对21世纪田径运动发展前景进行了展望，提出田径运动必须加快商业化、职业化、社会化步伐，回头路走不得也走不通。

詹建国2002年在"我国田径运动社会化、市场化、职业化发展对策研究"一文中较为具体的提出了我国田径运动社会化、市场化、职业化发展的社会环境及理论基础；但对于我国赛事市场的现状没有详尽地介绍。

就目前田径比赛市场状况来说，西方一些发达国家美国、德国等田径大国研究水平较高，市场法规比较完善，有许多可借鉴的经验。且田径比赛市场运作水平远远优于我国，相应的理论研究处于领先地位。

我国目前在这一领域的研究还较少。国内目前还没有对田径比赛的市场运作进行过系统研究，还没有理论与实践相结合、既实用又有理论高度研究的文章。

田径市场课题所涉及的研究领域较前沿，属于一个较新的研究课题，有一定的创新性。但由于这一领域是新近发展起来的，各种理论和观点还很不成熟，加之影响田径比赛市场的因素较多；将涉及和可借鉴的相关的经济理论如营销学、传播学、管理学、经济学、策划学、统计学等较广，而可参照的文献较少；田径市场课题尚属于探索研究。找出适合我国国情的影响田径比赛市场的理论和方法，来指导实践是当务之急。因此，有关田径市场课题的研究将是田径领域中的研究热点。

第二节　体能训练

一、田径运动本身的激烈竞争

田径运动竞赛是竞技体育竞争最为激烈的项目。运动员在运动场上争夺个人或集体间的胜负，夺取金榜，是任何其他竞赛活动难以相比的。例如，在全国第八届运动会田径女子推铅球比赛中金牌和银牌的获得者的运动成绩仅仅是1 cm之差。在世界田径锦标赛100 m决赛中前两名选手同时到达终点，运动成绩一样，只有通过电子摄影分辨出其中一名选手的躯干与颈部先于另一位选手处及终点线的垂直面等，方可决出金牌。所以提高体能的训练将一直是田径运动的热点问题。

二、超人的体力与技艺性

竞技体育中的任何一个运动项目的参加者，若想在竞赛中夺取桂冠，都必须表现出超人的体力与娴熟的技艺。而田径训练和竞赛又为竞赛者提供充分挖掘发挥自身潜力的机会。

三、田径运动是一切运动之母，是各项竞技运动的基础

田径运动与其他竞技运动相比田径运动的历史最长，田径运动的发展为其它运动项目的发展奠定了基础。其次，很多运动项目都离开不开跑、跳、投等动作的基本训练，都需要速度、力量、耐力、柔韧和灵敏等身体素质。而田径运动能有效和全面地发展人的各种身体素质。因此，很多竞技项目都把田径运动作为身体训练的重要手段，使田径运动作为其他活动基础的研究也是热点之一。

四、田径运动是其他运动项目体能训练的重要组成部分

运动员在竞赛中创造优异运动成绩，都必须具有超人的体能与娴熟的技艺。面临国际和国内体育大赛中强手如林的激烈竞争，各运动项目的教练员和运动员更加重视体能训练，体能训练已经成为现代竞技体育的重要组成部分，是其他运动项目训练的主要构件。现代除田径运动项目之外，其他运动项目运动队都设有体能教练员。由此可知体能训练的重要性。目前国内有关其他运动项目体能训练的研究才处于开始阶段，是竞技体育的热点研究课题。

第三节 “高住低练”的研究

一、高原训练的起因

高原训练起因是由于1968年奥运会将在墨西哥城举行。根据墨西哥城的地理位置,各国在20世纪60年代出现了一个高原训练的“热潮”。这一举动引起了国际上的普遍关注,于是开始了高原训练的实践和理论的研究。

我国从20世纪60年代起对高原训练进行尝试和研究,在20世纪八九十年代进行了系统的研究和监测,积累了经验和教训。

二、传统高原训练存在的问题

传统高原训练存在以下不足:

(1) 肌肉因长期缺氧而造成萎缩;

(2) 因最大摄氧量下降造成的运动强度降低;

(3) 易发生过度训练。

三、“高住低练”及其发展趋势

Levine(1991)提出“高住低练”法。即通过人工低氧设备,达到在高海拔地域居住、平原环境训练方式,以达到相当大的训练负荷和强度。在1997年西班牙国际高原训练研讨会上,Hi - Lo训练法已得到国际上的认可,并已应用于高原训练实践之中。由于“高住低练”法出现的时间较短,对这一方法的研究不多。

何文革对男子中长跑运动员“高住低练”进行的研究,有如下发现:

(一) 生理机能

1. 血红蛋白(Hb)与EPO

(1) 血红蛋白与运动能力:血红蛋白是一种含铁的结合蛋白,它的主要功能是运输O_2、CO_2和对酸性物质起缓冲作用。低氧刺激将引起血红蛋白的改变,这种变化是通过体内促红细胞生成素调节来实现的。血红蛋白升高时,运动员身体机能改善、运动能力提高;反之运动能力下降。

(2) EPO及其主要作用:EPO是一种调节血红蛋白的重要激素,EPO的主要作用能促进红细胞生成和分化;促进红母细胞成熟;抗氧化,稳定红细胞膜。低氧刺激将引起EPO升高;EPO的升高使机体Hb升高。

(3) Hb和EPO的变化:

① Hb 的变化。在高住低练初期 Hb 明显升高，并在整个高住低练期间（4 周）保持上升趋势。在出仓训练阶段 Hb 变化不明显，但保持在较高水平上，直至第 28 天出现明显下降。对照训练阶段 Hb 无明显变化，且水平明显降低。

② EPO 的变化。高住低练阶段 EPO 呈缓慢上升趋势，出仓训练阶段 EPO 明显下降，至 28 天时有所回升，在对照训练阶段 EPO 无明显变化，但水平已高于出仓训练阶段。

③ 血红蛋白与 EPO 变化的分析。高住低练可引起 Hb 值的明显升高，低氧刺激是造成 EPO 升高的主要原因，低氧条件消失，EPO 即刻下降。Hb 的增高并不单纯依靠 EPO 的升高，本次高住低练未能造成急性缺氧环境，使得 EPO 上升缓慢。

④ 血红蛋白（Hb）与 EPO 指标的变化特点与分析。高住低练可以提高 Hb 与 EPO 值，且提高后 Hb 值在高住低练结束后可以保持 21 天，这表明了人体机能状态在进行高住低练一周后达到较好状态，且此状态可以在结束高住低练后保持 3 周，这期间进行训练和比赛可以达到较高水平。

2. 血清睾酮、皮质醇

（1）血清睾酮、皮质醇及其作用：血清睾酮（T）、皮质醇（C）分别调节控制着机体内的蛋白质代谢的合成与分解过程 。一般认为，当机体的 T 值上升 C 值下降，说明身体机能状态较好；当机体的 T 值下降而 C 值上升时，则说明身体机能状态较差。

（2）本次实验血清睾酮、皮质醇的变化特点：高住低练阶段 T 值先升后降；C 值有下降趋势 ，但都不明显。出仓训练阶段 T 值明显上升趋势；C 值变化不明显。对照训练阶段 T 值上升但不明显；C 值下降不明显。

（3）T 与 C 的变化分析：传统高原训练可以使血睾酮、皮质醇激素值下降。高住低练运动员受低氧刺激比高原小，造成运动员血睾酮下降趋势不明显，皮质醇变化较小。低氧刺激较浅（海拔 2 000 m）、运动负荷偏小是 T 值不降反升的一个重要原因。在缺氧因素消失，机体只承受较小运动负荷刺激的情况下，运动员机能状态开始回升，在内分泌系统上表现为 T 值明显上升，而 C 值基本不变。海拔 3 000 m 的低氧条件对专业中长跑运动员身体机能的影响是明显的。

（4）血清睾酮、皮质醇指标的变化特征与分析：高住低练可以引起血清睾酮（T）值的下降，但对机体的刺激不如传统高原训练深刻、明显。出仓训练阶段 T 值的上升则说明机体恢复较快和运动负荷偏小，这与传统高原训练中 T 值的变化不同，说明经过高住低练之后，机体恢复较快、较好，这也可能正是高住低练优于传统高原训练之处。在整个实验阶段，C 值无明显变化。

3. 体成分与机能状态

用以表示体成分的指标有：体重、去脂体重和体脂百分数。

体成分与运动员身体机能状态有非常密切的关系。运动员体重下降，而体脂百分数上升时，机能状态下降；当运动员因肌肉质量增加而体重上升，体脂百分数下降时，机能状态上升。

传统高原训练对人体体成份的变化影响明显，研究表明缺氧可引起人体体重下降。

(1) 体重的变化：高住低练期间体重的变化趋势为先下降后恢复。出仓训练阶段体重的变化趋势为先上升后恢复。对照训练阶段体重有增加的趋势。三个阶段中体重变化均不明显。

(2) 肌肉质量变化：高住低练阶段肌肉质量呈现先下降后恢复的趋势，但变化不明显。出仓训练阶段肌肉质量呈现先上升后恢复的趋势，变化亦不明显。对照训练阶段肌肉质量基本保持未变。

(3) 体脂百分数变化：高住低练阶段体脂百分数呈现先上升又略有下降的趋势。出仓训练阶段体脂百分数有明显的增加趋势。对照训练阶段体脂百分数有增加的趋势，但变化不明显。

(4) 体成分变化分析：在高住低练阶段初期，肌肉质量下降而脂肪质量保持基本不变，是导致体重下降而体脂百分数上升的主要原因。肌肉质量下降的原因是缺氧导致了人体骨骼肌蛋白合成的下降。

脂肪质量变化不明显的主要原因，可能是由于中长跑项目供能以糖为主，脂肪参与能量代谢很少有关。导致肌肉质量下降的因素还可能与体内胰岛素、生长激素的变化有关。在“高住低练”后期，运动员体重和肌肉质量上升，体脂百分数降低，表明身体机能有所好转。这也提示“高住低练”对人体的刺激在降低。当缺氧因素消失时，人体的合成代谢明显大于分解代谢，运动员体重和肌肉质量均有增加。运动员在出仓训练阶段体脂百分数上升的原因是由于训练负荷过小，提示在运动实践中应根据运动员身体状况及时调整运动负荷。

(二) 有氧运动能力

1. 最大摄氧量($\dot{V}o_2\max$)与通气无氧阈(AT)

人体在有氧代谢条件下的运动能力称为人体的有氧运动能力。通过人体的最大摄氧量与通气无氧阈两个指标变化来反映。最大摄氧量是人体在有大肌群参与下，剧烈运动持续 3 min 以上，氧运输系统的动能达到最大动员程度时单位时间内运输到活动肌肉而被肌肉利用的最大氧量，是反映心肺功能的主要指标之一。通气无氧阈人体由有氧代谢为主转为无氧代谢大量参与的起始点，是人体长时间运动而不发生明显乳酸堆积的最大运动强度。它与耐力性项目的运动成绩的相关很高。

运动员在“高住低练”阶段最大摄氧量呈明显下降趋势。在出仓训练阶段

持续了这种明显的下降态势。对照训练阶段最大摄氧量则呈现了不明显的下降趋势。研究结果与分析——有氧运动能力

2. 最大摄氧量变化分析

一般认为，从海拔 1 200m 开始，随着高度的上升，最大摄氧量逐渐下降。"高住低练"阶段最大摄氧量下降可能与肺动脉血氧分压(PaO_2)低下引起动脉血氧饱和度(SaO_2)降低，从而造成组织供氧不足有关。运动员由于训练而产生的代谢性毛细血管增多，肺换气量相对较小，也是造成最大摄氧量降低的原因之一。出仓训练阶段最大摄氧量的持续降低可能是由于有氧运动负荷偏小，从而造成运动员有氧能力的下降。缺氧刺激造成的最大摄氧量降低，对运动训练有一定的积极意义：运动员是可以通过低氧和运动负荷这两方面的合成作用来提高有氧运动能力。

通气无氧阈的变化特点，在"高住低练"阶段，运动员的通气无氧阈有逐渐提高的趋势，且变化明显。在出仓训练阶段，运动员的通气无氧阈基本保持在高住低练结束时的水平，略有上升。在对照训练阶段，运动员的通气无氧阈有下降趋势，且变化明显。

3. 有氧运动能力变化分析

一般认为高原训练可以提高运动员的有氧能力，通气无氧阈也应增加。运动员在高住低练阶段 AT 值的上升缓解了 $\dot{V}o_2\max$ 值的下降，使 $\dot{V}o_2\max$ 值下降不至于对运动员完成运动负荷产生很大影响，这有利于运动员有氧运动能力的提高。本次实验的出仓训练阶段，AT 值虽保持在高水平，但由于 $\dot{V}o_2\max$ 的持续明显下降，造成了运动员有氧运动能力的下降。其原因可能与运动负荷安排不当有关。

4. 不同实验阶段运动员有氧运动能力的变化特征与分析

高住低练期间 $\dot{V}o_2\max$ 下降，但 AT 值提高，使得人体的有氧运动能力提高。在运动负荷安排适当的情况下高住低练对有氧运动能力的提高是有益的。

(三) 无氧运动与无氧功率

无氧运动能力是指人体在无氧代谢条件下工作的能力。主要靠 ATP - CP 分解和糖酵解来供能，特点是时间短、强度大。评定一个人的无氧运动能力，一般采用 Wingate 法———一种 30 s 全力骑车试验方法。在高住低练阶段及出仓训练阶段，无氧功率一直保持逐渐上升的趋势，且变化明显。在对照训练阶段，运动员无氧功率也有提高的趋势，但变化不明显。

1. 高住低练与传统高原训练无氧运动能力的比较分析

一般认为传统高原训练时，高原低氧分压造成的过度呼气及脂肪减少、肌肉质量下降、肌纤维变小会使机体的无氧运动能力下降。

实验发现无氧运动能力表现为逐渐提高,可能与在氧含量较为充足的平原进行训练有关。而关于运动员肌肉质量的下降未能引起无氧运动能力下降的原因尚有待研究。

2. 不同实验阶段运动员无氧运动能力的变化特征与分析

运动员在“高住低练”阶段及其随后的出仓训练阶段 ,无氧功率有明显增加,说明“高住低练”对运动员提高专项运动成绩是有效的。

第四节　女子三级跳远

女子三级跳远这项新兴的运动项目,于1990年才被国际业余田径联合会列为正式比赛项目。尽管起步较晚,但是在技术上借鉴男子运动员的模式而形成自己的特点,而且,其技术水平和运动成绩提高很快。我国在1988年才将女子三级跳远作为全国田径锦标赛的正式比赛项目。在1988至1993年短短的几年中,我国有多名运动员跳过14 m,进入世界排名前十位。其中李惠荣的14.54 m被国际田联承认为第一个女子三级跳远世界纪录。1992年李又以14.55 m列当年世界排名第二位。

在我国女子三级跳远运动开展十几年中,科研人员和教练员们对女子三级跳远运动的很多方面进行了探讨。例如,振兴我国女子三级跳远的途径,论少年女子三级跳远运动员的技术训练,女子三级跳远运动员的训练,高校女子三级跳远训练的重点,论速度在我国女子三级跳远技术中的地位,陈继红三级跳远三级起跳技术的生物力学分析,体育系女子三级跳远技术特点分析,女子三级跳远助跑速度损失的技术因素,女子三级跳远技术分析,我国优秀女子三级跳远运动员二、三跳起跳技术运动学特征。模式教学在女子三级跳远中的运用,女子三级跳远教学探索等。

人们寻找导致我国女子三级跳远成绩徘徊不前的原因:

(1) 目前我国女子三级跳远的发展很不平衡,人才奇缺,后继无人。这主要是我国处在计划经济向市场经济的转型期,良好的竞技体育体制和运行机制尚未很好地建立起来;培养女子三级跳远后备人才的主渠道,即中小学和业余体校中的女子三级跳远运动未能很好的开展起来;目前我们还没有一套完整的女子三级跳远训练大纲;运动员等级标准也刚刚实施,运动员创造了优异成绩而得不到相应的等级称号,教练员得不到相应的“业绩”;致使很多省市体校根本就没有设置女子三级跳远项目,即使有些省市设置了该项目,但参加训练和比赛的人数也较少。

(2) 虽然我国早已形成以省级以上优秀集训队为先导,运动学校、业余体校为中坚,广大中小学为基础的运动训练体系,但由于长期以来在管理和组织等方面存在弊端,使得“一条龙”训练体系的衔接问题一直未能很好解决。据调查,女子三级跳远训练至今仍未形成一个系统的、科学的、全国范围的训练网络。在教练员队伍中还没有形成一个适应我国运动员实际情况的训练主导思想,高层次运动队与基层队训练上严重脱节。

(3) 我国女子中长跑和投掷项目的崛起,已经为其他项目赶超世界先进水平做出了榜样,积累了经验。随着女子三级跳远运动的飞速发展,加强科学训练势在必行。虽然我们拥有一批责任心强、业务精的优秀教练员,但与先进国家相比,我们教练的整体素质还不高,训练的方法还较为落后。有些教练员还缺乏对女子三级跳远规律及特点的认识,基本上是沿袭男子的训练力法,训练上缺乏创新和突破,没有自己的一套较完整而系统的训练方法和体系,没有形成适合我们自己特点的技术风格,多数运动员技术动作较粗糙,不规范。

(4) 运动成绩的提高有赖于训练科学化程度的提高。目前我们在体育科学研究方面还存在着科研人员少和科研经费少的问题,有些省市的体育科研仍然处在散兵游勇的状态,“科技兴体”还未完全落到实处。

所以,女子三级跳远运动仍然有很多热点问题等待我们去开发和研究。

第五节 女子撑杆跳高

女子撑杆跳高运动始于 1929 年,当时芬兰女子选手戈勒多比娜以 2.35 m 创造了第一个女子撑杆跳高成绩。两年后,另一名女运动员将这一成绩提高到 2.40 m,到 1937 年女子撑杆跳高成绩已达到 3.50 m,但后来由于一些人认为的女子的解剖和生理特点不适合搞撑杆跳高和三级跳远等论点以及其他种种原因,女子撑杆跳高项目被轻易地取消了。20 世纪 80 年代初,女子撑杆跳高运动再次兴起,中国、美国、法国、日本等国纷纷开展了女子撑杆跳高运动。美国运动员爱德华兹于 1983 年 7 月 23 日在夫奥特维创造了 3.53 m 的世界最好成绩;同期德国运动员也跳过 3.25 m。从此以后女子撑杆跳高运动进入了较快发展的阶段。1984 年 4 月原国家体委在广西南宁市撑杆跳高集训比赛时,提请大家注意,女子撑杆跳高要成为正式比赛项目尚需很长时间,但随着女子运动能力的进一步提高及运动器材的不断更新,相信女子撑杆跳高项目预计会有较快的发展,同时要求广东、安徽、上海、北京体育学院(现北京体育大学)等单位率先搞起来。经过教练员、科研人员和运动员三年的努力,于 1987 年 6 月 24 日—7 月 13 日,在广东省汕头市举行的首届全国女子撑杆跳高集训赛上,李琳和胡艳双双越过了 3.60 m 横杆,这一成绩不仅超过了当时由日本运动员创造的 3.01 m 的亚洲最后成绩 59 cm，而且超过美国运动员爱德华兹创造的 3.53 m 的世界最好成绩。1995 年国际田径联合会正式公布女子撑杆跳高世界纪录，1997 年 3 月 7 日在法国巴黎，女子撑杆跳高首次被列为室内世界田径锦标赛的正式比赛项目，也成为 1999 年世界田径锦标赛和 2000 年悉尼奥运会的正式比赛项目。值得中国人自豪的是中国女子撑杆跳高运动员从起步到 1995 年期间，在国际田坛女子撑杆跳高项目上一直处在领先地位，从 1987 年到 1995 年女子撑杆跳高世界最好成绩全部由中国女子撑杆跳高运动员创造，并且每年成绩以 0.08 m 的平均增长幅度提高。这一时期可以称为中国女子撑杆跳高运动的辉煌时期。特别是 1995 年国际业余田径联合会正式设立了女子撑杆跳高的世界纪录后，中国名将孙彩云在德国五破女子室内撑杆跳高纪录，创造了 4.23 m 的世界纪录，把中国女子撑杆跳高运动推上了巅峰。

自 1996 年澳大利亚女选手埃玛·乔治以 4.45 m 的成绩打破我国运动员孙彩云在 1995 年创造的 4.23 m 的世界纪录后，我国和世界女子撑杆跳高运动发展出现了两种态势，1995 年至 2000 年女子撑杆跳高纪录提高了 47 cm，达 4.70 m。而我国从 4.23 m 提高到 4.35 m，仅提高了 12 cm。我国女子撑杆跳高选手从 1995 年的世界第一名降到 2000 年的第四十名，无法进入世界前十名。差距越来越远。我国女子撑杆跳高运动从无到有，到巅峰，又从盛到衰的原因是多方面的。引起了很多研究人员为之努力，他们在如下几个方向进行了研究，女子撑杆跳高运动发展与展望，我国女子撑杆跳高现状及对策研究，女子撑杆跳高运动员的选材和训练，女子撑杆跳高的生物力学等。从我国只有 11 个省市和 3 所体育院校开展女子撑杆跳高运动，分布面小；因此，专业女子撑杆跳高队伍规模偏小。我国女子撑杆跳高运动的后备力量严重不足，极大地限制了女子撑杆跳高运动的发展。运动员开始训练偏大，又绝大多数运动员是从跳高、跳远等项目转过来的。教练员队伍绝大多数来自男子撑杆跳高运动员，少数是本科或研究生学历，他们对女子撑杆跳高运动的知识了解的较少，难以掌握和把握这个项目的先进技术、理论和发展规律。撑杆跳高运动对场地和设施要求较高，经费也较多，这样限制了此项运动的开展。女子撑杆跳高技术的运动生物力学分析表明在技术上与男子撑杆跳高技术没有更大的差异，但是，适合女子特点优秀的撑杆跳高技术很值得研究。因此，面对市场经济的今天，女子撑杆跳高运动研究的热点内容还很多，希望有志之士对其研究。

第六节　女子链球

随着田径运动的飞速发展，男女项目正趋于一致，20 世纪 80 年代末，罗马尼亚和苏联等欧洲国家率先开展女子链球的训练和比赛。在亚洲20世纪90年代初,日本开始了女子链球的训练和比赛。女子链球成绩飞速发展。国际田联1993年在德国斯图加特第39届代表大会上决定:“1993年以来女子链球创造的最好成绩将作为世界纪录,存入档案”。1994年新修订的田径赛规则中设立的世界纪录、世界青年纪录,均增设了女子链球纪录。1994年公布的第一个女子链球世界纪录为66.84 m,是俄罗斯的库津科娃于1994年2月23日在阿德勒创造的。到1998年7月16日,她在布拉索夫把女子链球世界纪录提高到73.14 m。1997年将女子链球列为1999年世界田径锦标赛和2000年奥运会的比赛项目。从此为女子链球的发展带来良好机遇。我国开展女子链球运动起步较晚,1997年原国家体委正式下文通知开展女子链球运动。但是,陕西省在1994年获得国际田联决定设立女子链球世界纪录的信息后,经过努力,在无有编制、队员、经费、器材的四无情况下,率先开展女子链球的选材和训练工作。虽然我们起步晚,但是进步较快,年青女子链球选手顾原以62.28 m的成绩荣获1998年7月19日在日本福岗举行的第12届亚洲田径锦标赛女子链球金牌,打破了日本保持的亚洲纪录。并进入当年世界前10名。为我国女子链球的崛起开了个好头。

由于女子链球是一个新兴项目,在我国开展这项运动训练和比赛的地域分布窄,仅仅在有男子链球训练历史的几个省市开展。这支女子链球运动员队伍是一支年龄小,专项训练年限短,比赛次数和经验少的队伍。他们的技术还不能像优秀男子链球运动员那样采用4圈旋转技术。他们的技术和心理不稳定。我国的体育科研人员、教练员从统计学、训练学和灰色关联分析的方法对女子链球运动进行研究,仅仅在我国女子链球运动员顾原各项素质和专项成绩的关系,女子链球亚洲纪录创造者顾原的训练,女子链球运动员模式特征和我国女子链球运动水平现状的分析等几篇文章。所以在女子链球运动方面有很大内容等待我们去探讨,有很多热点要研究。

主要参考文献

1. Ja mes. G. Hay. The Bio me chani cs of Sport Te chniques. 1978

2. Jesus Dapena, Bio me chani cal Analysis of The Fosbury Flop. TRA CK TE CHNIQUE 1988. 104 ~ 105

3. 刘建国. 背越式跳高技术教学与训练应抓什么? 河北体育科技,1983.4

4. 刘建国. 背越式跳高相关因素与成绩预测. 中国体育科技,1985,12

5. 吴新宇. 背越式跳高过杆技术与其教学的研究. 硕士论文,1993.6

6. 杨津森. $H = H_1 + H_2 - H_3 - H_4$——跳高技术原理新论. 武汉体育学报,1997(5)

7. 刘建国等. 几种背越式跳高过杆技术的生物力学分析 体育科学,1995(3)

8. 杨津森. 背越式跳高空中技术的原理与要求. 中国体育科技, 1984(30)

9. 杨津森. 对朱建华摆动腿过杆技术的模拟分析. 上海体育学报, 1983(2)

10. 杨津森. 背越式跳高过杆及坐标方法. 中国体育科技,1984(4)

11. 全国高师体育系教材编写组. 运动生物力学,1985(1)

12. 王大愚. 背越式跳高过杆身体重心在哪里最合理. 体育科技,1983(7)

13. 梅松龄. 背越式跳高与旋转运动. 上海体育学报,1989(2)

14. 戴佩纳. 背越式跳高的生物力学分析(1). 山东体育科技,1989(1)

15. 戴佩纳. 优秀跳高运动员背越式过杆的角动量分析. 武汉体院学报,1991(1)

16. 戴佩纳. 背越式跳高杆上旋转的力学分析. 田径科技信息,1995(5)

17. 魏家俊. 背越式跳高的杆上潜力. 田径,1995(6)

18. 张健等. 背越式跳高起跳三维运动的生物力学分析. 中国体育科技,1998(4)

19. 冯小东等. 背越式跳高起跳多轴转动的生物力学机制. 中国体育科,1998(5)

20. 施宝兴等. 运动生物力学时空特征与运动技术的最佳化教学. 南京体育学院学报,1999(4)

21. 詹姆斯·G·海约翰等(美)掷铁饼技术中的中心移动和脚着地位置. 田径科技信息,1996.3

22. 张英波，马明彩等. 论高水平铁饼运动员专项训练的几个前沿问题. 田径，1997(1)

23. 佟贵峰. 对我国优秀男子铁饼运动员投掷技术的运动学分析. 体育科学，2000.1

24. 吴延喜等. 铁饼投掷技术的生物力学研究. 中国体育科技，1992(12)

25. 刘建国. 对我国优秀铁饼运动员投掷技术的三维运动学分析. 体育科学，1998(4)：18

26. 刘建国. 对张存彪等优秀男子选手掷铁饼技术的生物力学分析. 田径指南，1995(1)

27. 刘建国. 对我国优秀男子选手掷铁饼技术的运动生物力学分析. 中国高校田径，1994(3)

28. 理·高斯勒(美). 铁饼技术——辨别和纠正主要的技术错误，教练员与运动员指南，1996

29. 阿尔·费什坦(美). 铁饼投掷技术. 田径季评，1990

30. A·马哈拉斯(希腊). 投掷铁饼技术的力学原理（美）. 田径综述，1992

31. 阿克塞尔·尼克(美). 掷铁饼技术的运动学特征. (英国)投掷者，1992(4)

32. 张健等. 对掷铁饼旋转技术的生物力学研究. 北京体育师范学院学报，1999.9

33. 李晓惠. 中国高水平女子投掷选手全程性多年训练的方法学体系. 北京体育大学博士研究生学位论文，1997

34. 斯达盖比茨. 萨鲁尔的铅球技术和训练. 青少年田径训练，1995(4)：1～3

35. 何增生. 如何在训练上搞好创新、突破. 田径指南，1995(1)：86～89

36. 阚福林讲稿. 对切割组合训练方法在训练中运用的思考，2000

37. 阚福林. 我对铅球训练的几点认识. 田径指南，1991（1）：56～61

38. 阚福林讲稿. 训练负荷与训练安排，2000

39. 刘建国讲义. 铅球业余训练，1995

40. 段庆莉. 少年女子铅球运动员综合训练初探. 哈尔滨体育学院学报，1999(1)

41. LARRY R. GETT MAN, PALL, WARD, and R. D, HAGH A co mparison of co mbined running and weight training with cir cuit weight training. Medi cine and S cien ce in Sport and Exer cise, 1982 (3): 229～234

42. Lin coln, Nebraska and Mar cia Me cklenburg. Integration of Program Variables for the Preparation of the Shot Putter. C. S. C. S COA CHes'S CHOOL, 1990

(1):28～35

43. 张绍岩等.简易运动生化指标测试方法. 河北省体育科研所,1996

44. (俄)维尔荷山斯基. 当代运动训练理论与方法的若干亟待解决的问题. 体育科技信息,1994(6):38～47

45. 陈章豪.力量训练.田径指南,1991(8):15～18

46. 周越等.运动训练科学测试指南.河北省体育科研所,1996

第五篇　体操教学训练理论与方法

第一章

体操与体操教学理论

体操在学校教育中作为教学内容已经有几百年的历史，在这几百年的学校教育发展的过程中，体操也服从学校教育的需要，教学目标、教学内容和教学方法等方面不断变革，顺应了教育发展的形势，一直为持续发展的教育服务的，为各个时代统治阶级推进其政治、军事、经济和文化服务的，为培养时代所需要的人才服务的，它在整个学校教育中扮演了一个重要的角色。在近代社会发展的过程中，由于体操被人们视为学校教育的重要内容，因此如何使体操课程在最大限度上发挥其重要作用，人们对体操教学内容、教学大纲、教学方法、教学组织形式等不断进行研究，在各个不同的时代都创立了在当时教育指导思想支配之下的体操教学理论，这些教学理论都在不同程度上都反映了当时社会进步、经济发展和文化繁荣的现实状况，已为各个时代的发展与进步做出了很大的贡献。随着社会发展，人的创造力得到了充分的体现，由于运动内容和形式不断创新，“体操”这一特定项目经过长时间的实践，其内容、体系多次重新界定，因此体操在学校教育中的内容也发生了巨大的变化，这些变化都要求体操在教学任务的制定、内容体系的重组、课的组织形式变化及教学方法等方面不断创新。直到现在，我国基础教育的改革，体育课程标准的研制和实施，确立了体育教育以“健康第一”的指导思想，这给学校教育中的体操教学改革带来了新思考，再次为体操教学理论的发展注入新活力。显而易见，了解体操的起源与发展，不断研究教育规律推动体操教学理论的创新和发展尤为重要。

第一节　体操的起源与发展

一、体操的起源

体操一词源于古希腊语 Gymnastike，意为裸体，是因为古希腊人在进行各种锻炼时，均裸体进行，而古希腊人把从事锻炼的各项走、跑、跳、攀登、爬越、舞蹈、军事游戏的内容都称为体操，由此古代的体操可以说是体育的代称。

最初人们对体育的研究产生兴趣的，还数哲学家、医学家、美学家，他们分别从其研究的领域将体操的作用、功能逐渐揭示出来，为世人所用，使体操在发展过程中能成为当时吸引人们关注的一个重要方面。

古希腊哲学家在对体操的广义和狭义两个方面作了阐述，狭义解释为"体育疗法"、"健身术"；广义解释为"是身体训练的理论和方法的一种体系"；还强调了体操术是教育制度中不可缺少的一个组成部分。意大利医学博士 H·梅尔库里阿利斯也对体操术进行了详细的研究，他在《体操术》书中详细论述了人体各种形式的动作，将体操划分为军事体操、医疗体操和竞技体操三种。德国体操之祖古茨穆茨在其《青年体操》一书中对体操的概念和涉及的领域作了详细的论述，把体操广义地解释为体育，指出了身体教育对培养人的作用。德国体操之父 H. L. 扬创建了以器械练习和军事游戏并带有浓厚色彩的民族体操体系，在其《德国体操》一书中还涉及对体操术语的研究，初步解决了体操传播中的沟通问题，为后来体操的普及做出了重要的贡献。此后，瑞典、丹麦体操也创立其自主体系。耐捷克的美学教授 M. 笛尔什博士提出体操动作的优美，编排紧凑，运动者要穿专门的体操服等一系列推动体操发展的新见解。由他为创始人的"鹰"派体操学派的诞生对推动体操内容的分类和现代竞技体操的发展起到了非常重要的作用。

体操经过长期的演变和发展，原来意义上的体操的内容不断地创新和丰富，而真正意义的体操内容在瘦身减负，尤其是竞技体操的发展壮大，使得原来由庞杂内容组成的体操体系开始分化，体操的研究和发展的任务变得艰巨而复杂，需要建立一个组织来统筹，1881 年欧洲率先成立体操联合会，1896 年在欧洲体操联合会的基础上成立了国际体操联合会，使体操运动的发展迅速在全世界普及。从此体操的国际地位有了归宿，这对日后体操的科学健康发展奠定了良好的基础。

体操的发展和古希腊人从事裸体运动与爱美和尚武的文化背景有着密切的关系。古希腊人爱美、追求美闻名于世，在运动中展示的人体美是令人最羡慕的美，因此在古希腊体育的内容中，把形体训练放在非常重要的位置，通过形体训练以满足人们展示裸体美的愿望。在古希腊的雕塑作品中，有许多裸体运动员的形象，充分展现了运动员发达的肌肉线条和充满活力而又健壮的形象，足以证明古希腊古老的爱美文化。

体操的发展亦服从了古希腊人尚武的文化背景，在社会发展过程中统治阶级为守卫国家或入侵他国均需要对国民进行军事训练，而这些军事训练的内容，如 角力、摔跤等内容明显地体现了古代战争格斗需要的特点，具有浓厚的军事色彩。

体操的发展同时还吸收了古希腊人许多庆典活动中表演的体育内容，如射箭、跳舞、攀登、翻筋斗等活动，至今翻筋斗仍是现代竞技体操中自由体操项目的重要组成内容。

二、国际体操的发展

现代竞技体操的发展促成了国际体操联合会的成立，向全世界推广和普及，经历了一较长的发展过程。竞技体操作为体操的一个独立分支项目，从19世纪初开始，但它真正快速发展还是19世纪末，到1936年国际体操联合会规定男子竞技体操比赛项目为自由体操、鞍马、吊环、纵跳马、双杠和单杠六项。1952年国际联合会规定，女子比赛项目为平衡木、自由体操、横跳马和高低杠四项。直至现在竞技体操比赛的男女项目仍然保持未变，已持续了半个多世纪。在这半个多世纪中，男女比赛的场地和器械都发生了翻天覆地的变化，这些变化的条件对运动员更好地发挥运动天赋提供了良好基础条件，由于高低杠器械的变化，拉开了高杠与低杠的间距，女子在高低杠上所做的各种动作与男子单杠的动作非常接近，使整个比赛精彩程度加大。由于自由体操场地弹性加大，运动员不断地推出高难度动作。跳马形状改变，大大有利于运动员的推手，为完成多周空翻或空翻转体创造了良好的条件。而平衡木的表面加了覆盖层，既保证了运动员难度动作的完成，又起到良好的保护作用。可以说运动场地和器械质地改变，为现代竞技体操的发展增添了无穷的魅力。

体操源于欧洲，欧洲各国的竞技体操水平在20世纪60年代前明显高于其他大洲的水平，苏联、罗马尼亚一直处在世界领先的水平。进入60年代亚洲日本男子体操队在第17届奥运会上战胜了苏联男子体操队，从此他们以自选动作的高难创新、规定动作高规格、高质量，而创造了称雄世界体坛18年的光辉业绩。日本体操队的动作创新给世界体坛更多的启示，也大大促进了世界各路体操劲旅在动作难度创新上狠下工夫，日本运动员为发展动作难度，曾在杂志上公开设计世界上尚未有人完成的近20个难度动作，号召科研工作者密切与体操教练共同研究开发，这一举措为体操技术的发展和动作开发做出了重要贡献。琢原跳、京格尔空翻、特卡切夫腾越等这些被国际体操联合会以个人名字命名的动作，说明了体操联合会旨在鼓励世界体操运动员勇攀世界体操技术的高峰。

竞技体操的发展还得益于国际体联不断地调整赛制和修改规则。例如，国际体联2001年关于参赛队团体比赛的单项成绩计算，由原来该队6人中的最优5人相加总和减少至3人，这样就有利于更多的国家派队参赛，同时由于单项成绩在团体赛中只算3人的缘故，参赛选手必须全力以赴的使自己的单项水平向高一层次发展，鼓励运动员在单项技术发展上狠下工夫，减弱了对运动员全面发展苛刻要求。这一导向也必将使体操技术的发展向更新目标迈进。在动作难度规定方面，调整很快。进入20世纪80年代，由原来A、B、C、D 4组难度动作迅速发展增加了E组难度，而且在难度动作的规定中，强调动作难度之间的相互连接。要想取胜，不仅要能完成难度动作，更要完成好难度之间连接，而且规则的修改还促进了动作技术的发展，以单杠为例，空翻抓杠以前是难度较高的动作，而现在空翻抓杠连接空翻抓杠的难度动作在比赛中已司空见惯了。

目前世界体操比赛有奥运会体操比赛、世界体操锦标赛，此外各大洲都有体操比赛，这种赛制保证了体操发展按照良性循环的方向不断发展。

竞技体操本身的快速发展对推动整个体操发展起着重要的作用，同时还促进竞技性体操中各个项目的快速发展，如艺术体操、技巧运动的发展。20世纪末，风靡世界的健美操和扣人心弦的蹦床运动也相继加入竞技性体操行列，这些项目的加盟进一步满足了人们精神层面的需求，顺应了时代发展的节奏，体现了时代发展的特征。竞技性体操体系的不断完善，也促进了体操教学在观念、内容和方式上的深刻变化。

三、我国体操的发展

我国竞技体操的蓬勃发展是在中华人民共和国成立以后，20世纪50年代初我国竞技体操的团体比赛除完成规定动作外，女队还增加扇子舞或纱巾舞等表演项目，并计算得分。在苏联专家的援助下，我国竞技体操的水平得以迅速提高，在20世纪60年代前，我国体坛已涌现一些崭露头角的优秀运动员，在世界大赛上取得了好成绩。尤其是改革开放以后，随着我国综合国力的提高，党和国家对体育的高度重视，经过几代教练员和运动员的奋力拼搏，多次获得过世界性大赛的好名次，挤进了世界竞技体操的先进行列。以李宁等著名体操运动员命名的体操动作，为中国人在世界体坛上争得了荣誉、赢得了地位。目前我国男队团体已具备了问鼎世界冠军的实力。

第二节 体操教学理论

体操教学理论是体育教学理论的一个分支，它既遵循了体育教学理论的一般规律，又服从和服务于教育的目标，同时还体现了鲜明的体操特点。体操教学理论是人们长期在从事体操教学的实践过程中，结合了哲学、社会学、文化学、生理学、心理学、教育学等学科的基本原理总结和提炼出来并随时代发展而不断丰富和完善起来的。研究和实践体操教学理论是完成体操教学任务、实现教育目标的重要保障。新中国建立之后，我国政府在各类学校开设体操课程，在增进学生健康、增强学生体质方面发挥了重要作用。在高等院校体育系和体育学院体操课一直是体育教育专业一门主干课程。当今基础教育改革体育教育要贯彻“健康第一”的指导思想,而对这一改革形势,有些体育教育工作者对如何进行学校体操教学产生了困惑。怎样在实践中将竞技性体操的内容简化作为教学内容,把提高人生活技能的体操内容教给学生,何况丰富其内容体系是值得我们进一步深入探讨的问题。

一、体操教学理论的形成

教育学对体操教学理论形成的影响是很大的,在远古社会里,人们将生活技能和使用简单劳动工具的技能传给下一代,即体现了最原始的教育活动。

随着社会的发展,教育学从哲学体系中分离出来成为一个独立的分支学科,使教育与教育理论的研究和发展进入了一个新的阶段,并不断地完善起来,教育学的发展直接影响着体育实践和理论的发展。解剖学、生理学及心理学等分支学科的发展对教育学的发展又起到了推动作用,对体操教学理论的形成起到了借鉴作用。直至今日体操教学理论的发展仍然受教育学理论的很大影响。

军事需要对体操教学理论的形成和影响是巨大的,从古到今保家卫国都要由军队来担负此项重要任务,军队士兵的身体素质决定了军队的质量,在没有现代化武器的古代,体育训练成为军事科目的重要内容,以提高士兵的身体素质和战斗力,这为体操理论的研究者们对体操功能和作用的定位提供了素材。德国体操运动先驱古茨穆茨在他的著作《青年体操》中,把体操分为 8 项运动,兵士体操就是其之一,西方把体操用于军事训练的经验不断进行总结并传入他国,对世界各国的影响很大,约于 19 世纪中叶,西方“军操”传到中国也被政府采纳用于训练新兵,后来清政府在天津举办水师学堂,把双杠、单杠、木马、哑铃等体操的内容列入了军事体育课。

医疗和保健的作用对体操教学理论的形成也起到了推动作用。古代人们在长期的生产劳动和社会实践中,由于劳动负荷较大,为恢复疲劳和调节情绪及与疾病作斗争,创造了许多徒手动作,借以达到养生、健体、修身养性的目的,这些活动的内容、手段与方法均促成现代体操中的徒手体操体系的形成,可以说是现代徒手体操的基础。

体操运动自身的发展对体操教学理论形成的影响不可忽视。体操在古希腊时期是体育的代名词,而随着体育运动的发展,人们将体育按其活动形式的不同归类为走、跑、游泳等相继另立门户。此时的体操既不是原来体育的概念,也不是今天现代体操的概念,此时的体操所含的内容逐步向现代体操靠拢。古茨穆茨把人体运动按运动的目的性质、形式和动作类型进行归类。古茨穆茨还对体操发展的贡献后来由德国体操家杨氏继承古茨穆茨的体操理论的基础上,将体操内容与形式又进行了改革与创新，把器械体操的发展向前推进一步，并力图使体操的影响面扩大。此外，德国的施皮斯把体操的内容，重新整理归类创立了“学校体操”，并在学校实施教学体操，其内容与当今基本体操相仿。他主张音乐与体操教学的结合，达到体现优美体操的效果。

瑞典林氏在体操发展中强调体操实践与理论必须符合人体各器官系统运动规律及人体运动科学的运用，重视体操实践和理论，要有助于人的协调均衡发展，他还在创新体操器械方面做出了一定的贡献。此外丹麦体操、捷克体操都在不同程度上为体操运动的发展作出了贡献，这些都对体操教学理论的形成和完善起到过非常大的作用。

二、我国体操教学理论的发展趋势

体操教学理论的发展实际上在其逐渐形成的过程中已经得到众多的体现，体操教学理论形成的过程中受体操影响今天依然存在，只不过是影响因素的内涵在改变，影响的范围在扩大，与社会发展、人的意识形态、生活方式所发生的变化联系越来越紧密。只有我们细心分析影响体操教学理论的各种因素和这些因素之间的内在关系，才有可能使体操教学理论的发展沿着科学的轨道顺利发展。

健身娱乐的需求对体操教学理论未来发展的影响在不断扩大。现代社会，人们一方面物质生活水平不断在提高，一方面工作的压力很大，为能使自己保持健康的身体，强壮的体魄去迎接工作中所要完成的各项任务，参加体育活动必然成为人们的选择，从而达到健身目的。现在大中城市的体育俱乐部中从事健美操锻炼、从事健身器械锻炼的人(尤其是年轻人)越来越多，他们在从锻炼中寻找释放工作压力乐趣的同时，获得了满足其身体健康的需要，使身心健康的发展寓体操锻炼的过程之中。人们通过体育锻炼获得健身需求的趋势正在不断攀升，体育锻炼给人们带来愉悦身心的效果自古有之，只不过是随时代发展，对这种愉悦身心效果的认识层面在不断深化。进行体育锻炼或闲暇时间观看体育表演达到娱乐的目的，也正是现代社会人们对体育认识的特征之一。通过体育达到娱乐目的，可以从体育文化的角度来分析，人们在观看体育表演中，从精彩的表演中得到启示，如体操表演中女子高低杠的动作连接新颖，运动员在两杠之间上下翻飞，形态健美的运动员的动作表现力，往往使观众赞叹不已，使人们在轻松快乐的环境中度过一段时间，获得空前的放松与欢乐，达到了娱乐的目的。即使在体育表演中由于动作的失败或配合的失误，人们也会欣赏到一种遗憾美，毫不影响体育表演给人们带来的娱乐效果。这些社会现象的出现无疑为体操教学理论的发展提出了新的要求。

科学技术的发展日新月异，科学知识和技术的运用对体育的影响已经使得人们对体育认识的程度有了突飞猛进的进展。体育究竟在教育层面、文化层面、社会层面发挥什么作用,有什么功能,在推进社会发展,人类进步方面担任什么角色,已经不仅仅是体育学者感兴趣的事,更多地吸引了其他学科研究工作者的参与。现代社会,教育观念的更新,围绕教育要为培养和提高人的综合素质服务,促使体育在育人的内涵和形式上,在体育教育模式方面进一步改革,以适应形势的发展,然而体育是一种文化现象,文化内涵的研究成果及其在体育教学中的运用很显然会使体育教学的层次向纵深发展。这决定了体育所含的所有体育项目的教学在指导思想、教学目标、教学大纲、教学评价及课的实施等方面重新反思,修正和补充教学理论,使体育的实践活动能在顺应时代甚至超越时代的教学理论指导下,为社会发展、人才培养发挥更大的作用。科学技术的进步,从另一层面,对体育教学活动所需要的场馆器械,构建了坚实的发展基础。例如,现代体育活动中塑胶跑道、高弹性器械制作材料的出现和运用,已经使体育教学活动的环境发生改变。这种环境的改变更多地吸引人们对体育活动的参与,使得体育普及程度大大提高。这种背景又进一步促使我们对体育教学理论发展的深思,努力使科学技术发展与体育教学理论发展之间相互促进,保证了体育教学理论(含体操教学理论)的发展始终处于良性循环之中。科学技术的发展还提高了人们的认知水平,使人们从更多的学科去理解体育和研究体育,从而使体育的发展始终处在科学的统领之下。当然体育教学理论的研究和发展也会沿着科学技术发展的轨道健康地向前。

现代生活方式的改变,使得人们向文明社会发展的道路上迈出坚实的步伐。什么是文明的生活方式,什么是生活方式中的陈规陋习,人们在社会进步的时代里不断地审视这些问题,并勇于创造新的生活方式来代替存在弊端的生活习惯,崇尚体育,养成体育锻炼的良好习惯,通过体育达到人对现实生活的各种需求,使得在已经提高了的物质生活基础上向不断追求精神层面的生活,体育所具有的无穷魅力会深深地吸引人们去探究。面对这样的形势,体育自身发展必须顺应人们的需求,体育教学理论的发展更应具有超前发展的构建思路和举措,只有这样才能保证体育教学理论的先进性,其体操教学理论也不例外。

体操教学理论作为体育教学理论的一个分支,在我国的发展与后者同步,其体系的形成和发展均在党的教育方针指引下,代表或体现了不同时期我国对教育的要求,有鲜明的时代烙印。新中国成立后百废待兴,在全面学习苏联的政治背景下,我国体育教学理论主要吸取苏联的经验,体现了自然主义体育教学指导思想,教学实践是“传习式”模式,重视体育教学过程中的品德教育和知识技能的传授,使学生掌握学习运动项目的技术动作,发展必须的身体素质,教学结构比较严谨,强调教学过程的系统性和计划性,强调教学组织形式的统一,注重发挥教师的主导作用。

改革开放以来,给中国体育教学理论研究者拓宽了视野,国外更多的体育教学理论的新理念，这些均对我国体育教学理论的发展起到了极其重要的作用，使得有更多的人参与体育教学理论的研究和实践，并且研究的质量大幅上升，许多学者的研究成果直接冲击着我国旧的体育教学理论的体系，使体育教学理论的发展做到了继承与发展，引用与创新相结合。

第三节　体操课堂教学与体操教学方法

体操教学内容是体育课程内容的一大方面，体操教学是体育课程得以具体贯彻的一个实践过程，因此体操教学过程既充分体现体育课的特点，又充分体现出体操自身的特点。

体育课的一个重要特点是通过运动来形成和发展认知。体操内容丰富，形式多样，在体操教学中充分利用体操的资源，采用针对强的体操内容，运用得当的教学方法，使学生在运动中感悟并受益，这种教学的形式和体育课程所表现的特点说明了体育课程是一种有别于其他文化程度的特殊课程。

体操教学包括体操的课堂教学和个别教授两个形式，而课堂教学形式是一种由个别教授形式基础上形成的。学校体育教学以课堂为主的形式普遍存在，而个别教授的形式也会在课外的活动中有所体现，它的优势是能针对教授对象的特点和需求，心理特征及其他因素，有的放矢地施行行之有效的方法，在最大限度上满足学习者的愿望，它的弊端是很难取得教学的规模效应。目前这两种教学形式因需要会长期共存。

一、课堂教学质量

影响体操课堂教学的质量的影响因素很多，课的类型、课的结构、课的性质都在体操课堂教学中必须加以认真考虑。

（一）课的类型

体操课的类型是根据教学的目的、任务、教材内容等服从所追求的教学效果，而按照教学规律人为划分的各种课的类型，每一类型的课都是实现整体教学系统中的一个环节。这些环节的合理设立对于顺利完成整体的体操教学任务有着十分重要的意义与作用。

体操理论知识是体操课堂教学应该使学生掌握的一个部分，可以随课实施，这种方式常在普通学校体操课中体现。而在高校体育专业的体操课的教学中，为能让学生系统地了解体操的基本理论和知识，并能加以运用，常常以单一理论课的形式来实施，以适应培养目标的需要。体操的基本技术和基本技能的教学具有明显的实践性特征，也就是说学生要通过身体练习来感悟运动技能的形成，并体会动作技术，掌握完成动作的技巧，常常以单一技术课的形式来实施。在技术课上，教师通过对动作的示范、讲解，运用不同的教学方法和采用合理的练习手段，使学生在短时间内比较熟练地掌握动作技术，同时教师在课上还要能根据教学要求，教会学生必要的教学技能。例如，保护与帮助的手法及运用等。而技术课又根据教材出现的频率，分新授技术课和复习巩固技术课，新授技术课按照从无到有的原则，认真安排好每一个环节的教授。复习巩固技术课则要按从少到多的原则，充分运用技能牵移的原理，实施有机的联系和沟通，达到既快又好的教学效果。教法作业课能有效地使学生通过这种课的形式将已学的理论知识和动作技术在教师的教授下有机地结合，学生通过听、看、操作等程序对教材有更深刻的了解，并能初步学会对教材、教法进行分析，他们教学本领的逐步增长。实习课可以锻炼和检验学生运用教材教法的能力，对于增长学生的实践才干，尝试体操教学的过程相当重要。实习课既可采用单一内容实习的办法，即对课的某个部分进行实习，如准备部分的实习，同时也可让学生模拟教师按规定的教学内容和要求进行整堂课实习。这种课的类型容易使学生形成体操课教学完整的概念，更能锻炼学生根据不同教学对象，不同教学要求，将上好一堂课的诸因素统盘考虑，为今后更好地进行体操教学储备经验。

（二）课的结构

体操课的结构是指体操教学过程的结构，通常在教学课的设计时考虑到两个方面，一是教学单元设计以体操运动技术为主线，按照技术的难易程度排序，规定了技术衔接和利用了技能牵移的原理，强调系统性；二是体操教学课的设计以某一动作的学习和练习为主线，精讲多练，注重技能掌握的实效性。有人称这种教学过程为“三段制”教学过程，体育专业的体操技术课在很大程度上遵循了“三段制”教学过程，而在体育专业体操教学中的另一部分内容即基本体操内容所需要的课的结构与此不同。新的教学理念赋予我们更多的思考。以徒手体操的教学为例，以往我们采用课的结构与“三段式”教学过程雷同，即以动作由简到繁，由易到难的教学顺序，注重学生对徒手体操动作及其变化掌握的程度，重复练习法是通常的教学方法，对学生徒手体操掌握的评价标准也是看他动作完成的质量。从这个角度出发，会发现学生由于花了大量时间去练习，对徒手操的基本动作可能掌握得较好，但对培养学生徒手操创编能力的体现则相对较弱。如果我们改变一个课的结构，设计这类体操课以基本动作规范和发展学生创编徒手操的能力为主线，就会认真思考每节徒手操组成的基本因素。一节徒手操总离不开身体三个主要部分（即上肢、下肢和躯干），基本动作有机组合的规律性。因此，强调上肢、下肢和躯干基本动作的规范化并加以训练，在此基础上教会学生的组合方式——排列组合，可能会大大缩短徒手体操教学的过程。这种课体现了以发展学生能力为主线的结构模式，由此给我们带来新的启示，如徒手体操教学内容被单列，作为教学的一个独立部分，那将给体操课结构理论的研究开辟了新的领域。

体操课组成部分的划分也是体操教学中的一个值得重视的问题，体操课从开始到结束，整堂课出现的内容都会按照教学的目的、任务在不停地运转，依照其性质不同归类到课的各个部分中去，以提高教学效果。这里以技术课类型为例，对课的各个部分划分加以论述。

课的组成部分实际上是按照教学目的和任务、教材性质和特点，遵照教育科学的规律人为划分课的段落，这些段落围绕教学目的和任务相互联系形成完整的体系。体操课组成部分的划分一直沿袭了体育教学理论研究的成果，按照准备部分、基本部分和结束部分划分模式来定位。目前体操教学尽管仍在这一理论框架之下运作，但所赋予的内涵却和以前有相当大的区别，在教与学所组成的各个环节中所体现的微细构建趋向于紧密联系，前后呼应，为教学目的和任务服务，不再是陈式化的模式。准备部分是一堂课的开始，在此阶段应让学生了解学习的内容和任务，明确一堂课的各项要求，采用必要手段使学生热身，并在心理和生理方面作好充分准备，以积极的态度、良好的状态去应对一堂课的学习任务。基本部分，教师会较多地运用讲解、示范、引导等方法，给学生布置或启发学生进行逐个相关的练习，让学生感知、领会和记忆，最终达到掌握动作的目的。与此同时，教与学的双方都必须了解与贯彻动作技能形成所遵循的生理规律，这样可有效地促进教与学（尤其是学生）正确认识动作练习过程出现的各种情况，并对此判断进行评价，寻找进一步学习的对策。教师在教学中的主导作用和学生的主体作用体现在这部分也显得更加明显，重复练习，变换练习，合作学习等方法手段的交织使用，又能强化学生保护与帮助的意识，不断提高实际操作能力，学生的智力也会得到相应发展。

在教学中常常会遇到不同项目的轮换及新授动作和复习动作的交互出现，此时应该恰当运用技能牵移规律，促使类似技术的运用在同一项目或不同项目之间均能出现良好的效应。要引导学生学会观察、分析，把理性和感性知识结合起来，在这部分教学中还会安排提高学生身体素质的练习，使他们懂得如何进一步加强学习动作所具备的能力。

课的结束部分落在即将终止一堂课的时段内，在这段时间里应通过各种有效手段，使学生转入较为平静的状态。在这个阶段，教师还应较准确地总结学生学习的情况，对需要改进的地方应认真地阐述并给予恰如其分的评价，布置适量的课后作业，宣布下次课的学习内容，鼓励学生课后继续学习和钻研，从而达到课堂教学延伸的效果，并使学生对未来学习有足够的准备。

随着教学改革向纵深发展，新的教育理念使人们对体育课结构的认识更多地向教与学的合理排序的结构方面发展，更注重课程结构内涵，科学地揭示教与学的规律和体育课的特点。但排序结构总离不开以服务与服从于教学目的、教学任务的教材为主线贯穿于一堂课的教学之中,因此既要加强教与学的研究,教材与教法的研究,使体育课排序结构不断完善,又要防止和克服在沿用课的三个部分结构时过于格式化的弊端。任何教学结构形式运用时决不能千篇一律,要用辩证唯物主义的观点把它有机地变成一个完整有序的系统。课的结构不仅体现在时间排序方面,还体现在课中教学组合的微细机构形式方面,无论哪种课堂教学结构形式都是某种教育观点和科研成果在教学上的反映,只有认识到这一点,才能深刻理解和掌握某种教学结构形式的实质。

体操课的组织与进行是实现体操教学目的和任务的中心环节,好的体操教学构想,需要通过教师精心准备,才能达到理想的效果。因此,备好课、上好课这两个因素就会对这中心环节起到至关重要的作用。

（三）备课

备课是对课进行总体设计,备课时要根据课的目的、任务规定好授课的体操内容,并根据授课对象的具体情况,采用切实可行的教学方法与手段,要有新的理念充实到课程设计中,为顺利完成教学任务达到教学目的服务。备好课是教师的职责,通过备课亦能促进教师思想理论水平和业务水平的不断提高。同时通过备课也能衡量出教师的工作态度和工作作风。备课是一个重要的因素,因此备课时,教师要认真研究体操教学大纲的内容和教材,使教材内容的衔接在课上充分体现。既要利用以往的教学经验,又要反复斟酌教学内容的难点和重点所在,还要有在课上处理好这些难点和重点的具体办法。注意阅读参考书和其他资料,从中吸取有益的经验,帮助备好课。在教学方法的选用方面,不仅要考虑方法的先进适用,而且还要考虑到教学对象的特点,要对学生思想状况、身体素质情况、技术基础等做仔细分析,并在备课时作好预案,一旦出现问题,即可马上有针对性地解决。在备课中要善于借鉴现代教学理论与方法,尽可能把现代教育技术和方法用到实际教学中去。但这并不意味着拿来主义,生搬硬套。在备课中还要注意对教学环境的设计,要使设计的课堂环境能达到调动学生激情,注意安全,配合课的任务顺利完成。

（四）上课

上课是教师按照已经准备的方案在实践中运用的一个过程,上好一堂体操课包含的因素很多,但关键在于教师。首先,教师应在课中紧紧把握本课任务,寓教于练,让学生在各种有效方法的调节下与教师产生良好的沟通,自觉地执行课的各项练习,保证教学任务的完成。其次,教师教学方法使用得当于否对一堂体操课成败起到关键的作用,方法是教与学沟通的工具,因此方法和手段必须运用恰当。动作技术的学习往往是要通过适用的方法和手段才能达到目的,如果不懂其原理,一味使用新方法和新手段未必能达到预想的效果。再者,教师在课堂教学时的仪表和语言调节能力也相当重要,端庄的仪表能起到示范作用,能使学生对教师的信任度加大,配合程度加大,这对教与学方面的沟通极为有利。教师语言(包括身体语言)能力对课堂气氛的调节作用很大,讲解思路清晰,语言表达简洁流畅,普通话好都是教师必备的能力。语言运用得当,表扬、批评、建议等在语言表达程度和方式上都会对学生产生刺激,使学生获得学习的动力。此外,教师的教学技巧与教学艺术能在课堂中恰如其分地体现,对完成课的任务,促进学生努力上好课无疑起到一种添加剂的良好作用。总而言之,教师在课上的主导作用最终要达到学生主体作用的发挥,达成教与学的默契,这样体操教学就会达到教学相长的效果。从这层意义上去理解,教师上课的过程也是他自己学习的过程。

(五) 总结课

总结课,这里是指教师课后对课的总结,应视为课的组织的一个部分,总结课应该成为教师工作规范,并养成习惯。总结课应依照课堂出现的具体情况从正反两方面进行,才能达到总结课的效果。长期对课进行总结,就能积累相当丰富的教学经验,总结课应对照备课的方案和实施的具体情况结合进行。从多角度来审视备课方案中的各个环节,并能根据课中的情况逐一对照,如教材在促进学生健康,增强体质的目的是否达到,一堂课的教学是否使学生学到了掌握技术的方法,对扩展学生的生活技能作用如何等都是总结的内容。什么是可行的,哪些还有欠缺都应记录在案,并作出实事求是的评价,对重要的情节还可以写下心得笔记,这些总结不仅对改进教学十分有益,而且还能为研究体操教学理论提供了十分宝贵的资料。

二、体操教学方法

体操教学方法是体操教学理论的一个重要内容,在体育教学实践中正确地选择教学方法,对完善教学过程提高教学效果、实现体操教学目标有着非常重要的意义。然而教学方法在体操教学中被误解为教学方式或教学手段。因此,正确地区别这三者之间的关系,弄懂教学方法、教学方式和教学手段的特定含义,有助于我们在体操教学中正确运用方法。教学方法是教师和学生为实现教学目标所采用的教学方式和手段的总称。教学方式是教学方法构成部分,教学手段则是为提高教学效果所采用的教学器具和设备。体操教学是传授体操知识、技术和技能的过程,实现这一过程要依靠教学方法,依据体操教学中学生获得知识的主要途径和来源,通常在体操学中采用的方法分为:直观法、语言法和练习法三大类。

(一) 直观法

直观法是一种让学生主要通过视觉感受器获得动作形象的感知、形成动作表象，在体操教学中通过示范或演示直观教具等将动作过程显示出来。

示范是体操教学中最基本的教学手段，示范动作是提供给学生学习的规范动作，通过示范要让学生了解动作的结构、速度、节奏和幅度等。动作示范的质量及效果对学生学习会产生较大的影响，良好的示范动作会激发学生的学习兴趣，引起学生对学习的思考。体操教师必须重视示范的作用，要使示范能起到预想的效果就必须根据学生的特点、教学的进程进行示范。示范的种类较多，包括完整示范、分解示范、重点示范、慢速示范、对比示范及领做等。

完整示范是指对单个动作、联合动作或成套动作从头至尾进行示范，使学生对动作的整体有所了解，形成完整的动作表象。分解示范是指按动作结构分解成不同的部分进行示范，这种示范能起到突出动作主要部分的作用。重点示范是指对动作的关键及难点的示范，这种示范可以达到引起学生注意和思考的作用。慢速示范是指低于动作正常完成速度的示范，放慢了示范过程可以使学生更好仔细地观察动作，使学生更清晰地看到动作的细节。对比示范是指用正确的示范动作与错误动作对比，用以提高学生对正误动作的鉴别力。领练是指学生和教师同步进行练习，多用于徒手动作和简单动作的教学，这种方法可以使学生增强完成动作的信心。

动作示范的重要性不仅体现在示范的质量上，还体现在示范的其他方面，只有兼顾才能达到预想效果。示范时机要根据教学需要，如当学生动作产生共性错误，并有蔓延的趋势，选择重点示范以达到及时纠正错的目的。示范的方向也很重要，一般在显示动作前后方向的应该采用侧面示范，显示左右方向动作应该运用正面示范或背面示范。示范的距离要定位在让学生看清动作为准，过远或过近都很难达到示范的效果。此外在运用示范时还要本着为教学服务的宗旨，过少的示范很难达到示范的作用，而过多的示范则会使学生分散学习的注意力。

直观教具在教学中的运用与示范的作用有相似之处，直观教具包括模拟的人体模型、图片、照片等，使用时能长时间地展示给学生，加强学生感知动作的技术，起到加深对动作理解的作用，与示范相比不足之处是缺乏动感。在运用直观教具时与示范相结合效果更佳。

标志物和限制物的运用在体操教学中是常见的，通过标志物和限制物的设定，使学生在练习时直接感受到完成动作条件所起的作用，是改进动作和提高动作质量的一种行之有效的方法。一般在学生改进动作阶段使用居多。助力和阻力在教学中往往通过教师对学生的保护与帮助表现出来，学生在外力的作用下，都能通过本体感觉体会到动作用力大小、方向及顺序的要求。教师在运用助力和阻力时往往要与讲解密切配合，才能达到相应的教学效果。

（二）语言法

语言法是运用第二信号系统的条件联系，通过语言作用于学生的听觉器官，以达到传授知识，指导学生掌握动作技术、技能和进行练习，语言法在体操教学中运用普遍，它包括了讲述、讲解、口令、提示、评价和要求等。

“讲述”是指教师向学生描述动作的过程、方法等外部特征，在新授动作之初讲述的使用较为普遍。“讲解”是指教师向学生说明动作的要领和原理，揭示动作结构与动作时空之间的关系及完成动作技术原理等动作的内部特征。通过讲解能使学生对动作技术关键等加深理解，在改进动作技术阶段，常用讲解的方法进一步促使学生建立正确的动作概念，加速掌握动作的进程。“提示”是指教师在学生练习过程中，用简短的词语来强化动作正确的部分和抑制动作错误的部分，要体现提示的效果，使用中在语气上要肯定，要适当提高音量。“口令”是教师指挥学生统一行动的口头信息，使用口令必须做到正确、清晰，同时口令的发出还必须及时，才能达到目的。“评价”是教师对学生完成动作质量高低、学习态度积极与否等方面的口头评定，正确评价学生在课上的表现，能调动学生学习积极性。“要求”是教师对学生提出完成动作质量所应达到的标准，在教师提要求时既要考虑到一般要求，又要因人而异提出不同的要求，以满足学生的不同需求。

在语言法运用的过程中，语言表达的准确性、简洁性和针对性是值得注意的重要因素，语言表达要根据教学对象的情况，分预先设计、临时组织，如在单杠骑撑前回环动作教学中，学生初学时往往因为恐惧心理造成前半部分动作的幅度不够，给动作后半部分的完成造成困难，要解决好这一问题，在语言法使用方面，我们用“提、跨、倒”三个字的高度概括来提示学生，加深对前半部分动作技术的理解。掌握了“提”就是提高重心，增加势能；“跨”就是以腿带动向前跨形成前倒；“倒”要强调直体倒，增加回环的半径，这个动作的问题就会顺利解决。此外语言的生动形象，对语言表达效果也有一定的影响，在语言法使用时可配合身体语言的各种表现方式能达到更为理想的效果。

（三）练习法

体操教学区别于其他文化课教学的特点就是动作技能的形成必须通过身体练习才能达到。因此要重视练习法在形成学生技能的过程中特殊作用。在长期教学实践中练习法的内容不断拓宽和完善，使练习法包含了非常丰富的内容。

“完整法”是教师把单个体操动作、联合动作或简单的成套动作从开始到结束，不分部分和段落完整地进行教学，运用这种方法可以使学生对所学动作建立完整的概念，达到省时又省力的教学效果。在运用时要区别对待，对较复杂的单个动作或不易完成的动作连接不要盲目使用。

“分解法”是教师把单个动作分成有机的几个部分，或把联合动作、成套动作分成单个动作进行教学，运用这种方法可以简化动作难度，使学生能集中精力攻克单个动作的某些环节，有利于较快地掌握动作。对动作进行分解的方法要注意保持动作的原有结构，不需要分解的简单动作不要随意分解。在运用时注意分解和完整的结合使用，分解单个动作是为了更好地完成单个完整动作，这一点务必倍加注意。

“练习法”是体操教学中最基本又是最重要的一个方法，它在教师的指导下，根据体操教学的任务，有目的地反复练习单个动作、联合动作或成套动作。从某一角度来说，练习法都是结合分解法和完整法进行的，学生主要通过练习法来完成动作掌握技能。运用练习法要注重练习的效果，创造练习的不同形式来保证练习法的贯彻实施，练习法的效果还取决于与其他方法的交叉使用，只有这样才能显示出练习法的优越性和重要性。

重复练习法和变换练习法都属练习法，但两者的形式不同。重复练习法的使用容易使学生本体感知不断加强，并会较快地掌握动作技术，但过多的重复容易使学生产生疲劳，导致不良效果，因此重复的时间安排应该合理。变换练习法是指改变形式和条件，形成对学生的新异刺激，使学生在练习时始终保持较旺盛的精力，并使学生的心理和生理适应程度能与教师实施的教学同步。变换动作的练习是指改变单个动作的开始姿势或结束姿势，改变动作之间连接的难度等，而变换条件的练习则可体现在调整器械高度、长度等，通常教师的教学总是从由易到难、由简到繁的步骤做起。此外，变换练习环境也是变换练习法的一个内容，环境的变化主要对学生心理产生变化，如变更场地进行练习，增加观摩进行练习都对学生适应新环境，保持和提高动作稳定性有着重要的作用。在运用这种方法时，不要千篇一律，一般在动作技能即将形成之时要多实施重复练习，而在提高动作技能阶段则要考虑较多采用变换练习法，要因人、因课堂教学具体情况灵活调整，克服在使用练习法时过于机械的现象。

“竞赛法”是指在体操教学中对学生完成单个动作或成套动作按一定标准进行评分，在近似比赛的条件下进行练习的一种方法，这种方法的最大优势在于能极大程度地调动学生的潜能，促进学生动作质量的再提高，包括采用测验赛的形式，这种形式的运用在学生已经形成动作技能的基础上进行更为妥当，通过测验赛可以看出学生动作技能水准处在什么层面上，也还可以使教师进一步总结教学，更好地指导学生。在动作教学初期忌用这种形式，同时测验赛形式还可具体实施于身体素质的练习方面，运用时教师要把握好度，把测验中达标的要求定在大部分同学都可达到的尺度内。

采用游戏赛的形式可以减轻学生的心理负担，达到健身娱乐的目的，这种形式有利调节学生情绪，对增进学生身心健康有益，尽管竞赛法对活跃课堂气氛、调动学生学习积极性有利，也并非是万能之法。分组的、个人之间的竞赛形式要有机结合，注意使用频率，从使用效果出发。

“程序教学法”是在控制理论发展基础上形成的一种教学方法，从20世纪80年代开始，在我国体操教学中的实验和使用均有过报道。程序教学方法的含义是把一个体操动作、联合动作或成套动作分解成若干个由易到难的小步子，使这些小步子在不破坏原有教材内在结构的基础上，按照一步接一步的程序向前推进，并使前一个小步子为后一个小步服务，并在执行中较严格地按照已经编制的程序进行。由于程序教学法运用时程序比较严格，在运用这种方法对程序设计合理性，程序教学法实施的对象等因素要全面考虑。

“断面教学法”是运用系统论的观点和方法，首先从分析动作结构开始，从结构相同的一类动作中找出最具有代表性的断面动作先进行教学，以此带动其他同类动作的学习，为掌握同类型难度更高的动作打下良好的基础，换言之，断面动作可称为同类动作的基本动作，它能体现出同类动作的代表性，从这个角度出发，我们把前滚翻作为前滚翻直腿起、分腿起、鱼跃前滚翻、双杠前滚翻成分腿坐的断面动作来看待，就会突出前滚翻动作技能教学的重要性。运用这种方法起到使学生能举一翻三触类旁通的作用，培养学生分析事物规律，寻找解决问题的办法的能力，养成思考问题的良好习惯。

第二章

体操训练理论与实践

第一节　难美项群理论与体操

项群理论由田麦久博士(1983年)提出,项群理论根据运动能力的主导因素,将运动项目分为体能类和技能类项目。体能类项目以发展身体素质为主来提高运动成绩。技能类项目以发展技巧为重点来提高运动成绩。技能类项目又分表现性运动项目和对抗性运动项目。表现类项目中又分为准确性运动项目和难美性运动项目。

表现类难美项群是以运动员技能中的表现程度和优美程度为竞技能力的主要决定因素的项目群组,它主要包括竞技体操、艺术体操、技巧运动、蹦床,竞技健美操、跳水、花样游泳、花样滑冰、自由式滑雪(空中技巧)、武术等竞技体育项目。这类项目的共同特点均以运动员所完成的动作难度、优美程度、稳定性等方面来评定成绩。难美项群具有技能和美学特征。

一、难美项群的技能特征

(一) 技能的主导性

竞技项目运动员的竞技能力都是由其体能、机能、战术能力、心理能力、运动智能5个因素所决定的,而各个因素对运动员竞技能力总体所起的作用大小因项目不同而有明显的差异。在难美项群中技能因素起主导作用。因为难美项群比赛成绩的评判是以运动员所完成动作的难度、优美程度和稳定程度来评判的,讲究动作和编排上的难与新,技术和姿态上的美和准,高度的技巧性与完美的艺术性相结合是难美项群的基本特征,这一特点决定了技能训练在难美项群中的重要地位。

(二) 对时空判断的精确性

空中翻腾与转体的能力是难美项群运动员特有的技能。空翻周数和转体动作度数的增多，翻转形式的多样是难美项群训练追求的主要目标。自由体操的空翻发展到了三周，技巧单跳的空翻发展到了三周接三周转体360°，直体后空翻两周转体1 440°，蹦床网上单人的空翻发展到了三个三周连接，这就要求运动员有准确的时间和空间判断能力。

（三）内环境与外环境的协同性

由于难美项群动作技术的复杂和编排连接的多样，要求运动员的内环境与运动的外环境高度的协同。内环境主要是指运动员的本体感觉的灵敏和身体姿态的控制能力；外环境是指运动器械和规则规定的音乐和场地，以及多人运动项目的同伴等。难美项群项目竞赛要求运动员有敏锐的时间和空间的判断力，和对身体的高度控制力；要求人与器械，人与音乐，人与人之间必须高度协同。

二、难美项群的美学特征

所谓美学特征就是通过人体运动按照美的规律把丰富多彩的审美因素表现出来。作为难美项群，其审美因素和美学特征表现得更为突出。它包括形体美、姿态美、技术美、难新美、编排美和艺术表现美。其中，形体美、姿态美是基础，难新美、编排美、艺术表现美是核心。

形体美包括体型美属于身体美的范畴，它反映人体外在形态的一种美。姿态美是身体各部分所呈现出来的外部形态美的一种。姿态美是难美类项目完成动作过程的审美意识和审美要求，是评分的重要依据之一，是提高动作质量的重要内容。

难新美是指熟练高质量完成那些新颖高难复杂的惊险动作和连接所表现出来的震撼人心的美感。俗话说："超常称为奇，少见谓之怪"，难新美正体现了这种"超常性"。大部分难美类项目都是有这种超常性的难新美的因素。难度是难美项目的核心，是衡量运动实力的重要标志，是裁判员评分的重要内容之一，它能给观众留下极为深刻美好的印象。难新美是难美类项目最重要的一个美学特征，它存在于各个项目发展的全过程中，如竞技体操的单杠、高低杠中的许多飞行动作，脱手之后经过空翻或转体越杠后再抓杠给人留下惊心动魄而又准确到位的美感。这种难度的级别越高，动作越惊险，越稳定越熟练，给人的美感越强烈。

编排美含连接美是将各种不同类型、不同难度的动作有机组合起来，并能突出运动员的个人风格，给人以艺术享受和美感的成套动作。编排成套动作参加比赛是大多数难美类项目与其他形式的体育项目最突出的一个不同特点，而且是重要的评分内容之一，因此重视成套动作编排，提高成套编排的审美效果是提高本项目技术水平和运动成绩的重要途径。

艺术表现美是运动员把编排的成套动作的美学价值艺术化表现出来。它是运动员通过难度水平、技术质量、形体动作以及音乐、舞蹈、气质等方面的综合素质充分展示自己并达到最佳效果。难度反映艺术品级，技术准确而娴熟，形态潇洒而飘逸，舞蹈与技术动作在美妙音乐旋律烘托下协调一致，融为一体，并突出个人气质和技术风格，把所有美的因素都充分的表现出来。艺术表现美越来越受到人们的重视，有些艺术性强的项目，如女子自由体操、艺术体操、健美操等项目在规则中突出了艺术表现美的要求，对提高成套动作质量和取得优异成绩是不可缺少的重要因素。

第二节　竞技体操选材理论与实践

选材是直接或间接地将应选者的天才因素测定出来，并根据测定结果，分析预测其未来的竞技能力。选材就是为了预测，没有预测也就没有选材。随着竞技体育水平的迅速发展，国际竞争日益激烈。世界竞技强国都十分重视运动训练的科学化，积极将先进的科学技术应用到运动训练的领域。以科学的理论、方法及先进的技术、设备来训练运动员，而且把运动员科学选材看成是运动员科学训练的一个十分重要的组成部分。前苏联、原民主德国、罗马尼亚、联邦德国等，都把运动员选材列为全国重点研究课题，并形成了相应的科学选材制度。

我国对运动员的选材研究始于 20 世纪 70 年代，但有组织的开展科学选材是在 20 世纪 80 年代，由国家体委组织对体操等 7 个项目“优秀青少年运动员选材研究”的课题，对青少年运动员的身体形态、机能、素质、心理、遗传等 102 个指标进行了测试与分析。20 世纪 90 年代初，由国家体委组织实施“儿童少年运动员选材标准的研究”课题，对包括体操在内的 9 个项目进行形态、素质、心功能指数、心理、基本技术和教练员经验评价 6 个方面的研究，这一选材标准已经成为我国体操运动员选材的主要参考标准。

一、竞技体操运动员科学选材的层次

体操运动员男子经过 9 ~ 13 年、女子经过 7 ~ 10 年的系统训练，方能在国内、国际重大比赛中取得优异成绩。根据国内外对体操运动员选材的研究和训练实践经验，普遍认为男子从 6 ~ 7 岁、女子从 5 ~ 6 岁开始启蒙训练为宜，但是也有在 4 岁左右就开始入门训练。

优秀体操运动员的选材是一个长期的过程，并贯穿于少儿体操运动训练的全过程。依据我国体操训练体制和体操运动员的年龄特点，以及选材的任务和目的，可将选材分为初选、复选和精选三个层次。

1. 初选

一般指基层体校、幼儿俱乐部的选材。这是一种原始选材，主要剔除一些不

适合练体操的儿童少年。初选方法简单,测试指标少而精,合格范围稍宽。

2. 复选

一般指学校、中心体校的选材。复选是选各方面条件好的苗子进行体操运动训练,在训练中进行筛选。复选是比较关键且难以把握的阶段,这一阶段要淘汰差的运动员,但又不能将有一定缺点而还有发展前途的运动员淘汰掉。

3. 精选

精选是指各省、市、自治区及重点院校的体操队,以及国家少年队的选材,是向国家队输送人才的主要队伍。这是从条件好的运动员中逐个挑选,即好中选优,是一个重要的选材阶段。

二、竞技体操运动员科学选材的"3.3"理论

选材研究和实践证明,体操运动员科学选材理论有三个方面,每个方面有三个基本内容,称之为体操运动员科学选材的"3.3"理论(图 5－1)。

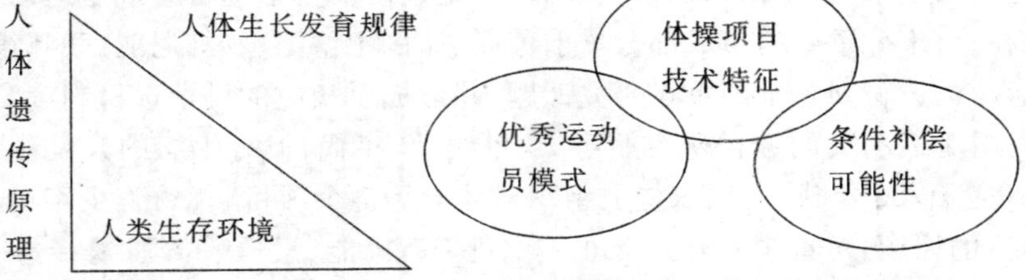

1. 运动员选材理论三角　　2. 运动员三位一体选材理论依据

先天因素	内在因素	潜在因素

3. 运动员选材原理三要素

图 5－1　体操运动员科学选材"3.3"理论

1. 运动员选材理论三角

这是目前公认的运动员科学选材的理论基础,对体操运动员的选材具有宏观的指导意义。它包括人体生长规律、人类遗传学原理和人类生存环境三个方面。其中,儿童少年的生长发育规律是儿童少年运动员选材的基本依据;人类遗传学是运动员科学选材的基础,它决定人体性状,尤其是难控和不可控性状及其发展的潜力;人类生存环境对可控性状的发展具有决定性的作用,以上三者的关系是相互制约、相互依存和相互促进的。

2. 运动员三位一体选材理论依据

运动员三位一体选材理论即体操项目技术特征、优秀体操运动员模式和运

动员身体条件补偿的可能性。它是相互关联的三个方面,从不同的角度论证同一问题而构成一个不可分割的整体。

选材的目的就在于选拔优秀的体操苗子。因此,首先就要分析体操技术和体操项目发展对运动员各个方面的要求。由于各项目有着不同风格,决定了优秀体操运动员模式的多样性和模糊性。同时,不同项目对运动员的要求并非完全一致,有些甚至可能出现矛盾。因此,就必须研究运动员身体条件互相补偿的可能性,这是十分重要的。

3. 运动员选材原理三要素

运动员选材原理三要素即先天因素、内在因素和潜在因素。这是从不同的角度分析运动员未来发展的状况,是预测未来发展不可缺少的内容。

在运动员选材中,先天性因素最为重要,在同一条件下先天条件好的运动员总是高人一等。所以对体操项目影响较大和先天因素起主导作用的指标具有十分重要的意义。

内在因素是指不易看到和发现而对运动员影响较大的因素。目前,体操运动员的选材还处在用观察运动员的外表或者初步对形态、素质和身体情况进行检测的阶段。强调内在因素是要开发新的测试方法和指标,进一步深入揭示优秀运动员内在的特点。研究的重点主要在遗传学、心理学和生理生化等方面。

潜在因素与先天和内在因素有关,但也有其自身的特点,更多是属于预测的范畴。通俗地说,看潜在因素就是由"小"看到"大",从"当时"估计"未来"。在少儿选材工作中,不能单纯地以成绩为标准,更重要的是捕捉和发现运动员的发展潜力。

上述各方面相互联系,不可分割,是从不同的角度和层次分析问题。三个方面的针对性不同,不能相互替代。

三、竞技体操运动员科学选材的原则

体操运动员选材的原则是指依据体操运动的特点、人体生长发育的客观规律和选材的基础理论对体操运动员科学选材实践经验的总结和概括。它是体操运动员选材的一般规律的反映,对体操运动员科学选材起着重要的指导作用。

(一) 多样性原则

体操运动员选材是一个复杂的系统工程,不是单方面的选材,而是多维选材,必须从生理、生化、心理,以及遗传等诸多方面进行综合和多指标的选材。

由于体操项目多、动作多、技术复杂,优秀运动员会有不同的类型。因此,选材不能用一种模式来要求,选材的模式要具有多样性。选材的方法亦不可单一,除了用选材测试方法外,还可考虑采用经验法、追溯法和综合法等多种方法进行选材。

(二) 补偿性原则

体操是多项目的运动,各项目之间的差异对运动员的形态和素质有着不同的要求和影响。例如,鞍马和单杠要求运动员上下肢都长,但吊环则要求上肢短,自由体操和跳马要求下肢短而粗壮有力。从生物力学角度看,肢体长费力,且半径长;肢体短省力,而半径短。从解剖学的观点看,肢体粗,肌肉体积大、力量大;肢体细,肌肉体积小、力量小。因此,下肢粗壮有力,对自由体操和跳马有利,但对鞍马和吊环不利;上肢长,重心高,对鞍马有利但对吊环不利。这些要求在形态的范围内是无法统一的,必须求助于运动素质或基本技术才能解决。因此,要使各单项的有利因素得到充分地发挥,其不利因素得到相应地克服,必须采用形态、素质和基本技术进行相互补偿。简而言之,体操的运动成绩是多因素决定的。因此,选材必须考虑因素的补偿效应。

(三) 动态性原则

人体的生长发育是一个动态的发展过程,体操的动作技术、难度也是动态发展的。因此,体操运动员的选材亦必然是一个连续的动态的过程。

选材的动态性首先表现在时间维度上。选材是从少儿时期开始,在从小到大的整个生长发育时期,运动员许多选材因素在变化,这种变化有直线的,也有曲线的,因而选材也是一个层层衔接逐级进行挑选的过程。选材的实践表明,选材的效益是与选材的连续性紧密相连的。选材越具有连续性,越是能够在长期育才过程中不断进行跟踪检测,其应用价值也越高。

其次,造材的动态性还表现在选材的指标维度。选材的最终目的是培养出优秀运动员,因而应以高水平运动员的某些特征作为选材的参照。但是在低水平阶段优秀运动员的某些特征对于运动成绩可能并不重要,或并无明显体现。这种特点无疑增加了选材的复杂性。再者,根据优秀运动员的条件制定的各个层次、不同等级的选材条件和标准,也会因体操运动训练和运动技术水平的发展进行修订。此外,随着科学技术的发展,体操运动员的选材指标、方法也会有很大的发展。因此,优秀体操运动员的选材必须是动态地进行,只有这样才能选拔和培养出高水平的运动人才。

四、遗传与竞技体操运动员的科学选材

人体的生长发育、身体形态、运动员能力等在一定程度上取决于遗传因素。目前,在遗传方面进行选材考虑的因素有遗传度、皮纹和遗传疾病三大方面。所谓遗传度,是指某一特定性状在总的变异中,有多大比例归于遗传因素,有多大归于环境因素,它一般用百分数来表示(曾凡辉,1992)。凡性状以遗传因素为主的其遗传度就高,凡以环境因素为主的遗传度就低。有研究表明,人体的身体形态遗传度在77% ~92%之间,神经系统功能(强度、灵活性、均衡性)遗传度90%,运动能力的遗传性状50%以上在子代中表现出来。其中遗传运动速度的

93%,绝对力量35%,相对力量64%,柔韧性70%。凡遗传度高,后天因素是不能改变或很难改变的。对此,在体操运动员选材中首要任务是对选材对象的父母进行身高、体重、肢体比例、运动能力、个性特征以及疾病进行了解与考查。适当时进行某些生理、生化指标的测试,以提高选材的可靠性与准确程度。

皮纹一般指人体手指、手掌和足底表皮层出现的特殊纹线图形。皮纹学是一门建立在遗传学基础上的新兴独立的学科。20世纪70年代末苏联体育界就开始用皮纹预测柔韧性,并将它作为运动员选材的方法之一,在体操和举重项目中运用。20世纪80年代以来,我国河南体育科学研究所邵紫菀等对此做了大量的研究工作。现皮纹已作为运动员在体质强弱和机敏程度上进行选材的参考新指标,在体操运动员选材中已开始运用,并收到了一定的效果。

双胞胎的研究在运动员的选材中主要是研究遗传方面的问题。意大利人盖达对351对双胞胎进行调查发现:单卵双生的双胞胎均从事体育运动的占94%,而双卵双生则占85%,并指出单卵双生两人一起从事某项运动的为大多数。日本人石塔野对57对单卵双生和113对双卵双生的双胞胎的跑、跳、投等的运动能力测试成绩的比较,发现单卵双胞胎比双卵双胞胎的一致性大得多。在形态方面,单卵双胞胎的一致性明显多,在共同生活的条件下身高相关(巴特氏系数)单卵双胞胎达0.96,而双卵双胞胎只有0.47。在体重的相关系数上单卵双胞胎达0.93,而双卵双胞胎只有0.59。这些材料表明,单卵双胞胎与双卵双胞胎相比,单卵双胞胎的一致性更多些。在我国体操运动员选材中,双胞胎选材逐步增多。一些双胞胎参加体操运动训练之后,获得了辉煌的成绩,如世界著名体操运动员、世界全能冠军李小双和他的孪生兄弟李大双,世界冠军莫惠兰,后起之秀赵生和赵吉等。也有不少双胞胎运动员在世界与全国比赛中取得过较好成绩。这些双胞胎有着共同的特点:均为同性双胞胎;绝大多数为单卵双生。这与国外的研究是相吻合的。

目前,竞技体操运动员的智能选材开始从选材方法的边沿走向中央。

第三节 竞技性体操的训练理论

一、竞技性体操的训练理论与方法体系

竞技性体操是指以提高运动技艺、创造优异成绩为目的的,根据规则进行的体操项目的统称。它包括竞技体操、技巧运动、蹦床运动、艺术体操和竞技健美操5个项目。

竞技性体操训练理论由三个层次构成:即理论思想层次、学科层次和方法层

次。理论思想层次是指哲学层次,学科层次是指体操学科理论层次,方法层次是指体操专业训练的实践层次,三位一体构成了体操训练理论。

竞技性操训练理论的最高层次是哲学。哲学的基础学科由社会科学、数学科学、自然科学、系统科学、人体科学和思维科学6大类组成。体操训练理论的产生和发展是在这6大部类的基础科学指导下进行的。

竞技性体操训练理论的学科层次,是指支撑体操训练的学科专业理论,它涉及体育学科体系中的一般训练学理论、运动生理学、运动解剖学、运动心理学、运动医学、运动生物力学、运动生物化学、体育测量学与评价、体育统计学、体育管理学、情报学以及遗传学等多门学科。

竞技性体操训练的方法层次,是指运动训练实践的具体方法、手段等,它包括训练大纲、训练计划、训练实施、训练诊断、技术设计和运动竞赛等。

我国竞技性体操训练理论和方法体系在总体上由5个部分组成:竞技性体操总论、竞技性体操动作技术、运动训练、运动竞赛、训练管理。其中以各项目的动作技术训练和技术发展为核心展开训练,其他部分都围绕这一核心展开工作(图5-2)。

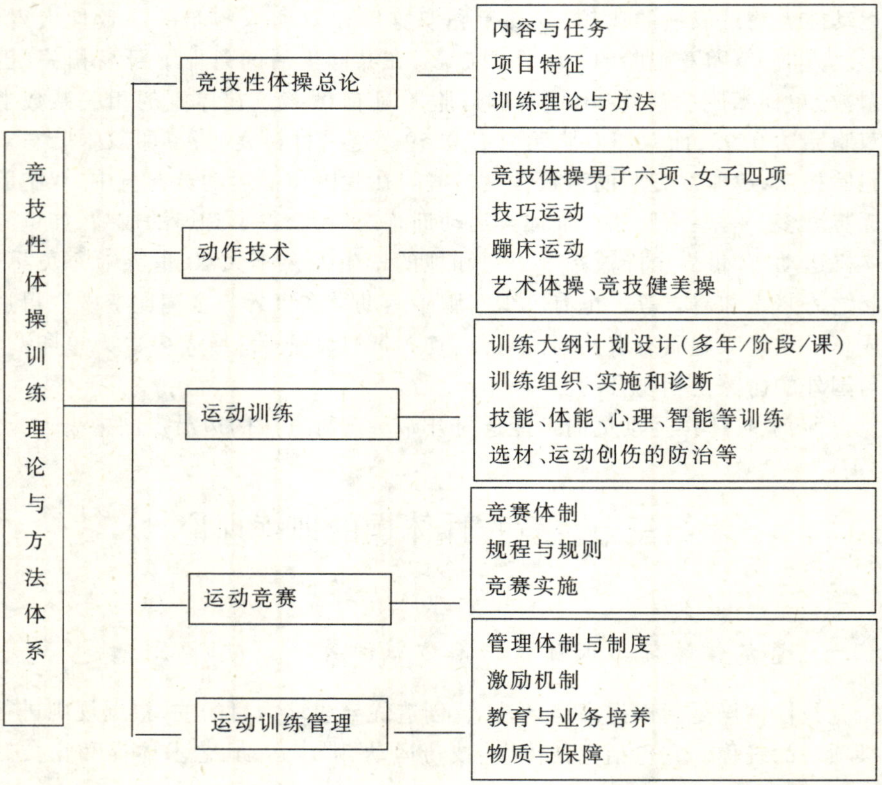

图5-2 竞技性体操训练理论与方法体系构架(依据竞技体操高级教程改编)

二、竞技性体操训练时间理论

王文生以“运动训练时间效益”作为竞技性体操运动训练时间理论的逻辑起点，构建了竞技性体操运动训练时间理论的主体框架（图5－3）。

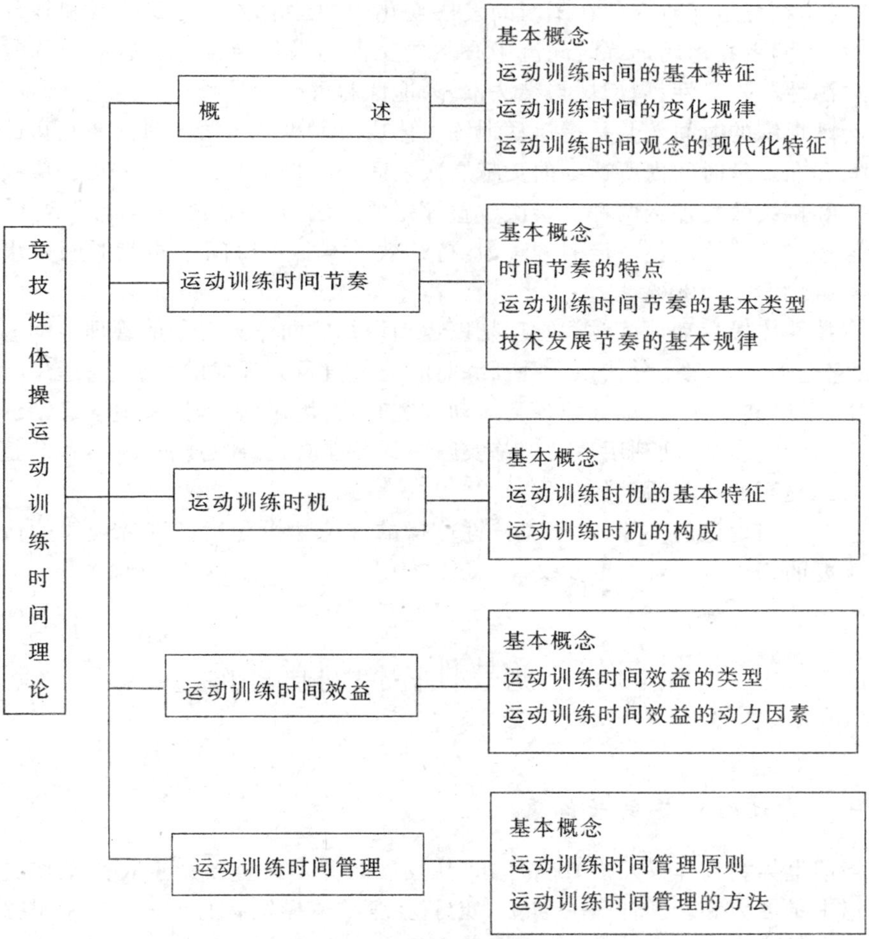

图5－3　“竞技性体操运动训练时间理论”主体构架模式（王文生）

竞技性体操运动训练时间是指在竞技性体操这一特定的运动系统中主体成员及其行为所固有的一种存在形式，在存在形式中具有方向性、发展变化的节奏性、活动结果的有效性以及强制性的基本特征。

运动训练时间节奏具有客观性、可塑性和相对稳定性的特征，它分为内源性和外源性两种基本类型。竞技性体操技术发展节奏的基本规律有周期“递减率”、周期“更迭律”和周期“演进律”。

运动训练时机是指运动员一定的身心成熟水平与各种外部诱因相结合而发生的进行某种训练的关键时间段。即运动训练时机由内部因素和外部因素构成。内部因素是指运动员的身心机能的成熟程度,这是构成竞技性体操运动训练的生物学基础;外部因素是指运动员所处的特定环境。探讨竞技性体操训练时机,就是在分析与研究处在不断的发展变化中的运动员的内部因素和外部因素,寻找出两者在运动训练时间流中必然要交汇的最佳结合点。运动训练时机具有内源性与外显性、周期性与突法性、易逝性和可控性的特征。

运动训练的时间效益是指运动训练主体成员所投入的培养时间与获得的贡献时间和在贡献时间内所达到的贡献层次之间的比例关系。评定方法有层次效益评定和持续效益评定两种。层次效益评定的方法为:层次效益 = 金牌数/培养时间 × 100%;持续效益评定的方法为:持续效益 = 贡献时间/(贡献时间 + 培养时间) × 金牌数 × 100%。

竞技性体操运动训练时间管理是以运动训练时间作为对象的管理活动。或者说,它是管理者在充分认识运动训练时间的价值及其规律的前提下,运用科学的原则、手段和方法,正确分配各类运动训练时间,优化训练时序,追求运动训练质量,积极开发与主动利用运动训练实践中的最佳时机,使运动训练实践的整体效益得到提高的全部活动的总称。

这一时间理论的构建,对于竞技性体操的理论建设和运动训练规律的认识具有重要的理论意义和实践意义。

第四节 竞技性体操创新理论

一、竞技性体操创新体系

当前世界竞技体操发展日新月异,其发展的一个最重要特点就是动作技术发展追求难度大和新颖性——创新。创新在竞技体操发展的历史上显示出强大的生命力与独特魅力。“创新就是竞技体操的生命”,这不仅是世界竞技体操发展的精辟总结,同时也是我国体操制胜的法宝。

竞技体操是我国优势项目,是我国竞技体育“奥运争光计划”不可或缺的一部分。创新是竞技体操技术发展的推动力,也是我国竞技体操制胜规律。竞技体操创新的主要任务就是发展和提高运动员的竞技能力,继而通过运动员在比赛中获得更高比赛得分来表达。可以说竞技体操运动员竞技能力发展和提高始终位于竞技体操创新活动中心,其他一切活动都是围绕这个中心来展开的。图5-4是竞技体操创新的体系构架:

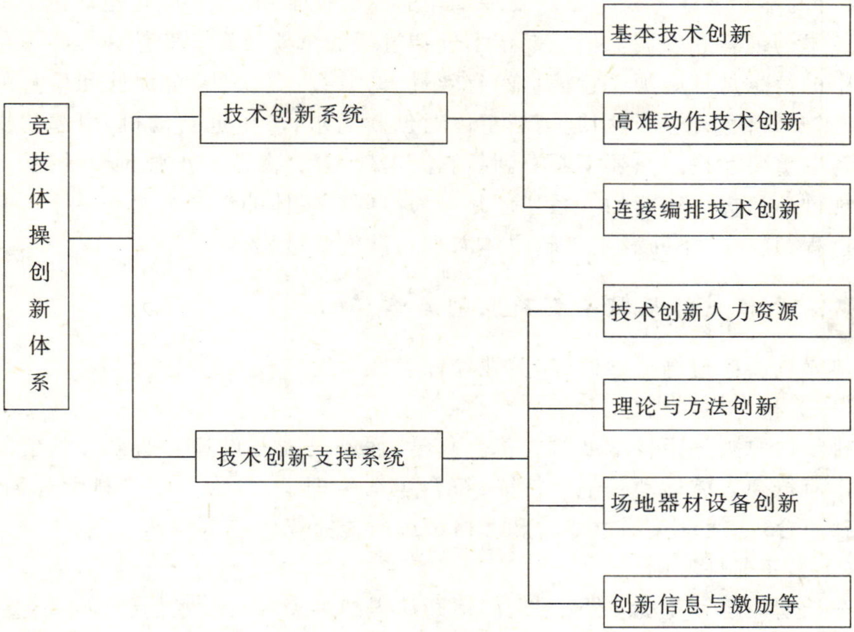

图 5－4 竞技性体操创新体系(吕万刚)

竞技性体操创新体系主要由技术创新体系和技术支持体系构成。基本技术创新、高难动作技术创新、连接编排技术创新一起构建竞技体操技术创新体系。竞技体操的每一个动作都是由几部分技术有机结合而构成的,在几部分技术中起最基本、主导作用和关键作用的技术就是基本技术。技术寓于动作之中,基本技术不是一个完整的动作,它通过基本技术和基本难度动作来体现,并伴随着难新动作的发展,进行不断创新。高难动作技术创新是运动员取胜的法宝,也是技术创新最为关键和核心部分,只有高难度动作技术不断创新,才能不断开辟技术新领域,促进体操动作向多样化、多维度方向发展。连接编排技术是成套动作的纽带,衡量编排的一个重要标志就是难度动作的连接创新。因为连接技术创新为体操技术发展开辟新的领域,是竞技体操创新的重要部分。

技术创新的教练员、运动员、科研人员等人力资源因素和训练理论与方法、场地设备器材、技术创新过程中的信息和激励等非人力资源因素构成技术创新的支持系统。教练员、运动员是运动训练的重要组成部分。在训练日益科学化的今天,科研人员是运动训练中不可缺少的一部分。在竞技体操创新过程中,教练员处于主导地位,科研人员处于服务地位,运动员是创新的对象和创新计划的具体操作者。训练理论与方法创新是成功实现技术创新的重要保证。体操场地、器材的不断变化不仅与不断发展变化的体操技术相适应，而且也促进了竞技体操技术的创新和发展。信息是技术创新过程的重要要素。竞技体操技术创新过程中的信息处理必须注意信息的有效性、时效性、真实性、全面性和信息的分析、加工及转换。激励是引起创新主体对创新需求，产生创新动机，引起积极创新行为的重要前提。只要不断有创新刺激出现，就会激活和加强创新动机，产生为实现创新目标而进行的一系列创新行为。创新主体的创新行为是一个不断重复的过程，是一个不断满足创新主体需求与欲望的过程。

二、竞技性体操技术创新原则与方法

体操创新应遵循科学性、超前性和针对性原则。

（一）科学性原则

科学性原则是指技术创新要符合科学，而不是随意设想。所设计的创新技术动作应符合人体运动解剖学特征，符合运动生理学、生物力学等科学规律，使创新技术合理，运动员经过实验和严格训练所能完成的技术动作。

（二）超前性原则

在长期的运动竞赛实践中，人们逐渐认识到难美项目技术创新的重要意义，同时也认识到技术创新要有预见性，在技术创新过程中的构思设计，不仅要符合当前规则的要求，还要预见该项运动技术的发展方向，使所创新的技术具有潜力和重大的开发价值，这就是技术创新的超前原则。

在技术创新中，超前性原则具体表现为：技术动作构思设计的超前性，使设计创新的技术具有一定的潜在力，有持续发展的可能性。因此使创新的技术不仅有开拓性，而且预见未来的技术发展趋势，所创新的技术就具有较强的生命力和使用价值。因此创新设计人员必须把握该项目运动发展的规律，熟悉该项目竞赛规则的历史和发展过程，了解当前世界的潮流性动作以及运动员的个人特点，才有可能设计出超前性的创新技术动作。

（三）针对性原则

针对性原则是指在技术创新设计过程中要实事求是，根据目前所具有的主客观条件来进行创新技术的设计。既要考虑教练员、运动员、科研人员等主要人力资源的条件，又要考虑运动器材、辅助设备、资金来源等物资设备的条件，只有这样才能保证技术创新的实现。

目前我国难美技能类竞技项目的发展，各地区还存在较大的差异，在技术创新过程中要因地制宜，根据自己的条件和状况来进行。

体操技术创新的主要方法有：递进法、移植法、逆向法、组合法、联想法、偶然发现法、计算机模拟等方法。

三、竞技性体操技术创新的规律

（一）循序渐进规律

运动技术创新也和其他事物一样存在着循序渐进的发展规律。循序渐进规律是指运动技术的创新是随着运动项目的发展与竞争的激烈程度而不断发展变化，并由浅入深，由易向难的演变规律。

从竞赛规则的发展变化也体现技术创新活动的循序渐进规律。例如，竞技体操竞赛规则从 1954 年建立较为完整的难度动作分类体系后，难新动作基本上划分为 A、B、C 三个等级难度标准。但随着技术创新活动的开展和深入，竞赛中运动员难新动作结构复杂性的不断提高，沿用了 30 年固定不变的 A、B、C 三个难度等级的标准于 1985 年增加了 D 组难度组而被打破，并呈现出一发不可收拾的态势，1993 年出现了 E 组难度，直至超 E 组难度。

（二）发散性规律

发散性规律是指技术创新活动不会停留在一点上，它会向四周扩散到其他项目并向纵深延伸。以竞技体操为例，20 世纪 70 年代单杠出现了“旋空翻”后，很快辐射到其他项目，随之自由体操、吊环、双杠、跳马等男子项目相继出现“旋空翻”，与此同时女子项目的自由体操、高低杠、平衡木、跳马等项目也出现“旋空翻”。发散性规律的产生是由于人类存在着丰富的联想思维，同一创新主体久经思考产生了一个创新设想后，往往会茅塞顿开，触类旁通，产生一系列新的设想。

（三）阶段性规律

阶段性规律是指创新主体——运动员进行创新活动的最佳年龄段。在竞技运动生涯中，运动员并不是参加了训练都能进行创新活动。因为创新的实现是受内部和外部多种因素和条件的制约，特别是受运动员本身创新能力的制约。

长期的运动训练实践表明，运动员的创新能力与自身的解剖、生理机能、心理承受能力和所掌握的运动技术技能密切相关，而生理机能、心理能力和技术技能又与运动员的生物年龄和运动年限相关。运动生理学的研究指出运动员的生理机能存在着“发展敏感期”，又会随着年龄的增长而出现机能递减的趋势。这就意味着运动员的创新能力在客观上存在着一个最佳最强的年龄段问题，在这个年龄段内，运动员的生理机能旺盛、训练经验丰富、心理承受力强、创新意识浓厚、技能迁移与改造期相对灵活，所进行的创新活动成功率最大。运动员此阶段的年龄段可称为“最佳创新年龄段”。

根据王文生的研究，对 1952—1997 年间竞技性创新的 1 073 例动作的创新者年龄分布的统计结果来看，虽然对于不同个体、不同性别、不同项目和不同国家而言，在创新年龄上有所不同，但是，从各个项目内部乃至整个竞技性体操领域来看,最佳创新年龄段确实存在,并表现出相对稳定的规律。

该研究表明竞技性体操运动员创新的年龄分布在10~47岁之间,但最佳创新年龄段却集中在14~25岁之间。因为在此年龄段所创新的动作数量占创新动作统计总量的87.27%。这说明,一个竞技性体操运动员在14~25岁之间能够创造出难新动作的可能性和成功率(概率)最大,而14岁以下或25岁以上运动员创新成功的可能性与成功率明显地减少了。

在竞技性体操所包含的竞技体操、技巧和艺术体操三个独立的运动项目中,又存在着运动员的男女性别之分,这种项目与性别特征同样也反映在最佳创新年龄段中(表5-1),(依据王文生"竞技性体操运动训练时机的理论模式"改编)

表5-1 竞技性体操不同项目、不同性别运动员创新最佳年龄段表

运动员	创新最佳年龄段(岁)
女子竞技体操	12~17
男子竞技体操	14~20
技巧上面人(女子)	12~16
技巧上面人(男子)	12~16
技巧下面人(女子)	14~20
技巧下面人(男子)	14~23
艺术体操	12~19

技术创新的阶段性规律揭示了运动员创新活动的"最佳年龄段"规律,在运动训练中,积极捕捉和主动利用这一规律,将为创新活动带来积极的效果。

(四)相互促进规律

相互促进规律是指技术创新各要素之间具有交互作用的规律。

技术创新活动从表面上看似乎是以一种单个独立的外在表现形式而存在的。但是,如果我们运用事物发展与相互联系的观点去认真研究就会发现:各项技术创新是由创新各要素相互关联、交互作用的结果。

难美技能类项目技术创新的相互促进规律主要体现在规则修订与技术创新的交互作用,器材设备创新与技术创新的交互作用,基本动作技术创新与高难度动作创新的交互作用。

竞赛规则是比赛的规范与准则,它规定了参加者的条件,制约着参赛者的行为规范。同时对运动项目技术创新发展方向起着限制与促进的重要作用。

器材设备的创新对技术创新的发展起着直接与间接的作用。如果在木地板铺上地毯,可以勉强完成团身后空翻,但当把木地板改为小弹簧板时不仅"旋空翻"容易完成,同时还出现了"团身后空翻三周"的难新动作。"海绵垫"和"海绵坑"的出现,为运动员技术创新和难度的发展创造了良好的安全条件,解除了运动员思想上对自身安全的担忧,为技术创新开拓了新的前景。反之,由于器材创新导致技术创新,大量新技术的产生反过来也会对器材用途提出新的要求,推动其再创新。

运动实践表明,高难动作技术的形成是建立在基本动作技术上的,基本动作技术的创新自然会影响和促进高难动作技术的创新。反过来高难动作技术的发展也要求基本动作技术要不断地改进。20 世纪 60 年代单杠大回环沉肩振浪新技术的出现,促进了单杠下法动作的加难和创新,"旋空翻下"就是单杠大回环振浪技术创新的产物。20 世纪 80 年代单杠大回环"盖浪"新技术的出现,继续促进单杠动作向更新更难的技术动作发展,并为连接动作的创新提供了机会和可能。

(五) 代谢规律

新陈代谢是事物发展的规律。代谢规律是指运动技术创新活动是无止境的。依据创新发明学的技术生命周期理论,在对技术创新实际案例的研究中发现,竞技体育领域的技术创新活动同样存在着新技术的不断出现,旧技术不断被淘汰的现象。同时技术创新活动也像其他事物一样存在着萌芽、发展、完善、消亡的生长过程和新老交替的规律。

不同运动项目或不同类型技术生命周期的长短不尽相同。新陈代谢是技术发展进程的客观规律。新技术特别是具有先导创新特征的新技术一旦萌芽,必然会取代原有的技术而占据领先的地位,甚至导出一场技术创新改革的大潮。掌握代谢规律可以使我们及早认识和顺应其潮头趋势,及时抓住技术创新的萌芽期,积极进行研究改进助其发展,促进新技术的加速完善,就能在技术创新活动中收到事半功倍的效果。

第五节　现代竞技体操运动训练的主要特征

现代竞技体操运动发展迅速,技术发展复杂多变。规则的修订、竞赛制度的改革,世界大赛中奖牌争夺异常激烈,推动着竞技体操的不断发展,使得竞技体操运动训练不断呈现出新的特征。

一、运动训练的个体化与多年训练的程序化

体操比赛是以个人参赛完成动作为特征的比赛。现行的体操竞赛规则取消

了规定动作比赛,只比自选动作。故体操运动训练是突出强调个体的训练。每个运动员的生理机能、竞技能力、心理品质和智能水平都不同,即使是相同的动作和技术都存在着技术风格的差异。教练员在训练计划的制订、训练目标的确定、运动负荷的安排、训练的方法、手段的实施等方面都突出强调个体化,并贯穿训练的全过程。

多年训练的程序化是体操训练周期长所确定的。在多年的运动训练实践与不断探索中,人们认识到,在运动员多年训练过程中,各个阶段目标的演进常常是不可逆的。企图超越全过程的阶段特点无异于拔苗助长,导致运动员"早衰"的出现。越来越多的国家制订了体操教学大纲,使体操的多年训练朝程序化方向发展。俄罗斯及我国在这方面取得了惊人的成就。

二、训练的综合同步化与单项化

竞技能力是运动员有效参加训练和比赛所具备的本领。运动员的竞技能力主要通过训练获得。运动员竞技能力综合素质是现代高水平竞赛取胜的确定因素。体操项目也如此,在训练过程中必须对构成竞技能力的诸方面进行全面的综合训练。现代竞技体操的综合同步训练主要体现在两个方面:

其一,在运动训练的基础阶段和竞赛阶段对运动员的身体素质、技术、战术、心理和智力等各项内容均同步进行,体现在单元训练时间中。体操是上肢负荷大于下肢负荷,运动员要承受高度心理压力的运动项目。在内容上将不同的项目、素质、联合套路、半套、成套合理安排,技术、战术、心理训练综合进行,一方面能调整负荷,使机体各部位、各器官系统的工作交替进行,使运动员能够承担大负荷训练;另一方面也在一定程度上能避免训练的单调乏味,激发运动员训练的积极性。

其二,综合训练体现在"力、难、新、稳、美"5 个要素的综合要求上。力是体操运动训练的基础;难是指动作的价值程度,完成动作的超常能力必须冒一定风险等;新指动作的独创和独特性;稳指动作的准确性,落地的稳定性;美指动作的技术质量或表现力。这 5 大要素反映了竞技体操发展、提高的一般规律,缺一不可,5 要素不是简单的组合,而是相互影响、相互制约、融会贯通为一体,综合发挥作用。这 5 大要素是现代竞技体操竞赛的主要特征,也是各国体操选手运动训练所需要努力到达完美的最主要方面。故"力、难、新、稳、美"的综合要求应贯穿体操运动训练的始终,只是在不同的年龄、训练阶段而有所侧重。

训练的单项化是指运动员从事体操运动在项目上的单一性。这是有了世界单项体操锦标赛、世界职业体操赛,以及体操商业化比赛后出现的。竞赛办法不再对单项运动员进行限制,并鼓励在某一单项有特长的运动员发挥其优势,在竞赛中夺标。体操单项的训练在各国逐步深化,运动技术发展迅速,竞争日益加剧。但这种单项训练仍然建立在素质、技术、战术、心理训练诸方面，以及以上5大要素的综合要求上，所不同的是突出运动员的单项才能。

三、女子训练"男性"化

随着竞技体操运动训练水平的不断提高，从20世纪70年代开始，提高女子体操的训练水平，在保持女子项目特点的基础上，训练开始朝"男性"化方向发展，并越演越劣。具体表现在：身体素质、动作、技术、动作难度发展及训练方法与手段上，按男子运动员的要求发展身体素质。这一点在我国体操教学训练《大纲》中已得到体现。在动作难度发展上，女子项目"男性"化表现尤为突出。例如，女子高低杠主要动作——各种大回环、腾越、空翻腾越再握动作等，都是从男子单杠移植过来的；女子跳马难度动作的发展几乎同男子跳马一样；女子自由体操的跟斗、空翻、串跟斗以及高难度的连接动作正在日益向男子自由体操逼近；男子鞍马的托马斯也被移植到女子平衡木上。由于女子训练内容日趋"男性"化，其训练手段与方法也在逐步"男性"化，以适应技术与训练水平的日益提高。

四、动作难度与运动负荷强度的超级化

国际体操规则每4年修订一次。作为具有法规效应的规则，对体操的发展起着积极导向，主动制约的重要作用。规则是训练的指挥棒，规则的变化直接影响着体操的动作训练。以20世纪90年代男子体操规则的演变为例，1989—1992年的评分规则增加了D组动作，1993—1996增设了E组动作。1997—2000年又出现了超E组动作，将动作难度升格到6个组别，加分从0.6分增至1.4分，起评分则从9.4分降至8.6分。女子规则变化的总趋势与男子相同。规则演变的最大特点是：对动作难度的要求越来越高，对动作的连接要求、动作错误扣分的要求越来越严，对动作的艺术要求越来越高，运动员一套动作达到10分起评分越来越难。

难度的不断提高对运动员的体能、技能和技术的要求表现也日益提高。具体表现在运动负荷量和强度不断加大，高水平运动员尤其强调负荷强度的增加，每月的训练时数达53~56小时，最多的达63小时，平均每隔一天一次大负荷训练。即现代体操运动训练是高难度、高强度、精技术的大运动负荷训练。

五、运动训练的多周期化

由于体操运动具有项目多、难度大、训练周期长和运动员黄金时间短等特点，加之体操参赛人数逐年减少。为了使这一健康优美的运动项目保持旺盛的生命力，以及竞技体育商品化和运动员职业化的强烈影响。国际体联对体操竞

赛制度进行了改革。1991 年起增加了世界职业体操锦标赛,1992 年起将世界锦标赛分为单项锦标赛和团体锦标赛,使体操的单一竞赛制向复合型和商业化方向发展。

为了促进世界体操技术的发展,使运动员早出成绩、快出成绩,世界各国均采用相应的措施加强对运动员的锻炼和培养。其中,一个重要形式就是竞赛。因此,国际间的各种竞赛日趋频繁。除国际体联的竞赛与奥运会体操赛以外,还有名目繁多的"杯"赛、邀请赛等。从 1998 年起,体操国际赛事维持在每年 30 次左右。现代的优秀体操运动员在全年的赛季中几乎没有什么"比赛淡季"。比赛次数比以往成倍增加。这就要求运动员要长时间的保持良好的竞技状态,连续不断地参加比赛,并创造出好成绩。从而使得优秀运动员运动训练的大周期增多。大周期的时间缩短,即全年多周期训练。优秀体操运动员一年一般安排 3 ~ 4 个大周期,每个周期约 2 ~ 3 个月。其周期都是围绕重大比赛来划分。由于竞赛市场的繁荣,运动员参加竞赛的次数在增多。这种过多的竞赛与竞技能力发展变化的过程产生了尖锐的矛盾。如何保证运动员在重大比赛中较好地发挥,并取得好成绩是当前研究体操运动训练的一个热点。

六、注意心理训练与运动后的恢复

现代高水平的比赛,运动员的技术水平相差的悬殊程度在逐渐缩小。比赛前几名的分数相差甚微,有的只差 0.01 分或 0.02 分。在旗鼓相当,势均力敌的重大比赛中,运动员竞技能力的发挥,其心理品质的优势对比赛的胜负起关键作用。因此,现代体操训练越来越重视心理训练。现行的心理训练多采用意念训练的方法加强控制能力,以及用模拟比赛训练来提高运动员的心理承受能力,达到自我激励、自我调控的目的。

在比赛次数增多,比赛强度加大,运动训练负荷不断增加的现代体操训练中,运动员承受的训练负荷、生理负荷如何得到及时恢复,已成为现代体操训练的重要研究课题之一。解决运动员体能的恢复,一般从两个方面进行:一方面靠科学安排运动负荷;另一方面靠各种有效的恢复手段和措施。如在训练中合理安排训练内容、负荷量、强度和恢复的时间,有节奏、有控制地安排训练和比赛次数、配合营养疗法、物理疗法、气候疗法、药物疗法等加速运动员疲劳的消除和体能的恢复。

第三章

体操科学研究

第一节　体操科学研究的进程

一、国外体操科学研究进程

苏联的体育科研机构对体操进行的科学研究涉及面广、起步早，并且效果显著，为苏联体操界形成选材体系、控制训练体系、计划考核体系、科学保证体系，以及对体操规律性地探讨、预测体操发展趋势等都进行了卓有成效的科学研究工作。例如，在20世纪30年代对体操科学和教学法原理进行的研究，20世纪40年代他们对体操动作的结构和技术、体操运动训练原理、体操动作的教学、身体训练和体操术语等问题的研究。20世纪50~60年代，苏联的研究工作开始涉及体操各单项的教学和训练方法，同时对形成动力定型和运动技能，对体操动作的生物力学原理进行了探讨。这一时期他们还提出了体操动作新分类法，发展了体操动作分类理论。同时，他们对少年训练及选材问题也开始了广泛地研究。原苏联拥有像乌克兰、施列明、布雷金等一批知名学者，对当代体操科学研究曾做出许多贡献。

德意志民主共和国体操科学研究也起步较早，20世纪50年代初期他们对体操动作技术进行了定量分析。到60年代初，他们对体操运动技能的发展和体操运动节奏的结构问题进行了研究，其成果也达到了较高水平。70年代卡尔所著《德国的训练与训练学》中"对体操动作的精确分析（包括通过高速摄影确定身体重心等）"，对70年代扬茨和克雷克尔和80年代格瑙克多次取得跳马、高低杠冠军起了重要作用。

日本自20世纪50年代起，开始学习苏联体操科研研究方法。在1952、1956、1960年三届奥运会比赛中，日本的竞技体操成绩取得了长足的进步，赶上和超过了许多欧洲体操先进国家。日本认为是科研的力量使其在1960年罗马奥运会上取得了胜利。此后，日本体操科研有了重大改变，不仅使用运动生物力学研究方法，还运用了形态学的研究方法，并使后者成为主要研究方法。20世纪60年代末至90年代初，主要以研究国际动向和各项目难新动作的技术分析为主，及时掌握国际体操发展动向，其目的是为了日本在奥运会夺冠，所以将最新出现的难新动作技术作为研究对象，及时、快速地为其运动训练提供理论依据。日本在重视难新动作技术研究的同时，也非常重视基础理论和基本训练的研究，后者在20世纪80年代以来呈上升趋势，其内容有心理训练、素质训练、青少年基础训练、防伤对策等方面的研究。20世纪90年代，日本体操科研除主要研究国际动向、世界冠军们的高难创新动作外，也加强了生化、肌电、形态学等基础理论以及教学法、训练法的研究。

近十几年来，随着体操技术和竞赛的发展，体操科学研究在许多国家都较为广泛的进行研究，如美国体操科学研究的重点是运动技能学和生物力学等问题。

二、中国体操科学研究进程

我国体操科研工作起步较晚，20世纪60年代以前科研工作主要在各体育学院进行，仅在上海有一所专门的体育科研所。70年代以后，体操得到了快速发展，也促进了体操科研工作的发展。1979年中国体操协会成立科研委员会，1980年后，北京、湖南、江苏、山东、广东等体育科研所相继成立。同时各体育学院又培养了一批体操研究生，充实了体操科研的力量。逐步形成了专业科研人员、体操教师、研究生和教练员相结合的体操科研队伍，在全国范围开展了体操科研工作，并取得了丰硕的成果。1981年起开始举办全国体操科学论文报告会。几十年来，曾组织过多次国内外重大比赛的调研，也多次组织以世界和洲际大赛为目标的科研攻关，为我国体操在国际比赛取得优异成绩做出了积极的贡献。

为了推广体操科研成果，普及体操科学知识，交流体操训练工作经验，传播体操信息，我国出版了多种体操杂志和资料，受到广大体操教练员、运动员和体操爱好者的欢迎。

20世纪70年代以来，国内外体操科学研究的中心问题是密切联系体操训练实际，为迅速提高运动成绩服务，世界体操强国都十分重视采用自然科学和社会科学知识，并注重引进当代最新科学技术成果，以解决体操运动中的各种问题。体操科学研究涉及的问题很多，内容也很广泛，主要方面有：体操运动技术的研究，体操运动技能教学过程的研究，体操训练规律的研究，体操运动员选材的研究等。

第二节　体操科学研究的内容与方法

一、体操技术研究

由于体操属于难美技能类项目，因此，动作技术研究成为体操科学研究的主要内容之一。体操技术研究主要是指竞技性体操的技术研究。研究的主要内容有基本技术、高难度动作技术、连接技术等。

对体操技术的研究，主要运用运动生物力学、运动学以及动力学分析等研究方法，对高难度、创新动作进行分析。

（一）运动生物力学分析

运动生物力学分析是运用力学原理研究体操运动技术的方法。它把力学、解剖学、生理学的知识融为一体，并运用数学的方法对体操运动技术给以定量的描述，目的是确定最佳技术方案的教学方法。它是当前世界各国在体操科学研究中普遍重视的一种方法。

运动生物力学研究方法一般由 3 个相互衔接的实验步骤所组成：

第一，测量完成体操动作时的各种生物力学参数；

第二，对测量的原始参数进行变换处理；

第三，依据变换处理的结果对体操动作进行生物力学分析。

通常用来测定完成动作时的生物力学参数的方法有光学法和电学法。光学法就是用光学仪器记录下完成动作的特征，如照相、拍摄电影、高速摄影、频闪摄影、立体摄影及全息摄影和录像摄影等。电学法就是把各种力学参数（非电量）变换为电量，然后再用电子仪器将其放大、测量、记录下来的方法。其中把非电量转换为电量的元件叫传感器，如电阻应变测力法、加速度测量法及角度测量法等。

测量结果的处理在过去是一件很繁冗的工作，现在由于电子计算机技术的发展，使得这一工作变的既迅速而又准确了，如经过光学记录而获得的电影图片，可以用图片解析仪处理，能既快速又准确地获得多种运动学和动力学参数。电测结果（电信号）则更可以通过一些设备处理后输入计算机，也能快速取得所需的生物力学信息。录像摄影的图像进入计算机通过特定的程序可快速得出运动参数。

现代生物力学研究随着科学技术的发展在不断进行着革新。20 世纪 60 年代由于电子技术的发展，出现了各种电子测试方法，如测力台、肌电仪及使用计算机处理数据；20 世纪 70 年代出现了立体摄影法，它可以根据拍摄结果计算出任意点的三维空间坐标;20 世纪 80 年代随着微电脑的广泛应用及高速录像的出现,又使运动生物力学研究方法进入了一个新的发展阶段,如微电脑高速录像系统、微电脑单点三维测力录像系统等。尤其在 20 世纪 90 年代初运用高速摄影拍摄动作、影片解析动作、计算机处理数据的方法已经成为主流趋势,更重要的出现了运用计算机仿真技术对体操动作进行技术分析和动作优化设计的研究。其特点是能够迅速、准确、大量而全面地采集、处理、反馈运动生物力学信息,可为运动训练提供及时而可靠的材料,用来改进体操动作技术和训练方法。

(二)运动学分析

运动学分析是运用力学中的运动学原理分析人体在空间的位置随时间变化的几何性质的方法,也就是从空间和时间的观点来描述人体运动的方法。在运动学分析中,不讨论引起人体运动的原因(作用力),也不讨论人体的物理性质(质量),它只研究人体的运动形式及其运动规律,包括轨迹、速度、加速度等。

在描述身体运动时,必须有一个参考体,指明是相对于哪个物体的运动,这就是运动的相对性原理。对体操动作进行运动学分析时,为了准确说明人体在三维立体空间中的运动,常选用一个能表示三维方位变化的立体直角坐标系作为参考体。分析有固定支撑点的体操动作,一般将直角坐标原点安放在支撑点上。而为了分析身体各环节相对运动的特征,也可将坐标原点安放在相邻关节上或重心上。

在体操练习中,人体的运动形式是复杂而多样的,但都可以分解为平动与转动的运动形式。所以,只要掌握了平动与转动这两种基本运动原理,再学会用运动的分解与合成的一般方法,就可以对比较复杂的运动形式进行分析和研究。对体操中有普及意义的动作技术应建立运动学模式。例如,跳马的起跳和推手的运动学方程、自由体操空翻起跳的运动学方程、利用瞬间转动中心理论论证制动单杠特卡切夫类动作的技术、利用惯性理论和科氏加速度理论来研究空中转体技术等。

在体操科学研究中,运用运动学分析方法进行研究,对运动员掌握难新技术起了良好的促进作用,有效地推动了体操难新技术的发展。

(三)动力学分析

动力学分析是运用理论力学中动力学原理分析人体运动的方法。动力学分析的主要任务是阐明人体运动的变化和作用于人体上的力之间的关系。它主要解决两类问题:一类是已知身体的运动,求作用在身体上的力;另一类是已知作用在身体上的力,求身体的运动。

对体操练习进行动力学分析,主要依据是动力学基本定律(牛顿三定律),这 3 条定律描述了动力学最基本的规律。当然,也可以用以基本定律推导出来的几个普遍定理来分析。此外,还可以像静力学那样用建立平衡方程的方法来研究。究竟用哪种方法来分析研究，要具体分析运动的特点和复杂程度来确定。人体运动离不开力，体操动作中人体运动状态发生变化，都是力作用的效果。动力学的任务就是研究物体运动的变化和作用于物体上的力之间的关系。因此，动力学的基本理论、原理和方法，对于分析和处理体操动作的技术问题是十分重要的。

20 世纪 70 年代末 80 年代初，我国开展了部分体操项目动作的动力学研究，先后对吊环、单杠、双杠、高低杠及跳马等项目运用应变电阻测力系统，测定完成动作的力量大小和变化状况。此项研究一般采用运动学和动力学的方法同步进行。这种研究不仅了解动作技术的外部运动轨迹的变化规律，同时又了解动作技术的力学特点。研究方法的进步使体操动作技术分析的研究进一步深化。在此期间，影片解析装置的运用使体操动作技术的研究方法有了飞跃的发展，先进的设备使科研人员从繁重的手工操作中解救出来，更重要的是能快速准确地获得所需的大量数据和材料。这种快速的反馈对教练员的训练工作也有重要的意义。目前，我国体操在 10 个项目中的 9 类器械上均做过动力学的测力研究，这一研究的结果丰富了体操动作技术的理论。

(四) 体操技术研究展望

1. 运动学研究将继续推动体操创新动作技术的发展

创新是竞技体操的灵魂，是竞技体操技术发展的重要标志，一个难新动作往往能为体操技术发展开辟一个全新的领域。运动学研究手段的迅速快捷和现场反馈功能将对竞技性体操技术的创新起到重要的推动作用。

2. 三维摄影和计算机仿真技术将广泛运用

运用三维摄影对体操动作技术进行立体的运动学分析和运用计算机仿真技术设计新动作及分析技术对于体操技术的发展产生了深远的影响。这一先进方法将被广泛运用。

二、体操训练研究

(一) 体操训练研究的主要内容

体操训练的研究主要包括：体操规则研究、运动员科学训练、运动员科学选材、心理训练和重大比赛攻关等研究。

(二) 体操训练的研究与方法

1. 体操规则研究

规则具有法规效应，它对体操的发展起着积极导向和主动制约的重要作用。从一定意义上讲，它反映了体操发展的某些规律和人们期望体操如何发展的主观愿望。因此，研究规则对于认识和把握体操发展规律，使人们参赛取胜的主观愿望与客观实际更好地结合起来具有重要的意义。

几乎在每个新规则出现时，都有大量的关于竞技体操的发展趋势以及对我国竞技体操发展的策略研究。例如，20世纪50年代提出"难度大、质量高、动作美"的技术发展方向；70年代提出"难、新、稳、准、美"的训练方针；90年代末提出了"稳、美、力、难、新"的训练指导思想。这些策略对我国竞技体操的迅速发展起到了指导作用，也为我国在世界大赛中争金夺银做出了重大的贡献。

2. 运动员科学训练研究

运动员科学训练研究包括青少年体操运动员和高级运动员的科学训练。青少儿体操训练是一项复杂的系统工程，这一时期的训练是打基础的阶段，对培养优秀后备人才和对我国体操的发展有很大的影响。世界各国非常重视青少儿体操训练的研究。高级运动员是出成绩，保持高水平竞技状态和延长运动寿命的阶段。研究涉及训练计划的科学性、不同时期不同阶段的运动负荷的科学安排，身体素质的科学训练，以及运动营养、运动创伤预防等。一般采用调查法、观察法和实验法进行研究。

3. 运动员科学选材研究

体操选材的研究是一种多学科的综合性研究，研究内容十分广泛，研究的主要内容有：选材指标和标准；优秀运动员的特征和模式；预测运动员的未来发展；运动员选材综合评价标准等。一般采用测量法研究。

4. 心理训练研究

体操的心理训练是体操科研中的一个薄弱环节。体操心理的研究方法发展缓慢，多采用问卷法，实验法运用较少，侧重行为领域的研究。对于训练和竞赛中的心理研究一般在经验总结层次上，深层次的研究少。心理学研究的方法很多，最重要的是找准研究的突破口。

5. 重大比赛攻关研究

在重大国际体操比赛前组织科研人员下队进行攻关研究，这一做法具有时效性。这里要注意两点：第一是及时反馈，及时反馈要求科研人员对研究的问题有较深厚的科学知识和经验，对体操运动训练实践有深入的了解，否则不可能发挥反馈的应有作用。第二是综合性研究，运动成绩的提高是由多方面的因素促成的，综合性研究就是运用不同的学科从不同的侧面研究体操训练中存在的主要问题，运用综合研究的方式攻关，其优点在于时效、科学和及时。及时反馈的关键在于设备，综合性研究的关键则在于人才。

三、体操教学研究

（一）体操教学研究的主要内容

体操教学研究内容主要涉及动作教学、教学方法及手段、教学原则、教材大纲、教学的组织与实施、教学的质量评价及考核，教学理论及相关内容7个部分。

体操动作的教学是研究的重点。随着新学科、新方法的出现,如何利用新方法来进行动作教学和提高动作质量已引起人们的广泛关注。教学理论及相关内容的研究经历了由点到面,由离散到整体,由具体到抽象的发展过程。

(二)体操教学研究的主要方法

体操教学研究主要采用:文献资料法、实验法、调查法、生物力学法、三论法和多学科综合法等。文献资料法是体操教学研究采取的主要方法,它是对文献资料进行合理地搜集、使用和再创造,以获得间接理论知识的方法。它能使研究者开阔视野,了解有关领域、寻找某些重要信息的方法。因而为人们所喜好。多学科综合法从1981年后开始大量出现,最初是用心理学来分析教学问题,随后出现了用测量学、教育学、数学等两门学科甚至三门学科相交叉综合分析体操教学问题。三论法(系统论、控制论、信息论)是从1983年开始出现的。用信息、反馈、系统原理来分析培养学生的能力。这主要是因为系统论、控制论、信息论能更好地反映教学的过程和机制,同时这在当时是比较新颖的研究方法。当前人们在用新三论:耗散结构理论、协同论、突变理论来研究体操问题。新方法、新思路、新观点的出现为体操教学的研究带来了革命性的变化,引起很多教学方法和教学理论的创新,给体操界带来了繁荣景象。而实验法、调查法、生物力学法在体操教学中用得较少,这不仅是这些方法对研究者的要求比较高,而且使用这些方法周期长、资金大。从采用研究方法中可以窥视到,每当新的理论和新的科研方法出现后,人们就会积极地用新理论、新方法来开拓本学科的新领域,来重新审视旧问题,充分揭示事物的规律,使人类由必然向自由迈进。这也给我们一些新启示,要想充分认识体操的本质,就应该用新的理论、新的方法、综合学科的方法去揭开它的本来面目。

(三)体操教学研究展望

关于面向21世纪体操教学发展前景的研究,对准确把握体操教学的发展趋势,正确制订体操教学长远发展规模,选择科研攻关和投资方向,以及确定具体的科研课题等,均具有重要的意义。

1. 普及性体操教学的发展趋势

普及性体操教学主要是指基本体操和学校中开展的一般竞技体操动作的教学。由于教学对象人数较多,教材内容难度不大,教学的基本目的是锻炼体魄和掌握锻炼方法。因此,在未来的体操教学普及领域,将从根本上摈弃传统的传习式教学模式,以更合理的现代教学法取代,如程序教学法、发现式教学法及问题式教学法等。

2. 教法手段将不断革新与完善

教法手段的革新与完善主要体现在两个方面:对现有的某些教法进行改革。即针对某一具体教法,根据体操运动发展的需要,密切结合运动实践,运用多学科知识进行深入研究，更新观念，才能更加准确更加深刻地揭示其内涵，使现有教法更加具有实效性和合理性。另一方面则是对体操教法手段的创新。主要是对体操教具的革新。今后，在建立动作概念、简化完成高难动作的条件、准确判断动作主要参数、运动技能形成过程中的监督和自我监督、保护帮助及发展力量与其他素质等方面，体操教具的改革与创新会有更大的发展。

3. 新理论、新技术为体操教学的发展提供新思路、新方法

新理论可为体操教学的发展提供新思路，新技术可为体操教学的发展提供新方法。以往的体操技术教学训练活动，大多是在直观条件下，在反复试做和失误的基础上进行的。由此可见，探索新动作技术过程的自动化，是新世纪提高体操技术教学训练效果的迫切任务。而这项工作，与计算机模拟技术密切相关，通过计算机模拟所得的数据，可以作为数学－力学模拟体操各项具体动作的基础。

4. 办学形式多样化

根据开展体操运动的根本目的和任务，以及我国体育运动总战略的需要，我国体操教学的办学形式，在由单一化向多样化迈进的道路上会有长足的进步。

四、体操综合研究

体操的综合研究涉及的面较广，综合归纳主要内容涉及体操的社会学、经济学以及体操健身几个方面的研究。

（一）体操的社会学和经济学研究

体操的社会学研究包括管理研究，主要从三个方面进行：其一，体操发展对社会的影响；新中国竞技性体操运动的发展令世人瞩目，中国培养出了无数名世界冠军，截止到2000年，他们在奥运会、世界锦标赛和世界杯赛上获得的金牌数占新中国成立以来我国全部体育项目所获金牌数的13.71%，对社会产生了巨大的影响。从社会学角度分析，影响主要包括历史发展、文化、政治和社会制度因素。此外，还从我国竞技体操发展布局、地理分布特征、经济发展等方面进行探讨。其二，竞技性体操管理体制问题。管理体制研究集中体现在竞技性体操由国家办还是有社会办的研究上。其三，体操人口对体操发展的影响。近几年来，我国体操人口的发展呈现两种截然相反的发展趋势，竞技体操人口逐年大幅度减少；健身性体操——健美操人口逐年大幅度增加，以及竞技体操运动员退役、就业问题研究。优秀运动员的培养过程是一个复杂的系统工程，其最终目的是使运动员尽可能早地达到竞技能力高峰期，并尽可能长地维持这个高峰期，创造出更多、优异的运动成绩。作为竞技体育主体的运动员的运动寿命一直是人们关注的热点，如何延长我国体操运动员的运动寿命就成了一项摆在我国体操界面前的亟待解决的重要课题，目前的研究主要从训练学、社会学的角度进行诠释。但对于体操运动员的社会保障、运动员退役后的就业问题还涉足不多。自

“桑兰事件”以后，运动员尤其是具有高危险性的体操项目运动员的运动保险问题开始受到体操科研工作者的关注。

体操的经济学研究不是单一的经济学研究，而是与管理学、法学等与经济有关的学科相结合研究的综合研究，主要从竞赛与市场的角度进行研究。例如，竞技性体操的“有偿”训练，竞赛冠名权和竞赛广告的商业运作，职业俱乐部的市场运作，公益俱乐部的社会运作等。由于目前我国的经济环境和社会条件处在发展阶段，体操的经济学研究还处在雏形阶段。

（二）体操健身研究

体操健身的研究主要体现在基本体操的健身和健美操的健身研究方面，竞技体操的健身涉及较少。基本体操的健身研究主要从广播体操、医疗体操和运动处方的研制与实践。例如，成人广播体操、中学生广播体操、儿童广播体操，不同职业的健身体操，康复医疗体操和增强机体功能的体操运动处方等。健美操的健身研究已经成为了全民健身的一个热点问题，引起了全社会的广泛关注。健美操已经开始成为现代人生活方式中的一个重要内容。健美操健身研究涉及儿童、少年、成年人和老年人，从生理、心理等方面进行研究。

在全民健身纲要实施的大的背景下，对于培养体育教师的高等院校开始打破过去以竞技体育、运动技术为主的结构体系，围绕健康第一的指导思想，从体操运动项目本身的健身价值为突破口，充分挖掘体操运动的健身属性，确定科学合理的教学内容和考核评价方法，创建体育专业的体操健身课程，是当前和将来的一个热点。

第三节　体操科学研究述评

科学研究可从三个方面理解：一是开展研究活动，创造新的知识，开拓新的领域；二是加工已有的知识，包括储存、分析、鉴别、整理，使零散的知识体系化等；三是利用知识，使之转换为技术知识、生产知识。体操科学研究的根本意义在于为体操运动实践服务，不断提高体操运动技术水平，推动体操运动的不断发展。

一、体操科学研究的现状

体操硕士研究生的科研论文在一定程度上代表了这一学科的研究水平，可以反映体操运动科学研究的现状。从对1981—2000年全国15所大学175篇全日制体操专业硕士研究生的学位论文（附件）的研究来看，20年间我国体操硕士研究生论文的研究范围主要涉及体操的技术、训练、教学、心理、健身、史学等方面(表5-2)。研究的重点依次为,体操技术、运动训练、教学、体操史学、心理、健身和运动创伤防治等。

表5-2 1981—2000年历届研究生论文选题情况

内容	技术研究	训练研究	教学研究	创伤研究	健身研究	史学研究	心理研究	其他研究
%	36	21	16	3	4	5	5	10

体操是技术学科属于应用性学科。因此,体操技术研究一直是体操科学研究的主要内容。体操技术研究主要是对单杠、双杠、平衡木、高低杠等优势项目动作技术、动作技术连接的生物力学分析以及落地的稳定性分析。这些研究为高难动作创新、动作质量的提高和我国体操优势项目运动水平的提高起了重要作用。

体操训练研究涉及较多的是体操运动员竞技能力、运动训练负荷及后备人才的培养等问题。运动训练的研究处在实践层面,理论研究涉及不多。体操教学研究主要是针对普通高校的体操专业教学,涉及教学模式、教学方法、教学评价等内容,其中,体操教学方法是研究的重点。

体操心理方面的研究比较薄弱,研究只涉及了个性心理特征的研究,其他心理问题研究甚少,或根本没有涉足。因此目前体操的心理研究远远不能满足体操训练和体操教学的需要。

此外,对于运动创伤防治的研究也比较少,研究停留在对体操运动员或者学生创伤的调查的层面上。

二、体操科学研究现状评述

(一) 科研选题

科研选题是每项科研工作的起点,具有十分重要的战略意义。体操科研选题来源于体操的运动实践和理论的发展。科研课题必须有意义。恰当地选择题目,将对科研工作的成败和成果价值起决定作用。科研课题集中体现了研究者的理论修养与学识见解。当前体操硕士研究生的选题具有三多三少的特征,即选题应用研究多,理论研究少;滞后研究多,前瞻研究少;微观研究多,宏观研究少。

体操训练的实践性决定了体操的应用性研究在其科学研究中的主要地位。应用研究中体操技术研究较多,教学研究较少,器材研究则更少,体操的理论研究几乎没有涉及,这是一个非常薄弱的环节。体操滞后研究主要体现在对动作技术的分析和对经验的总结方面。可以说所有的基本技术研究和高难动作技术分析的研究都是滞后研究,几乎都是动作完成后进行总结分析,并且具有个体性。运用计算机仿真设计新动作分析技术的前瞻研究还处在起步阶段。

体操的微观研究是硕士研究生论文选题的一个重要特征之一。选题多数是点状或是断面研究,如动作技术分析,身体机能评价指标研究等。这与体操学科的技术性强有关,也与对研究生科研能力培养要求有关。

(二)研究方法

一般来说,科学研究方法分自然科学研究方法和社会科学研究方法。体操科学研究多用自然科学研究方法,从发展看自然科学方法和社会科学方法综合使用是趋势。从硕士研究生的科研选题看,大部分课题采用一种研究方法,综合运用各种方法进行研究成为体操科学研究的主要趋势;在所有课题中,采用最多的是文献法、其次是测量法、调查法,观察统计法和实验法;在不同研究内容中方法运用各有特征,动作技术研究多采用测量法;运动训练、教学研究多采用文献法、调查法和观察法;绝大多数课题都采用体育统计方法进行规范统计处理,力图定量描述研究成果。受研究条件限制,使用高科技手段、设备仪器进行研究的较少。

科学研究分析分为定性分析和定量分析,在科学研究中要根据研究内容合理使用。体操科学研究多采用定量分析,即使是采用社会学研究方法,也呈现出定性分析定量化的趋势。

主要参考文献

1. 伍绍祖等. 体操大辞典. 北京:人民体育出版社,1999

2. 俞继英等. 竞技体操高级教程. 北京:人民体育出版社,1999

3. 戈炳珠. 现代体操教学理论与方法. 沈阳:辽海出版社,2002

4. 谢亚龙等. 中国优势竞技项目制胜规律. 北京:人民体育出版社,1992

5. 李思民. 对90年代世界女子竞技体操运动发展特征的研究. 体育科学,2001(1)

6. 王文生著. 竞技性体操运动训练时间理论的构建. 体育科学,2000(3)

7. 竭晓安等. 对影响我国女子体操运动员运动寿命原因的探讨. 北京体育大学学报,2000(3)

8. 陈立农. 新中国竞技体操运动迅猛发展的因素分析. 广州体育学院学报,2000(3)

9. 钟明宝等. 我国竞技体操产业化发展的本体性研究与探讨. 中国体育科技,2001(3)

10. 钱竞光. 研究体操动作技术研究中的实验方法——生物力学科研方法系列论文(三). 南京体育学院学报,2001(3)

11. 钱竞光. 研究体操动作技术研究中的测量方法生物力学研究方法系列论文(二). 南京体育学院学报,2000(3)

12. 钱竞光等. 体操动作技术研究中的观察方法生物力学科研方法系列论文(一). 南京体育学院学报,1999(3)

13. 李玉健等. 我国体操教学科学研究的基本状况及变化特征. 西安体育学院学报,1997(4)

14. 赵健. 关于创建高师体操健身课程的研究. 北京体育大学学报,2002(5)

15. 钟明宝等. 我国竞技体操产业化发展的本体性研究与探讨. 中国体育科技,2001(3)

16. 韦广忠. 国际竞技体操发展趋势与我国应变策略. 武汉体育学院学报,1995(2)

17. 魏旭波. 国际体联男子体操新规则的主要变化与分析. 武汉体育学院学报,2000(6)

18. 谭长青等. 运动员运动寿命研究的人文社会学因素——体操运动员李

东华的个案分析.湖北体育科技,2002(1)

19. 李思民等.女子体操运动发展趋势探讨.天津体育学院学报,1997(1)

20. 王文生著.现代体操运动训练科学化探骊——运动训练时间理论研究.北京:北京体育大学出版社,1998

21. 赵海波等.刍议体操社会化——从社会化的角度看健身性体操的推广与普及.福建体育科技,2002(5)

22. 曾凡辉等.运动员科学选材.北京:人民体育出版社,1992

23. 谭修德等.我国儿童少年体操运动员科学选材标准的研究.体育科学,1993(4)

24. 翟庆元.日本竞技体操及其科研发展.天津体育学院学报,1994(2)

25. 张锡枝等.体操创新动作方法论.曲阜师范大学学报,1996(3)

26. 李克健等.论体操动作创新.北京体育大学学报,2000(1)

27. 吕万刚.竞技体操创新系统建构及分析.体育科学,2003(1)

28. 钱竞光.体操动作中的动力学原理.南京体育学院学报,1994(3)

29. 冯张昌等.对我国优秀体操运动员跳马起跳技术的研究.中国体育科技,1997(11~12)

30. 朱昌义.单杠上人体回环运动的仿真设计.体育科学,2000(6)

31. 马启伟等.体育运动心理学.浙江:浙江教育出版社,1998

32. 周建社等.论现代竞技体操运动训练的主要特征.沈阳体育学院学报,2000(18~20)

33. 姚侠文等.莫慧兰跳马踺子转体180度前手翻团身前空翻动作的运动学分析.北京体育大学学报,1995(3)

34. 周继和.对自由体操首次完成前手翻连接直体前空翻转体900度动作的分析.体育科学,2000(5)

35. 鲍继宏.高低杠大摆类技术的研究.体育科学,1990

36. 钱竞光等.单杠直体"特卡切夫"腾越创新动作的研究,体育科学,1990

37. 欧文勤等.金光淑高低杠特卡切夫接肖空翻技术的运动生物力学分析,体育科学,1991(6)

38. 郑吾真等.赵卫华踺子后手翻跳转180度直体前空翻两周创新动作的运动学分析.体育科学,1996(6)

39. 余鸿坚等.女子跳马踺子后手翻技术的运动学分析.体育科学,1990

40. 彭庆元.跳马高难空翻动作获得最大翻转角速度和垂直速度的探讨.体育科学,1990

41. 钱竞光等.单杠"后空翻"一周半越杠在握动作的生物力学分析.体育科学,1991(4)

42. 邵斌等. 黄力平跳马“踺子转体180度前手翻屈体前空翻”的三维分析. 北京体育大学学报,1997(1)

43. 杨怀英等. 单杠直体后空翻二周转体三周下的生物力学分析. 体育科学,1996(4)

44. 牛健壮. 吊环悬垂后摆类动作的生物力学特征. 体育科学,1997(1)

45. 孙亦光. 1997年世界体操锦标赛我国男子单杠比赛失误的生物力学分析. 体育科学,1998(5)

46. 牛健壮. 测力系统在竞技体操吊环5个动作中的应用. 体育科学,2000(5)

附　　件

1981—2000 年历届体操硕士研究生学位论文题目

1. 丁雪琴. 关于测定和提高女子体操运动员平衡木上平衡能力的初步研究. 北京体育学院,1981
2. 孙宝才. 竞技体操中支撑跳跃动作的分类. 北京体育学院,1981
3. 翟兰朝. 现代竞技体操的创伤和预防. 北京体育学院,1981
4. 郑三元. 我国高水平男子体操运动员的形态研究. 北京体育学院,1981
5. 崔东基. 惯性负荷装置的研制及对体操运动员肌肉功率、肌肉最大静力、动作冲量相互关系的初步探讨. 北京体育学院,1982
6. 韩宏飞. 在体育院系体操技术课教学中培养学生对动作的观察力的研究. 北京体育学院,1982
7. 洪友廉. 单杠后空翻三周下准备阶段的生物力学. 北京体育学院,1982
8. 金国壮. 提高 5 个月婴儿某些体操运动能力可能性的探讨. 北京体育学院,1982
9. 庞钟. 邝显耀、丁祥前空翻二周转体 540 度下的生物力学分析. 北京体育学院,1982
10. 付瑞荣. 成年男子体操运动员本体感觉大脑皮层兴奋抑制转换速度准确性能力研究. 北京体育学院,1983
11. 延峰. 对国家队、北京队、解放军队中高水平女少年体操运动员训练中能力变化的初步探讨. 北京体育学院,1983
12. 陈国友. 我国团体操演变发展之初探. 北京体育学院,1985
13. 董进霞. 关于体育学院体育系女生体操普修技术课六项能力考试方法评分标准的研究. 北京体育学院,1985
14. 黄宽柔. 关于在我国城市中等学校开展团体操活动的三种途径的实验研究. 北京体育学院,1985
15. 张东娜. 我国部分优秀女子体操运动员前庭动眼反射和重心平衡特点的初步研究. 北京体育学院,1986
16. 余鸿坚. 女子跳马踺子后手翻技术的运动学分析. 北京体育学院,1987
17. 朱耀. 肖瑞智的单杠前摆分腿前空翻反握抓杠技术的运动学分析. 北京体育

学院,1987
18. 顾洛虎.樊迪高低杠向前大回环及其连接的前空翻抓杠振浪技术的运动生物力学.北京体育学院,1988
19. 赵正川.艺术体操热能消耗的研究.北京体育学院,1988
20. 钱飚.健美操若干编排原则的应用研究:编排男子青年健美操初探.北京体育学院,1989
21. 卢峰.血型与我国部分优秀男子运动员气质、性格及八项心理活动之间关系的研究.北京体育学院,1990
22. 王伯华.运动技能迁移原理在男生体操普修技术教学中运用的初步研究.北京体育学院,1990
23. 魏小文.我国健将艺术体操运动员踹燕动作技术的生物力学分析.北京体育学院,1990
24. 张美江.体育院系体操普修课学生运动损伤调查的初步研究.北京体育学院,1990
25. 周华金.杨宇高低杠直体后空翻两周下振浪技术的运动生物力学分析.北京体育学院,1990
26. 竭晓安.李利高低杠的正吊大回环后分腿腾越呈高低杠悬垂技术的运动学分析.北京体育学院,1992
27. 陈雪芬.关于评价中国团体操弘扬中华民族文化程度的初步研究.北京体育学院,1993
28. 李东民.肖俊峰双杠向后大回环转体180度动作技术的运动学分析.北京体育学院,1993
29. 宋晓东.胡军跳马前手翻团身前空翻两周的运动分析.北京体育学院,1993
30. 马鸿韬.北京三所大学30~40岁女教师锻炼的现状及有氧健美操锻炼方案的研究.北京体育大学,1994
31. 何红霞.1994年我国部分竞技健美操运动员形态选材模式初探.北京体育大学,1995
32. 邵斌.黄力平跳马"踺子转体180度前手翻屈体前空翻"的三维侧析.北京体育大学,1995
33. 张金林.我国优秀艺术体操运动员腰椎体骨骺损伤及其对脊柱屈、伸肌力的影响.北京体育大学,1995
34. 金跃峰.女子跳马前手翻直体前空翻180度的运动学分析.北京体育大学,1996
35. 李思民.对我国优秀少年男子体操运动员运动创伤的调查研究.北京体育大学,1996

36. 李佐慧.莫慧兰高低杠前空翻一周半越杠技术的运动学分析.北京体育大学,1996
37. 卢平生.对我国承担2000年奥运会男子体操比赛后备人才现状的研究.北京体育大学,1996
38. 彭庆元.黄力平双杠支撑前摆屈体后空翻两周成挂臂技术的运动学分析.北京体育大学,1996
39. 王健.赵卫华踺子后手翻跳转180度接直体前空翻两周转体180度动作的运动学分析.北京体育大学,1996
40. 陈宜东.吉丽雅跳马踺子后手翻直体后空翻转体720度动作的运动学分析.北京体育大学,1997
41. 伏宇军.对我国部分体育院系增设"体育舞蹈课"课程设置的研究.北京体育大学,1997
42. 高玉英.我国艺术体操奥运选手周小菁、吴蓓专项训练负荷特征及竞赛焦虑水平对比赛稳定性的影响.北京体育大学,1997
43. 郭晓宵.在体操教学中发展7~12岁儿童动作协调能力的实验研究.北京体育大学,1997
44. 梁栋.备战2000年奥运会我国优秀少年女子体操选手跳马项目的现状分析.北京体育大学,1997
45. 司徒明.运动员王湘麒技巧单跳连接技术运动学特征的研究.北京体育大学,1997
46. 谭长青.张津京单杠扭臂直体前空翻抓杠技术的运动学分析.北京体育大学,1997
47. 王晓峰.对高低杠后空翻一周半转体180度越杠再握动作技术的运动学分析.北京体育大学,1997
48. 王再鸣.我国重点高师体育系女生体操教学内容改革现状及其发展的系统分析.北京体育大学,1997
49. 赵树耀.对肖俊峰前手翻接直体前空翻及转体动作支撑环节变化特征的研究.北京体育大学,1997
50. 郑玉霞.周端跳马前手翻团身前空翻转体540度动作的运动学分析.北京体育大学,1997
51. 樊莲香.我国优秀艺术体操运动员早衰现象及其致因探讨.北京体育大学,1998
52. 宋丽.我国女子优秀体操运动员肩关节屈伸肌群等动向心收缩肌力的研究.北京体育大学,1998
53. 杨萍.从竞赛规则看竞技健美操技术发展趋势及完善我国规则的建议.北京

体育大学,1998
54. 王文生.竞技性体操运动训练时间理论的研究.北京体育大学,1999
55. 朱昌义.单杠上飞行动作的系统性研究.北京体育大学,1999
56. 李东建.关于我国开展蹦床运动的现状及对策研究.北京体育大学,1999
57. 柳喜鲜.艺术体操国际评分规则演变历程及其对技术发展的影响.北京体育大学,1999
58. 王宏.国际竞技健美操技术发展趋势与我国竞技健美操技术发展策略的研究.北京体育大学,1999
59. 魏羽.卢裕富跳马侧手翻转体 90 度团身后空翻两周半的运动学分析.北京体育大学,1999
60. 张贞.许婧跳马直体奎尔沃腾越运动学分析.北京体育大学,1999
61. 赵启赢.关于竞技体操美学特征的研究.北京体育大学,2000
62. 冯玉娟.我国优秀体操教练员成材过程的探讨.北京体育大学,2000
63. 李小芬.北京、武汉、长沙地区少儿体育舞蹈开展的现状调查及对策研究.北京体育大学,2000
64. 斐雪.对在 4~6 岁幼儿中推行《普及体操等级大纲》(1-2 级)的可行性分析.北京体育大学,2000
65. 周蓉蓉.单杠后空翻两周转体 360 度(晚旋类)转体动力分析.上海体育学院,1981
66. 黄根宝.男子体操运动员前庭机能稳定性及其平衡能力测定问题的探讨.上海体育学院,1982
67. 严爱平.男子跳马前手翻接前空翻"背弓式"推手技术分析.上海体育学院,1982
68. 杨兴权.男子体操运动员上下肢控速能力的研究.上海体育学院,1982
69. 张蕴慧.10~12 岁儿童女子体操运动员主要肌群爆发力的研究.上海体育学院,1982
70. 朱建民.吊环向前大回环的动力学特征.上海体育学院,1982
71. 柏卫东.我国女子体操运动员平衡能力的研究.上海体育学院,1987
72. 陈锡尧.对不同运动水平女子体操运动员抗干扰能力的研究.上海体育学院,1987
73. 李永宽.浙江省 9~13 岁男子体操运动员前庭稳定性的研究.上海体育学院,1987
74. 钱竞光.单杠"特卡切夫"腾越动作的运动生物力学分析.上海体育学院,1987
75. 徐文庆.单杠直体前空翻抓杠动作技术诊断及其再连接"飞行"动作的探讨.

上海体育学院,1987
76. 姜建业.从山东省 13～17 岁中学生上肢腹部力量及胸围肺活量等指标的研究看中学体操开展的现状.上海体育学院,1988
77. 李艳翎.男子直体后空翻两周接快速后空翻与接后手翻连接技术的研究.沈阳体育学院,1988
78. 刘朴.汉代画像石体操活动考:从画像石资料看我国封建社会初期体操活动.上海体育学院,1988
79. 骆映.我国艺术体操运动员个性若干特征的研究.上海体育学院,1989
80. 麦绿蔓.唐代体操活动研究:从唐代文物资料看唐代的体操活动.上海体育学院,1989
81. 隋娟.赛场噪声对平衡木比赛动作稳定性影响的研究.上海体育学院,1989
82. 王碧森.单杠连接"直体后空翻两周下"的两种向后大回环下摆技术的比例研究.上海体育学院,1989
83. 臧筛龙.我国男子体操运动员平衡能力的研究.上海体育学院,1989
84. 刘卫.宋代的体操活动及其特征.上海体育学院,1991
85. 陈云开.单杠"屈体前空翻一周半越杠再握"动作的运动生物力学分析.上海体育学院,1992
86. 黄超群.高师体育系体操普修课教学评价探讨.上海体育学院,1992
87. 朱昌义.单杠"京格尔"空翻成悬垂动作的技术分析与诊断.上海体育学院,1992
88. 刘玉今.对我国优秀体操教练员人格特质的研究.上海体育学院,1998
89. 吴惠明.许纲跳马"踺子转体 180 度前手翻屈体前空翻"动作上板蹈跳技术三维分析.上海体育学院,1998
90. 张洁.基本体操练习对幼儿智力发展的影响.上海体育学院,1998
91. 丁励翼.双杠正吊前摆上分腿后切上手倒立的生物力学分析.上海体育学院,1999
92. 吴婷琦.体操训练与青少年平衡能力的相关研究.上海体育学院,1999
93. 严永虹.中老年健身操(舞)在上海社区体育中的开展现状研究.上海体育学院,1999
94. 关道其.用应力电测法与同步定点摄影结合研究单杠脱手的握动作技术.武汉体育学院,1981
95. 肖国梁.吊环环上转体动作的突破:向后大回环转体 180 度成悬垂后摆.武汉体育学院,1982
96. 孟宪林.双杠早倒技术的研究.武汉体育学院,1983
97. 许小华.男子跳马前手翻类动作几个主要技术环节的研究.武汉体育学院,

1984
98. 李宁.我国健将体操运动员性格倾向、部分肌肉运动条件反射速度和准确性特征的初步研究.武汉体育学院,1985
99. 李庆友.双杠挂臂类动作技术的研究.武汉体育学院,1988
100. 吴润平.纵马分腿腾越优化教学方案与实验.武汉体育学院,1990
101. 邓心一.儿童少年体操运动员胸内压变化时功能的超声心动图研究.武汉体育学院,1991

后　　记

为了适应研究生培养目标不断扩大，培养要求不断提高的形势，急需编写适合研究生教学使用的教材，高等教育出版社根据全国普通高等学校体育专业研究生教学需求，组织全国具有指导研究生教学经验的教授，编写了《体育教育训练理论与方法》一书。

《体育教育训练理论与方法》由福建师范大学黄汉升教授任主编。第一篇篮球运动教学训练理论与方法由苏州大学王家宏教授编写；第二篇排球运动教学训练理论与方法由福建师范大学陈铁成教授编写第一章、第二章、第四章，黄汉升教授编写第三章；第三篇足球运动教学训练理论与方法由河南大学王崇喜教授编写第一章、第三章第1、2节、第四章，沈阳体育学院陆仲元教授编写第二章、第三章第3节；第四篇田径运动教学训练理论与方法由河北师范大学刘建国教授编写；第五篇体操教学训练理论与方法由扬州大学童绍岗教授编写第一章，湖南师范大学李艳羚教授编写第二章、第三章、第四章。

如何编写好研究生教学用书，全体编写人员在实用性、针对性、先进性方面作了初步的尝试。由于编写时间仓促，加之“非典”时期未能按编写计划交流和讨论，书中难免出现错误，欢迎批评指正，修订时将作进一步充实完善。

黄汉升

2003年7月

策划编辑　尤超英
责任编辑　尤超英
封面设计　刘晓翔
责任绘图　朱　静
版式设计　史新薇
责任校对　胡晓琪
责任印制　韩　刚